长江大保护项目
施工工艺指南

管网
及生态治理工程

黄 斌 主编
曹怀志 郭先强 刘雅雯 副主编

中国三峡出版社

图书在版编目（CIP）数据

管网及生态治理工程 / 黄斌主编；曹怀志，郭先强，刘雅雯副主编. -- 北京：中国三峡出版社，2024.8. (长江大保护项目施工工艺指南). -- ISBN 978-7-5206-0322-5

I. U175

中国国家版本馆CIP数据核字第2024VB2665号

责任编辑：于军琴

中国三峡出版社出版发行
（北京市通州区粮市街2号院　101199）
电话：（010）59401531　59401529
http://media.ctg.com.cn

北京环球画中画印刷有限公司印刷　新华书店经销
2024年8月第1版　2024年8月第1次印刷
开本：787毫米×1092毫米 1/16　印张：18
字数：450千字
ISBN 978-7-5206-0322-5　定价：79.00元

编 委 会

主　任：毛三军
副主任：刘国平　侯建刚　沈爱华　黄　斌　杜　兵
委　员：宋四新　胡　伟　曹怀志　聂维景　林　宏　郭先强
　　　　宋金涓　孟　海　乐　丰　陈雪万　聂洪远
主　编：黄　斌
副主编：曹怀志　郭先强　刘雅雯
参　编：(按姓氏首字母顺序排列)
　　　　白利茹　曹登超　常　晃　陈举文　陈开俊　陈　林
　　　　陈丝竹　代杨宇　董之萌　杜俊凤　方柱柱　葛　亮
　　　　耿　欣　韩瑞杰　胡　彪　胡文昊　黄文超　黄雪妍
　　　　简琼丽　孔鑫鑫　李　峰　李　刚　李红艳　李金辉
　　　　李新森　李亚亚　李　阳　李远强　林　超　刘本森
　　　　刘　皓　刘红玉　刘　剑　刘峻材　刘礼喜　刘　羚
　　　　刘培强　刘子瑞　龙　川　罗士峰　罗雪锋　马良伟
　　　　孟　浩　米　乐　彭士燕　荣进松　宋哲航　孙尉哲
　　　　汤后龙　万　奇　汪　磊　王　捷　王　坤　王　胜
　　　　王世扣　吴洪超　吴军超　吴连飞　吴青宸　吴世斌
　　　　吴永凯　武思奇　夏泽邦　肖欢欢　徐彬彬　徐云翔
　　　　徐　正　许金彪　严　林　杨顾兵　杨　航　张存根
　　　　张　磊　张天驰　张　田　张阳春　赵　龙　赵明眙
　　　　赵　宁　赵少鹏　周宏虎　朱克节　左圆圆　等

前　言

为深入贯彻党中央和国务院关于推动长江经济带发展的重大战略部署，落实习近平总书记在深入推动长江经济带发展座谈会上的重要讲话和指示精神，中国长江三峡集团有限公司（以下简称三峡集团）坚持"共抓大保护、不搞大开发"的基本原则，把握"生态优先、绿色发展"的总体格局，推动长江经济带绿色高质量发展。三峡集团充分发挥在促进长江经济带发展中的基础保障作用、在共抓长江大保护中的骨干主力作用，以城镇污水处理为切入点，以摸清本底为基础，以现状问题为导向，以污染物总量控制为依据，以总体规划为龙头，坚持"流域统筹、区域协调、系统治理、标本兼治"的原则，带动生态环保产业链上下游有效聚合，积极探索生态环保产融发展之路，为长江经济带生态优先、绿色发展提供有力支撑。

长江三峡技术经济发展有限公司（以下简称三峡发展公司）积极响应三峡集团号召，贯彻落实三峡集团党组决策部署，积极服务三峡集团"两翼齐飞"战略，先后承接宜昌、宣城、芜湖等长江大保护项目建设管理和总承包管理。经过近些年项目建设的探索，三峡发展公司提炼并总结了长江大保护项目涉及的各项施工工艺的流程、操作要点、质量控制措施、安全管控措施，并辅以流程图、工作表单、操作示意图等，编撰成"长江大保护项目施工工艺指南丛书"，旨在为从事长江大保护项目的工作人员打造标准化工序样板工程、提高质量管控能力、筑牢安全防线、遏制各类生产安全事故发生、打造长江大保护精品工程品牌提供工作指南。

本书为管网及生态治理工程分册，共分5章，分别为开槽施工管道工程、不开槽施工、管道附属构筑物、管道修复工程和其他工程。每章具体介绍了相关工艺的基本情况及特点、现行规程规范、工艺流程及操作要点、质量控制指标及要点、安全管控措施等内容。

本书在撰写过程中难免出现疏漏和不完善之处，请各位读者批评指正。

编者
2024年6月

目 录

前 言

第1章 开槽施工管道工程 ·· 1
  1.1 管道沟槽开挖 ··· 1
    1.1.1 既有管线及地下设施保护 ······································ 1
    1.1.2 人工开挖 ·· 8
    1.1.3 机械开挖 ··· 13
  1.2 沟槽支护 ·· 18
    1.2.1 横列板支护 ·· 18
    1.2.2 槽钢支护 ··· 21
    1.2.3 钢板桩支护 ·· 25
    1.2.4 逆作法沟槽支护 ··· 30
  1.3 管道基础施工 ·· 35
    1.3.1 混凝土基础 ·· 35
    1.3.2 土、砂及砂砾基础 ··· 41
  1.4 管道安装 ·· 48
    1.4.1 钢管安装 ··· 48
    1.4.2 球墨铸铁管安装 ··· 54
    1.4.3 钢筋混凝土管及预应力混凝土管安装 ···················· 59
    1.4.4 化学建材管安装 ··· 65
  1.5 管网沟槽回填 ·· 72
    1.5.1 柔性管道沟槽回填 ··· 72
    1.5.2 刚性管道沟槽回填 ··· 81
  1.6 安全管理重点事项 ··· 86
    1.6.1 通用管理规定 ·· 86
    1.6.2 沟槽作业专项管理规定 ·· 97
    1.6.3 现场安全隐患辨识及管控措施 ······························ 99

第2章 不开槽施工 107
2.1 工作井施工 107
2.1.1 预制沉井施工工艺 107
2.1.2 钢筋混凝土护壁逆作法施工工艺 116
2.2 顶管施工 129
2.2.1 土压平衡顶管施工 129
2.2.2 泥水平衡顶管施工 142
2.3 定向钻施工 151
2.3.1 概述 151
2.3.2 现行适用规范 151
2.3.3 施工工艺流程及操作要点 152
2.3.4 材料与设备 155
2.3.5 质量控制 156
2.4 安全管理重点事项 157
2.4.1 通用管理规定 157
2.4.2 顶管施工专项管理规定 158
2.4.3 现场安全隐患辨识及管控措施 159

第3章 管道附属构筑物 164
3.1 井室 164
3.1.1 现浇钢筋混凝土井室 164
3.1.2 预制装配式井室 173
3.2 井盖 177
3.2.1 概述 177
3.2.2 现行适用规范 178
3.2.3 施工工艺流程及操作要点 179
3.2.4 材料与设备 182
3.2.5 质量控制 182
3.3 雨水口 183
3.3.1 砌筑式雨水口 184
3.3.2 预制式雨水口 189
3.4 安全管理重点事项 192
3.4.1 通用管理规定 192
3.4.2 现场安全隐患辨识及管控措施 192

第4章 管道修复工程 ································· 195

4.1 管道修复预处理 ································· 195
4.1.1 概述 ································· 195
4.1.2 现行适用规范 ································· 195
4.1.3 施工工艺流程及操作要点 ································· 196
4.1.4 材料与设备 ································· 198
4.1.5 质量控制 ································· 198

4.2 紫外光固化施工 ································· 199
4.2.1 概述 ································· 199
4.2.2 现行适用规范 ································· 202
4.2.3 施工工艺流程及操作要点 ································· 202
4.2.4 材料与设备 ································· 211
4.2.5 质量控制 ································· 213

4.3 垫衬法施工 ································· 216
4.3.1 概述 ································· 216
4.3.2 现行适用规范 ································· 217
4.3.3 施工工艺流程及操作要点 ································· 217
4.3.4 材料与设备 ································· 219
4.3.5 质量控制 ································· 221

4.4 水泥砂浆喷涂修复施工 ································· 222
4.4.1 概述 ································· 222
4.4.2 现行适用规范 ································· 222
4.4.3 施工工艺流程及操作要点 ································· 222
4.4.4 材料与设备 ································· 226
4.4.5 质量控制 ································· 229

4.5 不锈钢双胀环快速锁施工 ································· 230
4.5.1 概述 ································· 230
4.5.2 现行适用规范 ································· 230
4.5.3 施工工艺流程及操作要点 ································· 231
4.5.4 材料与设备 ································· 234
4.5.5 质量控制 ································· 235

4.6 静压裂管置换修复施工 ································· 236
4.6.1 概述 ································· 236
4.6.2 现行适用规范 ································· 236
4.6.3 施工工艺流程及操作要点 ································· 237
4.6.4 材料与设备 ································· 239

4.6.5　施工质量控制 ································· 240
4.7　局部树脂固化施工 ································· 241
4.7.1　概述 ································· 241
4.7.2　现行适用规范 ································· 242
4.7.3　施工工艺流程及操作要点 ································· 243
4.7.4　材料与设备 ································· 248
4.7.5　质量控制 ································· 248
4.8　安全管理重点事项 ································· 250
4.8.1　通用管理规定 ································· 250
4.8.2　有限空间作业专项管理规定 ································· 250
4.8.3　现场安全隐患辨识及管控措施 ································· 252

第5章　其他工程 ································· 254
5.1　生态格构梁工程 ································· 254
5.1.1　概述 ································· 254
5.1.2　现行适用规范 ································· 254
5.1.3　施工工艺流程及操作要点 ································· 254
5.1.4　材料与设备 ································· 260
5.1.5　质量控制 ································· 261
5.2　隧道掘进机开挖工程 ································· 263
5.2.1　概述 ································· 263
5.2.2　现行适用规范 ································· 265
5.2.3　施工工艺流程及操作要点 ································· 265
5.2.4　材料与设备 ································· 273
5.2.5　质量控制 ································· 273
5.3　安全管理重点事项 ································· 276
5.3.1　通用管理规定 ································· 276
5.3.2　现场安全隐患辨识及管控措施 ································· 276

第1章 开槽施工管道工程

在长江大保护项目市政管网改造修复过程中，常用的方式为开槽施工，主要施工流程为管道沟槽开挖、沟槽支护、管道基础施工、管道安装、管网沟槽回填。在开槽施工管道工程中，管道沟槽开挖和沟槽支护方式尤为重要，直接影响后续工序施工的安全和质量。

1.1 管道沟槽开挖

1.1.1 既有管线及地下设施保护

1. 概述

在管道沟槽开挖过程中，遇到既有管线占压沟槽且无法进行迁改的情况，为避免占压部位坍塌导致出现安全风险，原则上应在原有支护方案上进行加固和保护管线处理。

根据既有管线占压沟槽形式，提出既有管线占压部位针对性支护方案，主要是悬吊保护、挖出保护、支撑保护等方案。既有管线保护方案的编制应充分结合既有管线及构筑物的形式及特点，从技术方面保证既有管线保护方案的本质安全。

（1）当既有管线与沟槽平行且具备放坡条件时，采取挖出保护方案；不具备放坡条件时，采取支撑保护方案。

（2）当既有管线与沟槽相交且具备放坡条件时，采取挖出保护方案；不具备放坡条件时，根据既有管线所处沟槽深度及管径大小，对既有管线占压沟槽段采取支撑保护方案。

2. 现行适用规范

（1）GB 50268—2008《给水排水管道工程施工及验收规范》。

（2）GB 50289—2016《城市工程管线综合规划规范》。

（3）JGJ 120—2012《建筑基坑支护技术规程》。

（4）CJJ 61—2017《城市地下管线探测技术规程》。

（5）Q/CTG 249—2019《长江大保护城市水环境治理工程地下管线调查与检测评估实施技术导则》。

（6）Q/CTG 322—2020《长江大保护 排水管网施工指南》。

（7）《长江大保护给水排水管道沟槽支护设计指南（1.0版）》。

（8）《长江大保护项目沟槽开挖支护标准化指导手册》。

3. 施工工艺流程及操作要点

1）工艺流程

既有管线及地下设施保护工艺流程见图1-1。

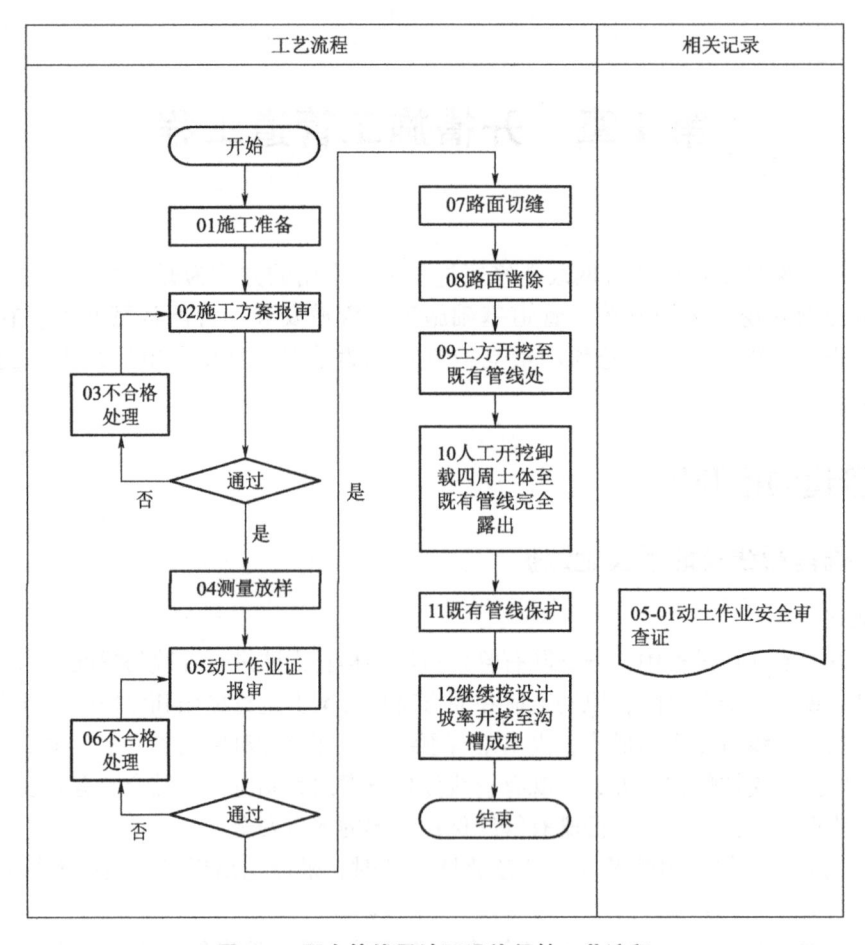

图 1-1 既有管线及地下设施保护工艺流程

(1) 测量放样：依据建设单位确定的测量控制桩、施工图、城镇综合管线资料、地形图等资料，组织现场踏勘，根据施工区域地形条件，以便于测量复核、施工放样为原则，完成控制网测设。在控制网成果基础上完成管井点位、接入口、排口、拐点，以及管线长度、走向、高程的测设，对于施工点位不确定、周边管线复杂区域，可布置多个控制点，便于后期施工调整。

(2) 路面切缝、路面凿除：利用路面切割机、挖掘机等开挖设备对原有路面进行切缝和凿除，裸露土体进行沟槽开挖。

(3) 管线探挖、管线保护：根据既有管线交底结果，待开挖完成至既有管线外边缘0.8m范围内时，须进行人工探挖，避免破坏既有管线。挖出既有管线及地下设施后，应根据既有管线类型设置相应管线标志及警示标志，并采取悬吊保护、土体卸载等其他方案对既有管线进行保护。既有管线及地下设施保护施工见图1-2。

2) 操作要点

(1) 既有管线占压沟槽的形式。

①既有管线与沟槽平行。根据既有管线和沟槽开挖范围相对关系分为沟槽内和沟槽外

(a) 路面切缝　　　　　　　　　　(b) 路面凿除

(c) 既有管线人工探挖　　　　　　(d) 既有管线保护

图 1-2　既有管线及地下设施保护施工

两种情况。

a. 既有管线在沟槽内。既有管线位于沟槽开挖范围内且平行于沟槽轴线，若机械开挖过程中不能准确探明既有管线位置，则存在破坏既有管线的安全风险。既有管线平行于沟槽内见图 1-3。

(a) 既有管线平行于沟槽内侧视图　　　　(b) 既有管线平行于沟槽内剖面图

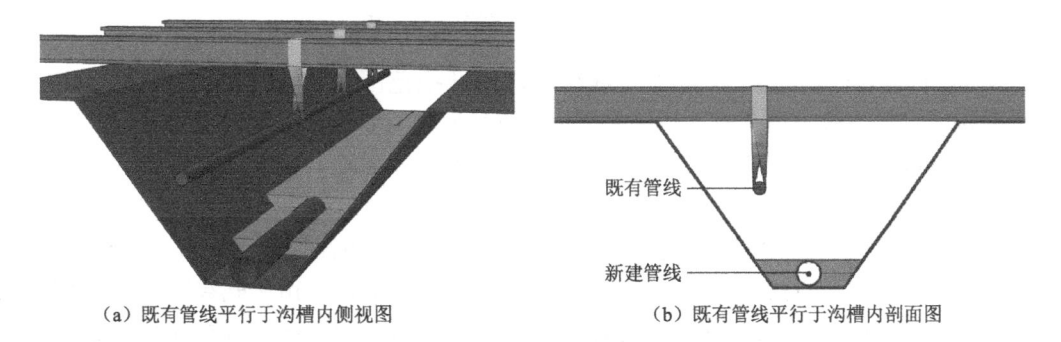

图 1-3　既有管线平行于沟槽内

b. 既有管线在沟槽外。既有管线位于沟槽开挖范围外且平行于沟槽轴线，沟槽的开挖卸载若引起既有管线附近土体应力状态发生变化，则会对沟槽结构的稳定性产生影响，既有管线靠近沟槽一侧土体可能存在局部坍塌风险。既有管线平行于沟槽外见图1-4。

（a）既有管线平行于沟槽外侧视图　　　　（b）既有管线平行于沟槽外剖面图

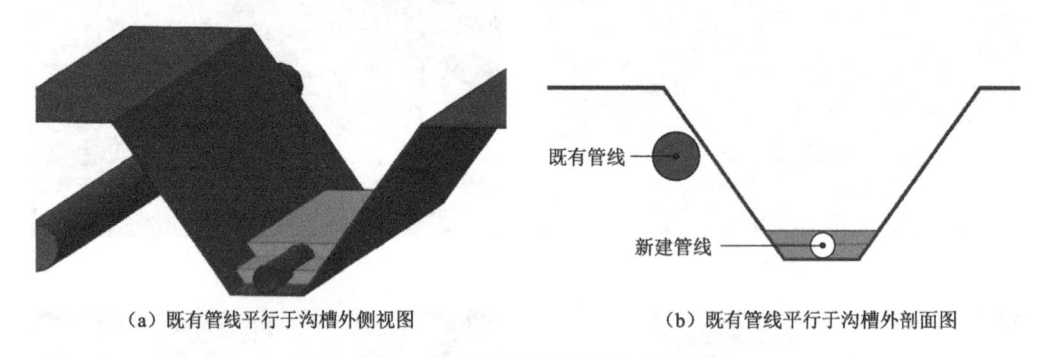

图1-4　既有管线平行于沟槽外

②既有管线与沟槽相交。根据既有管线和沟槽相交的特点可分为正交、斜交、混交3种情况。

a. 既有管线与沟槽正交。既有管线位于沟槽开挖范围内且垂直于沟槽轴线，当原有沟槽支护方式为横列板、型钢桩等垂直支护方式时，由于既有管线同时占压沟槽两侧，因此两侧占压部位支护空白区存在坍塌风险。既有管线正交于沟槽轴线见图1-5。

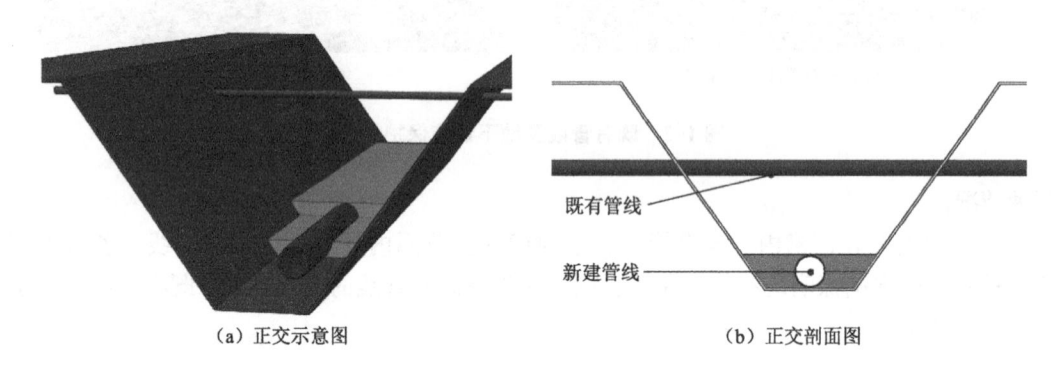

（a）正交示意图　　　　（b）正交剖面图

图1-5　既有管线正交于沟槽轴线

b. 既有管线与沟槽斜交。既有管线位于沟槽开挖范围内且与沟槽轴线非垂直相交，当原有沟槽支护方式为横列板、型钢桩等垂直支护方式时，由于既有管线同时占压沟槽两侧，支护难度大，因此两侧占压部位支护空白区存在坍塌风险。既有管线斜交于沟槽轴线见图1-6。

c. 既有管线与沟槽混交。两条及以上既有管线位于沟槽开挖范围内且与沟槽轴线相交，当原有沟槽支护方式为横列板、型钢桩等垂直支护方式时，由于既有管线同时占压沟槽两侧，支护难度大，因此两侧占压部位支护空白区存在坍塌风险。既有管线混交于沟槽轴线见图1-7。

(a) 斜交示意图　　　　　　　　　　(b) 斜交剖面图

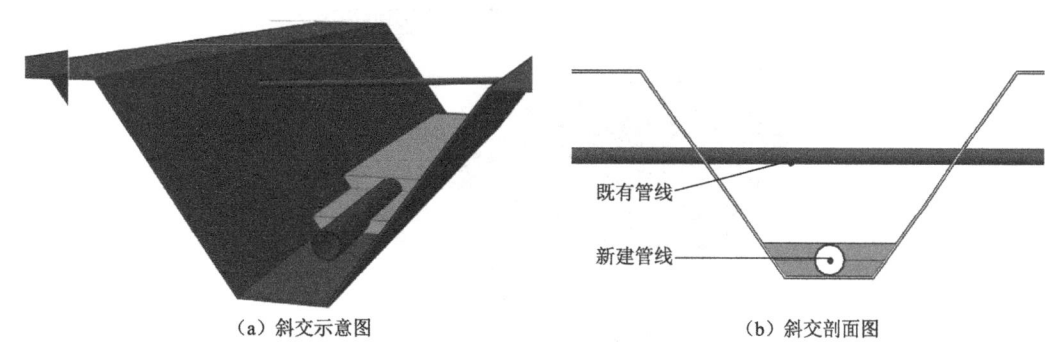

图1-6　既有管线斜交于沟槽轴线

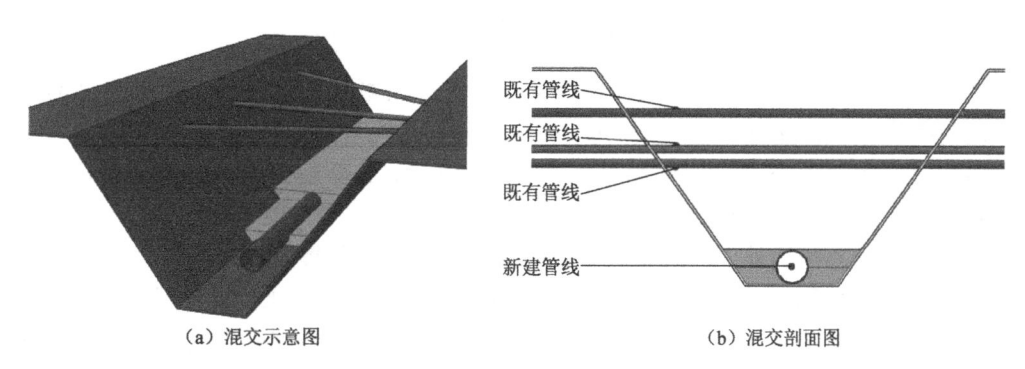

(a) 混交示意图　　　　　　　　　　(b) 混交剖面图

图1-7　既有管线混交于沟槽轴线

(2) 施工要点。

①既有管线与沟槽平行。

a. 既有管线在沟槽内。在这种情况下，不存在既有管线占压沟槽侧壁情况，无须特殊支护，主要对既有管线保护即可，选用局部人工开挖和管线悬吊保护相结合的处理方式，主要施工流程如下：

a) 土方开挖至既有管线位置时停止开挖，清理既有管线周边土，两侧土方挖至与既有管线底部齐平后，在既有管线底部下方局部人工开挖小槽。

b) 在小槽上方垂直于既有管线方向设置槽钢横梁，沿沟槽开挖方向每隔一定距离设置一根，每根槽钢横梁下设置砖支墩，槽钢横梁两端在沟槽两侧牢牢固定。

c) 将吊索穿过小槽，固定至上方的槽钢横梁上。悬吊过程中，应保证管道平直，保持原有的管道坡度，在悬吊完成后做好安全警示标志。

d) 继续开挖至沟槽成形。

局部人工开挖和管线悬吊保护结合见图1-8。

注意事项：

a) 若挖出的既有管线为光缆、电缆且无套管，则应在既有管线底部增加高密度聚乙烯管道（以下简称HDPE管道）套管后再实施悬吊保护方案。

b) 若挖出的既有管线为燃气管线，则施工现场必须在燃气管线走向位置设置消防器

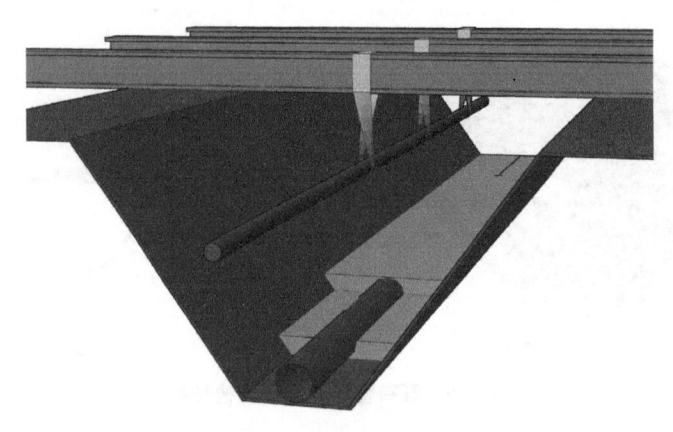

图 1-8　局部人工开挖和管线悬吊保护结合

材,并在明显位置设置"严禁烟火"的标志。对施工现场使用的易燃、易爆物品的存放地点应封闭管理,加设围挡等保护措施,并竖立明显的安全警告标志。

c) 在悬吊既有管线的槽钢横梁端头处设置明显标志,新建管道吊装过程中安排专人进行看护,防止机械设备触碰槽钢横梁,严禁施工人员在悬吊的既有管线下方停留。

b. 既有管线在沟槽外。根据既有管线的属性、管径、位置及施工条件,既有管线距开挖面较近时,可采用以下方案。当具备充足放坡开挖条件时,采用卸载保护方案,即对沟槽一侧既有管线周围及上方土体进行卸载,在既有管线完全露出后视实际情况进行保护,沟槽部分按原设计坡率正常施工。放坡开挖和卸载保护见图 1-9。

图 1-9　放坡开挖和卸载保护

②既有管线与沟槽相交。在这种情况下,虽存在既有管线占压沟槽侧壁情况,但因原设计支护方式为放坡开挖,两侧岸坡稳定,故主要对既有管线保护即可,建议选用局部人工开挖和管线悬吊保护相结合的处理方式,主要施工流程如下:

a. 土方开挖至既有管线位置时停止开挖,清理既有管线周边土,两侧土方开挖至与既有管线底部齐平后,在既有管线底部下方局部人工开挖小槽。

b. 在小槽上方平行于既有管线方向设置槽钢横梁,每根槽钢横梁下设置砖支墩,槽钢横梁两端在沟槽两侧牢牢固定。

c. 将吊索穿过小槽，固定至上方的槽钢横梁上。悬吊过程中，应保证管道平直，保持原有管道坡度，在悬吊完成后做好安全警示标志。

d. 继续开挖至沟槽成形。

若开挖范围内存在既有管线与沟槽混交的情况，则应将所有既有管线全部挖出后逐条进行保护。三种放坡开挖和既有管线保护方式见图1-10。

（a）正交　　　　　（b）斜交　　　　　（c）混交

（d）放坡开挖和既有管线保护方式剖面图

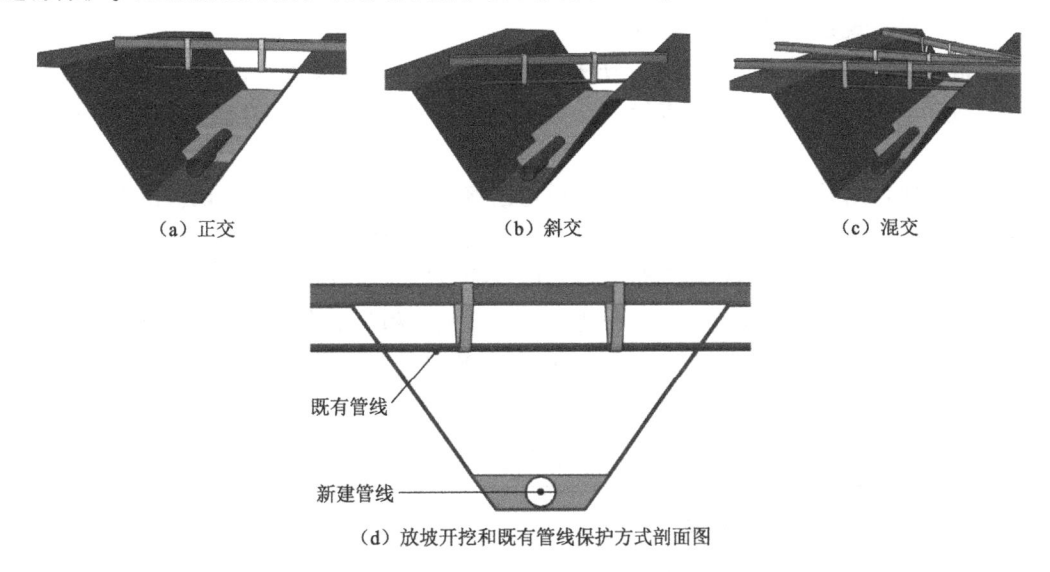

图1-10　三种放坡开挖和既有管线保护方式

注意事项：

a）新建管线与既有管线之间的最小水平净距和最小垂直净距应符合 GB 50289—2016《城市工程管线综合规划规范》相关规定。原设计方案无法满足要求时，应适当调整新建管线底部标高；受现场条件影响无法调整新建管线底部标高时，应事先充分征求权属单位意见，对既有管线采取安全措施。

b）沟槽开挖范围内有多根（束）既有管线时，严禁一根吊带悬挂多根（束）既有管线。

c）由于混交情况下既有管线种类繁多，因此采用悬吊保护方案进行既有管线保护时，应根据既有管线类型适当增加吊带数量或宽度。

4. 材料与设备

（1）挖掘机械：挖掘机、推土机、铲运机、自卸汽车等。

（2）一般机具：铁锹、手推车、小白线或20号铅丝、钢卷尺和坡度尺等。

5. 质量控制

（1）开挖过程中，严格控制开挖尺寸。若设计已经确认工作面宽度，则执行设计尺寸。若设计没有确认工作面宽度，则遵照规范要求预留工作面宽度。

（2）尽量减少对基土的扰动，若管线安装等紧后工作不能及时开展，则可预留200~300mm，人工开挖，并完成基底整平。

（3）开挖基坑时，做好土石方平衡工作，弃土外运，维护城市形象。

(4) 应严格按照要求对高边坡、深沟槽、邻近构筑物等进行变形监测,监测点的设置应稳定并做好保护工作,监测到变形异常等问题时,应及时反馈并采取应急措施。

(5) 主控项目。

①原状地基土不得扰动、受水浸泡或受冻,受外部环境影响造成以上问题时,应联系设计确认处置措施。

检查方法:观察,检查施工记录。

②地基承载力应符合设计要求,开挖完成后,应申请建设单位、设计单位、地勘单位、监理单位及施工单位五方进行联合地基验收,对地基承载力进行检测并经监理确认。

检查方法:由勘察单位对实际地质情况与勘察结果的符合性进行确认,由承建单位或第三方单位进行地基承载力试验,判定是否符合设计要求。

③进行地基处理时,原材料质量、压实度、换填尺寸应符合设计要求。

检查方法:检查原材料实验检验报告、压实度报告和测量换填尺寸。

④沟槽开挖的允许偏差值应符合 GB 50268—2008《给水排水管道工程施工及验收规范》相关规定。沟槽开挖的允许偏差见表 1-1。

表 1-1 沟槽开挖的允许偏差

序号	检查项目	允许偏差(mm)		检查数量		检查方法
				范围	点数(个)	
1	槽底高程	土方	±20	二井之间	3	用水平仪测量
		石方	+20,-200			
2	槽底中线每侧宽度	不小于规定		二井之间	6	挂中线用钢尺测量,每侧计 3 点
3	沟槽边坡	不陡于规定		二井之间	6	用坡度尺测量,每侧计 3 点

1.1.2 人工开挖

1. 概述

在外部环境复杂、地质条件较差、底部管线无法清晰判断的情况下,人工开挖可以更好地掌控作业的细节和质量,避免造成第三方伤害,确保生产安全和施工质量。人工取土能够更好地根据实际地质状况调整开挖工艺,保护周边环境,人工的持续注意力和细心的作业习惯能够减少出错率,从而提高土石方工程的施工质量和安全性。

2. 现行适用规范

(1) GB 50268—2008《给水排水管道工程施工及验收规范》。

(2) GB 50289—2016《城市工程管线综合规划规范》。

(3) JGJ 120—2012《建筑基坑支护技术规程》。

(4) CJJ 61—2017《城市地下管线探测技术规程》。

(5) GB 50202—2018《建筑地基基础工程施工质量验收标准》。

(6) Q/CTG 249—2019《长江大保护城市水环境治理工程地下管线调查与检测评估实施技术导则》。

第1章 开槽施工管道工程

(7) Q/CTG 322—2020《长江大保护 排水管网施工指南》。
(8)《长江大保护项目沟槽开挖支护标准化指导手册》。
(9)《长江大保护给水排水管道沟槽支护设计指南（1.0版）》。

3. 施工工艺流程及操作要点

1) 工艺流程

人工开挖沟槽工艺流程见图1-11。

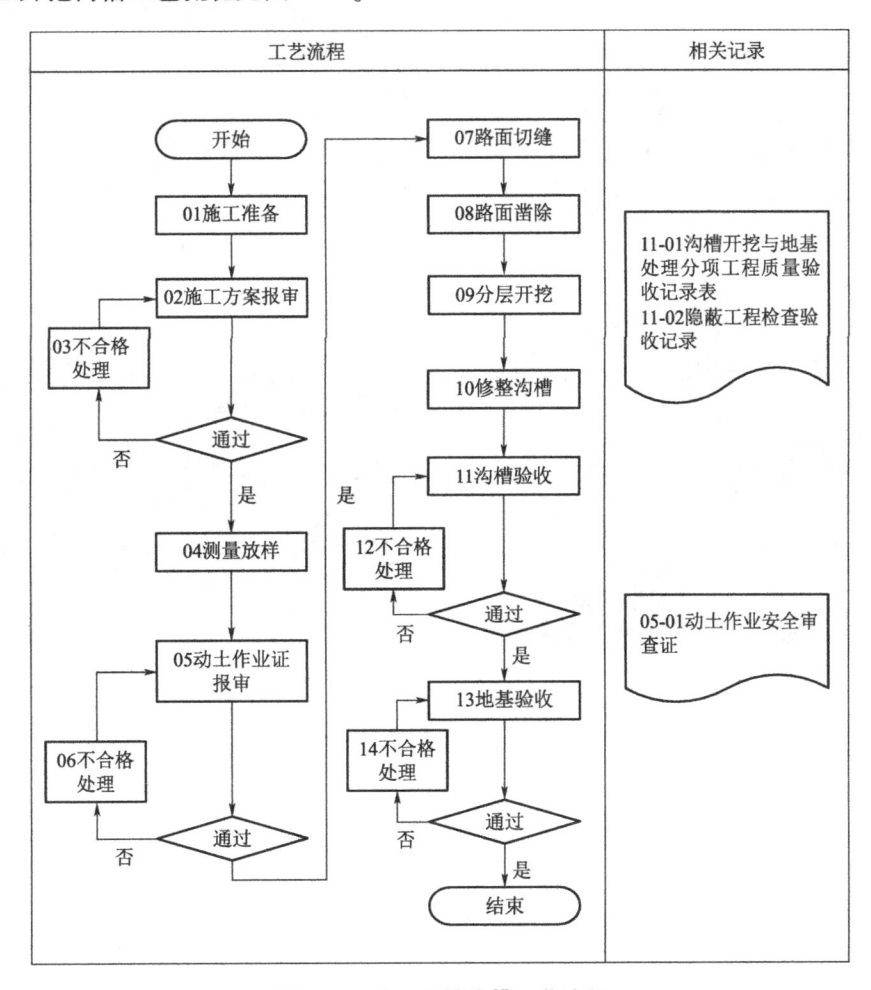

图1-11 人工开挖沟槽工艺流程

(1) 测量放样：参照1.1.1相关内容。

(2) 分层开挖：当取土作业和地质条件较复杂、施工周期较长时，应采取人工开挖方式。

(3) 沟槽验收：沟槽人工开挖成形后，应对沟槽底部标高、沟槽开挖体型、尺寸等数据进行测量核对，符合设计要求方可进行沟槽验收，需要进行支护作业的，应随支护作业进度分阶段进行沟槽验收，避免返工。

(4) 地基验收：沟槽验收合格后，应进行沟槽地基承载力试验。地基承载力须大于

· 9 ·

或等于设计要求，对于不符合承载力要求的地基，应进行换填压实处理。人工沟槽开挖流程见图1-12。

(a) 人工开挖沟槽

(b) 沟槽开挖完成

(c) 沟槽验收

(d) 地基验收

图1-12 人工沟槽开挖流程

2）操作要点

（1）操作条件。

①土方开挖前，根据安全技术交底了解地下管线、人防工程及其他构筑物情况和具体位置。地下构筑物外露时，必须进行加固保护。此外，应做好施工图纸的审阅、分析，以及施工方案的拟定；了解当地的水文、气象条件；掌握施工场地的地质条件。

②土方开挖前，根据施工方案的要求，将施工区域内的地下、地上障碍物清除并处理完毕，设置施工场地外围隔离围挡。

③建（构）筑物的位置或场地的定位控制线（桩）、标准水平桩及开槽的灰线尺寸，必须经过检验并合格。

④夜间施工时，应有足够的照明设施。危险地段应设置明显标志，并合理安排开挖顺序，防止错挖或超挖。

（2）操作方法。

①按照GB 50026—2020《工程测量标准》进行测量放线，按照设计图纸测量管道中心线、开挖边线、坡脚及检查井位置、高程控制点，并设置现场标志。基坑（槽）

开挖时,应按照放线标志的开挖宽度,分块(段)分层挖土,以保证施工工艺正确、操作安全。

②沟槽开挖时,作业面宽度按照设计要求实施。若设计无要求,则沟槽开挖的作业面宽度依据管道外径、施工的工作面、模板,以及支撑的工作宽度、支撑截面尺寸进行计算,计算方法按照 GB 50268—2008《给水排水管道工程施工及验收规范》相关规定执行。

③沟槽开挖时,应对槽底高程进行跟踪测量检验,不应出现超挖。开挖后,槽底原状土不得扰动,一旦超挖或扰动,应以碎石或砂回填至设计标高,回填压实度及地基承载力应符合设计要求。

④开挖坡度按照设计要求实施。若设计未明确要求,则参照 GB 50268—2008《给水排水管道工程施工及验收规范》相关规定执行。

⑤沟槽每侧临时堆土或施加其他荷载时,应符合下列规定。

a. 不得影响建(构)筑物、各种管线和其他设施的安全。

b. 不得掩埋消火栓、管道闸阀、雨水口、测量标志及各种地下管道的井盖,且不得影响其正常使用。

c. 堆土距沟槽边缘不应小于 0.8m,且高度不应超过 1.5m。

⑥沟槽开挖较深时,应确定分层开挖的深度,并符合下列规定。

a. 人工开挖沟槽的槽深超过 3m 时,应分层开挖,每层的深度不超过 2m。

b. 人工开挖多层沟槽的层间留台宽度:放坡开槽时不应小于 0.8m,直槽时不应小于 0.5m,安装井点设备时不应小于 1.5m。

⑦开挖基坑(槽)或管沟,当接近地下水位时,应先完成标高最低处的挖方,以便在该处集中排水。

⑧开挖基坑(槽)的土方,在场地有条件堆放时,留出满足回填要求的土方,多余的土方应一次运至弃土处,避免二次搬运。

⑨沟槽开挖一般不宜在雨季进行。必须在雨季进行沟槽开挖时,工作面不宜过大,应分段、逐片、分期完成;应注意边坡稳定;应在坑(槽)外侧设置挡水设施,防止地面水流入。

⑩在基坑(槽)开挖过程中,应随时注意土质变化情况。如基底出现松软土层、枯井、古墓,则应与设计单位共同研究,采取加深、换填或其他加固地基方法处理。如遇有文物,则应做好保护工作,待妥善处理后再施工。

(3)重难点及应对措施。

①场地积水(场地范围内局部积水)。

a. 产生原因:场地周围未做排水沟或场地未设置一定排水坡度,或存在反向排水坡;场地测量偏差,标高不一致。

b. 防治措施:按照要求做好场地排水沟和排水坡;做好测量复核工作,避免出现标高错误的问题。

②挖土边坡塌方。

a. 产生原因:基坑(槽)开挖较深,未按照规定放坡;在有地表水、地下水的土层开挖基坑（槽），未采取有效降排水措施；坡顶堆载过大或受外力震动影响导致坡体内剪切应力增大，土体失去稳定而塌方；土质松软，开挖次序、方法不当造成塌方。

b. 防治措施：根据不同土层土质情况，选择适当的挖方坡度；做好地面排水措施，基坑（槽）开挖范围内有地下水时，采取降水措施；坡顶上有弃土、堆载时，远离挖方土边缘；土方开挖时，应自上而下分段分层依次进行，并随时做成一定坡度，以利泄水；避免先挖坡脚，造成坡体失稳；相邻基坑（槽）开挖时，应遵循先深后浅或同时进行的施工顺序。

4. 材料与设备

主要设备有铁锹、手锤、手推车、梯子、铁镐、撬棍、潜水泵、木桩、塔尺、铁钉、水准仪、坡度尺、小线、钢尺等。

5. 质量控制

1）施工过程控制

（1）开挖过程中，严格控制开挖尺寸，基坑底部的开挖宽度应考虑工作面的增加宽度。

（2）尽量减少对地基土的扰动，若基础不能及时施工，则可预留200~300mm，人工开挖，并完成地基底整平。

（3）土方开挖时，注意保护标准定位桩、轴线桩、标准高程桩。要防止邻近建筑物下沉，应预先采取防护措施，并在施工过程中进行沉降和位移观测。

（4）应注意保护测量控制的定位桩、控制桩体。挖土、运土、机械行驶时，不得碰撞，并应定期复测，检查其是否移位、下沉；平面位置、标高和边坡的坡度应符合设计要求。

（5）基坑（槽）、管沟的直立壁和边坡在开挖后应防止扰动或被雨水冲刷，以防失稳。

2）施工质量控制

（1）主控项目。

①原状地基土不得扰动、受水浸泡或受冻，受外部环境影响造成以上问题时，应联系设计确认处置措施。

检查方法：观察，检查施工记录。

②地基承载力应符合设计要求，开挖完成后，应申请建设单位、设计单位、地勘单位、监理单位及施工单位五方进行联合地基验收，对地基承载力进行检测并经监理确认。

检查方法：由勘察单位对实际地质情况与勘察结果的符合性进行确认，由承建单位或第三方单位进行地基承载力试验，判定是否符合设计要求。

③进行地基处理时，原材料质量、压实度、换填尺寸应符合设计要求。

检查方法：检查原材料试验检验报告、压实度报告和测量换填尺寸。

（2）一般项目。人工沟槽开挖的允许偏差值应符合GB 50268—2008《给水排水管道工程施工及验收规范》相关规定。人工沟槽开挖的允许偏差见表1-2。

表 1-2 人工沟槽开挖的允许偏差

序号	检查项目	允许偏差（mm）		检查数量		检查方法
				范围	点数（个）	
1	槽底高程	土方	±20	二井之间	3	用水平仪测量
		石方	+20, -200			
2	槽底中线每侧宽度	不小于规定		二井之间	6	挂中线用钢尺测量，每侧计 3 点
3	沟槽边坡	不陡于规定		二井之间	6	用坡度尺测量，每侧计 3 点

1.1.3 机械开挖

1. 概述

场地和基坑开挖，当面积和土方量较大时，在保证质量和安全的前提下，为了节约成本，减少劳动用工，提高机械使用效率，加快工程建设速度，一般采用机械开挖方式，并采用先进的作业方法。

2. 现行适用规范

（1）GB 50268—2008《给水排水管道工程施工及验收规范》。

（2）GB 50289—2016《城市工程管线综合规划规范》。

（3）GB 50202—2018《建筑地基基础工程施工质量验收标准》。

（4）JGJ 120—2012《建筑基坑支护技术规程》。

（5）CJJ 61—2017《城市地下管线探测技术规程》。

（6）Q/CTG 249—2019《长江大保护城市水环境治理工程地下管线调查与检测评估实施技术导则》。

（7）Q/CTG 322—2022《长江大保护 排水管网施工指南》。

（8）《长江大保护项目沟槽开挖支护标准化指导手册》。

（9）《长江大保护给水排水管道沟槽支护设计指南（1.0 版）》。

3. 施工工艺流程及操作要点

1）工艺流程

机械开挖沟槽工艺流程见图 1-13。

（1）测量放样、路面凿除：参照 1.1.1 相关内容。

（2）分层开挖：当基坑具备机械开挖条件时，为提高工作效率，一般采用挖掘机等机械设备进行开挖。常见的沟槽支护方式有槽钢支护、拉森钢板桩支护、箱式横列板支护等。

（3）沟槽验收、地基验收：参照 1.1.2 相关内容。沟槽机械开挖见图 1-14。

2）操作要点

（1）操作条件。

①技术准备：完成土石方工程方案编制及报审、设备进场报验、人员资质报验、方案及技术交底，以及现场踏勘进行管线构筑物交底。

②施工准备：按照要求在施工场地外围设置隔离围挡，对开挖范围进行放线定位，完

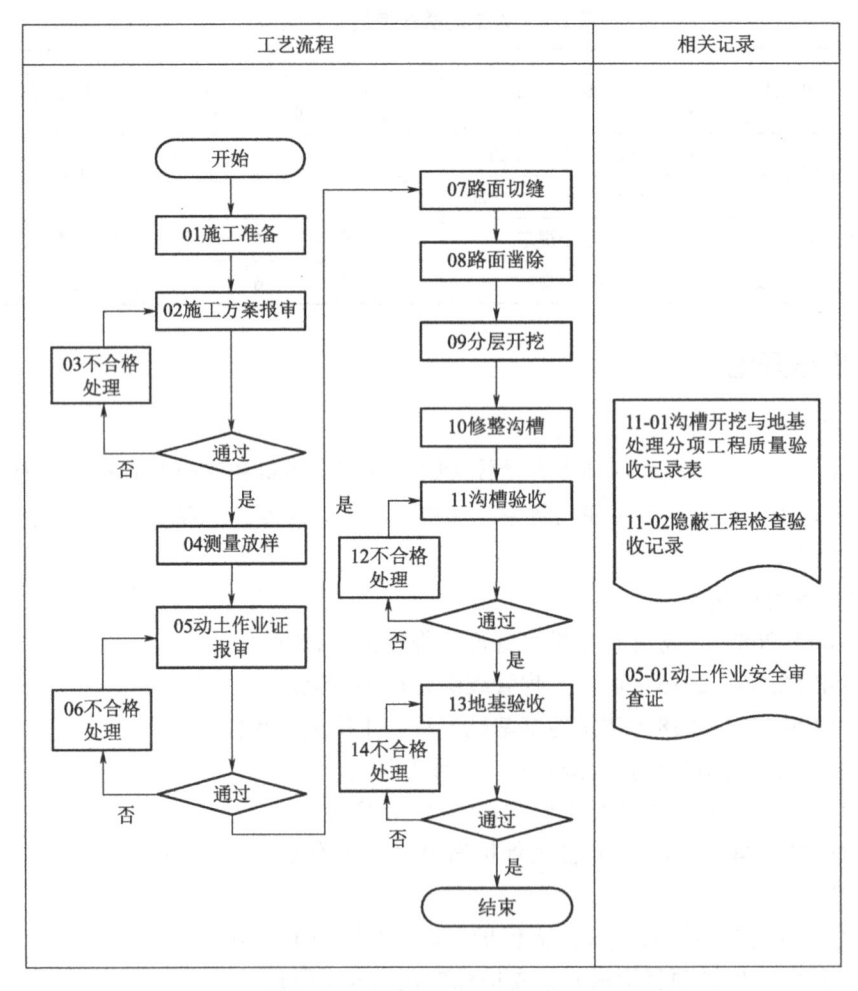

图 1-13　机械开挖沟槽工艺流程

（a）路面凿除　　　　　　　　（b）分层支护

图 1-14　沟槽机械开挖

成现场临时施工用水用电消防设施的布置。

③机械开挖宜在白天进行，夜间施工时，应有足够的照明设施，并严格按照地方政府噪声污染防控要求办理施工手续。危险地段应设置明显标志，并合理安排开挖顺序，防止错挖或超挖。

④开挖低于地下水位的基坑、基槽、管沟时，应根据当地工程地质资料，采取措施降低地下水位，保证管槽基坑范围内的地下水位在基底以下 0.5m。

⑤开挖前，若有阻碍施工的建（构）筑物、地上及地下有关管线（包括电力、通信、给水排水、煤气、供热等）、树木、坟墓等，则应取得详细资料，不能搬迁的按照相应方案做好保护，需要搬迁的联系相关单位组织拆除或搬迁。

⑥施工机械进入现场时，经过的道路和机械上下设施等应事先勘察，做好必要的加宽、加固工作，道路等级、坡度、转弯半径应结合设备型号、载重量选择。

（2）操作方法。

①基坑（槽）开挖时，应按照放线标志的开挖宽度，分块（段）分层挖土，保证施工操作安全。按照 GB 50026—2020《工程测量标准》进行测量放线，按照设计图纸测量管道中心线、开挖边线、坡脚及检查井位置、高程控制点，并进行现场标志。

②沟槽开挖时，作业面宽度按照设计要求实施。若设计无要求，则沟槽开挖的作业面宽度依据管道外径、施工的工作面、模板，以及支撑的工作宽度、支撑截面尺寸进行计算，计算方法按照 GB 50268—2008《给水排水管道工程施工及验收规范》相关规定执行。

③沟槽开挖时，应对槽底高程进行跟踪测量检验，不应出现超挖。开挖后，槽底原状土不得扰动，一旦超挖或扰动，应以碎石或砂回填至设计标高，回填压实度应符合要求。

④开挖坡度按照设计要求实施。若设计未明确要求，则参照 GB 50268—2008《给水排水管道工程施工及验收规范》相关规定执行。

⑤采用反铲挖掘机、拉铲挖掘机开挖基坑（槽）或管沟时，施工方法有两种：一种为端头挖土法，挖掘机从基坑（槽）或管沟的端头以倒退行驶的方式进行开挖，自卸汽车配置在挖掘机的两侧装运土；另一种为侧向挖土法，挖掘机沿基坑（槽）或管沟的一侧移动，自卸汽车在另一侧装运土。

⑥多层接力开挖法：将两台或多台挖掘机设在不同作业高度同时挖土，边挖土，边将土传递到上层，由地表挖掘机挖土并装土；上层用大型反铲挖掘机，中、下层用大型或小型反铲挖掘机挖土并装土，均衡连续作业。一般两层挖土可挖深 10m，三层挖土可挖深 15m 左右，适于开挖土质较好、深 10m 以上的大型基坑、沟槽和渠道。

⑦大型土方机械开挖应从上而下分层分段依次进行，严禁在高度超过 3m 或不稳定土体之下无坡脚或负坡脚作业。深基坑每挖 1m 左右即应检查通直修边，随时修正偏差。在挖方边坡上如发现有危岩、孤岩、古滑坡等土体或导致岩（土）体向挖方一侧滑移的软弱夹层、裂隙，则应及时清除和采取相应措施，防止岩（土）体崩塌与下滑。

⑧开挖基坑（槽）和管沟，不得挖至设计标高以下，若不能准确地挖至设计标高，则可在设计标高以上暂留一层土不挖，以便在抄平后，由人工挖出。

⑨施工区域运行路线的布置应根据作业区域工程的大小、机械性能、运距和地形起伏等情况确定。

(3) 重难点及应对措施。

①场地积水（场地范围内局部积水）。

a. 产生原因：场地周围未做排水沟或场地未设置一定排水坡度，或存在反向排水坡；测量偏差，场地标高不一。

b. 防治措施：按照要求做好场地排水沟和排水坡；做好测量复核工作，避免出现标高错误的问题。

②挖土边坡塌方。

a. 产生原因：基坑（槽）开挖较深，未按照规定放坡；在有地表水、地下水作用的土层开挖基坑（槽），未采取有效降排水措施；坡顶堆载过大或受外力震动影响导致坡体内剪切应力增大，土体失去稳定而塌方；土质松软，开挖次序、方法不当造成塌方。

b. 防治措施：根据不同土层土质情况，选择适当的挖方坡度；做好地面排水措施，基坑（槽）开挖范围内有地下水时，采取降水措施；坡顶上有弃土、堆载时，远离挖方土边缘；土方开挖时，应自上而下分段分层依次进行，并随时做成一定坡度，以利泄水；避免先挖坡脚，造成坡体失稳；相邻基坑（槽）开挖时，应遵循先深后浅或同时进行的施工顺序。

③超挖（边坡面界面不平，出现较大凹陷）。

a. 产生原因：机械开挖的操作控制不严，出现局部多挖的问题；边坡上存在松软土层，受外界因素影响自行滑塌，造成坡面凹凸不平；测量放线错误。

b. 防治措施：机械开挖时，预留200～300mm，人工修坡；加强测量复测，进行严格定位。

④基坑（槽）泡水（地基被水淹没，导致地基承载力降低）。

a. 产生原因：开挖基坑（槽）未设排水沟或挡水堤，地面水流入基坑（槽）；在地下水位以下挖土时，未采取措施将水位降至基底开挖面以下；施工过程中未连续降水，或受停电影响。

b. 防治措施：开挖基坑（槽）周围应设排水沟或挡水堤；在地下水位以下挖土时，应降低地下水位，使水位降至基底开挖面以下0.5～1.0m。

⑤基底产生扰动土。

a. 产生原因：开挖基坑（槽）时，排水措施差，尤其是在基底积水或土壤含水量大的情况下进行施工，土很容易被扰动；土方开挖时出现超挖，后又用虚土回填，这部分虚土经施工操作后改变了原状土的物理性能，变为扰动土。

b. 防治措施：认真做好基坑排水和降水工作。降水工作应待基础回填土完成后，方可停止。土方开挖应连续进行，尽量缩短施工时间。雨季施工或基坑（槽）开挖后不能及时进行下一道工序时，可在基底标高以上留15～30cm土不挖，待下一道工序开工前再挖。采用机械挖土时，应在基底标高以上留一定厚度的土，人工清除。冬季施工时，应注意基底土不要受冻，下一道工序施工前应认真检查，禁止受冻土被隐蔽覆盖。为防止基底土冻结，可预留松土层或采用保温材料覆盖，待下一道工序施工前再清除松土层或去掉保温材料覆盖层；严格控制基底标高。如个别地方发生超挖，则严禁用虚土回填，处理方法应征得设计单位同意。

⑥沟槽断面不符合要求。

a. 产生原因：施工测量放线前，未充分了解开挖地段的土质、地下建（构）筑物、地下水位及施工环境等情况。

b. 防治措施：施工技术人员要认真了解设计图纸，学习施工规范，充分了解施工环境。在研究确定开槽断面时，既要考虑少挖土、少占地，又要考虑方便施工，确保生产安全和施工质量，做到开挖断面合理；开槽断面由槽底宽度、挖深度、槽层、各层边坡率及层间留台宽度等因素确定，槽底宽度应为管道结构宽度加两侧工作面宽度；作业人员要按照技术交底中合理的开槽断面和施工操作规程施工。

4. 材料与设备

常用土方机械有推土机、正铲挖掘机、反铲挖掘机、装载机等。

推土机操作灵活，运转方便，工作面小，可挖土、运土，易于转移，行驶速度快，应用广泛。正铲挖掘机装车轻便灵活，回转速度快，移位方便，能挖掘坚硬土层，易控制开挖尺寸，工作效率高。反铲挖掘机操作灵活，挖土、卸土均在地面作业，不用专门开运输道。装载机操作灵活，回转速度快，移位方便，可装卸土方和散料，行驶速度快。

5. 质量控制

1）施工过程控制

（1）开挖基坑（槽）和管沟，不得超过基底标高。如个别地方超挖，则处理方法应征得设计单位同意，不得私自处理。

（2）基坑（槽）开挖后，应尽量减少对基底的扰动。如遇建（构）筑物基础不能及时施工，则可在基底标高以上预留 30cm 土层不挖，待做基础时再挖。

（3）应严格按照施工方案规定的施工顺序进行土方开挖施工，宜先从低处开挖，再分层、分段依次进行，形成一定坡度，以利排水。

（4）施工机械下沉：施工时，必须了解土质和地下水位情况。推土机一般需要在地下水位 0.5m 以上推土；挖掘机一般需要在地下水位 0.8m 以上挖土，以防机械自重下沉；正铲挖掘机挖方的台阶高度不得超过最大挖掘高度的 1.2 倍。

（5）开挖尺寸不足，边坡过陡：基坑（槽）或管沟底部的开挖宽度和坡度，除应考虑结构尺寸要求外，还应根据施工需要增加工作面宽度，如排水设施、支撑结构等所需的宽度。

（6）施工过程中，如发现有文物或古墓等，则应妥善保护，并应及时报请当地有关部门处理，方可继续施工。如发现有测量用的永久性标桩或地质、地震部门设置的长期观测点等，则应加以保护。在敷设有地上或地下管线、电缆的地段进行土方施工时，应事先征得有关管理部门的书面同意，施工过程应采取措施，以防损坏管线，造成严重事故。

2）施工质量控制

（1）主控项目。

①原状地基土不得扰动、受水浸泡或受冻，受外部环境影响造成以上问题时，应联系设计确认处置措施。

检查方法：观察，检查施工记录。

②地基承载力应符合设计要求，开挖完成后，应申请建设单位、设计单位、地勘单

位、监理单位及施工单位五方进行联合地基验收,对地基承载力进行检测并经监理确认。

检查方法:由勘察单位对实际地质情况与勘察结果的符合性进行确认,由承建单位或第三方单位进行地基承载力试验,判定是否符合设计要求。

③进行地基处理时,原材料质量、压实度、换填尺寸应符合设计要求。

检查方法:检查原材料实验检验报告、压实度报告和测量换填尺寸。

(2)一般项目。

机械沟槽开挖的允许偏差与人工开挖相同。

1.2 沟槽支护

1.2.1 横列板支护

1. 概述

横列板由撑板和横撑组成,是为了防止沟槽土方坍塌的一种临时性挡土结构材料。常见的横列板主要有钢材和木材两种材料或这两种组合材料。其中,撑板常见形式为厚木板或钢板,横撑常见形式为方木或钢管。一般情况下,开挖深度小于2.5m的沟槽可采用横列板支护,应在开挖施工面后立即进行支护;开挖深度为2.5~3.5m的沟槽采用放坡和箱式横列板支护。

2. 现行适用规范

(1) GB 50268—2008《给水排水管道工程施工及验收规范》。

(2) GB 50330—2013《建筑边坡工程技术规范》。

(3) GB 50202—2018《建筑地基基础工程施工质量验收标准》。

(4) JGJ 120—2012《建筑基坑支护技术规程》。

(5) JGJ 311—2013《建筑深基坑工程施工安全技术规范》。

3. 施工工艺流程及操作要点

1) 工艺流程

横列板支护施工工艺流程见图1-15。

2) 操作要点

(1) 横列板支护施工方案中,应将具体做法和需要准备的材料予以说明,并辅以大样。在较硬的土层中,应优先选择槽钢作为竖梁。

(2) 开挖及结构施工过程中,应采取有效的降排水措施,保证水位降至槽底0.5m以下。

(3) 横列板支护挖土深度至1.2m时,需要及时撑头挡板,之后每次撑板的高度控制在0.6~0.8m。横列板应水平放置,板缝严密,板头齐正,深度到碎石基础面。

(4) 横列板检验与拼装。

①横列板拼装时,首先根据横梁间距和竖梁入土深度在槽钢上预钻孔,其次将横梁和木板按照设计的尺寸通过钢钉连接,再次根据竖梁位置在横梁和木板上预钻孔,最后通过螺栓将横梁、竖梁和木板连成整体。

②为方便吊装和入土,可预先在槽钢上端开圆形孔,将槽钢下端切成楔形状。

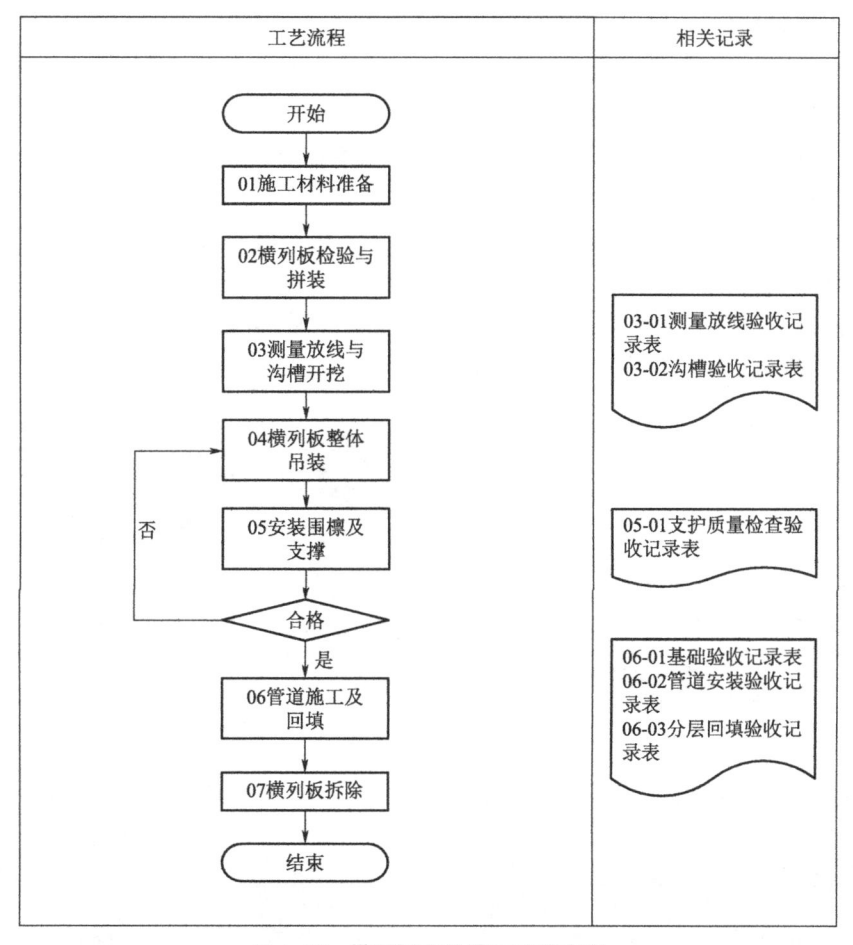

图 1-15　横列板支护施工工艺流程

③横列板根据材料尺寸和施工段可制作成 2.4m×2.4m、2.4m×3.6m 等不同尺寸，横列板大小以方便施工、及时形成支护为准。

（5）测量放线与沟槽开挖。

①沟槽开挖时，应及时支护。施工时，应根据现场情况判断方案的适用性。

②沟槽开挖前期准备工作完成且具备开挖条件后，由施工单位向监理单位提交沟槽开挖动土作业安全审查证，监理单位签字认可后方可进行沟槽开挖。

③每次开挖长度按照单块整体式横列板长度控制，实现"开挖一段、支护一段"，保证边坡稳定。

④首次挖土深度至 0.9m 时，应及时撑头挡板，之后开挖与撑板应交替进行，每次撑板的高度应控制 0.6～0.8m，撑板在边坡修整后立即实施。

（6）横列板整体吊装。

①沟槽开挖完成一块横列板的长度后，将横列板整体人工抬运至施工位置，采用专业吊具或根据实际情况选择人工配合、起重机等机械吊装至基坑内并紧贴坑壁，依次将槽钢分次压入土中。整体式横列板安装时，型钢立桩入基础深度不应小于 500mm。

②吊装过程中应有专人指挥。

(7) 安装围檩及支撑。

①当两侧的横列板安装完成后,施工人员在基坑外安装两根临时横撑,将横列板上端对撑后,安排工作人员进入沟槽内安装横撑。

②两侧横列板之间,每根竖梁安装两道横撑,横撑竖向间距不大于1.5m,上部横撑距地面0.6m。

③横撑安装完成后,该段落的支护完成就算了,可开展下步工序。

(8) 横列板拆除。

当沟槽分层回填至沟槽深度小于1.2m时,在竖梁顶端的吊装孔内拴好钢丝绳(或吊带),利用起重机或桩机将横列板整体拆除。横列板支护见图1-16。

(a) 横列板材料准备

(b) 横列板的检验与拼装

(c) 沟槽开挖

(d) 安装围檩及支撑

(e) 管道施工及回填

(f) 横列板拆除

图1-16 横列板支护

4. 材料与设备

(1) 整体式横列板的材料最好选用市场上常见的材料,这样便于采购。横列板采用木板材料时,常用尺寸为1200mm×2400mm,厚度不得小于10mm。横梁采用条形方木或木板时,常用尺寸为50mm×70mm、50mm×100mm、50mm×200mm、100mm×100mm。横梁最小尺寸不得小于50mm。竖梁采用[16以上槽钢。横撑采用不小于$\phi 48.3 \times 3.6$mm钢管。螺栓采用M12×80mm。钢钉采用建筑钢钉,长度不小于50mm。

(2) 施工材料必须进行进场报验并经监理工程师审查,报验材料包括原材料出厂合格证、试验检测报告、材料规格及数量等。

(3) 主要施工机具为起重机、挖掘机或专用打桩机。

5. 质量控制

(1) 撑板支撑的横梁、纵梁和横撑布置应符合下列规定。

①每根横梁或纵梁不得少于2根横撑。

②横撑的水平间距宜为1.5~2m。

③横撑的垂直间距不宜大于1.5m。

④横撑影响下管时,应有相应的支撑措施或采取其他有效的支撑结构。

(2) 横列板施工时,监理单位应加强旁站监督,验收合格并签字确认后,方可让作业人员进入沟槽。验收允许偏差参照设计要求。横列板支护允许偏差见表1-3。

表1-3 横列板支护允许偏差

序号	检查项目	允许偏差或允许值	检查数量 范围(m)	检查数量 点数(个)	检查方法
1	轴线位置	100(mm)	10	1	经纬仪及直尺
2	横列板水平度	1/100	10	1	水准仪及直尺
3	垂直度	1/100	10	1	线锤及直尺

1.2.2 槽钢支护

1. 概述

槽钢支护是一种常见的基坑支护形式,通常由槽钢密排布置形成基坑临时支护结构,属于简易围护结构。用于基坑支护的槽钢长度一般为3~6m,运用打桩机打入地下,并在路面以下50cm处布置一道横撑。由于槽钢支护抗弯能力强,可多次重复使用,因此在基坑支护工程中用途广泛。但槽钢之间搭接处不严密,不能止水,槽钢支护仅适用于深度不超过3.5m,无水且地质条件较好的基坑。

2. 现行适用规范

(1) GB 50017—2017《钢结构设计标准》(附条文说明[另册])。

(2) GB 50202—2018《建筑地基基础工程施工质量验收标准》。

(3) JGJ 94—2008《建筑桩基技术规范》。

(4) JGJ 120—2012《建筑基坑支护技术规程》。

(5) JGJ 311—2013《建筑深基坑工程施工安全技术规范》。

（6）T/CECS 720—2020《钢板桩支护技术规程》。
3. 施工工艺流程及操作要求
1）工艺流程
槽钢支护施工工艺流程见图1-17。

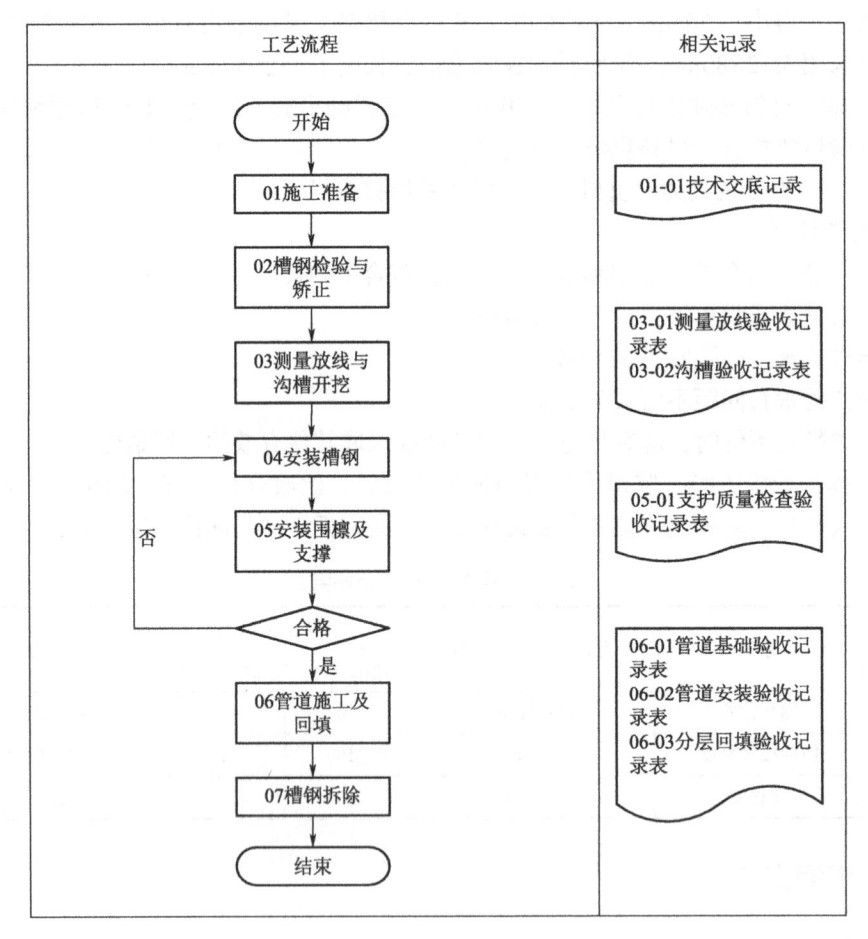

图1-17 槽钢支护施工工艺流程

2）施工准备
（1）平整场地并清理场地内杂物（清除地下、地面及高空障碍物，需保留的地下管线应挖出来加以保护）。
（2）技术交底，人员就位；打桩机械（施工方法不同，运用的打桩机械不同）、全站仪等设备仪器准备并报验。
（3）槽钢的设置位置应便于基础施工（在基础结构边缘外应留有支护和拆除模板的余地）。

3）槽钢检验与矫正
（1）开挖深度为 $2 \leqslant h < 3.5$ m 时，采用型号为［28a 槽钢作为沟槽的支护材料。
（2）槽钢外观及材质检验合格，检验内容包括表面缺损、长度、宽度、厚度、高度、端头矩形等。各项物理力学性能指标应符合相关标准或要求。

(3) 对于年久失修、变形、锈蚀严重的槽钢，应整修矫正。

4) 测量放线与沟槽开挖

(1) 基线确定：在沟槽边定好轴线，留出以后施工需要的工作面，确定槽钢施工位置。

(2) 定桩位：按照顺序标明槽钢的具体桩位，洒灰线标明。

(3) 采用槽钢支护的沟槽应采取分层开挖方式，每层开挖深度控制在 0.5～1.5m。

(4) 槽钢由装载机吊运至沟槽内。

(5) 施工前，应对现场进行勘察，确定现场无管线及建筑物，并用围挡对沟槽边缘进行封闭处理。

5) 安装槽钢

(1) 沟槽开挖相应的长度后，将槽钢抬运至施工位置，采用人工配合的方式，运用打桩机或挖掘机吊装至基坑内紧贴坑壁，运用打桩机将槽钢分次压入土中，槽钢入基础深度不得小于 1500mm。

(2) 吊装及施打槽钢过程中应有专人指挥。

(3) 槽钢打入施工时，避免产生过大噪声。采用单独打入法施工时，在一根打入后，应将其与前一根焊牢，防止倾斜。槽钢间距 2m 处施打一根带牛腿的槽钢，牛腿设置在地面以下 50cm 位置。

(4) 在施工过程中，应用仪器随时检查、控制、纠正槽钢前进方向。若发生倾斜，则用钢丝绳拉住桩身，边拉边打，逐步纠正。

6) 安装围檩及支撑

(1) 两侧的槽钢安装完成后，作业人员在安装牛腿的槽钢上安装围檩，用 $\phi140mm$ 钢管进行支撑，间距 3m。支撑施工完成后，安排工作人员进入沟槽内加固横撑，并施加预应力。

(2) 两侧横撑、围檩用钢丝绳缆绑，挂在施打完成的槽钢上，防止其脱落伤人。

(3) 横撑安装并加固好后即完成该段落的支护，可开展下步工序。

7) 槽钢拆除

(1) 内支撑拆除后即可进行槽钢拆除。内支撑拆除时，应遵循逐层回填、逐层拆除的原则。拆除工作的起点应离开角桩 5 根以上，可根据沉桩时的情况确定拔桩起点。

(2) 拔桩时，可采用振动拔桩法，利用振动锤产生的强迫振动扰动土质，破坏板桩周围土的黏聚力以克服拔桩阻力，依靠附加起吊力的作用将桩拔除。对封闭式钢板桩墙，拔桩起点应离开角桩 5 根以上，也可采用跳拔（间隔拔）方法。拔桩的顺序最好与打桩的顺序相反。拔拉时，可先用振动压将土振松以减小土的阻力，然后边振边拔。对需及时回填拔桩后的主孔的槽钢，应将其拔至比坑底略高时暂停引拔，用振动器振动几分钟，尽量使土孔填实一部分。对引拔阻力较大的槽钢，可用间歇振动方法，每次振动 15min，振动锤连续工作不超过 1.5h。

(3) 槽钢拔除后留下的土孔应及时进行回填处理，特别是周围有建（构）筑物或地下管线的场地，尤其应注意及时回填，否则会引起周围土体位移及沉降，并造成邻近建（构）筑物破坏。土孔首选原土回填，当回填不到位时，可采取注入水泥砂浆回填的方式。

槽钢支护见图1-18。

(a) 沟槽开挖及安装槽钢　　　　　　(b) 安装围檩及支撑

(c) 管道施工及回填　　　　　　(d) 槽钢拆除

图1-18 槽钢支护

4. 材料与设备

（1）槽钢支护的材料最好选用设计要求及市场上常见的材料，这样便于采购。槽钢采用[20以上槽钢。横撑采用不小于$\phi 140mm \times 8mm$钢管。围檩采用$HW200 \times 200mm \times 8mm \times 12mm$工字钢。牛腿采用$300mm \times 300mm \times 10mm$钢板焊制。

（2）施工材料必须进行进场报验并经监理工程师审查，报验材料包括原材料出厂合格证、试验检测报告、材料规格及数量等。

（3）主要施工机具为电焊机、路基箱、起重机、挖掘机或专用打桩机。

5. 质量控制

内支撑施工前，应对放线尺寸、标高进行校核，对钢支撑的产品构件和连接构件及钢立柱的制作质量等进行检验。钢支撑的质量应符合GB 50202—2018《建筑地基基础工程施工质量验收标准》相关规定。钢支撑质量检验标准见表1-4。

表 1-4 钢支撑质量检验标准

项目	序号	检查项目	允许值或允许偏差 单位	允许值或允许偏差 数值（个）	检查方法
主控项目	1	外轮廓尺寸	mm	±5	钢尺量测
主控项目	2	预加顶力	kN	±10%	应力监测
一般项目	1	轴线平面位置	mm	≤30	钢尺量测
一般项目	2	连接质量	设计要求	设计要求	超声波或射线探伤

1.2.3 钢板桩支护

1. 概述

钢板桩支护由带锁口或钳口的热轧型钢定制而成，把这种钢板桩有序连接起来可形成钢板桩墙。钢板桩是一种边缘带有连动装置，且这种连动装置可以自由组合形成一种连续紧密的挡土墙或者挡水墙的钢结构体，其截面有直板形、槽形及 Z 形等，而且有各种大小尺寸及连锁形式，常见形式有拉尔森式、拉克万纳式等。

钢板桩支护适用于埋深超过 5m 的沟槽支护，属于连续支护方式，是沟槽开挖支护最常用的支护方式之一。钢板桩支护有很多优点：钢板桩之间可以紧密结合，形成钢板结构体；质量轻、强度高，易打入坚硬的土层；锁口紧密、水密性高，尤其是新的钢板桩；施工方便，施工速度快；可以重复使用，符合绿色环保的要求；使用钢板桩可以大幅缩短工期，且在一些没有覆盖层的卵石层、岩层地层，采用特殊的钢板桩插打工艺可以解决钢板桩下沉困难的问题。

2. 现行适用规范

(1) GB 50268—2008《给水排水管道工程施工及验收规范》。
(2) GB 50017—2017《钢结构设计标准》（附条文说明［另册］）。
(3) GB 50202—2018《建筑地基基础工程施工质量验收标准》。
(4) GB 50497—2019《建筑基坑工程监测技术标准》。
(5) JGJ 120—2012《建筑基坑支护技术规程》。
(6) JGJ 311—2013《建筑深基坑工程施工安全技术规范》。
(7) T/CECS 720—2020《钢板桩支护技术规程》。

3. 施工工艺流程及操作要求

1) 工艺流程

钢板桩支护施工工艺流程见图 1-19。

2) 施工准备

(1) 平整场地并清理场地内杂物（清除地下、地面及高空障碍物，需保留的地下管线应挖出来加以保护）。

(2) 技术交底，人员就位；打桩机械（施工方法不同，运用的打桩机械不同，如冲击式打桩机、油压式打桩机、柴油锤、振动锤等）、全站仪等设备仪器准备并报验。

(3) 钢板桩外观及材质检验合格，各项物理力学性能指标符合相关标准要求。

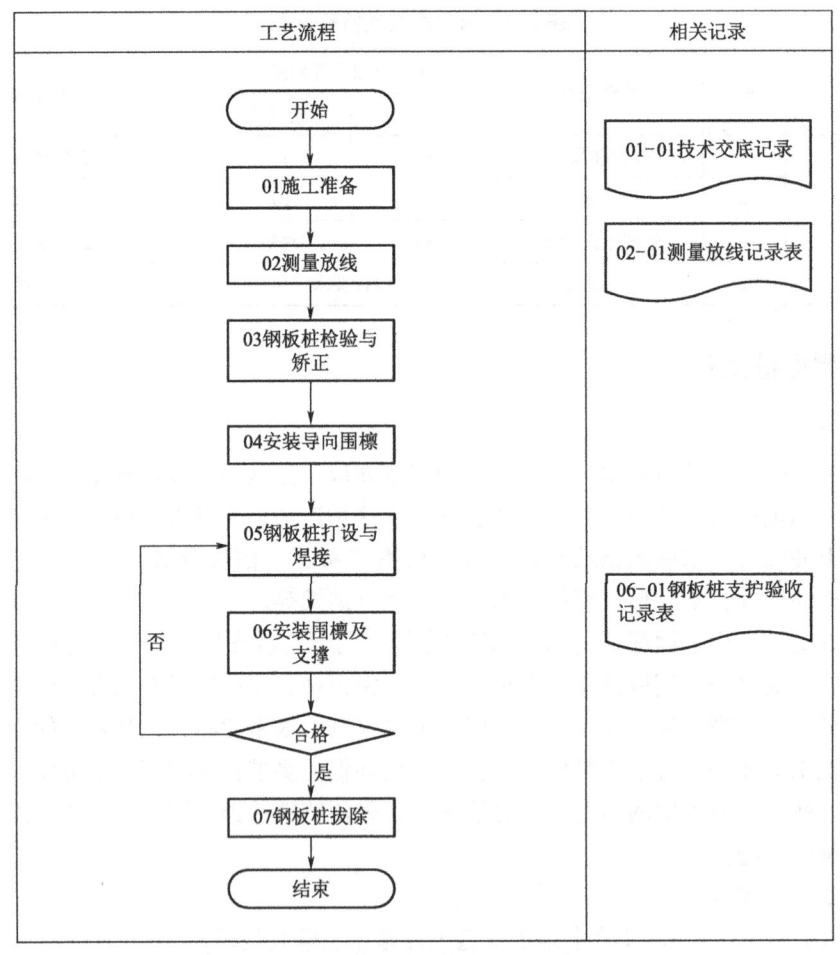

图 1-19 钢板桩支护施工工艺流程

(4) 钢板桩施工前应试桩，试桩数量一般不少于 10 根。

(5) 钢板桩的设置位置应便于基础施工（在基础结构边缘外应留有支护和拆除模板的余地）。

3）测量放线

(1) 测量人员按照要求采用全站仪测放基坑（槽）开挖上口线，精确测放角桩平面位置，用木桩定桩位，用白石灰撒钢板桩纵向位置线。位置偏差应符合设计要求（一般不得大于 100mm）。

(2) 在沉桩过程中，为保证钢板桩的垂直度，用两台经纬仪在两个方向加以控制。

4）钢板桩检验与矫正

(1) 打桩前，逐根检查钢板桩。若为新钢板桩，则可按照出厂标准进行检验。若为旧钢板桩，则应检验其长度、宽度、厚度、高度等是否符合设计要求，有无表面缺陷、端头矩形比、垂直度和锁口变形等问题。

(2) 去掉连接锁口锈蚀、变形严重的钢板桩，对弯曲变形的钢板桩，用油压千斤顶的顶压或火烘等方法进行矫正。钢板桩上若有影响打设的焊接件，则应将其割除；若有割孔、断面缺损问题，则应补强。锁口变形的，应用标准钢板桩作为锁口整形胎具，采用慢速卷扬机牵拉调整处理或用氧乙炔焰热烘和大锤敲击胎具推进方法进行调直处理。

（3）打桩前，应将桩尖处的凹槽口封闭，避免泥土挤入，锁口应涂黄油或其他油脂。

5）安装导向围檩

（1）为保证钢板桩的垂直度及钢板桩墙面的平整度，在钢板桩打入时，应设置打桩围檩支架。

（2）导向围檩由导梁和围檩桩等组成，围檩可以双面布置，也可以单面布置，一般下层围檩可设在离地约500mm处，双面围檩之间的净距应比插入钢板桩宽度大8~10mm。

（3）围檩支架一般用型钢组成（如H型钢、工字钢、槽钢等），围檩之间用连接板焊接。

6）钢板桩打设与焊接

（1）由于钢板桩的长度为定长，因此在施工中常需焊接。为了保证钢板桩自身强度，焊接位置不可在同一平面上，必须采用相隔一根上下颠倒的接桩方法。

（2）为保证钢板桩打设精度，常采用屏风式打入法。该方法不易使钢板桩发生屈曲、扭转、倾斜和墙面凹凸等问题，打入精度高，易于实现封闭合拢。施工时，将10~20根钢板桩成排插入导架内进行施打。将钢板桩用起重机吊至插桩点处进行插桩，插桩时，锁口应对准，每插入一块即套上桩帽轻轻锤击。为防止锁口中心平面位移，在打桩进行方向的钢板桩锁口处设卡板，阻止钢板桩位移。同时，在围檩上预先定好每块钢板桩的位置，以便随时检查校正。

（3）在钢板桩打设过程中，为保证垂直度，用两台经纬仪在两个方向加以控制。

（4）开始打设的一二块钢板桩的位置和方向应确保精确，以便起到导向样板作用，每打入1m应测量一次，打至预定深度后，立即用钢筋或钢板与围檩支架电焊进行临时固定装制。

（5）钢板桩起吊后，人工将钢板桩插入锁口，动作一定要缓慢，防止锁口损坏，插入后可稍松吊绳，使钢板桩凭自重滑入。施工过程中，随时检测，一旦发现问题，及时处理。

（6）沉桩允许偏差：一般，位置偏差不大于100mm，桩身弯曲度偏差不大于2%，沉桩垂直度偏差不大于1%。

（7）钢板桩引孔。钢板桩施打过程中，如遇硬质岩石等地质，无法打入或施工过程会对周围建（构）筑物造成破坏及振动锤施工产生巨大噪声而影响附近经营户和住户，甚至会造成钢板桩损坏时，应采用引孔施工措施。

①引孔工艺流程。准备工作→定位放线→引孔定位→钻机就位→第一孔钻进→取土堆放→灌砂→第二孔钻机就位→第二孔钻进→取土堆放→灌砂→连续引孔→最后一孔灌砂填实。

②引孔施工。

a. 定位放线：根据基准点放出引孔部位控制线。

b. 钻机就位：将钻机移动至作业位置，调整桩架垂直度，偏差应小于1/250。钻机移动由当班机长统一指挥，移动前，必须仔细观察现场情况，移位应平稳、安全。钻机定位后，由当班机长负责对孔位进行复核，偏差不得大于 10mm。

c. 钻机垂直度校正：钻机应平稳、平正，确保钻机立柱导向架的垂直度偏差小于 1/250，在桩架上焊接半径为 5cm 的铁圈，10m 高处悬挂铅锤，利用经纬仪校直钻杆垂直度，使铅锤正好通过铁圈中心。每次施工前，必须适当调节钻杆，使铅锤位于铁圈内，将钻杆垂直度误差控制在 0.5% 以内。

d. 桩长控制标志：钻机施工前，应在钻杆上做好标志，控制引孔深度不得小于设计拉森钢板桩底标高。当桩长变化时，擦去旧标志，做好新标志。应按照施工图要求控制每个施工段的钢板桩的设计标高。

e. 钻机引孔：按照顺序依次引孔至桩底标高。第一根钢板桩施工时，不可进尺太快，应慢速进行，掌握地层对钻机的影响情况，确定在该地层条件下的钻进参数。之后连续引孔施工，确保钢板桩顺利施打。

7）安装围檩及支撑

（1）为保证钢板桩的垂直度及钢板桩墙面的平整度，在钢板桩打入时，应设置打桩围檩支架。

（2）围檩可以双面布置，也可以单面布置。第一层围檩设在离地约 500mm 处，双面围檩之间的净距应比插入钢板桩宽度大 8~10mm。

（3）围檩支架一般用型钢组成（如 H 型钢、工字钢、槽钢等），围檩之间用连接板焊接。

（4）有围檩支架的钢板桩必须保持垂直状态，围檩保持水平状态，设置位置应正确、牢固可靠。

（5）钢板桩围檩在转角处两钢板桩墙各 10 根桩位轴线内调整后合拢，不能闭合时，该处两钢板桩可搭接，其背后应进行防水处理。

8）钢板桩拔除

（1）钢板桩拔除方式有静力拔桩和振动拔桩两种，采用较多的是振动拔桩方式。

（2）对封闭式钢板桩墙，拔桩起点应离开桩脚 5 根以上，必要时可间隔拔除。拔桩顺序一般与打桩顺序相反。

（3）拔桩前，用拔桩机卡头卡紧桩头，使起拔线与钢板桩中心线重合。拔桩开始时，略松吊钩，当振动机振动 1~1.5min 后，随振幅加大拉紧吊钩，并缓慢提升。

（4）钢板桩起到可用起重机直接吊起时，停止振动。钢板桩同时振起几根时，用落锤打散。

（5）拔桩过程中，随时观察吊机尾部翘起情况，防止倾覆。

（6）钢板桩逐根试拔，易拔钢板桩先拔出。起拔时，用落锤向下振动少许，待锁口松动后再起拔。

（7）钢板桩拔出后，及时用砂填实桩孔。

钢板桩支护见图 1-20。

4. 材料与设备

（1）钢板桩支护的材料最好选用设计要求及市场上常见的材料，这样便于采购。钢板桩采用拉森钢板桩 FSP-（Ⅱ~Ⅳ）。横撑采用不小于 $\phi250mm \times 10mm$ 钢管或 H400×

(a) 钢板桩准备 　　　　　　　　　　(b) 钢板桩检验与矫正

(c) 钢板桩打设 　　　　　　　　　　(d) 安装围檩及支撑

(e) 钢板桩拔除 　　　　　　　　　　(f) 钢板桩引孔

图 1-20　钢板桩支护

400mm×13mm×21mm 工字钢。围檩采用 HW200×200m×8mm×12mm 以上工字钢。牛腿采用 300mm×300mm×10mm 钢板或 L80×8mm 角钢焊制。

（2）施工材料必须进行进场报验并经监理工程师审查，报验材料包括原材料出厂合格证、试验检测报告、材料规格及数量等。

（3）主要施工机具为电焊机、路基箱、起重机、专用打桩机（拔桩机）。

5. 质量控制

（1）钢板桩围护墙施工前，应对钢板桩的成品进行外观检查。

(2) 钢板桩的桩长、桩身弯曲度、桩顶标高、锁扣应符合设计及规范要求。

(3) 在打桩过程中,为保证钢板桩的垂直度,用两台经纬仪在两个方向加以控制。在钢板桩施工过程中,打设的允许误差为:桩顶标高偏差±100mm;钢板桩轴线偏差±100mm;钢板桩垂直度偏差1%。打设钢板桩时,实时监测各项是否在允许范围内,超出时应及时纠正。钢板桩打设的公差标准见表1-5。内支撑施工前,应对放线尺寸和标高进行校核,对钢支撑的构件和连接构件及钢立柱的制作质量等进行检验。钢板桩围护墙的质量检验标准见表1-6,应符合GB 50202—2018《建筑地基基础工程施工质量验收标准》相关规定。

表1-5 钢板桩打设的公差标准

序号	检查项目	允许公差
1	钢板桩轴线偏差	±100mm
2	桩顶标高	±100mm
3	钢板桩垂直度	1%

表1-6 钢板桩围护墙的质量检验标准

项目	序号	检查项目	允许值或允许偏差 单位	允许值或允许偏差 数值	检查方法
主控项目	1	桩长	不小于设计值		钢尺量测
主控项目	2	桩身弯曲度	mm	≤2%L	钢尺量测
主控项目	3	桩顶标高	mm	±100	水准仪测量
一般项目	1	齿槽平直度及光滑度	无电焊渣或毛刺		用1m长的桩段进行通过试验
一般项目	2	沉桩垂直度	≤1/100		经纬仪测量
一般项目	3	轴线位置偏差	mm	±100	经纬仪测量或用钢尺量测
一般项目	4	齿槽咬合程度	紧密		目测法

注:L为钢板桩设计桩长(mm)。

1.2.4 逆作法沟槽支护

1. 概述

钢筋混凝土护壁逆作法沟槽支护施工是沿沟槽的纵向两侧位置施工地下连续墙并每隔6.2m设置一道横隔墙作为临时挡土围护结构,自上而下依次施工钢筋混凝土护壁结构,强度达到设计要求后,在沟槽内进行管道铺设、安装与回填等一系列施工。逆作法施工使得逆作面处形成钢筋混凝土护壁结构,可利用地下水平结构平衡或抵消围护结构的侧向土压力。

2. 现行适用规范

(1) GB 50268—2008《给水排水管道工程施工及验收规范》。
(2) GB 50666—2011《混凝土结构工程施工规范》。
(3) GB 50204—2015《混凝土结构工程施工质量验收规范》。
(4) GB 50202—2018《建筑地基基础工程施工质量验收标准》。
(5) JGJ 120—2012《建筑基坑支护技术规程》。

(6) JGJ 311—2013《建筑深基坑工程施工安全技术规范》。
(7) CJJ 61—2017《城市地下管线探测技术规程》。

3. 施工工艺流程及操作要求

1）工艺流程

逆作法沟槽支护施工工艺流程见图1-21。

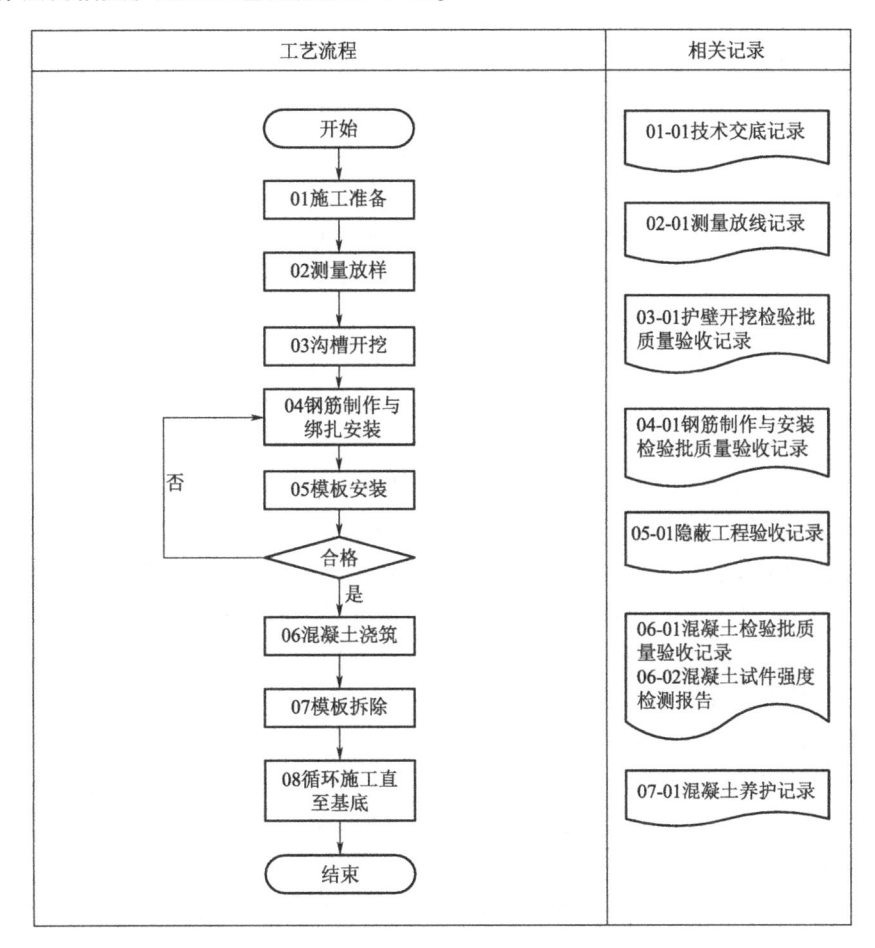

工艺流程	相关记录
开始 → 01施工准备 → 02测量放样 → 03沟槽开挖 → 04钢筋制作与绑扎安装 → 05模板安装 → 合格？（否则返回04）→ 06混凝土浇筑 → 07模板拆除 → 08循环施工直至基底 → 结束	01-01技术交底记录 02-01测量放线记录 03-01护壁开挖检验批质量验收记录 04-01钢筋制作与安装检验批质量验收记录 05-01隐蔽工程验收记录 06-01混凝土检验批质量验收记录 06-02混凝土试件强度检测报告 07-01混凝土养护记录

图1-21 逆作法沟槽支护施工工艺流程

2）施工准备

（1）熟悉图纸、地质勘查资料等，根据资料确定挖槽机械种类、施工程序、施工工艺和槽段划分。

（2）了解基坑范围内地下管线、建（构）筑物及邻近建（构）筑物情况，以确定各种地下管线及障碍物的处理方案。

（3）复核水准点、基准点并进行现场布点。

（4）完成钢筋混凝土护壁逆作法沟槽支护专项方案及施工组织设计的编制及审批。

（5）根据逆作法的特点，选择逆作法施工形式，布置施工孔洞、上人口、通风口，确定降水方法，拟定中间支承墙施工方法、土方开挖方法及护壁结构混凝土施工浇筑方法等，并进行详细的技术交底。

(6) 提前对混凝土、钢筋厂家进行考察，备足施工所需的物资材料。

(7) 完成占路、破路手续办理，准备好施工设备的运输条件和进退场条件。

3) 测量放样

(1) 建立控制网，对控制桩进行妥善保护，设置明显标志，周围不得堆放杂物，并避免车辆机械碰撞。

(2) 根据设计施工图，用全站仪测放沟槽轴线位置。

(3) 测量人员根据设计施工图，采用 GPS 及全站仪测量放点，将沟槽开挖边线四个角点放样后，采用墨斗弹出并用红色喷漆标出锁口平面位置。

4) 沟槽开挖

(1) 基坑开挖宽度为：护壁厚度+100mm+管道一侧工作面宽度+拟建排水管外径+管道另一侧工作面宽度+100mm+护壁厚度。采用钢筋混凝土护壁逆作法支护方式直槽分层开挖。待第一层护壁混凝土强度达到80%后，再进行第二层土方开挖。

(2) 土方开挖遵循"开槽支撑、先撑后挖、分层开挖、严禁超挖"的原则；土方开挖0~3m时，采用机械开挖，配合人工修整，并根据土质情况，及时进行钢筋混凝土护壁支护；土方开挖超过3m时，应人机配合开挖，机械出土；下层挖土时，严禁出现大的扰动现象，避免上层钢筋混凝土护壁支护后发生坍塌。

(3) 护壁混凝土分块长度为30m或一个井段长度，分层高度为1m。第一次挖土可按照设计施工图尺寸全面下挖到设计要求深度，施做护壁混凝土强度符合要求后进行下一层土方开挖。第二层及以后向下挖土，开挖至设计深度后，同上依次绑扎钢筋、支模、浇筑混凝土，循序渐进，以防井壁向下突然沉降。每侧壁板挖土时，每次下挖深度视土壤情况确定，一般不宜超过1.5m。

5) 钢筋制作与绑扎安装

(1) 基坑及护壁土石方开挖完成并检查几何尺寸合格后进行锁口和护壁钢筋安装。锁口宽度800mm，厚度300mm，ϕ12mm 钢筋，双层双向。钢筋混凝土护壁厚度200~300mm，单节高度1m，ϕ8~12mm 钢筋，双层双向。

(2) 钢筋原材料进场后，监理见证取样，经试验合格后方可使用，对不合格的产品进行退货处理。

(3) 钢筋在加工场完成制作，运输至现场安装绑扎成型。钢筋加工的形状、尺寸必须符合设计要求。钢筋的表面应洁净、无损伤，若有油渍、漆污和铁锈等，则应在使用前清除干净。带有颗粒状或片状老锈的钢筋不得使用。钢筋应平直，无局部曲折。

6) 模板安装

(1) 为保证钢筋混凝土外观质量，模板可采用木模板、九层板（光面）或便于运输的 PVC 模板，四周护壁模板面板尺寸为 15mm×2440mm×1220mm。

(2) 横向采用尺寸为 4000mm×100mm×50mm 的木条加固，间距25cm，竖向选用 ϕ48mm×3mm 双钢管，间距90cm。模板外侧每隔0.5m加一道竖向加强板，保证模板强度，模板内壁钉一层薄铁皮，薄铁皮接头与模板接头错开50mm距离，模板接缝处用橡胶泥密实，以保证混凝土光洁度及方便脱模，同时可以增加模板的周转使用次数。

（3）模板外侧用三角斜撑进行支撑，为加大斜撑底部与地基的接触面，应在斜撑下加横撑，并与斜撑连接牢固。另外，为保证模板横向强度，在斜撑与模板接触面上下各加一根横撑，这样可压住两个竖向加强板。为保证混凝土外观颜色，应使用同一型号脱模剂。

（4）模板承垫底部应预先找平，以保证模板位置准确。加强模板垂直度控制，减少垂直度校正的工作量。防止模板底部漏浆。

（5）设置模板定位装置，定位装置采用直径不小于12mm的钢筋，点焊在墙筋上，上中下设三道，以保证模板位置准确。

（6）模板接缝处应贴海绵胶带，防止漏浆。模板每次使用时，均应涂刷脱模剂。

（7）注意钢筋保护层垫块的设置，保证钢筋保护层尺寸符合要求。

7）混凝土浇筑

（1）混凝土浇筑前，应检查模板的尺寸、轴线及支架强度、稳定性是否合格，检查钢筋位置、数量等，清理浇筑部位的杂物，会同各单位共同检查，合格后填写验收记录。

（2）混凝土运到现场后，由混凝土泵车进行浇筑，人工振捣。浇筑混凝土时，应保证混凝土均匀密实、不发生离析现象。混凝土分层浇筑，每层浇筑高度不大于0.5m，前层混凝土从搅拌机卸出到次层混凝土压茬的间歇时间不超过混凝土设计配合比的初凝时间。

（3）混凝土采用插入式振动器振捣，各插点的间距不宜超过振捣棒长度且应均匀布置，并正确掌握振捣时间，振至泛浆不再冒泡为止，振捣应均匀密实，尽量避免碰撞钢筋、模板等。分层浇筑的混凝土，振捣上层混凝土时，振捣棒应插入下层尚未初凝的混凝土层至少50mm，保证上下两层混凝土结合良好。

（4）混凝土等级、护壁厚度、底板厚度、保护层厚度按照设计要求进行施工，由于采用逆作法施工，因此护壁自上而下按照设计要求分层、分段多次浇筑。混凝土浇筑及间歇的全部时间不得超过混凝土的初凝时间，同一段护壁的混凝土应连续浇筑，并在底层混凝土初凝前将上一层混凝土浇筑完毕。在下次混凝土浇筑前，对已浇筑混凝土表面进行凿毛、冲洗、湿润，浇筑下层护壁时，应对上一层护壁进行凿毛、冲洗、湿润，并调直钢筋，确保上下两层钢筋搭接长度符合设计或规范要求，监理对钢筋进行隐蔽验收后方可关模浇筑下一层混凝土。

（5）底板混凝土浇筑按照设计要求进行处理。设计无要求时，一般铺一层150～500mm厚卵石或砂石层，再在其上绑扎钢筋，两端与壁板钢筋连接，浇筑底板混凝土。混凝土浇筑应从沟槽的四周向中央推进，并用振动器振捣密实，当井内有隔墙时，应前后左右对称逐孔浇筑。

8）模板拆除

（1）混凝土强度达到5MPa以上，或混凝土表面及棱角保证不会受到损坏时，方可拆除模板。

（2）拆除模板时，作业人员应站在安全处，以免发生安全事故。拆下的模板配件等严禁乱扔，应有人接应传递，堆至指定地点，并做到及时清理，分类堆放整齐，以备使用。

（3）模板拆除后，应进行混凝土孔、眼处理：用水冲洗，混凝土表面湿润后用拌好的石棉及膨胀水泥砂浆堵实，将混凝土表面压平、压光。

逆作法沟槽支护施工见图1-22。

(a)沟槽开挖　　　　　　　　　　(b)钢筋制作与绑扎安装

(c)模板安装　　　　　　　　　　(d)混凝土浇筑与模板拆除

图1-22　逆作法沟槽支护施工

4. 材料与设备

（1）逆作法沟槽支护的材料最好选用市场上常见的材料，这样便于采购。逆作法沟槽支护主要运用开挖、钢筋、模板、混凝土浇筑工艺，材料选用设计要求的常规钢筋、模板和混凝土。

（2）施工材料必须进行进场报验并经监理工程师审查，报验材料包括原材料出厂合格证、试验检测报告、原材料检测报告、材料规格及数量等。

（3）主要施工机具为电焊机、钢筋加工设备、木工锯、混凝土振捣泵、起重机、挖掘机、混凝土泵车等。

5. 质量控制

（1）钢筋的级别、直径、根数和间距均应符合图纸及设计要求。钢筋绑扎允许偏差见表1-7，应符合GB 50204—2015《混凝土结构工程施工质量验收规范》相关规定。

表1-7　钢筋绑扎允许偏差

序号	检查项目		允许偏差（mm）	检查方法
1	网眼尺寸	绑扎	±20	尺量连续三挡取最大值
2	骨架的宽度、高度	—	±5	尺量检查
3	骨架的长度	—	±10	

续表

序号	检查项目		允许偏差（mm）	检查方法
4	箍筋、构造筋间距	绑扎	±20	尺量连续三挡取最大值
5	受力钢筋	间距	±10	尺量两端中间各一点取最大值
		排距	±5	
6	钢筋起弯点位移		±20	尺量检查
7	受力钢筋保护层	根底	±10	
		墙板	±3	

（2）模板支撑体系满足承载力、刚度和整体稳固性的要求，模板安装允许偏差（见表1-8）符合 GB 50204—2015《混凝土结构工程施工质量验收规范》相关要求。

表1-8 模板安装允许偏差

项目		允许偏差（mm）	检查方法
轴线位置		5	钢尺量测
底膜上表面标高		±5	水准仪或拉线、钢尺量测
截面内部尺寸	基础	±10	钢尺量测
	柱、墙、梁	±5	钢尺量测
层高垂直度	≤6m	8	水准仪或吊线、钢尺量测
	>6m	10	水准仪或吊线、钢尺量测
相邻两板表面高低差		2	钢尺量测
表面平整度		5	2m靠尺和塞尺检查

1.3 管道基础施工

给水排水管道基础大多在软质土的环境下开展施工作业活动，其地质条件、施工环境、施工方法、施工人员素质、过程管控的优劣程度都会影响管道从安装到使用再到维护的难易度，对管道的正常使用寿命有较大影响。

1.3.1 混凝土基础

1. 概述

混凝土基础一般分为混凝土平基与管座基础施工。混凝土平基一般指管底以下部分，具有浇平基础和垫层作用。管座一般指管道两边部分，常见的有90°、120°和180°，管道安装好后再浇筑管座，即管座两侧基础上的部分，其具有基础和固定管道的作用。

2. 现行适用规范

（1）GB 50268—2008《给水排水管道工程施工及验收规范》。
（2）GB 50141—2008《给水排水构筑物工程施工及验收规范》。
（3）GB 50666—2011《混凝土结构工程施工规范》。
（4）GB 50204—2015《混凝土结构工程施工质量验收规范》。

(5) GB 50202—2018《建筑地基基础工程施工质量验收标准》。

3. 施工工艺流程及操作要点

1) 工艺流程

混凝土基础浇筑工艺流程见图 1-23。

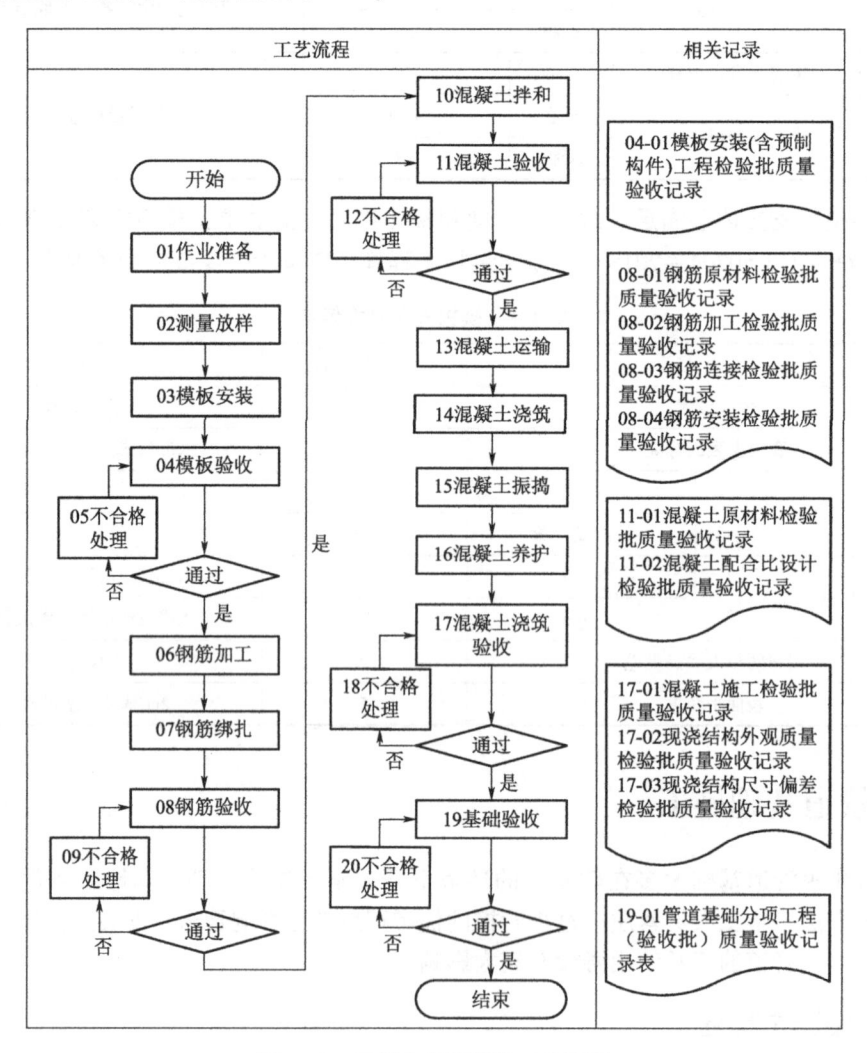

图 1-23 混凝土基础浇筑工艺流程

混凝土基础施工应符合 GB 50268—2008《给水排水管道工程施工及验收规范》相关规定。

（1）测量放样：沟槽验收合格后，根据设计图纸上的管线及雨水或污水井位置，标出管线中心轴线位置、雨水或污水井中心位置等点位。

（2）模板安装：一般采用木板材料制作沟槽混凝土基础模板。

（3）钢筋绑扎：在对排水箱涵、截水沟等设施进行施工时，应在沟槽内根据设计要求进行钢筋绑扎，钢筋的品种、级别、规格、数量和箍筋的间距应符合设计要求，钢筋保护层的厚度应符合设计要求。

（4）混凝土浇筑：当沟槽基础模板安装、钢筋绑扎验收合格后，便可开始浇筑沟槽混凝土基础。采用自拌混凝土时,优先选用普通硅酸盐低碱水泥,强度等级不低于42.5MPa。采用商品混凝土时,应提前检查混凝土的配合比、坍落度、质量和强度试验报告,以及水泥、砂、石等原材料的检测报告是否合格。

(5)混凝土振捣:浇筑时,应充分振捣、分层进行,浇筑过程中采用符合要求的振捣设备,防止漏振、欠振、过振。

(6)混凝土养护:混凝土浇筑完成后,应盖上土工布或土工膜,并定期洒水养护直至达到强度要求。

(7)混凝土浇筑验收及基础验收:管道基础混凝土浇筑完成后,应对混凝土基础进行质量验收,要求混凝土强度符合设计要求,外光内实、无严重缺陷;复核混凝土基础平基的中线侧宽、高程及厚度偏差范围及管座的肩宽、肩高的偏差范围,达到设计要求后视为混凝土浇筑及基础验收合格。

混凝土基础施工工艺见图1-24。

(a)管道安装测量放样

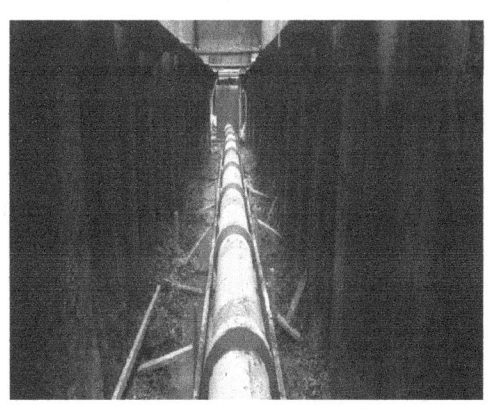

(b)混凝土基础模板安装

(c)截水沟基础及侧墙钢筋绑扎

(d)混凝土基础浇筑养护

图1-24 混凝土基础施工工艺

2)操作要点

(1)操作条件。

①垫层的基底地质情况、标高、尺寸均应经过检查并达到合格,并办理隐蔽工程质量

检验程序。

②模板安装位置、尺寸必须符合设计要求，应拼缝严密、表面平整。

③核对混凝土配合比，检查后台磅秤，进行技术交底，准备好混凝土试模。

④浇筑前，应对地基进行清理和处理，确保地基表面平整、坚实、无杂物。

（2）操作方法。

①混凝土基础施工前，应对下列项目进行复验，符合设计要求和有关规定方可施工。

a. 基底标高及基坑几何尺寸、轴线位置。

b. 天然岩土地基及地基处理。

c. 复合地基、桩基工程。

d. 降排水系统。

②模板的接缝不应漏浆。浇筑混凝土前，应对模板浇水湿润，但模板内不应有积水。模板与混凝土的接触面应清理干净并涂刷隔离剂。浇筑混凝土前，模板浇筑范围内的杂物应清理干净。

③安装钢筋时，钢筋的品种、级别、规格、数量和箍筋的间距应符合设计要求，以及钢筋保护层的厚度应符合设计要求。

④采用自拌混凝土时，优先选用普通硅酸盐低碱水泥，强度等级不低于42.5MPa，每立方米混凝土的碱量不超过3kg，严禁使用含有氯化物的水泥，不得使用过期和结块水泥，混凝土配合比应选择有相应资质和能力的试验室进行设计。

⑤采用商品混凝土时，检查混凝土的配合比和配料是否符合设计要求，检查混凝土的材料质量和试验报告，以及水泥、砂、石等原材料的质量是否符合要求，并查看相关材料的试验报告。

（3）重难点及应对措施。

①管道平基不振捣。管道平基混凝土浇筑后，未使用振捣器对混凝土振捣密实，随意踩踏或用铁锹拍打，导致混凝土平基局部呈现松散状态，基础强度降低。

a. 产生原因：现场技术交底不到位，现场管理不到位，质量管理意识弱。管道平基属于隐蔽工程，若监管不到位，则会出现施工偷工减料的问题。

b. 防治措施：加强现场作业工序管理，上道工序完成后，才可进行下道工序。做好技术交底工作，提高现场作业人员质量意识。拆除模板后，应对平基质量进行检查，如出现基础松散不密实的质量问题，则应及时采取补救措施或返工处理。

②平基厚度不够。混凝土厚度大部或局部薄于设计厚度，导致平基厚度不够，平基强度降低。

a. 产生原因：平基标高控制不准或不严格，导致平基厚度不达标。故意偷工减料，减少混凝土用量。

b. 防治措施：在浇筑混凝土平基前，做好测量复核工作，确认无误后，方可浇筑混凝土。振捣完毕后，对混凝土平基的表面高程用标高线或模板顶或模板上的弹线仔细找平，核对标高。

③平基强度不够安管。平基混凝土浇筑后，未达到规范要求的最低强度便安装管道，

易造成混凝土平基边缘损坏，表层松散，厚度不够，还可能造成局部断裂，或局部整体性损坏，破坏管基的整体性，而且这个问题不易被发现，易留下永久性隐患。

a. 产生原因：技术交底不到位，或因抢工期而导致混凝土强度未达到规范要求。

b. 防治措施：按照规范要求，平基混凝土强度低于 1.2MPa 时，不得承受荷载。若工期要求过紧，则可采用速凝水泥或普通水泥掺加速凝外掺剂，或提高混凝土标号等方法提高平基混凝土早期强度，只有达到规范要求的最低强度才可安管。

④管座跑模。管座肩宽的宽窄不一，肩高的高低不一，呈波浪形，许多控制点严重超过标准允许偏差值，造成管座与管体脱节，无法起到管座加强管体受力的作用。

a. 产生原因：模板的强度、刚度不足。木模板支撑少或支撑不牢固，导致模板出现局部变形或错位。

b. 防治措施：模板和支撑结构应具有足够的强度、刚度和稳定性，特别是支杆的支撑点不能直接支在松散土层上，应加垫板或桩木，使其能可靠地承受混凝土浇筑时的振捣力和侧向推力。如已浇筑的管座出现与管体脱节现象，则应返工处理，保证管座与管体严密结合。

⑤管座混凝土蜂窝孔洞。混凝土管座局部松散、砂浆少、骨料多，骨料之间出现空隙，严重时会有孔洞出现。混凝土的主要作用是承受压力，出现蜂窝孔洞时，虽然可以修补，但其整体性及强度有所下降。

a. 产生原因：混凝土搅拌不均匀，和易性差，难以振捣密实。没有按照操作规程浇筑混凝土，下料不当，使混凝土离析，骨料集中，局部振捣不出水泥浆。振捣不实，或下料与振捣配合不好，出现漏振现象。模板支搭不牢，振捣时模板移位，或模板缝隙大，导致漏浆，出现蜂窝。

b. 防治措施：在整个搅拌过程中，配合比及计量应准确。混凝土自由倾落高度不应超过 2m，深槽垂直运送混凝土应采用串筒、溜管或溜槽的方式。混凝土的振捣应分层进行。浇筑过程中，应采用符合要求的振捣设备，防止漏振、欠振、过振。

4. 材料与设备

1) 材料

（1）水泥进场时，应有质量证明文件，复验的项目及复验批量的划分应按照 GB 50204—2015《混凝土结构工程施工质量验收规范》相关规定执行，检查产品合格证、出厂检验报告、进场复验报告。同一水泥厂生产的同品种、同强度等级、同出厂编号的水泥为一批，当采用同一旋窑厂生产的质量稳定的、生产间隔时间不超过 10d 的散装水泥时，可以 500t 为一批进行检验。

（2）砂进场时，应有质量证明文件，复验的项目及复验批量的划分应按照 GB 50204—2015《混凝土结构工程施工质量验收规范》相关规定执行，检查产品合格证、出厂检验报告、进场复验报告。集中生产的以 400m³ 或 600t 为一批，分散生产的以 300t 为一批，不足上述规定数量的按照一批进行检验。

（3）混凝土用的粗骨料，其最大颗粒的粒径不得超过构件截面最小尺寸的 1/4，且不得超过钢筋最小净间距的 3/4。对于混凝土实心板，骨料的最大粒径不宜超过板厚的 1/3，且不得超过40mm。碎石进场时，应有质量证明文件，复验的项目及复验批量的划分应按照GB 50204—2015《混凝土结构工程施工质量验收规范》相关规定执行，检查产品合格证、出厂检验报告、进场复验报告。集中生产的以600t为一批，分散生产的以300t为一批，不足上述规定数量的按照一批进行检验。

（4）钢筋的级别、种类和直径应按照设计要求选用，并应具备出厂合格证且经复验合格。钢筋出厂时，应有产品合格证和检验报告单，钢筋应按照进场时钢筋批号及直径分批送检，每60t为一批，不足60t按照一批计，每批送检1组。每批钢筋应由同一牌号、同一炉号（批号）、同一规格（直径）、同一交货状态的钢筋组成，钢筋不得有严重的锈蚀、麻坑、劈裂、夹砂、夹层等缺陷。

（5）模板应具有足够的稳定性、刚度和强度，能够可靠地承受浇筑混凝土的重量和侧压力，以及施工过程中产生的荷载，便于安装、拆卸，且表面必须平整，接缝严密。

2）设备

混凝土施工机具：混凝土搅拌机、混凝土罐车、混凝土输送泵、混凝土振捣器等。

其他机具设备：空气压缩机、切割机、发电机、水车、水泵等。

工具：扳手、铁锹、铁抹、木抹、斧子、钉锤、对拉螺杆及PVC管、钉子、8号铁丝、钢丝刷等。

5. 质量控制

1）施工过程控制

（1）平基与管座的模板应根据埋设的管径分一次或两次支设，每次支设高度宜略高于混凝土的浇筑高度。

（2）平基与管座的混凝土设计无要求时，宜采用强度等级不低于C15的低坍落度混凝土。

（3）平基与管座分层浇筑时，应先将平基凿毛冲洗干净，并将平基与管体接触的腋角部位用同强度等级的水泥砂浆填满、捣实，再浇筑混凝土，这样可使管体与管座混凝土结合严密。

（4）平基与管座采用垫块法一次浇筑时，必须先从一侧浇筑混凝土，对侧的混凝土高过管底，与浇筑侧混凝土高度相同时，再两侧同时浇筑，并保持两侧混凝土高度一致。

（5）管道基础应按照设计要求留变形缝，且变形缝的位置应与柔性接口一致。

（6）管道平基与井室基础宜同时浇筑。水井上游接近井室基础的一段应砌砖加固，并将平基混凝土浇筑至井室基础边缘。

（7）混凝土浇筑过程中，应防止离析。浇筑后，应进行养护。强度低于1.2MPa时，不得承受荷载。

2）施工质量控制

（1）主控项目。混凝土基础的强度符合设计要求。检验数量：混凝土验收批与试块留置按照GB 50141—2008《给水排水构筑物工程施工及验收规范》相关规定执行。混凝土基础的混凝土强度验收应符合GB/T 50107—2010《混凝土强度检验评定标准》相关规定。

（2）一般项目。混凝土基础外光内实，无严重缺陷。混凝土基础的钢筋数量、位置正确。

检查方法：观察；检查钢筋质量保证资料；检查施工记录。

管道基础允许偏差及检查数量和方法见表1-9。

表1-9 管道基础允许偏差及检查数量和方法

序号	检查项目		允许偏差（mm）	检查数量		检查方法
				范围	点数	
1	垫层	中线每侧宽度	不小于设计要求	每个验收批次	每10m测1点，且不少于3点	挂中心线钢尺量测，每侧一点
		高程 压力管道	±30			水准仪测量
		高程 无压管道	0, -15			
		厚度	不小于设计要求			钢尺量测
2	混凝土基础、管座	平基 中线每侧宽度	+10, 0			挂中心线钢尺量测，每侧一点
		平基 高程	0, -15			水准仪测量
		平基 厚度	不小于设计要求			钢尺量测
		管座 肩宽	+10, -5			钢尺量测，挂高程线钢尺量测，每侧一点
		管座 肩高	±20			

1.3.2 土、砂及砂砾基础

1. 概述

室外管道垫砂是一种基础建设中常用的管道保护方法，主要作用是在管道周围形成一定厚度的垫层，达到减缓管道向下沉降、抵消地基差异和抵御土壤侵蚀等目的。同时，垫砂可以增强管道的稳定性和承载力，保证管道正常使用。

2. 现行适用规范

（1）GB 50141—2008《给水排水构筑物工程施工及验收规范》。

（2）GB 50268—2008《给水排水管道工程施工及验收规范》。

（3）GB 50202—2018《建筑地基基础工程施工质量验收标准》。

（4）JGJ 79—2012《建筑地基处理技术规范》。

3. 施工工艺流程及操作要点

1）工艺流程

土、砂及砂砾基础施工工艺流程见图1-25。

（1）测量放样：参照1.3.1相关内容。

（2）基槽清理：铺设垫砂前应验槽，将沟槽基础表面浮土、淤泥、杂物清理干净，防止压实打夯时出现塌方，影响沟槽基础质量。

（3）砂石材料报验：在确定沟槽基础回填料正式回填前，应对人工级配砂石进行检验，通过试验确定配合比例，并应符合设计要求。

（4）基础填筑：管道基础的回填料一般采用原状土、砂土及砂砾石等材料，具体材

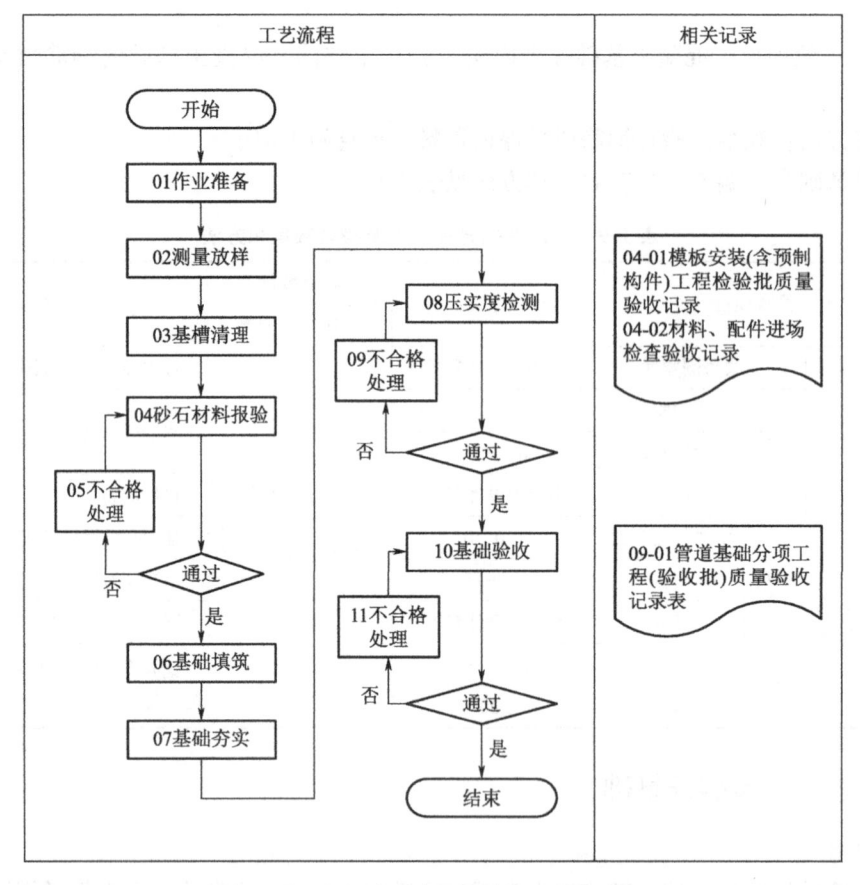

图 1-25　土、砂及砂砾基础施工工艺流程

料根据设计确定。柔性管道、柔性接口的刚性管道的砂石基础结构施工按照 GB 50268—2008《给水排水管道工程施工及验收规范》相关规定执行。

（5）基础夯实：采用人工级配砂石回填时，应先将砂、卵石拌和均匀，再铺夯压实，基础或垫层高度范围内的回填料应分层回填密实。分层铺设时，接头处搭接应做成斜坡或阶梯形，每层错开 0.5～1.0m，并注意充分捣实，夯实或碾压的遍数由现场试验确定。用木夯或蛙式打夯机时，应保持落距 400～500mm，要一夯压半夯，行行相接，全面夯实，一般不少于 3 遍。用压路机往复碾压时，一般不少于 4 遍，其轮距搭接不小于 500mm，边缘和转角处应用人工或蛙式打夯机补夯密实。

（6）基础验收：管道基础回填、夯实完成后，应对压实度、边坡、平整度、厚度等进行检测，最后一层压（夯）实完成后，应对沟槽基础表面进行拉线找平，并保证基础上表面标高符合设计标高。当以上沟槽相关基础数据满足设计要求时，沟槽基础验收才算合格。

土、砂及砂砾基础施工见图 1-26。

2) 操作要点

（1）操作条件。

①对人工级配砂石进行检验，通过试验确定配合比例，并应符合设计要求。

(a) 砂砾石基础 　　　　　　　　　　(b) 管道砂基础

(c) 基础夯实 　　　　　　　　　　(d) 压实度检测

图 1-26　土、砂及砂砾基础施工

②对基坑（槽）和基底土质、地基处理进行检验。检查轴线尺寸、水平标高及有无积水等情况，办理隐蔽验收手续。

③施工前，应做好水平标高布置。大型基坑或沟边每隔3m钉水平桩，或在邻近的固定建筑物上抄写标准高程点。大面积场地或地坪每隔一定距离钉水平桩。

④确定土方机械、车辆的行走路线，事先检查，必要时进行加固加宽等准备工作。

⑤在地下水位高于基坑（槽）底面的工程中施工时，应采取排水或降低地下水位的措施，保持基坑（槽）处于无水状态。

⑥检查基槽（坑）、管沟的边坡是否稳定，并清除基底的浮土和积水。

（2）操作方法。

①铺设垫砂前应验槽。

②垫层底面标高不同时，土面应挖成斜坡或阶梯形，并按照先深后浅的顺序施工，搭接处应夯压密实。

③分层铺设时，接头处搭接应做成斜坡或阶梯形，每层错开0.5～1.0m，并注意充分捣实。

④人工级配砂石应先将砂、卵石拌和均匀，再铺夯压实。

⑤夯实或碾压的遍数由现场试验确定。

⑥铺设垫砂时，严禁扰动砂垫层下的卧层及侧壁的软弱土层，在碾压荷载下抛石能挤入该层底面时，通知设计单位到场提出处理方案。

⑦垫砂应分层铺设，分层夯实或压实，控制每层砂垫层的铺设厚度。振夯压要做到交叉重叠1/3，防止漏振、漏压。夯实、碾压遍数、振实时间应通过试验确定。

⑧施工过程中，应对压实度、边坡、平整度等进行检测。

⑨最后一层压（夯）完后，应对沟槽基础表面进行拉线找平，并保证基础上表面标高符合设计标高。

（3）重难点及应对措施。

①砂石基础厚度不足，平整度差，压实度不足。

a. 产生原因。

a）沟槽土基不平，导致砂砾石基础厚度不同。

b）对超挖、扰动的土基未做处理，受力后出现不均匀沉降的问题。

c）砂砾石基础铺设时，未进行找平处理。

d）砂砾石基础铺设时，未碾压或未碾压密实。

b. 防治措施。

a）挖掘沟槽时，不能直接挖到管道基础底高程，应高于基础底高程30cm以上。在管道铺设前，应进行人工挖土，整个施工过程不得扰动原状土。

b）管道沟槽应保证在无水状态下施工，如沟槽在雨后被浸泡，则排干积水后对沟槽进行晾槽，槽底扰动土应清理彻底，换填天然级配砂砾石并夯实，压实度不应低于95%。

c）施工过程中严格管理，验槽合格后再进行砂砾石基础施工。

d）做好土基、砂砾石基础高程测量，控制厚度不小于设计值，平整度以不出现管底空隙为宜，压实度按照设计要求控制，并分层填筑，严格把关验收。

②管道支撑角破损。

a. 产生原因。

a）管道支撑角范围未填充中、粗砂。

b）管道支撑角范围填充中、粗砂后未填塞压实。

b. 防治措施。

a）严格按照规范要求对支撑角范围填充中、粗砂，不得采用其他材料。

b）对支撑角范围中、粗砂填塞压实情况进行检查，并检查其压实度，钢尺测量其腋角高度，确保其不小于设计值。

c）做好技术交底，加强验收管理。

③柔性接口破坏。

a. 产生原因。

a）柔性接口部位未铺设砂垫层。

b）柔性接口部位铺设的砂垫层厚度不足。

c）柔性接口部位铺设的砂垫层压实度不足。

b. 防治措施。

a）管道接头的基础凹槽应在管道铺设时随铺随挖，接头连接完毕后，立即用中、粗砂回填压实。

b）凹槽的长度、宽度、深度等应根据接头的尺寸及操作空间综合确定。

c）柔性接口部位的回填砂垫层的材料性质、厚度、压实度应符合设计要求，并严格把关验收。

4. 材料与设备

1) 材料

(1) 使用原土、素土作为地基时，应符合 GB 50202—2018《建筑地基基础工程施工质量验收标准》相关要求。土料中有机质含量不得超过 5%，且不得含有冻土或膨胀土。当含有碎石时，其最大粒径不宜大于 50mm。用于湿陷性黄土或膨胀土地基的粉质黏土垫层，土料中不得夹有砖、瓦或石块等。素土、灰土地基质量检验标准见表 1-10。

表 1-10 素土、灰土地基质量检验标准

项目	序号	检查项目	允许值或允许偏差 单位	允许值或允许偏差 数值	检查方法
主控项目	1	地基承载力	不小于设计值		静载试验
主控项目	2	配合比	设计值		检查拌和时的体积比
主控项目	3	压实系数	不小于设计值		环刀法
一般项目	1	石灰粒径	mm	≤5	筛析法
一般项目	2	土料有机质含量	%	≤5	灼烧减量法
一般项目	3	土颗粒粒径	mm	≤15	筛析法
一般项目	4	含水量		最优含水量±2%	烘干法
一般项目	5	分层厚度	mm	±50	水准测量

(2) 砂石宜选用碎石、卵石、角砾、圆砾、砾砂、粗砂、中砂或石屑，并应级配良好，不含植物残体、垃圾等杂质。当使用粉细砂或石粉时，应掺入不少于总重量 30% 的碎石或卵石。砂石的最大粒径不宜大于 50mm。对湿陷性黄土或膨胀土地基，不得选用砂石等透水性材料。砂和砂石地基质量检验标准见表 1-11。

表 1-11 砂和砂石地基质量检验标准

项目	序号	检查项目	允许值或允许偏差 单位	允许值或允许偏差 数值	检查方法
主控项目	1	地基承载力	不小于设计值		静载试验
主控项目	2	配合比	设计值		检查拌和时的体积比或重量比
主控项目	3	压实系数	不小于设计值		灌砂法、灌水法
一般项目	1	砂石料有机质含量	%	≤5	灼烧减量法
一般项目	2	砂石料含泥量	%	≤5	水洗法
一般项目	3	砂石料粒径	mm	≤50	筛析法
一般项目	4	分层厚度	mm	±50	水准测量

(3) 地基承载力的检验数量每 300m² 不应少于 1 点，超过 300m² 部分每 500m² 不应少于 1 点。每单位工程不应少于 3 点。

(4) 施工时，应分层找平，夯压密实，并应设置纯砂检查点，用 200cm³ 的环刀取样测定干砂的质量密度。下层密实度合格后，方可进行上层施工。

2) 设备

主要设备机具为压路机、振动压实机、自卸汽车、装载机、平板振动器、混合机、蛙式打夯机。

5. 质量控制

1) 施工过程控制

(1) 管道基础采用原状地基时，施工应符合下列规定。

①原状地基局部超挖或扰动时，应进行如下处理。

a. 超挖深度不超过 150mm 时，可用挖槽原土回填夯实，其压实度不应低于原地基土的密实度。

b. 槽底地基土壤含水量较大，不适于压实时，应采取换填等有效措施。

c. 排水不良造成地基土扰动时，可按照以下方法处理。

a) 扰动深度为 100mm 以内，宜回填天然级配砂石。

b) 扰动深度为 300mm 以内，但下部坚硬时，宜回填卵石或块石，再用砾石填充空隙并找平表面。

②岩石地基局部超挖时，应将基底碎渣全部清理干净，回填低强度等级混凝土或粒径 10～15mm 的砂石并夯实。

③原状地基为岩石或坚硬土层时，管道下方应铺设砂垫层。柔性管道砂垫层厚度要求见表 1-12。

表 1-12 柔性管道砂垫层厚度要求

管道种类或管外径	垫层厚度（mm）		
	$D_0 \leq 500$	$500 < D_0 \leq 1000$	$D_0 > 1000$
柔性管道	≥100	≥150	≥200
柔性接口的刚性管道	150～200		

④非永冻土地区，管道不得铺设在冻结的地基上。管道安装过程中，应防止地基冻胀。

(2) 砂石基础施工应符合下列规定。

①铺设前，应对槽底进行检查，槽底高程及槽宽应符合设计要求，且不应有积水和软泥。

②柔性管道的基础结构设计无要求时，宜铺设厚度不小于 100mm 的中粗砂垫层。软土地基宜铺设一层厚度不小于 150mm 的砂砾或粒径为 5～40mm 的碎石，表面铺厚度不小于 50mm 的中、粗砂垫层。

③柔性接口的刚性管道的基础结构设计无要求时，一般土质地段可铺设砂垫层，也可铺设粒径 25mm 以下的碎石，表面铺厚度 20mm 的砂垫层（中、粗砂）。刚性管道砂垫层

厚度要求见表 1-13。

表 1-13 刚性管道砂垫层厚度要求

管径 D_0	垫层厚度（mm）
300~800	150
900~1200	200
1350~1500	250

④管道有效支撑角范围必须用中、粗砂填充插捣密实，与管底紧密接触，不得用其他材料填充。

2）施工质量控制

（1）主控项目。

①原状地基的承载力应符合设计要求。

检查方法：观察；检查地基处理强度或承载力检验报告、复合地基承载力检验报告。

②砂石基础的压实度应符合设计要求。

检查方法：检查砂石材料的质量保证资料、压实度试验报告。

（2）一般项目。

原状地基、砂石基础与管道外壁间应接触均匀，无空隙。

检查方法：观察，检查施工记录。

土、砂及砂砾基础允许偏差及检查数量和方法见表 1-14。

表 1-14 土、砂及砂砾基础允许偏差及检查数量和方法

序号	检查项目			允许偏差（mm）	检查数量		检查方法
					范围	点数	
1	垫层	中线每侧宽度		不小于设计要求	每个验收批	每10m测1点，且不少于3点	挂中心线钢尺量测，每侧一点
		高程	压力管道	±30			水准仪测量
			无压管道	0, -15			
		厚度		不小于设计要求			钢尺量测
2	混凝土基础、管座	平基	中线每侧宽度	+10, 0			挂中心线钢尺量测，每侧一点
			高程	0, -15			水准仪测量
			厚度	不小于设计要求			钢尺量测
		管座	肩宽	+10, -5			钢尺量测，挂高程线钢尺量测，每侧一点
			肩高	±20			
3	土（砂及砂砾）基础	高程	压力管道	±30			水准仪测量
			无压管道	0, -15			
		平基厚度		不小于设计要求			钢尺量测
		土弧基腋角高度		不小于设计要求			钢尺量测

1.4 管道安装

给水排水管道是市政工程中的重要部分，同时也是对后期应用质量产生主要影响的设施。在实际情况下，由于城市给水排水工程中的管道安装存在不少问题，导致暴雨灾害地区道路积水、坍塌等情况发生，并且影响管道使用年限，因此在施工过程中需要根据给水排水施工暴露出来的问题，提出有效的优化措施，从不同阶段加强对质量的管理。特别要注意管道安装过程中的管道交叉处理原则：应满足管道间最小净距的要求，且按照有压管道避让无压管道、支线管道避让干线管道、小口径管道避让大口径管道的原则处理；新建给水排水管道与其他管道交叉时，应按照设计要求处理；施工过程中对既有管道进行临时保护时，采取的措施应征求有关单位意见。

1.4.1 钢管安装

1. 概述

钢管的管道由管道组成件和管道支撑件组成，是输送、分配、混合、分离、排放、计量、控制或制止流体流动的管子、管件、法兰、螺栓连接、垫片、阀门和其他组成件或受压部件的装配总成。钢管在长江大保护施工过程中一般应用在污水处理厂内的工艺管道上。工艺管道施工是污水处理厂建设施工项目极为关键的环节，若施工控制不当，则易出现管道渗漏、堵塞等问题。施工过程中应充分重视，从各个环节入手，做好管道防腐工作，将安装误差控制在合理范围内，为污水处理厂的正常运行奠定基础。

2. 现行适用规范

(1) GB 50242—2002《建筑给水排水及采暖工程施工质量验收规范》。
(2) GB 50141—2008《给水排水构筑物工程施工及验收规范》。
(3) GB 50268—2008《给水排水管道工程施工及验收规范》。
(4) GB 50235—2010《工业金属管道工程施工规范》。
(5) GB 50236—2011《现场设备、工业管道焊接工程施工规范》。
(6) GB 50015—2019《建筑给水排水设计标准》。
(7) CJJ/T 154—2020《建筑给水金属管道工程技术标准》。

3. 施工工艺流程及操作要点

1) 工艺流程

钢管安装工艺流程见图1-27。

(1) 材料报验：钢管管材进场应对管节材料、规格、压力等级等参数进行复核，管材表面应无斑疤、裂纹、严重锈蚀等缺陷，钢管的内外防腐应按照GB 50268—2008《给水排水管道工程施工及验收规范》相关规定执行。

(2) 下管：管道安装前，应对管节逐根测量、编号，宜选用管径相差最小的管节组对进行对接。下管前，应检查管节的内外防腐层，合格后方可下管。管节组成管段下管时，管段的长度、吊距应根据管径、壁厚、外防腐层材料的种类及下管方法确定。

(3) 焊接工艺评定：在确认材料的焊接性后，应在焊接前，对被焊接材料进行焊接

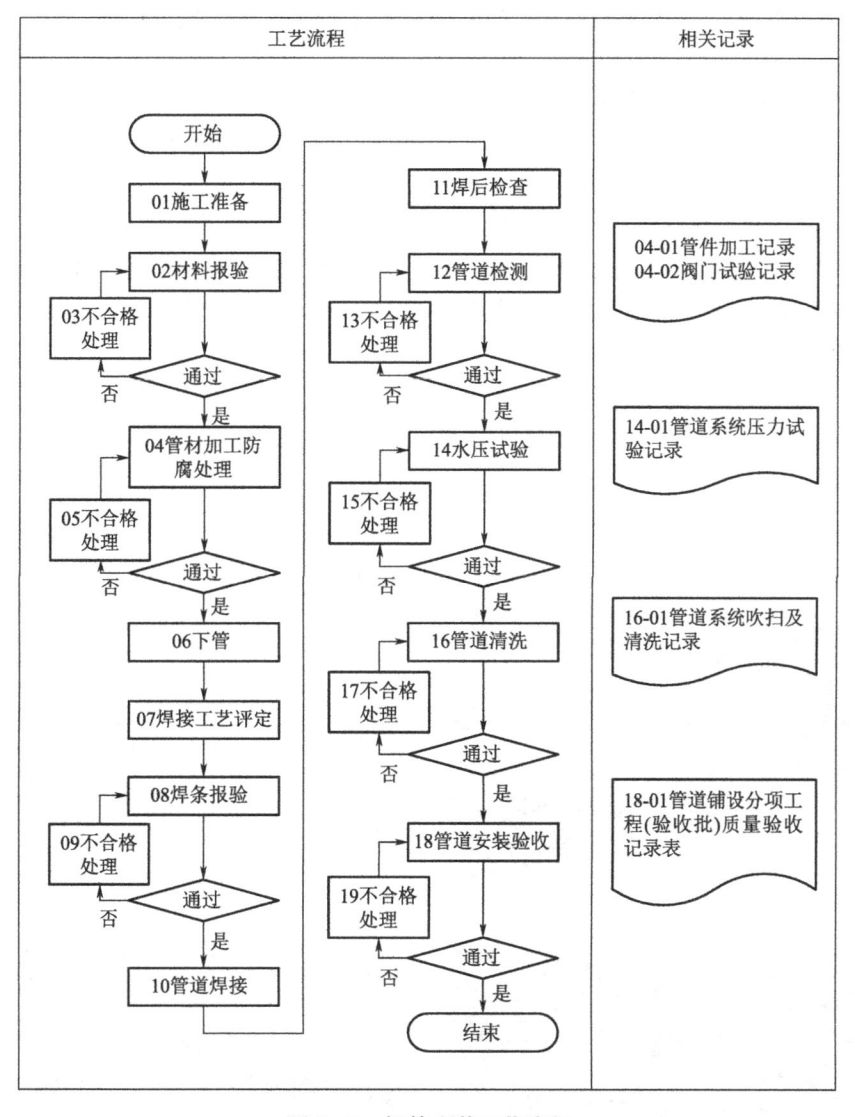

图 1-27 钢管安装工艺流程

工艺评定，当改变焊接方法时，应重新进行焊接工艺评定。对首次采用的钢管管材、焊接材料、焊接方法或焊接工艺，必须在施焊前按照设计要求和有关规定进行焊接试验，并应根据试验结果编制焊接工艺指导书。

（4）焊条报验：焊件的坡口角度和装配间隙必须符合设计或所执行标准的要求。焊件坡口应打磨光滑，清理干净，无锈、无垢、无脂等污物杂质，有金属光泽。根据不同的焊接位置、焊接方法、对口间隙等，按照焊接工艺卡和操作技术要求，选择合适的焊接电流参数、施焊速度。

（5）管道焊接：钢管对口检查合格后，方可进行接口定位焊接。采用点焊方式时，应对称施焊，长度与间距应符合 GB 50268—2008《给水排水管道工程施工及验收规范》相关规定。管径大于 800mm 时，应采用双面焊接方式。

(6) 管道检测：焊接完成后，对管道焊缝进行射线探伤及超声探伤检测，直至管道焊缝无损检测合格。检测焊缝外观、宽度、表面余高、咬边、错边及是否焊满等指标，外观质量应符合 GB 50268—2008《给水排水管道工程施工及验收规范》相关规定。

(7) 水压试验：压力钢管安装、焊接完成后，应按照 GB 50268—2008《给水排水管道工程施工及验收规范》相关规定进行压力管道水压试验，允许压力降值和允许渗水量值符合相关设计要求时，认定试验合格，可进行管道的安装验收。

(8) 管道清洗：管道完成接口焊接，通过管道焊缝检测、CCTV 管道质量检测及压力管道水压试验后，应用清水对管道整体进行通水清洗，以保证输水压力钢管内无其余杂质、干净整洁。

(9) 管道安装验收：管道安装完成，通过管道焊缝检测、CCTV 管道质量检测及压力管道水压试验后，方可组织相关参建单位进行管道安装验收工作。

钢管安装相关流程见图 1-28。

(a) 钢管管材验收 　　(b) 管道焊接

(c) 射线探伤检测 　　(d) 超声探伤检测

图 1-28　钢管安装相关流程

2) 操作要点

(1) 操作条件。

①对首次采用的钢管管材、焊接材料、焊接方法或焊接工艺，必须在施焊前按照设计要求和 GB 50236—2011《现场设备、工业管道焊接工程施工规范》相关规定进行焊接试

验，并应根据试验结果编制焊接工艺指导书。

②焊工必须按照规定经相关部门考试合格后持证上岗，并应根据经过评定的焊接工艺指导书施焊。

③管道组成件及管道支撑件等已检验合格。管子、管件、阀门等内部已清理干净，无杂物。对管内有特殊要求的管道，其质量应符合设计要求。

④管道安装前，必须完成脱脂、内部防腐与衬里等相关工序。

（2）操作方法。

①焊接时，应采取合理的施焊方法和施焊顺序。施焊过程中，应保证起弧和收弧处的质量，收弧时应将弧坑填满。多层焊的层间接头应错开，焊接管子时，应防止管内有穿堂风。

②除工艺或检验要求需分次焊接外，每条焊缝宜一次连续焊完，当因故中断焊接时，应根据工艺要求采取保温缓冷或后热等防止裂纹产生的措施，再次焊接前，应检查焊层表面，确认无裂纹后，方可按照原工艺要求继续施焊。

③法兰连接应与管道同心，并应保证螺栓自由穿入。法兰螺栓孔应居中安装。法兰间应保持平行，其偏差不得大于法兰外径的0.15%，且不得大于2mm。不得用强紧螺栓的方法解决歪斜问题。

④法兰连接应使用同一规格螺栓，安装方向应一致。螺栓紧固后，应与法兰紧贴，不得有楔缝。需加垫圈时，每个螺栓不应超过1个。紧固后的螺栓与螺母宜齐平。

⑤管道连接时，不得用强力对口、加偏垫或加多层垫等方法来解决接口端面的空隙、偏斜、错口或不同心等问题。管道上的仪表等部件的开孔和焊接应在管道安装前进行。

⑥穿墙及过楼板的管道应加套管，管道焊缝不宜置于套管内。穿墙套管长度不得小于墙的厚度。穿楼板套管应高出楼面50mm。穿过屋面的管道应有防水肩和防雨帽。管道与套管之间的空隙应采用不燃材料填塞。

⑦埋地钢管的防腐层应在安装前做好，焊缝部位未经试压合格不得防腐，在运输和安装时应防止防腐层损坏。

（3）重难点及应对措施。

①焊缝成形差。

a. 产生原因：焊件坡口角度不当或装配间隙不均匀。焊口清理不干净。焊接电流过大或过小。焊接速度过快或过慢。施焊角度不当。

b. 防治措施：对首次采用的钢管管材、焊接材料、焊接方法或焊接工艺，必须在施焊前按照设计要求和相关规定进行焊接试验，并根据试验结果编制焊接工艺指导书。焊件的坡口角度和装配间隙必须符合图纸设计或执行标准的要求。焊件坡口应打磨光滑，清理干净，无锈、无垢、无脂等污物杂质，有金属光泽。根据不同的焊接位置、焊接方法、对口间隙等，按照焊接工艺卡和操作技术要求，选择合适的焊接电流参数、施焊速度。

②管道接口不平顺。

a. 产生原因：管道接口未对接平顺。管道焊接前未检查接口。管道接口焊接变形。

b. 防治措施：

a）弯管起弯点至接口的距离不得小于管径，且不得小于100mm。环向焊缝距管节支架净距不应小于100mm。直管的管段两个相邻环向焊缝的间距不应小于200mm且不应小于管节的外径。管道的任何位置不得有十字形焊缝。

b）不同管壁厚度的管节对口时，管壁厚度相差不宜大于3mm。不同管径的管节相连，且管径相差大于小管径的15%时，可采用渐缩管连接，渐缩管长度不得小于两个管径差值的2倍且不应小于200mm。

c）管道对口检查应符合本节质量控制标准要求，经检查合格后，方可进行接口定位焊接。接口定位采用点焊时，应符合点焊要求，焊条应采用与接口焊接相同的焊条。点焊时，应对称施焊，其焊缝厚度应与第一层焊接厚度一致。钢管的纵向焊缝及螺旋焊缝处不得点焊。

③钢管法兰连接处渗漏。

a. 产生原因：法兰连接螺栓未紧固。法兰对接扭曲变形。法兰对接施工工艺错误。

b. 防治措施：钢管法兰连接前，应仔细对准钢管及法兰中心，使钢管与法兰保持在同一中心线上。法兰连接时，不得发生扭曲现象，螺栓应对称紧固，螺栓安装方向一致，并紧固压实。为避免法兰连接不到位，应先进行法兰连接，再进行相邻两道接口焊接工作，且不得强行挤压法兰接口。法兰接口埋入土中时，应采取防腐措施。

4. 材料与设备

1) 材料

（1）材料使用前，应按照国家现行标准的相关规定进行检查和验收。对设计选用的新材料，应由设计单位提供该材料的焊接资料。

（2）焊条应符合GB/T 5117—2012《非合金钢及细晶粒钢焊条》、GB/T 5118—2012《热强钢焊条》、GB/T 983—2012《不锈钢焊条》、GB/T 984—2001《堆焊焊条》、GB/T 3669—2001《铝及铝合金焊条》、GB/T 3670—2021《铜及铜合金焊条》、GB/T 13814—2008《镍及镍合金焊条》相关规定。

（3）焊丝应符合YB/T 5092—2016《焊接用不锈钢丝》、GB/T 10858—2023《铝及铝合金焊丝》、GB/T 9460—2008《铜及铜合金焊丝》、GB/T 30562—2014《钛及钛合金焊丝》、YB/T 5247—2012《焊接用高温合金冷拉丝》、GB/T 8110—2020《熔化极气体保护电弧焊用非合金钢及细晶粒钢实心焊丝》相关规定。

（4）管道组成件及管道支撑件必须具有制造厂的质量证明书，其质量不得低于国家现行标准的相关规定。管道组成件及管道支撑件的材质、规格、型号、质量应符合设计规定，并应按照国家现行标准进行外观检验，不合格的不得使用。

（5）合金钢管道组成件应采用光谱分析或其他方法对材质进行复查，并应做好标志。合金钢阀门的内件材质应进行抽查，每批（同制造厂、同规格、同型号、同时到货，下同）抽查数量不得少于1个。

（6）防腐衬里管道的衬里质量应符合GB/T 50185—2019《工业设备及管道绝热工程施工质量验收标准》相关规定。

2) 设备

（1）主要机具：套螺纹机、台钻、电焊机、切割机、煨弯机、坡口机、滚槽机、试压泵等。

(2) 工具：管子压力钳、钢锯弓、割管器、电钻、管子钳、扳手、管剪等。

(3) 量具：水准仪、水平尺、钢卷尺、钢板尺、角尺、焊接检验尺、线坠、压力表等。

5. 质量控制

1) 施工过程控制

(1) 钢板卷管或设备、容器的筒节与筒节、筒节与封头组对时，相邻两纵向焊缝间的距离应大于管壁厚度的 3 倍，且不应小于 100mm。同一筒节上相邻两纵向焊缝间的距离不应小于 200mm。

(2) 除焊接及成型管件外，其他管子对接焊缝中心到管子弯曲起点的距离不应小于管子外径，且不应小于 100mm。管子对接焊缝与支、吊架边缘之间的距离不应小于 50mm。同一直管段上两对接焊缝中心面间的距离，当公称直径大于或等于 150mm 时，不应小于 150mm；当公称直径小于 150mm 时，不应小于管子外径。

(3) 焊件组装前，应将坡口及其内外侧表面不小于 10mm 范围内的油、漆、垢、锈、毛刺及镀锌层等清除干净，且不得有裂纹、夹层等缺陷。

(4) 管子或管件对接焊缝组对时，内壁应齐平，内壁错边量不宜超过管壁厚度的 10%，且不应大于 2mm。

(5) 当公称直径大于或等于 150mm 时，直管段上两对接焊口中心面间的距离不应小于 150mm。当公称直径小于 150mm 时，直管段上两对接焊口中心面间的距离不应小于管子外径。

(6) 管节的材料、规格、压力等级等应符合设计要求，管节宜在工厂进行预制，管节应无斑疤、裂纹、严重锈蚀等缺陷。

(7) 下管前，宜先检查管节的内外防腐层，合格后方可下管。弯管起弯点至接口的距离不得小于管径，且不得小于 100mm。管道对接时，应内壁齐平，错口的允许偏差应为管壁厚度的 20%，且不得大于 2mm。

2) 施工质量控制

(1) 主控项目。

①管节及管件、焊接材料等的质量应符合 GB 50268—2008《给水排水管道工程施工及验收规范》相关规定。

检查方法：检查产品质量保证资料；检查成品管进场验收记录；检查现场制作管的加工记录。

②接口焊缝坡口应符合 GB 50268—2008《给水排水管道工程施工及验收规范》相关规定。

检查方法：逐口检查；用量规量测；检查坡口记录。

③焊口错边应符合 GB 50268—2008《给水排水管道工程施工及验收规范》相关规定，焊口无十字形焊缝。

检查方法：逐口检查，用长 300mm 的直尺在接口内壁周围按照顺序贴靠量测错边量。

④焊口焊接质量应符合 GB 50268—2008《给水排水管道工程施工及验收规范》相关规定和设计要求。

检查方法：逐口观察；按照设计要求进行抽检；检查焊缝质量检测报告。

⑤法兰连接应与管道同心，并应保证螺栓自由穿入，高强度螺栓的终拧扭矩应符合设计要求和相关标准的规定。

检查方法：逐口检查；用扭矩扳手等工具检查；检查螺栓拧紧记录。

（2）一般项目。

①接口组对时，纵、环缝位置应符合 GB 50268—2008《给水排水管道工程施工及验收规范》相关规定。

检查方法：逐口检查；检查核对检验记录；用钢尺量测。

②管节组对前，坡口及内外侧焊接影响范围内表面应无油、漆、垢、锈、毛刺等污物。

检查方法：观察；检查管道核对检验记录。

③不同管壁厚度的管节对接应符合 GB 50268—2008《给水排水管道工程施工及验收规范》相关规定。

检查方法：逐口检查；用焊缝量规、钢尺量测；检查管道核对检验记录。

④焊缝层次有明确规定时，焊接层数、每层厚度及层间温度应符合焊接作业指导书的规定，且层间焊缝质量均应合格。

检查方法：逐个检查；对照设计文件、焊接作业指导书检查每层焊缝检验记录。

⑤连接的法兰间应保持平行，其偏差不得大于法兰外径的 0.15%，且不大于 2mm，螺孔中心允许偏差应为孔径的 5%。

检查方法：逐口检查；用钢尺、塞尺等量测。

1.4.2 球墨铸铁管安装

1. 概述

球墨铸铁管是一种市场常见的管材，相比普通铸铁管，它不仅具有耐腐蚀、强度高、韧性好、壁薄、重量轻、耐冲击、弯曲性能大、安装方便等优点，还具有良好的机械性能和延展性。此外，球墨铸铁管具有密封性能好、施工操作方便、适应地质条件变化等特点。安装时，需要注意准备工作、工具状态、正确顺序、管道成直线、接口清理、管口封闭等问题。球墨铸铁管在地下管道工程中应用广泛，是一种非常优秀的管材，在长江大保护项目实施中通常作为室外污水管道使用。

2. 现行适用规范

（1）GB 50141—2008《给水排水构筑物工程施工及验收规范》。

（2）GB 50268—2008《给水排水管道工程施工及验收规范》。

（3）GB 50015—2019《建筑给水排水设计标准》。

（4）GB/T 13295—2019《水及燃气用球墨铸铁管、管件和附件》。

3. 施工工艺流程及操作要点

1）工艺流程

球墨铸铁管安装工艺流程见图 1-29。

（1）材料报验：材料进场前，应进行验收工作，球墨铸铁管及管道配件均应符合

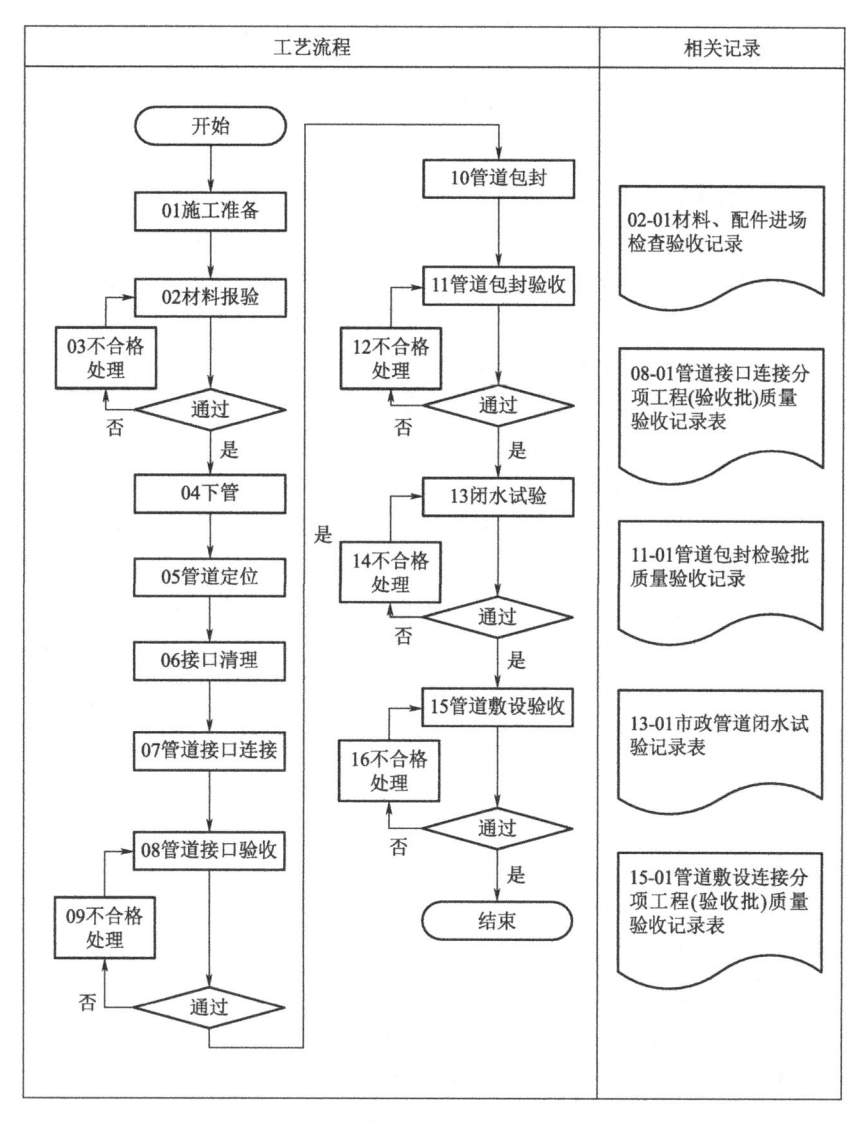

图 1-29 球墨铸铁管安装工艺流程

GB/T 13295—2019《水及燃气用球墨铸铁管、管件和附件》相关规定且具备产品出厂合格证明。管道规格和材质应符合设计要求，管壁厚度均匀、内壁光滑无破损、承口整齐、光洁、无错位且外径偏差符合相关规定。橡胶圈采用同厂家配套产品，外观匀称、光滑、无缺陷。

（2）下管：管道安装前，管节应逐根测量、编号，方向为水流从插口流入承口的位置，但在坡度很大的情况下，应将承口方向朝上，安装时，从下往上进行。下管前，应检查管节的内外防腐层，合格后方可下管。管节组成管段下管时，管段的长度、吊距应根据管径、管壁厚度、外防腐层材料的种类及下管方法确定。

（3）管道定位：管道安装时，应控制管道的直顺度和坡度，在调整每节管道的中心线和高程时，宜采用边线法，在管道水平中心线上距管外壁 10cm 处，且平行于管道中心的位置设一条直线,用于控制管道的中心位置。高程宜用水准仪与高程尺控制。

(4) 接口清理:细心清理承口和插口,尤其是放橡胶圈的位置,不得有沙子、土等残留物,以免安装管道时损坏橡胶圈。安装前,用棉纱、钢丝刷、弯头起子等工具将承口内腔、插口外壁清理干净,同时应清除管道内的杂物。

(5) 管道接口连接:安装承插口管时,应按照插口顺水流方向、承口逆水流方向的原则安装。接口一般分为滑入式接口和机械式柔性接口两种。管道连接前,应安装密封橡胶圈,经检验合格后方可进行管道安装。滑入式接口和机械式柔性接口连接具体控制要点按照 GB 50268—2008《给水排水管道工程施工及验收规范》相关规定执行。

(6) 管道包封:当管道埋深不满足最小覆土厚度要求时,应进行混凝土包封处理,管道包封的混凝土强度、厚度、钢筋型号、间距、数量等参数应符合设计要求。管道与检查井的接口处应用水泥砂浆进行包封处理,管道接口四周水泥砂浆应拌和均匀,接口处的内、外井壁应用水泥砂浆涂抹平整。

(7) 闭水试验:球墨铸铁管安装完成后,应进行管道闭水试验。将试验管段前后两端进行封堵,灌满水后浸泡 24h 以上,试验水头按照 GB 50268—2008《给水排水管道工程施工及验收规范》相关规定执行,当水头达到规定水头时开始计时,观测管道渗水量,观测时间不低于 30min,期间向试验管段不断补水,保持试验水头恒定直至观测结束。当实测渗水量不超过允许渗水量时,表明闭水试验结果合格。

(8) 管道敷设验收:当以上步骤均已完成质量检查且验收合格后,方可组织相关参建单位进行管道敷设验收工作。

球墨铸铁管安装见图 1-30。

2) 操作要点

(1) 操作条件。

①根据球墨铸铁管安装现场编制相应的施工方案,并报监理单位审核批准。

②编制技术交底与安全交底并向作业班组进行书面交底,使作业人员熟悉施工图纸、规范及工艺标准,达到工期、质量、安全等都达标的目标。

③利用现场条件,做好管道的排布、成本控制、安全教育等策划,达到目标统一化、生产安全化、技术标准化。

④球墨铸铁管及管道配件均应符合国家相关标准规定且有产品合格证明。

⑤橡胶圈采用同厂家配套产品。

(2) 操作方法。

①用经纬仪测量管道是否在同一高度,找准基准点,调整管道中心线。

②水流方向与承口方向紧密相关,通常情况下,水流从插口流入承口,但在坡度很大的情况下,承口方向应朝上,安装时,从下往上进行。

③细心清理插口和承口,尤其是放橡胶圈的位置。

④将橡胶圈清理干净,捏成 8 字形将橡胶圈放入承口端,方向必须正确。拉起橡胶圈对称的一面,对其进行挤压,将橡胶圈压到位。

⑤调整球墨铸铁管的水平位置,进行校正,移动插口,将插口少许插入承口内,用拉链葫芦将管道拉入。在拉入管道过程中,应使插入管保持水平状态,通常用双葫芦同时将

(a)管材检测 　　　　　　　　　　　(b)下管

(c)管道接口连接 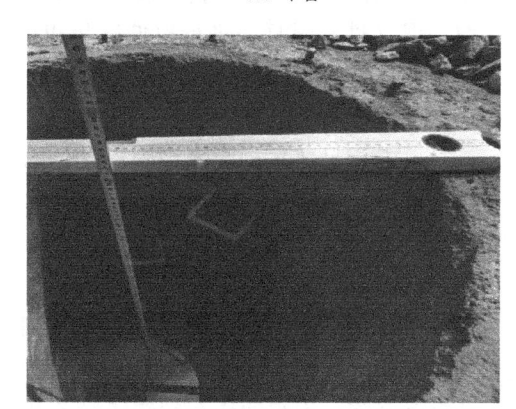　　　　　　　　　(d)闭水试验

图 1-30　球墨铸铁管安装

管道拉入，防止插入管另一端翘起或发生左右偏移。

⑥球墨铸铁管的安装应控制一定的回弹量，插口端一般标有两条标志线，拉入管道时，应尽量拉到第一条标志线，回弹到两条标志线之间。

⑦若管道很难拉入，则不得强行拉入，应退出检查橡胶圈工作状况。若橡胶圈工作状况良好，则应检查插口和承口尺寸是否在允许范围内。

⑧接合完毕，用塞尺检查橡胶圈是否正常，若不正常，则应将管子分离，重新安装。

⑨切管时，可采用切管机、氧割机或氧气、乙炔等方式，也可采用电焊条等方式。切管后，插口端应用粗锉刀或手提砂轮机修磨坡口。一般，坡口相对于管道中心轴线呈30°角。

⑩切管段插口倒角后，应先用画笔按照整根管插口端标志线尺寸画出两条标志线，再进行接合操作。

4. 材料与设备

1）材料

（1）管节及管件的规格、尺寸公差、性能应符合国家相关标准规定和设计要求，进入施工现场时，其外观质量应符合下列规定。

①管节及管件表面不得有裂纹，不得有妨碍使用的凹凸不平的缺陷。

②采用橡胶圈柔性接口的球墨铸铁管，承口的内工作面和插口的外工作面应光滑、轮廓清晰，不得有影响接口密封性的缺陷。

（2）接口参数对接口的性能至关重要，应按照相关规定对插口壁厚、插口外径、承口功能性内径、承口深度、密封圈功能性尺寸和硬度进行检测。密封圈所用橡胶的长期和短期特性应符合 GB/T 21873—2008《橡胶密封件 给、排水管及污水管道用接口密封圈 材料规范》相关规定。

（3）球墨铸铁管应按批进行检查和验收。每批应由同一公称直径、同一接口形式、同一管壁厚度级别、同一定尺长度、同一退火制度的球墨铸铁管组成。

（4）球墨铸铁管和管件应逐根（件）进行水压试验和气密性试验，制造商根据其生产和质量控制体系对尺寸、直线度、表面质量、涂覆质量进行检验。球墨铸铁管和管件每批任取一根（件）试样，进行拉伸试验和布氏硬度试验。

2）设备

主要机械设备：反铲挖掘机、起重机、角磨机等。

工具：专用吊装索具或带橡胶保护套的钢丝绳、卡环、手拉葫芦、板锉等。

测量仪器：经纬仪、水准仪、皮尺、塔尺。

5. 质量控制

1）施工过程控制

（1）管节及管件下沟槽前，应清除承口内部的油污、飞刺、铸砂及凹凸不平的铸瘤；机械式柔性接口铸铁管及管件承口的内工作面、插口的外工作面应修整光滑，不得有沟槽、凸脊等缺陷；不得使用有裂纹的管节及管件。

（2）沿直线安装管道时，宜选用管径公差组合最小的管节组对连接，确保接口的环向间隙均匀。

（3）采用滑入式或机械式柔性接口时，橡胶圈的质量、性能、尺寸应符合国家有关球墨铸铁管及管件标准的规定，并应符合 GB/T 21873—2008《橡胶密封件 给、排水管及污水管道用接口密封圈 材料规范》相关规定。

（4）橡胶圈安装经检验合格后，方可进行管道安装。

（5）安装滑入式接口时，推入深度应达到标志环处，并复核与其相邻已安装好的第一个至第二个接口的推入深度。

（6）安装机械式柔性接口时，应使插口与承口法兰压盖的轴线重合；螺栓安装方向应一致，用扭矩扳手均匀、对称地紧固。

2）施工质量控制

（1）主控项目。

①管节及管件的质量应符合 GB 50268—2008《给水排水管道工程施工及验收规范》相关规定。

检查方法：检查产品质量保证资料；检查成品管进场验收记录。

②插口与承口连接时，两管节中轴线应保持同心，插口与承口部位无破损、变形、开裂现象，插口推入深度应符合要求。

检查方法：逐个检查；检查施工记录。

③法兰接口连接时，插口与承口法兰压盖的纵向轴线应一致，连接螺栓终拧扭矩应符合设计或产品使用要求；接口连接后，连接部位及连接件应无破损、无变形。

检查方法：逐个接口检查；用扭矩扳手检查；检查螺栓拧紧记录。

④橡胶圈安装位置应准确，不得扭曲、外露；沿圆周各点应与承口端面等距，其允许偏差应为±3mm。

检查方法：观察；用探尺检查；检查施工记录。

（2）一般项目。

①连接后，管节间应平顺，接口无突起、弯突、轴向位移现象。

检查方法：观察；检查施工测量记录。

②接口的环向间隙应均匀，插口与承口间的纵向间隙不应小于3mm。

检查方法：观察；用塞尺、钢尺量测。

③法兰接口的压兰、螺栓和螺母等连接件应规格型号一致，采用钢制螺栓和螺母时，防腐处理应符合设计要求。

检查方法：逐个接口检查；检查螺栓和螺母质量合格证明书、性能检验报告。

④管道沿曲线安装时，接口转角应符合 GB 50268—2008《给水排水管道工程施工及验收规范》相关规定。

检查方法：用直尺量测曲线段接口。

1.4.3 钢筋混凝土管及预应力混凝土管安装

1. 概述

混凝土管是一种常用的排水管道，由混凝土制成，具有较好的耐久性和承载力。混凝土管具有抗外压强度高、持久性好、使用寿命长、易于制造、生产成本低、价格便宜等优点，可用于城市排水系统、道路排水系统、工业排水系统等。通常，长江大保护项目实施中选用管径大于600mm的雨水排管。

2. 现行适用规范

（1）GB 50268—2008《给水排水管道工程施工及验收规范》。

（2）GB 50141—2008《给水排水构筑物工程施工及验收规范》。

（3）GB 50015—2019《建筑给水排水设计标准》。

（4）GB/T 5696—2006《预应力混凝土管》。

（5）GB/T 19685—2017《预应力钢筒混凝土管》。

（6）GB/T 11836—2023《混凝土和钢筋混凝土排水管》。

3. 施工工艺流程及操作要点

1）工艺流程

钢筋混凝土管及预应力混凝土管安装工艺流程见图1-31。

（1）材料报验：材料进场前，应进行验收工作，钢筋混凝土管及管道配件均应符合GB/T 11836—2023《混凝土和钢筋混凝土排水管》相关规定且具备产品出厂合格证明。管道规格和材质应符合设计要求，管壁厚度均匀、内壁光滑、无破损，承口整齐、光洁、无错位且外径偏差符合相关规定。橡胶密封圈采用同厂家配套产品，外观匀称、光滑、无

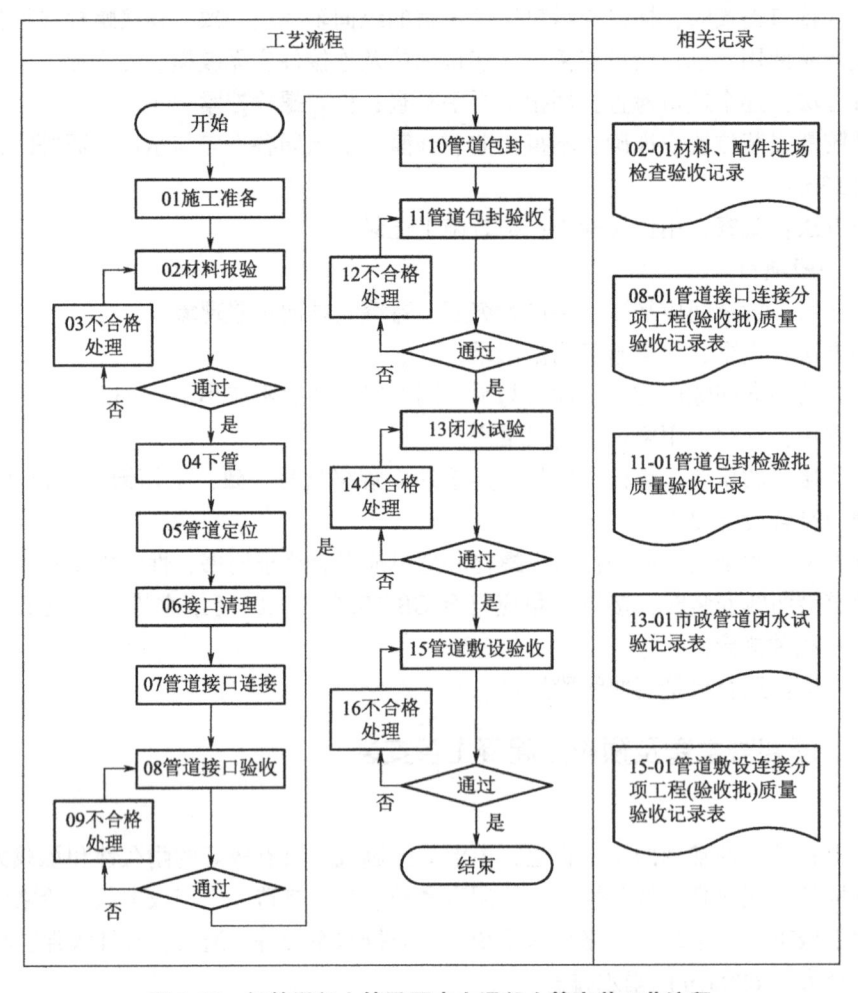

图 1-31 钢筋混凝土管及预应力混凝土管安装工艺流程

缺陷，橡胶密封圈质量按照 JC/T 748—2010《预应力与自应力混凝土管用橡胶密封圈》相关规定进行验收。

（2）下管：核对管节、管件无误后方可下管。重力流管道一般从最下游逆水流方向铺设，排管时，应按照承口朝向施工前进的方向进行。管道起吊设备应停放在坚实的基础上，若地面松软，则用方木、钢板等材料铺垫进行加固。下管时，应有专人指挥。

（3）管道定位：参照 1.4.2 球墨铸铁管安装工艺流程中管道定位的相关内容。

（4）接口清理：参照 1.4.2 球墨铸铁管安装工艺流程中接口清理的相关内容。

（5）管道接口连接：插口和承口管安装时，应将插口顺水流方向、承口逆水流方向安装。钢筋混凝土管采用柔性接口时，应在插口处套相应管径尺寸的橡胶圈，在橡胶圈和承口工作面涂刷无腐蚀性的润滑剂；采用刚性接口时，钢丝网水泥砂浆抹带接口处应清理干净并浇水湿润，砂浆应拌和均匀，在浇筑混凝土管座时插入钢丝网端头，初凝前分层抹压钢丝网水泥砂浆抹带，完成后用草袋或土工布覆盖并洒水养护。预应力混凝土管采用金属管件连接前，管件应进行防腐处理。

（6）管道包封：参照 1.4.2 球墨铸铁管安装工艺流程中管道包封的相关内容。

（7）闭水试验：参照 1.4.2 球墨铸铁管安装工艺流程中管道闭水试验的相关内容。

（8）管道敷设验收：当以上步骤均已完成质量检查且验收合格后，方可组织相关参建单位进行管道敷设验收工作。

钢筋混凝土管及预应力混凝土管安装见图 1-32。

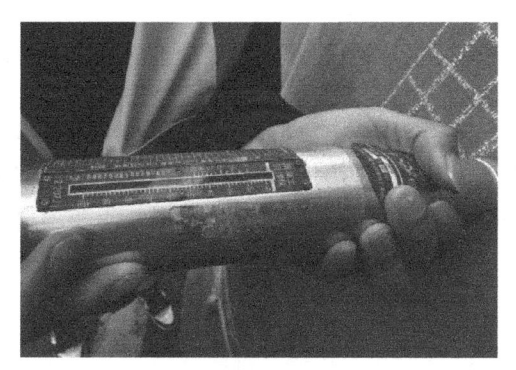

（a）混凝土管材检验

（b）管道接口连接

（c）管道包封

（d）闭水试验

图 1-32 钢筋混凝土管及预应力混凝土管安装

2）操作要点

（1）操作条件。

①在进行混凝土管安装前，应进行现场勘察，根据勘察结果确定管道的铺设方案，制定详细的施工方案。

②在进行混凝土管安装前，应对所选的管材、管件等材料进行验收，包括检查材料的质量、规格和数量等，确保材料的质量符合要求。

③在进行混凝土管安装前，对既有管线、构筑物的平面位置和高程与施工管线的关系进行摸排、复核。

（2）操作方法。

①排管前，应检查混凝土基础的标高、轴线，清除基础表面的污泥、杂物及积水，在

基础上弹出排管中心线。标高经复核无误后方可排管,排管时以控制管内底标高为准。下管的一侧堆土过高、过陡时,应根据需要及时进行整理,并满足安全要求。

②稳管时,相邻两管底部应齐平。为使柔性接口能够承受少量弯曲,并且避免紧密相接导致管口破损,管的两端面之间应预留约1cm的间隙。

③排管铺设结束后,必须进行一次综合检查,当线形、标高、接口、管枕等符合质量要求时,方可进行下道工序。

④管节堆放宜选用平整、坚实的场地。堆放时,必须垫稳,防止滚动,堆放层高应以产品技术标准或生产厂家的要求为准。

⑤稳管是将管按照设计高程和位置稳定在地基或基础上。对距离较长的重力流管道工程,一般由下游向上游进行施工,以便使已安装的管道先投入使用,同时也有利于地下水排出。稳管时,控制管道的轴线位置和高程十分重要,这也是检查验收的一个主要项目。

⑥水泥砂浆抹带前,将管口洗刷干净,并刷一道水泥素浆,保持湿润。抹带应与灌注混凝土管座紧密配合,灌注管座后,随即进行抹带,使带与管座结合为一体。如不能立即进行抹带,则抹带前,管座和管口应凿毛、洗净,以利于管带结合。

⑦使用钢丝网水泥砂浆抹带时,钢丝网规格应符合设计要求,并应无锈、无油垢。每圈钢丝网留出搭接长度,事先截好。灌注混凝土管座时,将钢丝网按照设计规定位置和浓度插入混凝土管座内,并另加适当抹带砂浆,认真捣固。

⑧承插式橡胶圈接口属柔性接口,这种承插式管道与前所述承插式混凝土管不同,它在插口处设有一个凹槽,可防止橡胶圈脱落,这种接口的管道有配套橡胶圈。此种接口施工方便,适用于地基土质较差、地基硬度不均匀或地震区。

⑨使用柔性接口的管材时,安装前,应对管口、直径、椭圆度等进行检查。必要时应逐个检查。橡胶圈表面均匀涂刷中性润滑剂,合拢时两侧应同步拉动,不致扭曲托槽,尤其遇水膨胀橡胶止水带要严格按照设计要求操作。每安放一节管,立即检验是否符合标准,发现有扭曲、不均匀、脱槽等现象,即予纠正。管道承插接口的填料可采用水泥砂浆或沥青胶泥。承口下部2/3以上应抹足座灰(砂浆),接口缝隙内砂浆应嵌实,并按照设计及规范要求抹浆,最后收水抹光并及时进行湿润养护。

(3)重难点及应对措施。

①接口抹带空裂。

a. 产生原因。

a)抹带砂浆配合比不准确,和易性、均匀性差。

b)抹带砂浆施工完成后未进行合理养护。

c)钢丝网安装位置不准确。

d)抹带口未清理干净,填充有杂物。

b. 防治措施。

a)水泥砂浆配合比应符合设计要求,选用粒径0.5~1.5mm,含泥量不大于3%的洁净砂。

b)抹带前,应将管口外壁凿毛、洗净。抹带时,不得填充碎石、砖块、木片、纸屑等杂物。

c) 钢丝网端头应在浇筑混凝土管座时插入混凝土内,在混凝土初凝前,分层抹压钢丝网水泥砂浆抹带。

d) 抹带完成后,应立即用吸水性强的材料覆盖,3~4h 后洒水养护。

e) 水泥砂浆填缝及抹带接口作业时,落入管道内的接口材料应清除干净。管径大于或等于 700mm 时,应采用水泥砂浆将管道内的接口部位抹平、压光。管径小于 700mm 时,填缝后应立即铺平。

f) 抹带施工时,控制钢丝网插入深度,钢丝网严格下料,根据设计要求控制安装插入深度,搭接长度不小于 10cm,并用扎丝扎牢。

②柔性接口渗漏。

a. 产生原因。

a) 管口未清理干净,填充有杂物。

b) 橡胶圈与承插口不配套,过大或过小。

c) 橡胶圈自身有缺陷。

d) 管道安装时,橡胶圈扭曲,局部太松或太紧。

b. 防治措施。

a) 安装柔性接口的钢筋混凝土管、预应力混凝土管前,应将承口内和插口外工作面清洗干净。

b) 套在插口上的橡胶圈应由管材供应厂家配送,安装应平直、无扭曲,并正确就位。

c) 橡胶圈表面和承口工作面应涂刷无腐蚀性的润滑剂。

d) 接口安装放松外力后,管节回弹不得大于 10mm,且橡胶圈应在插口和承口工作面上。

e) 安装接口时,顶拉设备应缓慢,并设专人检查橡胶圈就位情况,若发现就位不均,则应停止顶拉,将橡胶圈调整均匀后,再继续顶拉,顶拉就位后,应立即锁定接口。

4. 材料与设备

1) 材料

(1) 管子出厂时,应有生产日期、出厂日期、品种、规格、荷载级别、混凝土抗压强度检验结果、外观质量及尺寸偏差检验结果、力学性能检验结果、保护层厚度检验结果、检验部门及检验人员签章。

(2) 制管用混凝土强度等级不得低于 C30,用于制作顶管的混凝土强度等级不得低于 C40。

(3) 管内和管外表面应平整,无麻面、蜂窝、塌落、露筋、空鼓等缺陷,局部凹坑深度不应大于 5mm。管外表面不允许有裂缝,内表面裂缝宽度不得超过 0.05mm,但表面龟裂和砂浆层的干缩裂缝不包括在内。合缝处不应漏浆。

(4) 管端面倾斜的允许偏差为:对于开槽施工的管,公称内径小于 1000mm 时,允许偏差为小于或等于 10mm;公称内径大于或等于 1000m 时,允许偏差为小于或等于公称内径的 1%,并不得大于 15mm。对于顶进施工的管:公称内径小于 1200mm 时,允许偏差为小于或等于 3mm;公称内径大于或等于 1200mm,且小于 3000mm 时,允许偏差为小于或等于4mm；公称内径大于或等于3000mm时，允许偏差为小于或等于5mm。

（5）外观应无露筋、裂缝、合缝漏浆、麻面、蜂窝、空鼓、端部碰伤、外表面凹坑等。外观质量应按照GB/T 16752—2017《混凝土和钢筋混凝土排水管试验方法》相关规定进行检验。

2）设备

主要设备：根据埋设管线直径大小，选择适宜的起重机、挖掘机、自卸载重汽车、运输车辆、倒链、手拉葫芦、吊具、管堵、水泵、振捣棒等。

一般工具：刷子、铁抹子、弧形抹子、全站仪、水平仪、卷尺、直尺、线坠。

5. 质量控制

1）施工过程控制

（1）管节的规格、性能、外观质量及尺寸公差应符合国家相关规定。

（2）管节安装前，应进行外观检查，发现裂缝、保护层脱落、空鼓、接口掉落等缺陷应修补并经鉴定合格后方可使用。

（3）橡胶圈材质应符合相关规定，并由管材厂配套供应。橡胶圈外观应光滑平整，不得有裂缝、破损、气孔、重皮等缺陷，每个橡胶圈的接头不得超过2个。

（4）钢筋混凝土管沿直线安装时，管口间的纵向间隙应符合设计及产品标准要求。预应力混凝土管沿曲线安装时，管口间的纵向间隙最小处不得小于5mm。

（5）管道接口的填缝应符合设计要求，达到密实、光洁、平整。

2）施工质量控制

（1）主控项目。

①管件、橡胶圈的产品质量应符合 GB 50268—2008《给水排水管道工程施工及验收规范》相关规定。

检查方法：检查产品质量保证资料；检查成品管进场验收记录。

②柔性接口的橡胶圈应位置正确，无扭曲、外露现象。承口和插口无破损、开裂等缺陷。双道橡胶圈的单口水压试验合格。

检查方法：观察；用探尺检查；检查单口水压试验记录。

③刚性接口的强度应符合设计要求，不得有开裂、空鼓、脱落现象。

检查方法：观察；检查水泥砂浆、混凝土试块的抗压强度试验报告。

（2）一般项目。

①柔性接口的安装位置正确，其纵向间隙应符合 GB 50268—2008《给水排水管道工程施工及验收规范》相关规定。

检查方法：逐个检查，用钢尺量测；检查施工记录。

②刚性接口的宽度、厚度应符合设计要求。其相邻管接口错口允许偏差：管径 D_i 小于700mm时，应在施工中自检；管径 D_i 大于700mm，小于或等于1000mm时，不应大于3mm；管径 D_i 大于1000mm时，不应大于5mm。

检查方法：两井之间取3点，用钢尺、塞尺量测；检查施工记录。

③管道沿曲线安装时，接口转角应符合 GB 50268—2008《给水排水管道工程施工及验收规范》相关规定。

检查方法：用直尺量测曲线段接口。

④管道接口的填缝应符合设计要求，达到密实、光洁、平整。

检查方法：观察，检查填缝材料质量保证资料、配合比记录。

1.4.4 化学建材管安装

1. 概述

与传统金属管相比，化学建材管有自重轻、耐腐蚀、耐压强度高、水流阻力小、节约能源、节省金属、使用寿命长、施工过程中安装方便等特点。管材性质、强度、耐久性、密封性、经济性等因素，长江大保护新建、改建排水管道选用的化学建材不同。新建、改建排水管道常用化学建材见表1-15。

表1-15 新建、改建排水管道常用化学建材

管材类型	适用范围	推荐选用范围
硬聚氯乙烯管（PVC-U管）	各种管径的建筑排水立管、出户管等，特殊情况下可用于市政道路雨水口连接	（1）建筑排水立管； （2）出户管
聚乙烯（PE）实壁管	压力流排水管、拖拉管	（1）压力流排水管； （2）拖拉管； （3）特殊情况下的污水重力流管
聚乙烯（PE）缠绕结构壁管（B型）	各种管径的重力流雨水、污水、合流管	高密度聚乙烯（HDPE）缠绕结构壁管（B型）可用于： （1）所有小区雨水管、市政道路雨水管； （2）所有小区污水管、市政道路污水管； （3）强酸性或强碱性土壤环境排水管； （4）市政道路雨水口连接管

注：1. 高密度聚乙烯（HDPE）缠绕结构壁管（B型）属于聚乙烯（PE）缠绕结构壁管（B型）的一种，以高密度聚乙烯树脂为主要材料。

2. 合流管视同污水管。

2. 现行适用规范

（1）GB 50141—2008《给水排水构筑物工程施工及验收规范》。

（2）GB 50268—2008《给水排水管道工程施工及验收规范》。

（3）GB 50015—2019《建筑给水排水设计标准》。

（4）GB/T 17391—1998《聚乙烯管材与管件热稳定性试验方法》。

（5）GB/T 19472.2—2017《埋地用聚乙烯（PE）结构壁管道系统 第2部分：聚乙烯缠绕结构壁管材》。

（6）GB/T 20221—2023《无压埋地排污、排水用硬聚氯乙烯（PVC-U）管材》。

（7）CJJ 143—2010《埋地塑料排水管道工程技术规程》。

（8）T/CECS 122—2020《埋地硬聚氯乙烯排水管道工程技术规程》。

（9）CECS 164—2004《埋地聚乙烯排水管管道工程技术规程（附条文说明）》。

（10）Q/CTG 321—2020《长江大保护 排水用管材选型指南》。

3. 施工工艺流程及操作要点

1) 工艺流程

化学建材管安装工艺流程见图 1-33。

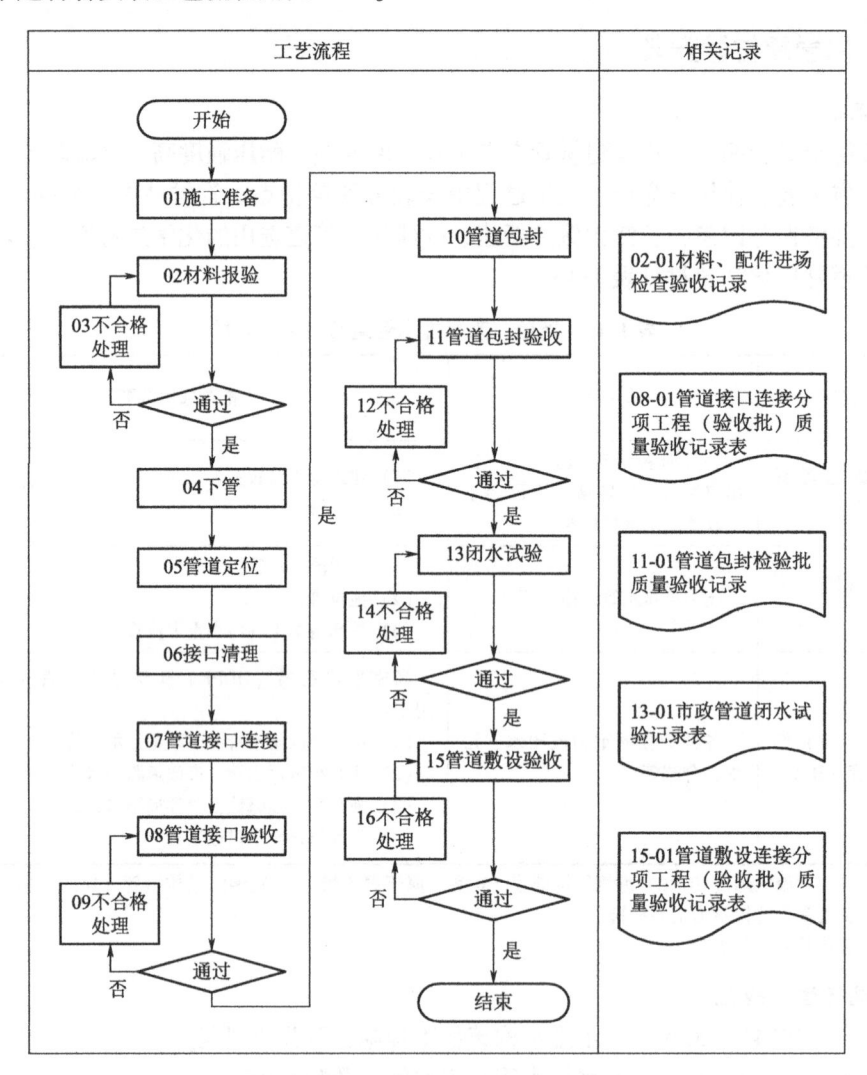

图 1-33 化学建材管安装工艺流程

（1）材料报验：管道安装前，应进行管材外观质量检查，管材的颜色应一致、无色泽不均及分解变色现象。管材的内外壁应光滑、平整、无气泡、无裂口、无明显痕迹和凹陷。管材端面应平整，并垂直于轴线。管材不得有异向弯曲现象，直线度公差应小于3‰。管材应完整无损，浇口、溢边应修平整，内外表面光滑、无明显裂纹。经外观质量检查不合格的不得使用。

（2）下管：根据管径大小、沟槽和施工机具装备情况，确定人工或机械将管道放入沟槽。下管时，应采用可靠的软带吊具，平稳下管，不得在沟壁与沟底激烈碰撞，以防管道损坏。同一批次的产品下管时，注意按照厂家提供的管段编号顺序下管。人工下管时，由地面人员将管材传递给沟槽内的施工人员，对放坡开挖的沟槽也可用非金属绳系住管身两端，保持管身平衡均匀溜放至沟槽内，严禁将管材由槽顶边滚入槽内，起重机下管吊装时，用非金属绳索扣系住，不串心吊装。

(3) 管道定位：参照1.4.2球墨铸铁管安装工艺流程中管道定位的相关内容。

(4) 接口清理：参照1.4.2球墨铸铁管安装工艺流程中接口清理的相关内容。

(5) 管道接口连接：管材接口前，应检查橡胶圈是否配套完好，确认橡胶圈安放位置及插口的插入深度，并在插口及承口橡胶圈涂润滑剂，将插口及承口端面的中心轴线对齐。化学建材管连接时，一般采用电（热）熔、承插式（套筒式）、法兰、卡箍等方式。电（热）熔连接采用管箍焊机、管道焊接机、管道切割机、电熔焊机等设备进行焊接施工。套筒、法兰、卡箍连接使用的金属制品使用前，应进行防腐处理，安装完密封件后方可进行管道连接。承插式柔性接口连接时，承插口管应将插口顺水流方向、承口逆水流方向安装。安管时，应先在插口上安装密封件，再将插口端插入承口底部，并预留不小于10mm的伸缩空隙。

(6) 管道包封：参照1.4.2球墨铸铁管安装工艺流程中管道包封的相关内容。

(7) 闭水试验：参照1.4.2球墨铸铁管安装工艺流程中闭水试验的相关内容。

(8) 管道敷设验收：当以上步骤均已完成质量检查且验收合格后，方可组织相关参建单位进行管道敷设验收工作。

化学建材管安装见图1-34。

(a) 管道铺设　　　　　　　　　　(b) 管道接口连接

图1-34　化学建材管安装

2) 操作要点

(1) 操作条件。

①地下管线和其他设施用物探和坑探方式调查清楚。完成地上、地下管线设施拆迁或加固措施。完成施工交接桩、复测工作，并进行护桩及加密点布置。

②施工前，复测各排水出口标高，若与设计不符，则应立即告知设计人员进行调整。完成管材检验试验工作。

(2) 操作方法。

①管道安装前，应进行管材外观质量检查。

②管道在管底标高和管基质量检查合格后，所用管材、管道配件及其材料经抽样检查

合格后，方可进行铺设。

③根据管径大小、沟槽和施工机具装备情况，确定人工或机械将管道放入沟槽。

④下管时，用人工或起重机吊装。

⑤稳管前，应对基础设计高程和中线位置进行检查，符合设计和规范要求后方可进行稳管，同时应做好管道安装的高程和中线的测量定线工作。

⑥管材接口前，应检查橡胶圈是否配套完好，确认橡胶圈安放位置及插口的插入深度。

⑦插口及承口安装时，先吊住被安装管道的插口，再将该管缓缓插入原管的承口至预定位置，由两台手拉葫芦将管材拉动就位，接口合拢时，管材两侧的手扳葫芦应同步拉动，使橡胶密封圈正确就位，不扭曲、不脱落。

⑧热熔接口安装时，在管道插接完成后，将夹紧带放置于承口环槽部位，无环槽时，将夹紧带放置于距管端40mm处，用夹紧工具夹紧至承插口无间隙并紧固，通电熔接。通电时，应特别注意，连接电缆线不能受力，以防短路。通电时间根据管径大小设定。通电完成后，取走电熔接设备，让管子连接处自然冷却。自然冷却期间，保留夹紧带和支撑环，不得移动管道。表面温度低于60℃时，才可拆除夹紧带并开展后续工作。

⑨PVC-U管安装方法同其他管道安装原理一致。焊接时，应注意焊枪喷出的热空气干净与否，因其直接影响焊缝质量，热空气一定要干净、无尘、无水滴、无油滴。法兰连接时，应注意法兰与管道焊接后，法兰密封面凸出部分必须锉平或车平，法兰垫片必须布满整个法兰密封面。承口连接时，必须严格控制承口间隙，胶合面应干燥清洁，承口应无歪斜或厚度不均，无裂纹等缺陷。

⑩化学建材管重量普遍较轻，雨季施工时，应采取防止管材漂浮措施，一旦遭到水泡，应进行管中心线和管底高程复测和外观检查，如发现位移、漂浮、拔口现象，应返工处理。

（3）重难点及应对措施。

①管道热熔连接处渗漏。

a. 产生原因。

a) 热熔连接选择时机不恰当。

b) 管口未清理干净。

c) 热熔间隙未控制到位。

d) 接口部位未对准或热熔时管道移位。

b. 防治措施。

a) 连接时，最好在室外温度较低或者接近最低时施工。

b) 电熔管件连接时，应确保电熔管件及其对应连接部位的承插口、密封件等配件均清理干净，不得附有土、水和其他杂质。如果上面附有污垢，则必须用湿毛巾擦拭干净方可连接，避免影响焊接质量。

c) 采用承插电熔连接的部位应擦拭干净，并在插口端画出插入深度标线。当管材不圆度影响安装时，应利用工具进行整圆。将插口端插入承口内，至插入深度标线位置，并检查尺寸相符情况。通电前，应校正两个对应的连接件，使其在同一轴线上，并采用专用工具固定接口部位。

d) 热熔前,应检查热熔工具是否完好,加热头与管的规格是否相符。环境温度过低时,可适当加长热熔管道的加热时间。

e) 承插口的间隙必须严格控制,一般不得大于 0.15~0.3mm,若稍大,则先均匀涂刷几层胶粘剂进行调整,胶合面应干燥、清洁。应仔细检查承口质量,承口不得歪斜或厚度不均,也不得有裂缝等缺陷。黏接时,应对承口做插入试验,不得全部插入,插入承口的 3/4 深度即可。

②承插式接头连接处渗漏。

防治措施。

a) 敷设管道前,应复核高程样板,排出槽内积水,两端管中心位置及标高应根据高程样板确定。

b) 承插式管道排管宜从下游排向上游,管节承口对向上游,管节插口对向下游。

c) 管节内外壁、承插口和橡胶圈应进行外观检查,若有损伤或变形,则应进行处理或调换。

d) 不得使用任何有损坏迹象的管材,发现有质量问题的管或管件时,应及时处理。

e) 清除承口内侧和插口外部的灰尘、砂、毛刺等附着物。在接口处应挖一个连接坑,其长度宜为 0.8~1m,宽度宜为沟槽宽度,深度宜为 0.2m。

f) 用布将管材的连接部位擦干净,同时用中性润滑剂如硅油、液体凡士林等涂擦承口或插口。

g) 对于承插式连接的管,再次清理承口或插口部分时,在橡胶圈上涂润滑剂,并在两手之间转动,检查是否涂擦完整(橡胶圈及承口内侧或插口外侧的任何部分缺少润滑剂都将影响承插效果)。

h) 将橡胶圈放入承口内或套入插口,沿橡胶圈四周依次向外推拉,保证橡胶圈在插口处受力均匀,无扭曲。

i) 采用横跨沟槽的挖掘机推接时,应先在承口前衬垫厚木板,以防管节端面被碰伤,再伸展吊臂,沿管轴线方向推动管节,直至插口到达预定的连接位置。

j) 将软性绳索捆扎在被连接的管道上时,应利用在沟槽侧的挖掘机慢慢向前移动而拉动管道,直至插口到达预定的连接处。

4. 材料与设备

1) 材料

(1) 硬聚氯乙烯(PVC-U)平壁管。

检验规则:同一原料、同一配方和同一工艺情况下生产的同一规格管材为一批,每批数量不超过 100t,若生产数量少,生产期 7d 尚不足 100t,则以 7d 产量为一批。

检验项目:按照 GB/T 20221—2023《无压埋地排污、排水用硬聚氯乙烯(PVC-U)管材》规定的落锤冲击试验、纵向回缩率和二氯甲烷浸渍试验安排检验项目。

(2) 聚乙烯(PE)实壁管。

检验规则:同一配料、同一设备和同一工艺且连续生产的同一规格管材为一批,每批数量不超过 200t。若生产期 10d 尚不足 200t 时,则以 10d 产量为一批。

检验项目：按照GB/T 13663.2—2018《给水用聚乙烯（PE）管道系统 第2部分：管材》规定的静液压强度（20℃，100h）、静液压强度（80℃，1000h）、断裂伸长率、耐慢速裂纹增长、熔体质量流动速率、氧化诱导时间、纵向回缩率、炭黑含量、灰分、炭黑分散或颜料分散和卫生要求安排检验项目。对于卫生要求，选用管材制造商生产的产品范围内最小公称外径的管材进行试验。

（3）聚乙烯（PE）缠绕结构壁管（B型）。

检验规则：同一原料、同一配方和同一工艺情况下生产的同一规格管材、管件为一批。管材、管件DN/ID≤500mm时，每批数量不超过60t。若生产期7d仍不足60t，则以7d产量为一批。管材、管件DN/ID>500mm时，每批数量不超过300t。若生产期30d仍不足300t，则以30d产量为一批。

检验项目：按照GB/T 19472.2—2017《埋地用聚乙烯（PE）结构壁管道系统 第2部分：聚乙烯缠绕结构壁管材》第7.1—7.3条规定的项目，和第7.4条规定的灰分、氧化诱导时间、密度、环刚度、环柔性和熔接处的拉伸力试验安排检验项目。

2）设备

主要设备：管箍焊机、管道对焊机、管道切割机、电熔焊机、夹钳、扣带、手拉葫芦等。

其他设备、仪器：水准仪、全站仪、直尺、卷尺等。

5. 质量控制

1）施工过程控制

（1）管节及管件的规格、性能应符合国家相关标准的规定和设计要求，其外观质量不得有影响结构安全、使用功能及接口连接的质量缺陷。内、外壁光滑、平整，无气泡、无裂纹、无脱皮和严重的冷斑及明显的痕纹、凹陷。管节不得有异向弯曲现象，端口应平整。

（2）当管道直接放在地上时，地面应平整，不得有石块和容易引起管道损坏的尖利物体，应有防止管道滚动的措施。

（3）不同管径的管道堆放时，应把大而重的放下边，轻的放上边，管道两侧用木楔或木板挡住。堆放时，注意底层管道的承重能力，变形不得大于5%。

（4）待用的管材按照产品标准逐支进行质量检验，不符合标准的不使用，并做好标志，另行处理。

（5）采用承插式（或套筒式）接口时，宜人工布管，且在沟槽内连接。槽深大于3m或管外径大于400mm的管道，宜用非金属绳索兜住管节后下管。严禁将管节翻滚抛入槽中。

（6）采用电熔、热熔接口时，宜在沟槽边上将管道分段连接后以弹性铺管法移入沟槽。移入沟槽时，管道表面不得有明显划痕。

（7）承插式柔性连接、套筒（带或套）连接、法兰连接、卡箍连接等方法采用的密封件、套筒件、法兰、紧固件等配套管件，必须由管节生产厂家配套供应。电熔连接、热熔连接应采用专用电器设备、挤出焊接设备和工具进行施工。

（8）管道连接时，必须将连接部位、密封件、套筒等配件清理干净，套筒（带或套）

连接、法兰连接、卡箍连接用的钢制套筒、法兰、卡箍、螺栓等金属制品应根据现场土质并参照相关标准采取防腐措施。

(9) 承插式柔性接口连接宜在当日温度较高时进行，插口端不宜插到承口底部，应留出不小于10mm的伸缩空隙。插入前，应在插口端外壁做好插入深度标志。插入后，承插口周围空隙均匀，连接管道平直。

(10) 电熔连接、热熔连接、套筒（带或套）连接、法兰连接、卡箍连接宜在当日温度较低或接近最低时进行。电熔连接、热熔连接时，电热设备的温度控制、时间控制、挤出焊接时对焊接设备的操作等，必须严格按照接头的技术指标和设备的操作程序进行。接头处应有沿管节圆周平滑对称的外翻边，内翻边铲平。

(11) 管道与井室宜采用柔性连接方式，连接方式应符合设计要求，设计无要求时，可采用承插管件连接或中介层方式。

(12) 管道系统设置的弯头、三通、变径处应采用混凝土支墩或金属卡箍拉杆等技术措施。在消火栓及闸阀的底部应加垫混凝土支墩。非锁紧型承插连接管道的每根管节应有3个点位以上的固定措施。

(13) 安装完的管道中心线及高程调整合格后，应将管底有效支撑角范围用中粗砂回填密实，不得用土或其他材料回填。

2) 施工质量控制

(1) 主控项目。

①管节及管件、橡胶圈等的质量应符合 GB 50268—2008《给水排水管道工程施工及验收规范》相关规定。

检查方法：检查产品质量保证资料；检查成品管进场验收记录。

②承插、套筒连接时，承口和插口部位及套筒应连接紧密，无破损、变形、开裂等现象。插入后，橡胶圈应位置正确，无扭曲等现象。双道橡胶圈的单口水压试验合格。

检查方法：逐个接口检查；检查施工方案及施工记录，单口水压试验记录；用钢尺、探尺量测。

③聚乙烯管、聚丙烯管接口熔焊连接应符合下列规定：

a. 焊缝应完整，无缺损和变形现象；焊缝连接应紧密，无气孔、鼓泡和裂缝现象；电熔连接的电阻丝不裸露。

b. 熔焊的焊缝焊接力学性能不低于母材。

c. 热熔对接连接后应形成凸缘，且凸缘形状大小均匀一致，无气孔、鼓泡和裂缝现象；接头处应有沿管节圆周平滑对称的外翻边，外翻边最低处的深度不低于管节外表面；管壁内翻边铲平；对接错边量不大于管材壁厚的10%，且不大于3mm。

检查方法：观察；检查熔焊连接工艺试验报告和焊接作业指导书，熔焊连接施工记录、熔焊外观质量检验记录、焊接力学性能检测报告。

检查数量：外观质量应全部检查；熔焊的焊缝焊接力学性能试验每200个接头不少于1组；现场进行破坏性检验或翻边切除检验（可任选一种）时，现场破坏性检验每50个接头不少于1个，现场内翻边切除检验每50个接头不少于3个；单位工程中接头数量不足50个时，仅进行熔焊的焊缝焊接力学性能试验即可，可不进行现场检验。

d. 卡箍连接、法兰连接、钢塑过渡接头连接时，应连接件齐全、位置正确、安装牢固，连接部位无扭曲、变形现象。

检查方法：逐个检查。

(2) 一般项目。

①承插、套筒式接口的插入深度应符合要求，相邻管口的纵向间隙不应小于 10mm，环向间隙应均匀一致。

检查方法：逐个检查，用钢尺量测；检查施工记录。

②承插式管道沿曲线安装时，玻璃钢管接口转角不应大于 GB 50268—2008《给水排水管道工程施工及验收规范》相关规定。聚乙烯管、聚丙烯管接口转角不应大于 1.5°。硬聚氯乙烯管接口转角不应大于 1.0°。

检查方法：用直尺量测曲线段接口；检查施工记录。

③熔焊连接设备的控制参数应符合焊接工艺要求。设备与待连接管的接触面无污物，设备及组合件组装正确、牢固、吻合。焊后冷却期间接口未受外力影响。

检查方法：观察；检查专用熔焊设备质量合格证明书、校验报告；检查熔焊记录。

④卡箍连接、法兰连接、钢塑过渡连接件的钢制部分，以及钢制螺栓、螺母、垫圈的防腐要求应符合设计要求。

检查方法：逐个检查；检查产品质量合格证明书、检验报告。

1.5 管网沟槽回填

给水排水工程作为城市基础设施建设的重要组成部分，其质量可直接影响人们的生活。现代化城市修建有各种地下管道，管网密度大，给水排水管道一旦出现漏水事故，不仅会影响给水排水，还会影响邻近的其他管道、线缆、建筑物及市政交通，不仅会造成经济损失，还会引起不良社会影响。给水排水管道埋藏于土层中，与管网沟槽回填施工质量有千丝万缕的关系，施工人员需要熟练掌握回填施工流程，提高施工技术，以保障管网沟槽回填施工质量。

1.5.1 柔性管道沟槽回填

1. 概述

目前，各种化学建材管道在管网工程中的应用已经十分普遍。柔性管道具有重量轻、操作方便等特点，但其受外荷载作用变形明显，在回填压实度不足等因素影响下，易出现路基不均匀沉降现象，造成路面纵向拉裂，城市道路大量翻修。回填土沉降变形破坏和渗流破坏将导致管道失稳，危及管道安全。为降低给水排水管道出现问题的风险，可在工程中通过合理、规范的施工手段，确保管道沟槽回填的质量，避免后期管道出现渗漏问题。

2. 现行适用规范

(1) GB 50268—2008《给水排水管道工程施工及验收规范》。

(2) GB 51004—2015《建筑地基基础工程施工规范》。

(3) GB 50202—2018《建筑地基基础工程施工质量验收标准》。

3. 施工工艺流程及操作要点

1) 工艺流程

柔性管道沟槽回填施工工艺流程见图 1-35。

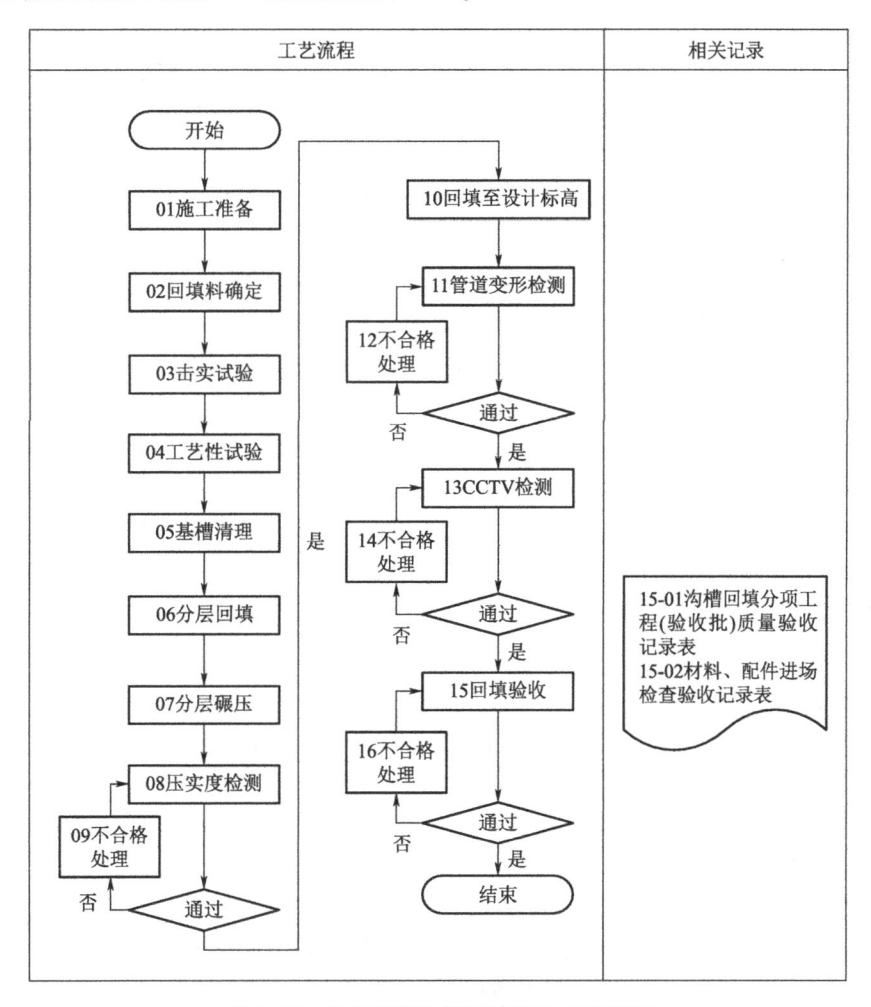

图 1-35　柔性管道沟槽回填施工工艺流程

(1) 回填料确定：在管道安装完成且沟槽回填前，应根据设计要求确定沟槽的回填料种类、密实度要求、回填厚度、含水率控制范围等参数。一般，沟槽回填料主要种类为原状土、中粗砂、碎石等。

(2) 击实试验：土方回填料确定后，抽取土样进行标准击实试验，确定最优含水率下的最大干密度。

(3) 工艺性试验：标准击实试验完成后，在施工现场安排碾压试验，核查土方回填料压实后是否能够达到设计压实干密度值；核查压实机具的性能是否满足施工要求；选定合理的施工压实参数，即铺土厚度、土块限制粒径、含水量的适宜范围、压实方法和压实遍数。

(4) 基槽清理：回填前，将基坑中的垃圾杂物清理干净，将回落松散砂浆石子清除干净。槽底至管顶以上 500mm 范围内，土中不得含有有机物，以及大于 50mm 的砖、石等硬块。

(5) 分层回填、分层碾压：用手推车送土，人工用铁锹、耙、锄等工具回填土。回填土时，应从场地最低部分开始，由低一端向高一端自下而上分层铺填。每层虚铺厚度，用人工夯夯实时不大于 200mm，用打夯机械夯实时不大于 25cm。机械碾压时，先轻后重，速度适中，沟槽回填深度较深时，应采取分层回填方式，每层回填深度宜控制在 20～30cm，交接处应填成阶梯形。

(6) 压实度检测：沟槽每回填完一层都需要进行压实度试验，不同区域的回填料压实度系数不同，试验结果应符合设计相关要求。

(7) 管道变形检测、CCTV 检测：管道回填至设计高程时，应在 12～24h 内测量并记录管道变形率。管道变形率应符合设计要求。设计无要求时，钢管或球墨铸铁管道变形率不应超过 2%，化学建材管道变形率不应超过 3%。管道施工完成 1 个月内完成 CCTV 检测，对回填后的管道进行管道施工质量检测时，应检查管道变形、错口、破裂、平直度等质量控制指标，并出具 CCTV 检测报告，及时将检测报告和检测视频提交监理单位审核。

(8) 回填验收：当以上步骤均已完成质量检查且验收合格后，方可组织相关参建单位进行沟槽回填验收工作。

柔性管道沟槽回填施工见图 1-36。

2) 操作要点

(1) 操作条件。

①回填前，应对管道等进行检查验收，办理隐蔽工程质量检查手续，待各种管道验收合格方可进行回填。

②施工前，按照回填料种类、密实度要求等，试验确定回填料含水率控制范围、虚铺厚度和夯实遍数等参数。

③根据每层虚铺厚度的用量将回填料运至槽内，且不得在影响压实的范围内堆料。

④施工前，将基坑中的垃圾杂物清理干净，将回落松散砂浆石子清除干净。

⑤确定机械回填土的车辆、土方机械的行走路线等。

⑥槽底至管顶以上 500mm 范围内，土中不得含有有机物，以及大于 50mm 的砖、石等硬块。

⑦管道回填时间宜为 24h 内气温最低时段，从管道两侧同时回填，同时夯实。

⑧回填作业的现场试验段长度应为一个井段或不少于 50m，因工程因素变化改变回填方式时，应重新进行现场试验。

(2) 操作方法。

①回填前，应进行场地清理，将清基范围内树木、树桩、树根、杂草、淤泥、淤沙、垃圾和杂物等全部清除干净，必须将腐殖土植物根须清理干净。

②摊铺前，应先放样，再画出边线，边线要准确、顺直，弯道要圆顺，摊铺长度应以当天摊铺当天能碾压结束为准。

(a) 分层回填  (b) 分层碾压

(c) 压实度检测

图1-36 柔性管道沟槽回填施工

③采用水平分层填筑法施工。当分成不同作业段填筑时，先填地段应分层留台阶，使每个压实层相互重叠搭接，搭接长度应大于150cm，确保相邻作业段接头范围内的压实度。

④土方回填料确定后，抽取土样进行标准击实试验。

⑤标准击实试验完成后，在施工现场安排碾压试验。

⑥土方回填前，由技术部门向作业班组质检员进行详细的技术交底，将回填区域的划分、根据碾压试验确定的压实参数、施工方法等问题交代清楚。

⑦用手推车送土，人工用铁锹、耙、锄等工具回填土。

⑧机械碾压时，先轻后重，速度适中。先用压路机预压一遍，以提高压实层上部的压实度，再用推土机修平后碾压，以防路面高低不平影响碾压效果。为保证碾压的均匀度，碾压速度不能太快，应先快后慢，行驶速度控制在2km/h以内。

⑨深浅基槽相连时，应先填深槽，待相平后再与浅槽全面分层填夯。如采取分段回填方式，则交接处应填成阶梯形。管道回填应在两侧用中砂（或按照设计要求）同时均匀回填、夯实。

⑩回填土每层铺土厚度和压实遍数根据土的性质、设计要求的压实系数和使用的压

（夯）实机具性能确定，并进行现场夯压试验确定。如无试验数据，则应按照表 1-16 常用沟槽施工压实机械分层回填要求进行。

表 1-16　常用沟槽施工压实机械分层回填要求

压实机具	分层厚度（mm）	每层压实遍数
平碾	250~300	6~8
振动压实机	250~350	3~4
柴油打夯机	200~250	3~4
人工打夯	<200	3~4

⑪回填土前，在基坑边坡上标出水平控制点，作为控制回填土厚度的依据。

⑫回填土的含水量必须符合要求，如含水量偏高，则可采用翻松、晾晒的方法减少含水量；如含水量偏低，则可采用预先洒水湿润的方法增加含水量，使含水率达到规定的范围。每层夯实后，按照已弹好的线进行找平，超高部位及时铲平，低于标高部位的补土夯实。

⑬人工打夯前，应将填方初步整平，打夯应按照一定方向进行，一夯压半夯，夯夯相接，行行相连，两边纵横交叉，分层夯打，回填土每层至少夯打三遍，夯实基槽时，行夯路线应由四周开始，夯向中间。

⑭管顶以上 500mm 范围内采用人工夯填方式，每层压实厚度不大于 20cm。当回填到管顶以上 500mm 范围时，用推土机配合压路机进行回填（具体采用碾压的机械要经计算）。施工操作应严格按照操作规程进行。

⑮同一沟槽中有两排以上管道的基础底面位于同一高程时，管道之间的回填压实应与管道与槽壁之间的回填压实对称进行。当有双排或多排管道，但基础底面的高程不同时，应先回填基础较低的沟槽，当回填至较高基础底面高程时，再与管道与槽壁之间的回填压实对称进行。

⑯管道回填至设计高程时，应在 12~24h 内测量并记录管道变形率。

⑰管道施工完成 1 个月内完成 CCTV 检测，并出具 CCTV 检测报告，及时将检测报告和检测视频提交监理单位审核。

（3）重难点及应对措施。

①超厚回填。现场施工未按照要求的虚铺厚度回填，或者用推土机一次将沟槽填平，导致路基和路面结构沉陷，管体上部破裂，以及无筋管受压变形。

a. 产生原因。

a）施工技术人员和作业人员对上述危害不了解或认识不足。

b）技术交底不明确，质量管理措施不到位。

c）施工人员为施工方便而有意减少施工工序，不顾后果。

b. 防治措施。

a）加强技术培训，使施工技术人员和作业人员了解分层压实的意义。

b）向实际作业人员做好技术交底，使路基填方及沟槽回填土的虚铺厚度不超过有关规定。

c）严格操作要求，严把质量管理，惩戒有意减少施工工序者。

②倾斜碾压。在填筑段内随高就低，导致碾轮爬坡碾压。

a. 产生原因：填筑段未将底层整平即进行填筑，或沟槽内填筑高度不一，导致碾轮在带有纵坡的状态下碾压。

b. 防治措施：采用水平分层方法填筑。路基地面的横坡或纵坡陡于1∶5时，应将其做成台阶状。台阶高等于压实厚度，台阶宽不小于1m。回填沟槽分段填筑时，应分层倒退留出台阶。

③挟带大块回填。一方面，回填土中带有大砖块、大石块、大混凝土块、大硬土块，达不到整体密实效果。另一方面，块状物支垫碾轮，产生叠砌现象，块状物周围留有空隙，日后可能会发生沉陷。

a. 产生原因。

a）作业人员不了解较大块状物掺入土中对夯实的不利影响。

b）技术交底不明确，现场控制不严格。

b. 防治措施。

a）在回填土交底时，向作业人员说明带块状物回填的危害。

b）严格管理，取出回填土中的大砖块、大石块、大混凝土块，大于250mm的硬土块应打碎或取出。

④挟带有机物或过湿土回填。回填土中含有树根、木块、杂草或有机垃圾等杂物或过湿土。有机物腐烂后会导致土体内出现空洞现象。超过压实最佳含水量的过湿土，达不到要求的密实度，会造成路基不均匀沉陷，导致路面结构变形。

a. 产生原因。

a）作业人员技术水平不高，现场管控不严。

b）取土源含水量过大；或备土遇雨，造成土过湿，而且不加处理直接使用。

b. 防治措施。

a）填筑前，应清除地面杂草、淤泥，过湿土，含有有机质的土一律不得使用。

b）将过湿土进行晾晒或在其中掺加干石灰粉，使含水量降低至规定范围再进行摊铺压实。

⑤带水回填。这种情况多发生在沟槽回填土中，未排积水便带泥水回填土。地下水位下降、饱和水下渗将造成填土下陷，危及路基的安全。

a. 产生原因。

a）地下水位高于槽底，又无降水措施，或降水措施不力，或在填土前停止降水，导致地下水积于槽内。

b）浅层滞水流入槽内，雨水或其他水流入槽内，未排净即回填土。

b. 防治措施。

a）应排积水，先清除淤泥硫干槽底，再进行分层回填夯实。

b）有降水措施的沟槽，应先回填夯实再停止降水。

c）如排积水有困难，则应先将淤泥清除干净，再分层回填砂或砂砾，在最佳含水量的情况下进行夯实。

⑥管道变形。

a. 产生原因。

a）在管道半径以下回填时，未采取防止管道上浮、移位的措施。

b）沟槽回填时，大于800mm的柔性管道内部未设竖向支撑。

c）管道有效支撑角范围回填料不符合规范要求。

d）沟槽回填堆土方式不当，集中堆土或直接回填在管道上，导致管道移位。

e）管底基础至管顶以上500mm夯实时，采用大型机械碾压，导致管道变形、移位。

b. 防治措施。

a）管道两侧分层回填时，可将管道腋角单独作为一个回填层单元，严格按照规范要求采用中、粗砂材料，人工利用小型机具夯实，验收合格后再进行上层材料回填。

b）管道两侧及管顶以上500mm处均不得用机械回填，必须人工回填。对回填土碾压夯实，在管顶1000mm以上时，方可用重型压实机械碾压回填。

c）沟槽回填土不得带水回填。管道两侧及管顶以上500mm范围内的回填料应由沟槽两侧对称运入槽内，不得直接倾倒在管道上。回填其他部位时，应均匀运入槽内，不得集中推入。

d）沟槽回填前，采用压实沙袋对管道进行固定，压实沙袋的间距控制在10m左右，防止管道移位和上浮。

e）当管道直径大于800mm时，设置内部支撑，采用型钢或钢管搭设米字形支架，防止沟槽回填时挤压变形。

⑦管道渗漏。

a. 产生原因。

a）管道变形过大造成管道破损或接口破坏，引起管道渗漏。

b）管道回填后，受明水冲刷，大量土体被冲走，再次承受上部荷载，发生渗漏。

c）现场未做沟槽回填试验段，回填碾压不规范，沟槽回填未碾压实，后期受外部荷载作用发生渗漏。碾压机具吨位过大，造成管道在施工阶段发生渗漏。

b. 防治措施。

a）根据管道变形防治措施执行，防止因变形过大而发生渗漏。

b）加强现场质量管控，提前做回填试验段，控制相关工艺参数及施工组织形式。确定碾压机具吨位，按照试验段进行碾压程序及工艺，遇特殊情况及时反馈并进行工艺调整。

c）沟槽回填过程中，降排水措施应持续进行，并采取措施防止地表明水冲刷回填土。

4. 材料与设备

1) 材料

(1) 采用土回填时,应符合下列规定。

①槽底至管顶以上 500mm 范围内,土中不得含有有机物、冻土,以及大于 50mm 的砖、石等硬块。在抹带接口处、防腐绝缘层或电缆周围,应用细粒土回填。

②冬季回填时,管顶以上 500mm 范围外可均匀掺入冻土,但数量不得超过填土总体积的 15%,且冻土尺寸不得超过 100mm。

③回填土含水量宜根据土类和压实工具将含水率控制在±2%范围内。

(2) 采用石灰土、砂、砂砾等材料回填时,其质量应符合设计要求或相关标准。

(3) 土方回填的施工质量检测应分层进行,而且应在每层压实系数符合设计要求后铺填上层土。

(4) 基槽和管沟回填时,每层按 20～50m 取样 1 组,且不应少于 1 组。

2) 设备

主要机具:铲土机、自卸汽车、推土机、铲运机及翻斗车、平碾、振动碾等。

一般机具:蛙式或柴油打夯机、手推车、筛网(孔径 40～60mm)、木耙、铁锹(平头功尖头)、2m 钢尺、20 号铅丝、胶皮管等。

5. 质量控制

1) 施工过程控制

(1) 在进行压力管道水压试验前,除接口外,管道两侧及管顶以上回填高度不应小于 0.5m。水压试验合格后,应及时回填沟槽的其余部分。

(2) 回填沟槽内的砖、石、木块等杂物应清除干净,沟槽内不得有积水,降排水系统应正常运行,不得带水回填。

(3) 井室周围的回填应与沟槽回填同时进行,不便同时进行时,应留台阶形搭接。井室周围回填压实时,应沿井室中心对称进行,且不得漏夯。回填材料压实后,应与井壁紧贴。路面范围内的井室周围应采用石灰土、砂、砂砾等材料回填,回填宽度不宜小于 400mm。

(4) 根据每层虚铺厚度的用量,将回填材料运至管道沟槽内,且不得在影响压实的范围内堆料。

(5) 管道两侧和管顶以上 500mm 范围内的回填材料应从沟槽两侧对称运入管道沟槽内,不得直接回填在管道上。

(6) 采用重型压实机械压实或较重车辆在回填土上行驶时,管道顶部以上应有一定厚度的压实回填土,其最小厚度应根据压实机械的规格和管道的设计承载力,通过计算确定。

(7) 管内径大于 800mm 的柔性管道,可在管内设置临时竖向支撑或采取预变形等措施,预变形不大于 1%。竖向支撑可采用木撑,且确保木撑两头为圆头。回填时,可利用管道胸腔部分回填压实过程中出现的管道竖向反向变形来抵消一部分垂直荷载引起的管道竖向变形,但应将其控制在设计规定的管道竖向变形范围内。

(8) 管基有效支撑角范围应采用中粗砂填充密实,且与管壁紧密接触,不得用土或其他材料填充。

(9) 沟槽回填时，从管底基础部位到管顶以上500mm范围内，必须人工回填。管顶500mm以上部位，可用机械从管道轴线两侧同时夯实。每层回填高度不应大于200mm。

(10) 管道位于车行道下时，应在铺设完成后立即修筑路面。管道位于软土地层，以及低洼、沼泽、地下水位高地段时，沟槽回填宜先用中、粗砂将管底腋角部位填充密实，再用中、粗砂分层回填到管顶以上500mm。

(11) 柔性管道回填至设计高程时，应在12～24h内测量并记录管道变形率。管道变形率应符合设计要求。设计无要求时，钢管或球墨铸铁管道变形率不应超过2%，化学建材管道变形率不应超过3%。当超过时，应采取措施进行处理。

(12) 当钢管或球墨铸铁管道变形率超过2%，但不超过3%时；化学建材管道变形率超过3%，但不超过5%时；应采取以下处理措施。

①挖出回填材料至露出管径85%处，管道周围应人工挖掘以免损坏管壁。
②挖出管节局部有损伤时，应进行修复或更换。
③重新夯实管道底部的回填材料。
④选用的适合回填的材料按照规范规定重新回填施工，回填至设计高程。
⑤重新检测管道的变形率。

(13) 钢管或球墨铸铁管道变形率超过3%，化学建材管道变形率超过5%时，应挖出管道，并会同设计单位研究处理。

2) 施工质量控制

(1) 主控项目。

①回填材料符合设计要求。

检查方法：观察；按照相关规范和设计要求进行检查，检查检测报告。

检查数量：条件相同的回填材料，每铺筑1000m^2，应取样1次，每次取样至少应做2组测试；回填材料条件变化或来源变化时，应分别取样检测。

②沟槽不得带水回填，回填应密实。

检查方法：观察，检查施工记录。

③柔性管道的变形率不得超过设计要求或GB 50268—2008《给水排水管道工程施工及验收规范》相关规定，管壁不得出现纵向隆起、环向扁平和其他变形情况。

检查方法：观察，方便时用钢尺直接测量，不方便时用圆度测试板或芯轴仪在管内拖拉测量管道变形率；检查记录，检查技术处理资料。

检查数量：试验段（或初始50m）不少于3处，每100m正常作业段（取起点、中间点、终点近处各一点）处平行测量3个断面，取其平均值。

④回填土压实度应符合设计要求，当设计无要求时，应符合表1-17柔性管道沟槽回填土压实度的规定。

(2) 一般项目。

①回填应达到设计高程，表面应平整。

检查方法：观察，有疑问处用水准仪测量。

表 1-17 柔性管道沟槽回填土压实度

槽内部位		压实度(%)	回填材料	检查频率 范围	检查频率 点数	检查方法
管道基础	管底基础	≥90	中、粗砂	每100m		用环刀法检查或按照 GB/T 50123—2019《土工试验方法标准》相关规定检查
管道基础	管道有效支撑角范围	≥95	中、粗砂	每100m	每层每侧1组（每组3点）	
管道两侧		≥95	中、粗砂、碎石屑，最大粒径小于40mm的砂砾或符合要求的原土	两井之间或每400m²	每层每侧1组（每组3点）	
管顶以上500mm	管道两侧	≥90	中、粗砂、碎石屑，最大粒径小于40mm的砂砾或符合要求的原土	两井之间或每400m²		
管顶以上500mm	管道上部	≥85	中、粗砂、碎石屑，最大粒径小于40mm的砂砾或符合要求的原土	两井之间或每400m²		
管顶500~1000mm		≥90	原土或按照设计要求			

注：1. 回填材料的压实度，除设计要求用重型击实标准外，其他皆以轻型击实标准进行，试验获得最大干密度为100%。
  2. 采用中、粗黄砂回填时，可采用钢钎贯入度法检验，其贯入度标准值应根据作用黄砂、所做击实功，通过试验确定。
  3. 钢钎贯入度法要求为：采用φ120mm，长度1.25m的平头光圆钢筋，自由贯入高度700mm，钢筋应垂直下落。贯入时，宜使水面与砂面齐平，符合质量控制要求的贯入度值应根据砂样品种，通过试验确定。沟槽回填土要求见图1-37。

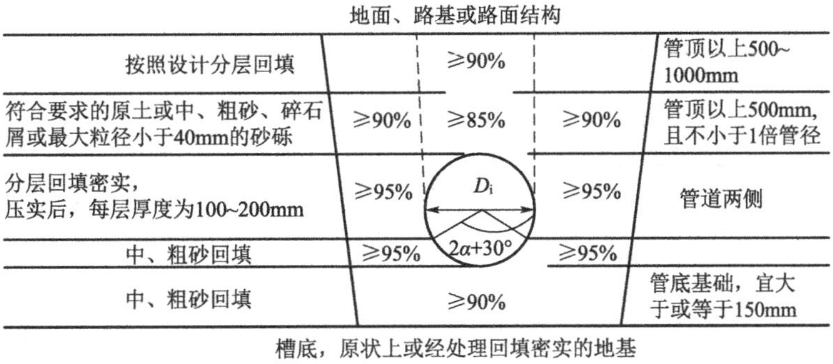

图 1-37 沟槽回填土要求

②回填时，管道及附属构筑物无损伤、沉降、位移等问题。
检查方法：观察，有疑问处用水准仪测量。

1.5.2 刚性管道沟槽回填

1. 概述

刚性管道指主要依靠管体材料强度支撑外力的管道，在外荷载作用下，其变形很小。管道失效的原因是管壁强度的控制。刚性管道通常指钢筋混凝土管道、预（自）应力混凝土管道和预应力钢筒混凝土管道。刚性管道沟槽回填工序是管道的施工重点，直接影响后期运行安全性。施工时，应以安全运行需要的技术指标为指导，对刚性管道沟槽回填进行质量控制，消除刚性管道运行的安全隐患，避免不必要的损失。

2. 现行适用规范

(1) GB 50268—2008《给水排水管道工程施工及验收规范》。

(2) GB 51004—2015《建筑地基基础工程施工规范》。

(3) GB 50202—2018《建筑地基基础工程施工质量验收标准》。

3. 施工工艺流程及操作要点

1) 工艺流程

刚性管道沟槽回填施工工艺流程见图1-38，具体内容参照第1章1.5.1柔性管道沟槽回填工艺流程相关内容。

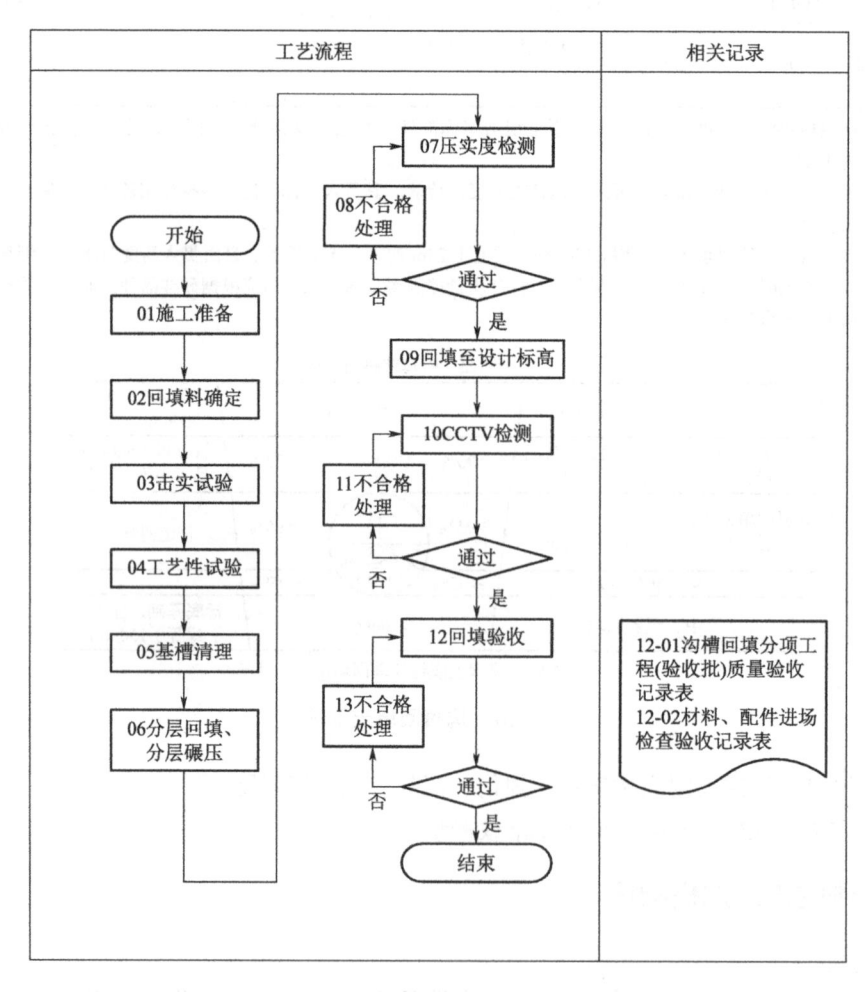

图1-38 刚性管道沟槽回填施工工艺流程

刚性管道沟槽回填施工见图1-39。

2) 操作要点

(1) 操作条件。操作条件同柔性管道沟槽回填的操作条件。

(2) 操作方法。操作方法同柔性管道沟槽回填的操作方法。

(a) 工艺性试验 　　(b) 基槽清理

(c) 分层回填、分层碾压 　　(d) 压实度检测

图 1-39　刚性管道沟槽回填施工

(3) 重难点及应对措施。

①管道起伏、变形。

a. 产生原因。

a) 管道地基承载力不符合设计要求, 未采取处理措施便直接进行下道工序。沟槽开挖基底不平整, 导致基础受力不均。

b) 回填土时, 管道接口的砂浆或管座混凝土未达到一定强度, 管道结构受到回填土的强烈碰撞和侧压力而出现变形。

c) 回填土时, 只回填管道一侧, 或回填管道两侧的填筑高差太大, 使管道单侧受力而造成管道向一侧推移, 导致接口或管座混凝土破坏。

d) 管道两侧回填土时, 虽然回填高度一致, 但回填料性质相差太大, 造成实质上的两侧压力不均, 引起管道变形。

b. 防治措施。

a) 沟槽采用机械开挖时, 基底应留 200mm 厚度, 人工清底。地基验槽前, 必须进行地基承载力检测, 承载力不符合设计要求时, 应采用换填、注浆等方式确保承载力符合设计要求再施工。基槽开挖时, 应有专门的施工管理人员进行监督, 防止超挖, 如发生超挖，则基槽应为台阶形，严禁直接进行垫层浇筑。

b）沟槽回填土前，应确保管道接口砂浆强度或管座混凝土强度达到5MPa以上，能经受住回填土两侧共同的挤压作用力。

c）回填土中不得含有碎砖、石块及大于10cm的土块，管道两侧的填土性质应确保一致。

d）沟槽回填土的填筑顺序、高度、分层情况按照规范要求执行，不得超出规范极值范围。

②管道破裂。

a. 产生原因。

a）管顶以上覆盖土厚度不够，机械振动压实时，超过管道所能承受的安全外压荷载，导致管道破裂。

b）沟槽回填时，管道腋角部位回填不压实，回填土未完全握裹管道，造成局部管道弹力不足，发生开裂问题。

c）回填土中含有碎砖、石块及大于10cm的土块时，在长期荷载作用下，造成局部应力集中或管道两侧受力不均，导致管道破裂。

d）使用的压实机械吨位大于设计要求吨位，或未经过管道承载力验算而盲目采用大型机械压实，导致管道破裂。

e）管道回填土在管道闭水、闭气等功能性试验前进行，并且未及时处理管道相关渗漏部位，造成回填不合格，甚至管道破裂。

b. 防治措施。

a）无压管道闭水、闭气等功能性试验合格后，方可进行沟槽回填。压力管道在进行水压试验前，应对除接口外的沟槽进行回填，回填部位为管道两侧及管顶0.5m以上，水压试验合格后再回填其余部分。

b）用重型压实机械压实或较重车辆在回填土上行驶时，管道顶部以上应有一定厚度的压实回填土，其最小压实厚度应按照压实机械的规格和管道的设计承载力，通过计算确定。

c）沟槽回填时，注意管道两腋角部位回填的压实度，加强整改验收工作。

4. 材料与设备

1）材料

(1) 采用土回填时，应符合下列规定。

①槽底至管顶以上500mm范围内，土中不得含有有机物、冻土，以及大于50mm的砖、石等硬块。在抹带接口处、防腐绝缘层或电缆周围，应用细粒土回填。

②冬季回填时，管顶以上500mm范围外可均匀掺入冻土，但数量不得超过填土总体积的15%，且冻土尺寸不得超过100mm。

③回填土的含水量宜按照土类和压实工具将含水率控制±2%范围内。

(2) 采用石灰土、砂、砂砾等材料回填时，其质量应符合设计要求或相关标准规定。

(3) 土方回填的施工质量检测应分层进行，而且应在每层压实系数符合设计要求后再铺填上层土。

(4) 基坑和室内土方回填，每层按 100~500m² 取样 1 组，且不应少于 1 组。柱基回填，每层抽样柱基总数的 10%，且不应少于 5 组。基槽和管沟回填，每层按 20~50m 取样 1 组，且不应少于 1 组。场地平整填方，每层按 400~900m² 取样 1 组，且不应少于 1 组。

2）设备

主要机具：铲土机、自卸汽车、推土机、铲运机及翻斗车、平碾、振动碾等。

一般机具：蛙式或柴油打夯机、手推车、筛网（孔径 40~60mm）、木耙、铁锹（平头功尖头）、2m 钢尺、20 号铅丝、胶皮管等。

5. 质量控制

1）施工过程控制

(1) 在进行压力管道水压试验前，除接口外，管道两侧及管顶以上回填高度不应小于 0.5m。水压试验合格后，应及时回填沟槽的其余部分。无压管道在闭水或闭气试验合格后应及时回填。

(2) 井室周围的回填应与沟槽回填同时进行，不便同时进行时，应留台阶形搭接。井室周围回填压实时，应沿井室中心对称进行，且不得漏夯。回填材料压实后，应与井壁紧贴。路面范围内的井室周围应采用石灰土、砂、砂砾等材料回填，回填宽度不宜小于 400mm。

(3) 管道两侧和管顶以上 500mm 范围内的回填材料应从沟槽两侧对称运入管道沟槽内，不得直接回填在管道上。回填其他部位时，应均匀运入管道沟槽内，不得集中推入。

(4) 管道两侧和管顶以上 500mm 范围内胸腔夯实，应采用轻型压实机具，管道两侧压实面的高差不应超过 300mm。

(5) 管道基础为土弧基础时，应填实管道支撑角范围内腋角部位。压实时，管道两侧应对称进行，且不得使管道位移或损伤。

(6) 同一沟槽中有两排或多排管道且基础底面位于同一高程时，管道之间的回填压实应与管道与槽壁之间的回填压实对称进行。同一沟槽中有双排或多排管道但基础底面的高程不同时，应先回填基础较低的沟槽，当回填至较高基础底面高程时，按照上一个规定回填。

(7) 采用轻型压实设备时，应夯夯相连；采用压路机时，碾压的重叠宽度不得小于 200mm。

2）施工质量控制

(1) 主控项目。主控项目与柔性管道沟槽回填相同。

回填土压实度应符合设计要求，当设计无要求时，应符合表 1-18 刚性管道沟槽回填土压实度的规定。

(2) 一般项目。一般项目与柔性管道沟槽回填相同。

表 1-18 刚性管道沟槽回填土压实度

序号	项目			最低压实度（%）		检查数量		检查方法
				重型击实标准	轻型击实标准	范围	点数	
1	石灰土类垫层			93	95	100m	每层每侧1组（每组3点）	用环刀法检查或按照GB/T 50123—2019《土工试验方法标准》相关规定检查
2	沟槽在路基范围外	胸腔部分	管侧	87	90			
			管顶以上500mm	87±2（轻型）				
		其余部分		≥90（轻型）或按照设计要求		两井之间或每600m²		
		农田或绿地范围表层500mm范围内		不宜压实，预留沉降量，表面整平				
3	沟槽在路基范围内	胸腔部分	管侧	87	90			
			管顶以上250mm	87±2（轻型）				
		由路槽底算起的深度范围（mm）	≤800	快速路及主干路	95	98			
				次干路	93	95			
				支路	90	92			
			800~1500	快速路及主干路	93	95			
				次干路	90	92			
				支路	87	90			
			>1500	快速路及主干路	87	90			
				次干路	87	90			
				支路	87	90			

注：回填材料的压实度，除设计要求用重型击实标准外，其他皆以轻型击实标准进行，试验获得最大干密度为100%。

1.6 安全管理重点事项

1.6.1 通用管理规定

1. 基本要求

1）建设、勘察、设计、施工、监理、监测等单位依法对工程安全负责

（1）建设工程实行施工总承包方式时，由总承包单位对施工现场的安全生产负总责。

（2）总承包单位依法将建设工程分包给其他单位时，分包合同中应明确各自安全生产方面的权利和义务。总承包单位和分包单位对分包工程的安全生产承担连带责任。

（3）分包单位应服从总承包单位的安全生产管理，分包单位不服从管理导致出现生产安全事故时，由分包单位承担主要责任。

2）勘察、设计、施工、监理、监测等单位应依法取得资质证书，并在其资质范围内从事建设工程活动。施工单位应取得安全生产许可证

3）建设、勘察、设计、施工、监理等单位的法定代表人应签署授权委托书，明确各工程项目负责人

4）从事工程建设活动的专业技术人员应在注册许可范围和聘用单位业务范围内从业，对签署技术文件的真实性和准确性负责，依法承担安全责任

5）施工单位主要负责人、项目负责人及专职安全生产管理人应取得安全生产考核合格证书

6）工程一线作业人员应按照相关行业职业标准和规定进行培训并考核合格，特种作业人员应取得特种作业操作资格证书。工程建设有关单位应建立健全一线作业人员的职业教育、培训制度，定期开展职业技能培训

7）建设、勘察、设计、施工、监理、监测等单位应建立健全危险性较大（以下简称危大）分部分项工程管理责任制，落实安全管理责任，严格按照相关规定实施危大分部分项工程清单管理、专项施工方案编制及论证、现场安全管理等制度

8）建设、勘察、设计、施工、监理等单位的法定代表人和项目负责人应加强工程项目安全生产管理，依法设置项目安全生产管理机构，在项目主要负责人的领导下开展安全生产管理工作，建立健全从管理机构到基层班组的管理体系，依法对安全生产事故和隐患承担相应责任

9）管理人员培训

（1）管理人员应每年接受至少一次安全生产教育培训。

（2）发生造成人员死亡的生产安全事故，其主要负责人和安全生产管理人应重新参加培训。

（3）从业人员在本生产经营单位内调整工作岗位或离岗一年以上重新上岗时，应重新接受项目和班组级的安全培训。

（4）生产经营单位实施新工艺、新技术或者使用新设备、新材料时，应对有关从业人员重新进行有针对性的安全培训。

10）网格员管理

（1）任职要求。网格员应为总承包单位职工，日常工作以现场管控为主，与作业班组同时出勤。要求具备不少于2年的施工管理经验。

（2）工作职责。

①开展安全巡视，查找安全隐患，及时纠正违章指挥、违章操作和违反劳动纪律的行为，并进行批评教育，发现重大事故隐患时，应责令停工，并及时报告。安全巡视记录应在安全管理子系统上填报（上午、下午至少各一次），并将其作为网格员履职考核的依据。

②督促现场班组开展班前会活动，确保每日举行、人人参与。班前会记录应由班组安全员在安全管理系统上填报，当日未填报的，视为网格员履职不到位。

③开展现场安全风险辨识，将现场存在的危险源对工人进行风险告知和提醒。

④针对特殊危险作业，做好现场指挥及旁站监督工作。旁站记录应在安全管理子系统高风险作业巡视模块填报，并将其作为网格员履职考核的依据。

⑤管理维护视频监控系统，确保所辖作业面视频监控正常运行，监控摄像头正对施工

作业面，禁止无端关闭、遮挡监控或将摄像头对着无人区域。区域公司不定期开展视频巡检，发现视频监控不符合要求的，视为网格员履职不到位。

⑥及时传达极端天气预警信息等相关上级指令，应在接收指令后30min内传达至所辖全部作业面班组，并督促执行。

⑦发现施工现场存在质量问题，如原材料不合格、混凝土振捣不到位、钢筋绑扎不规范、沟槽回填不密实等现象，则应立即制止施工，要求整改，并报告有关部门处理。

⑧施工现场出现异常情况时，及时上报。

（3）网格员培训。

①网格员应熟悉现场管理规定和工艺工序，掌握安全风险与控制措施，能及时上传下达现场信息，协调处理现场问题。

②网格员实行上岗考核制，由建设单位统一组织培训考试，考核合格方可上岗。

2. 参建各方安全管理行为

1）建设单位安全管理行为

建设单位必须严格遵守安全生产法律法规，保证建设工程安全生产，依法承担建设工程安全生产责任。

（1）建设单位安全管理。

①依法办理有关批准手续。

②向施工单位提供有关资料，并保证资料真实、准确、完整。

③不得提出违法要求，不得压缩合同约定的工期。

④在编制工程概算时，应确定安全作业环境及安全施工措施所需费用。

⑤不得要求购买、租赁和使用不符合安全施工要求的用具设备等。

⑥申领施工许可证时，应提供有关安全资料。

⑦依法实施拆除工程，将拆除工程发包给具有相应资质等级的施工单位，实施爆破作业时，应遵守国家有关民用爆炸物品管理的规定。

⑧组织勘察、设计等单位在施工招标文件中列出危大工程清单，要求施工单位在投标时补充完善危大工程清单并明确相应的安全管理措施。

⑨对于按照规定需要进行第三方监测的危大工程，建设单位应委托具有相应勘察资质的单位进行监测。

⑩深化视频监控在施工现场的应用，建设单位应组织建立视频监控巡屏机制，安排有经验的管理人员开展视频巡检工作。一是检查视频监控系统配置是否覆盖全部作业点；二是检查视频监控摄像头是否运行正常、储存正常，是否正对作业面，若有故障应及时报备维修；三是检查网格员、班组长是否在岗履职；四是发现现场隐患问题，督促相关方及时处理。

（2）建设单位安全费用支付。

①建设单位在编制工程概（预）算时，应依据工程所在地工程造价管理机构测定的相应费率，合理确定工程安全防护、文明施工措施费用。

②依法进行工程招投标的项目，招标方或具有资质的中介机构编制招标文件时，应按照有关规定并结合工程实际情况单独列出安全防护、文明施工措施项目清单。

③建设单位与施工单位应在施工合同中明确安全防护、文明施工措施总费用，以及费用支付计划、使用要求、调整方式等条款。

④建设单位与施工单位在施工合同中，对安全防护、文明施工措施费用预付、支付计划未进行约定或约定不明的，合同工期在一年以内的，建设单位预付安全防护、文明施工措施费用不得低于该费用总额的 50%；合同工期在一年以上的（含一年），建设单位预付安全防护、文明施工措施费用不得低于该费用总额的 30%；其余费用应按照施工进度支付。

⑤建设单位应及时向施工单位支付安全防护、文明施工措施费用，并督促施工单位落实安全防护、文明施工措施；及时支付危大工程施工技术措施费用，以及相应的安全防护、文明施工措施费用，保障危大工程施工安全。

2) 勘察单位安全管理行为

(1) 勘察单位应按照法律法规和工程建设强制性标准进行勘察，提供的勘察文件应真实、准确，符合建设工程安全生产的要求。

(2) 勘察单位在进行勘察作业时，应严格遵守操作规程，采取措施保证各类管线、设施和周边建（构）筑物的安全。

(3) 勘察单位应根据工程实际情况及工程周边环境，在勘察文件中说明地质及周边环境可能造成的工程风险。

(4) 勘察单位接受建设单位委托开展监测工作时，应按照监测方案开展监测工作，及时向建设单位报送监测成果，并对监测成果负责；发现异常，及时向建设、设计、施工、监理单位报告，建设单位应立即组织相关单位采取处置措施。

3) 设计单位安全管理行为

(1) 设计单位应按照法律法规和工程建设强制性标准进行设计，防止因设计不合理而出现生产安全事故。

(2) 设计单位应在设计文件中注明涉及危大工程的重点部位和环节，提出保障工程周边环境安全和工程施工安全的意见，必要时进行专项设计。

(3) 设计单位应在设计文件中明确危大工程监测内容、监测频次、预警标准及监测成果报送等要求。设计单位应重点关注监测数据发展情况，及时提出防范措施和解决方法。

(4) 设计图纸应由设计单位负责人签发后执行，及时组织参建单位开展设计图纸会审和设计技术交底。

(5) 设计单位技术管理人员应建立周巡视检查机制，重点检查现场是否按照施工图及方案施工、方案是否符合现场实际情况等，并及时上报或解决现场发现的问题。

(6) 采用新结构、新材料、新工艺的建设工程和特殊结构的建设工程，设计单位应在设计文件中提出保障施工作业人员安全和预防生产安全事故发生的措施建议。

4) 施工单位安全管理行为

(1) 施工单位安全技术管理。

①体系建立。各施工单位应建立健全安全技术保障体系，制定完善安全生产技术管理制度，识别并及时更新适用的安全生产法律法规、安全技术标准及规范。编制生产组织、

技术方案等技术文件时，应有安全技术保障措施，未经审批，不得进行生产。

②安全技术措施及方案。危大分部分项工程专项施工方案由项目技术部门组织编制，企业技术、安全、质量等管理部门审核，企业总工程师审批签字。企业安全生产管理部门应对安全技术措施与专项施工方案的编制、审核过程进行监督。安全技术措施及方案编制审核程序见表1-19。

表1-19　安全技术措施及方案编制审核程序表

安全技术措施及方案	编制	审核	审批
一般工程的安全技术措施及方案	项目技术人员	项目技术部门	项目经理
危大工程的安全技术措施及方案	项目技术负责人（企业技术管理部门）	企业技术、安全、质量等管理部门	企业总工程师
超过一定规模的危大工程安全技术措施及方案	项目技术负责人（企业技术管理部门）	企业技术、安全、质量等管理部门审核并聘请有关专家进行讨论	企业总工程师

(2) 项目安全教育培训。

①一般规定。

a. 施工单位应建立健全安全教育培训制度，每年的年初制定项目年度安全教育培训计划，明确教育培训的类型、对象、时间和内容。

b. 项目负责人（B证）和专职安全生产管理人员（C证）按照规定参加企业注册地所在政府相关部门组织的安全教育培训，取得相应的安全生产资格证书，并在三年有效期内完成相应学时的继续教育培训。

c. 施工单位应确保开展安全教育培训和安全活动的有关费用支出，并建立相应台账。做好安全教育培训记录，建立安全教育培训档案，对培训效果进行评估和改进。

d. 施工单位对作业人员的培训除采用传统的授课培训方式外，还可采用仿真模拟培训、体验培训、多媒体培训等方式。

②入场三级安全教育。

a. 新进场的作业人员必须接受公司级、项目级、班组级的三级安全教育培训，考核合格后方可上岗。

b. 公司级安全教育培训的主要内容：从业人员安全生产权利和义务；本单位安全生产情况及规章制度；安全生产基本知识；有关事故案例等。

c. 项目级安全教育培训的主要内容：作业环境及危险因素；可能遭受的职业伤害和伤亡事故；岗位安全职责、操作技能及强制性标准；安全设备设施的使用，劳动纪律及安全注意事项；自救、互救、急救方法，疏散和现场紧急情况的处理等。

d. 班组级安全教育培训的主要内容：本班组生产工作概况、工作性质及范围；本工种的安全操作规程；容易发生事故的部位及劳动防护用品的使用要求；班组安全生产基本要求；岗位之间工作衔接配合的安全注意事项。

e. 工人转岗、变更工种应进行相应的安全教育培训。

f. 项目部宜在现场或办公生活区空旷位置设置安全讲评台，用于作业人员安全教育。按照安全教育培训要求，落实日常安全教育培训活动，并监督作业人员开展班前安全活动。

③日常安全教育。

a. 应结合季节性特点、施工要求进行日常安全教育，每月不少于1次。

b. 应督促各作业班组每天上岗作业前开展班前安全教育。

④特种作业人员安全培训。

a. 特种作业人员必须接受专门的安全作业培训，取得相应操作资格证书方可上岗。除接受岗前安全作业培训，每年还应进行针对性安全教育培训，并且不得少于24学时。

b. 采用新工艺、新技术、新材料或者使用新设备时，必须对相关生产、作业人员进行专项安全教育培训。

⑤规范班前会和预知危险活动。进一步规范班前会和预知危险活动的召开方式、参加人员、主要内容和工作要求，提高活动的针对性。要建立班前会活动模板，加强网格员、班组长的安全教育培训，使其熟练掌握活动的步骤、要点和要求。班前会严格按照"六步法"开展，即扫码点名、班前通报、工作安排、交底培训、交流答疑、安全宣誓。要将危险源辨识结果应用到班前会和预知危险活动中，特别要对当班作业任务进行风险辨识，提出具有针对性的防范措施，使作业班组熟知作业活动面临的安全风险和应对措施，防止活动内容与作业任务脱节。要加强日常监督检查，坚决杜绝形式化监督检查。

（3）项目安全检查。

①周安全检查。周安全检查由项目经理牵头，安全部门组织，相关部门及分包单位负责人、项目专职安全管理人员参加，根据JGJ 59—2011《建筑施工安全检查标准》及本企业施工现场安全检查标准进行，检查范围覆盖施工区、办公区及生活区。应留存书面安全检查记录，对有隐患的区域下达安全隐患整改通知书，对有重大安全生产隐患的区域下达局部停工整改令。施工单位技术管理人员应建立周安全检查机制，重点检查现场是否按照施工图及方案施工、方案是否符合现场实际情况等，并及时上报或解决现场发现的问题。

②日常安全巡视。项目专职安全管理人员每日对施工现场进行安全监督检查，施工作业班组专兼职安全管理人员负责每日对本班组作业场所进行安全监督检查，并填写安全员工作日志。

③其他安全检查。根据上级单位要求及项目实际情况，开展各类安全专项检查、季节性安全检查及节假日安全检查。

④安全隐患整改。

a. 施工单位应建立隐患排查治理、报告和整改销项实施制度，完善有效控制和消除隐患的长效机制。

b. 责任部门和人员应按照"五定"原则（定责任人、定时限、定资金、定措施、定预案）落实隐患整改措施。暂时不能整改的隐患或问题，除采取有效防范措施外，应纳入计划，随后落实整改。

c. 安全部门对整改情况进行复查，并签字确认。

d. 施工单位对管辖范围内的重大隐患挂牌督办。施工单位应在建设单位主要负责人的组织下制定重大事故隐患治理方案，采取强制性监控措施，限期整改。

e. 针对重大隐患或重复隐患，施工单位应对整改不力的责任人进行教育并处罚。

f. 施工单位组织周安全检查、日常安全巡视后，下发隐患整改通知，由检查带队领导签发，并分派到具体责任人，要求其按照要求完成整改。

5）监理单位安全管理行为

（1）监理单位的法定职责。

①监理单位应按照法律法规和工程建设强制性标准实施监理，并对建设工程安全生产承担监理责任。

②监理单位应审查施工单位现场安全生产规章制度的建立和实施情况，审查施工单位安全生产许可证及施工单位项目经理、专职安全生产管理人员和特种作业人员的资格，同时应核查施工机械和设施的安全许可验收手续。

③监理单位应审查施工组织设计中的安全技术措施或专项施工方案是否符合工程建设强制性标准。

④施工组织设计中的安全技术措施或专项施工方案未经监理单位审查签字认可，施工单位擅自施工时，监理单位应及时下达工程暂停令，并将情况书面报告建设单位。

⑤在实施监理过程中，发现存在安全事故隐患的情况，应要求施工单位整改。情况严重时，应要求施工单位暂时停止施工，并及时报告建设单位。施工单位拒不整改或者不停止施工时，应及时向有关主管部门报告。

（2）安全监理的实施过程。

监理单位按照相关法规要求，编制含有安全监理内容的监理规划和监理实施细则，并在安全监理实施过程中严格执行。

①在施工准备阶段，监理单位审查并核验施工单位提交的有关技术文件及资料，由项目总监在有关技术文件报审表上签署意见。

②危大工程专项施工方案实施前，监理单位应派人参加施工单位安全技术交底。在施工阶段，对施工现场安全生产情况进行巡视检查，监督施工单位落实各项安全措施。

③将危大分部分项工程、易发生安全事故的薄弱环节等作为安全监理工作重点，检查安全文明施工措施费用的使用情况，督促施工单位按照要求分阶段进行标准化自查自评。

3. 危大工程安全管理规定

施工单位应在危大工程施工前组织编制专项施工方案，并由施工单位技术负责人、总监理工程师审查签字后实施。对于超过一定规模的危大工程，施工单位应组织召开专家论证会对专项施工方案进行论证。

施工现场管理人员应向作业人员进行安全技术交底，双方和项目专职安全生产管理人员共同签字确认。施工单位应严格按照专项施工方案组织施工，不得擅自修改专项施工方案。监理单位应根据危大工程专项施工方案编制监理实施细则，并对危大工程施工实施专项进行检查。

1) 方案的编制要求

(1) 危大工程施工方案的要求。

①合规性要求。危大工程施工方案必须符合国家相关法律法规和标准,如《建筑施工安全规范》《建筑施工现场安全管理规定》等,同时应考虑当地的地形、气候、环境等因素,确保方案与当地实际情况相符。

②技术性要求。危大工程施工方案需要具备高度的技术含量,包括设计、施工、监理等方面。编制方案时,需要考虑到工程的结构、材料、设备、工艺等方面的细节问题,确保方案的可行性和可靠性。

③安全性要求。危大工程施工方案必须具备高度的安全性。编制方案时,需要考虑到施工现场的危险因素,如高空作业、起重吊装作业等,同时需要制定相应的安全措施,如安全防护措施、应急预案等,确保施工过程安全。

④经济性要求。危大工程施工方案需要考虑到经济性,包括工程的投资、施工周期、人力资源等方面。编制方案时,需要根据实际情况制定合理的施工方案,避免浪费和损失。

(2) 危大工程专项施工方案的主要内容。

①工程概况:包括危大工程情况和特点、施工平面布置、施工要求和技术保证条件。

②编制依据:包括相关法律法规、规范性文件、标准、规范及施工图设计文件、施工组织设计等。

③施工计划:包括施工进度计划、材料与设备计划。

④施工工艺技术:包括技术参数、工艺流程、施工方法、操作要求、检查要求等。

⑤施工安全保证措施:包括组织保障措施、技术措施、监测监控措施等。

⑥施工管理及作业人员配备和分工:包括施工管理人员、专职安全生产管理人员、特种作业人员、其他作业人员等。

⑦验收要求:包括验收标准、验收程序、验收内容、验收人员等。

⑧应急处置措施:主要是安全事故应急救援措施。

⑨计算书及相关施工图纸。

2) 方案审核、审批程序

施工单位应在危大工程施工前组织工程技术人员编制专项施工方案。

工程项目实行施工总承包时,专项施工方案应由施工总承包单位组织编制。危大工程实行分包时,专项施工方案可以由相关专业分包单位组织编制。

专项施工方案应由施工单位技术负责人审核签字、加盖单位公章,并由总监理工程师审查签字、加盖执业印章后实施。

危大工程实行分包并由分包单位编制专项施工方案时,专项施工方案应由总承包单位技术负责人及分包单位技术负责人共同审核签字并加盖单位公章。

3) 专家论证、评审

(1) 专家论证、方案评审。

①对于超过一定规模的危大工程,由施工单位组织召开专家论证会对专项施工方案进行论证。实行施工总承包时,由施工总承包单位组织召开专家论证会。专家论证前,专项

施工方案应通过施工单位审核和总监理工程师审查。

②专家论证会后,应形成论证报告,对专项施工方案提出"通过"或"修改后通过"或者"不通过"的一致意见。专家对论证报告负责并签字确认。

③论证报告结论为"通过"的,施工单位可参考专家意见自行修改完善。

④论证报告结论为"修改后通过"的,施工单位根据专家意见修改完善。修改结论经施工单位审核后,由施工单位技术负责人签字并加盖单位法人章后,报项目总监理工程师审查;项目总监理工程师审查签字、加盖执业印章和单位法人章后,由施工单位报专家组组长审核;专家组组长审核签字后,由施工单位报建设单位审查,建设单位项目负责人审查签字并加盖单位法人章后,方可组织实施。

⑤论证报告结论为"不通过"的,施工单位修改后应按照规定重新组织召开专家论证会。

(2) 参会人员。超过一定规模的危大工程专项施工方案专家论证会需要有以下参会人员。

①专家(专家从地方人民政府住房城乡建设主管部门建立的专家库中选取,需要符合专业要求,人数不得少于5名,与本工程有利害关系的人员不得以专家身份参加专家论证会)。

②建设单位项目负责人和技术负责人。

③勘察、设计单位项目技术负责人及相关人员。

④总承包单位和分包单位技术负责人或授权委派的专业技术人员、项目负责人、项目技术负责人、专项施工方案编制人员、项目专职安全生产管理人员及相关人员。

⑤监理单位项目总监理工程师及专业监理工程师。

(3) 论证内容。对于超过一定规模的危大工程专项施工方案,专家论证的主要内容应包括以下几项。

①专项施工方案是否装订成册、签章齐全。

②专项施工方案内容是否完整、可行。

③专项施工方案计算书和验算依据、相关图纸是否符合相关标准规范。

④专项施工方案是否符合现场实际情况,是否具有针对性和可操作性,相关图纸、说明等是否满足施工及验收要求,是否能够确保施工安全。超危大工程专项施工方案审批流程见图1-40。

4) 安全技术交底的要求

(1) 详尽性:安全技术交底应涵盖从事作业的全部流程、步骤、操作规程和安全防护设备的使用等内容。

(2) 针对性:针对从事作业人员的特殊工种和作业环境,对交底的内容进行针对性选择和布置。

(3) 全面性:保证涵盖所有从事作业的工作人员,安全技术交底应有计划、有步骤、有规范地实施。

(4) 时效性:安全技术交底制度应及时更新,保障交底内容与现场实际情况一致。由于安全管理制度和环境会出现不断变化与升级的情况,因此安全技术交底内容应根据最

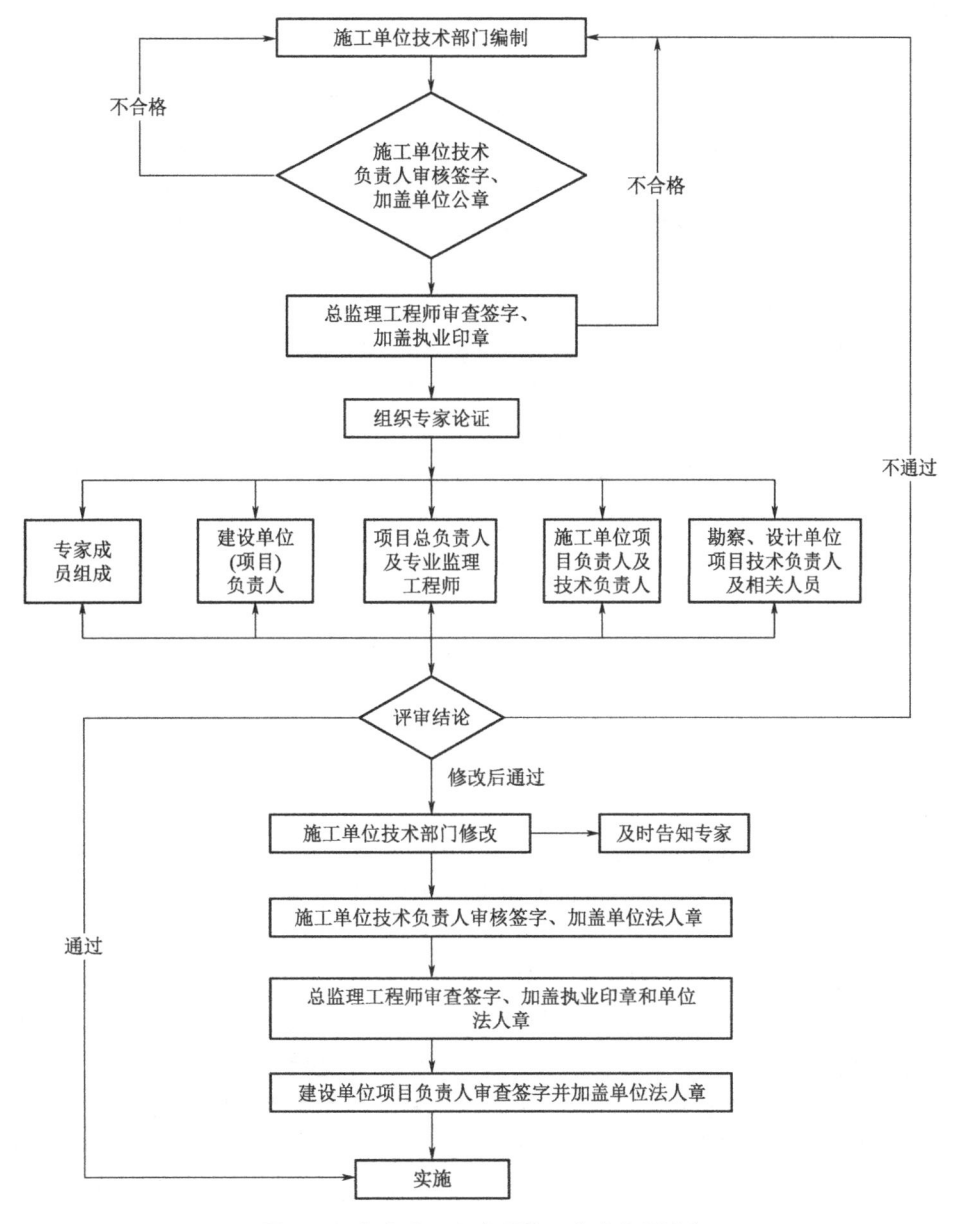

图 1-40 超危大工程专项施工方案审批流程

新的安全管理制度进行更新。

(5) 操作性: 安全技术交底的内容应具有可操作性, 即作业人员能够轻松、清楚地理解和操作。

5) 安全技术交底的流程

专项施工方案实施前, 由编制人员或者项目技术负责人向施工现场管理人员进行方案交底, 监理单位和监测单位等应派相关技术人员参加。施工现场管理人员应向作业人员进行安全技术交底, 并由双方和项目专职安全生产管理人员共同签字确认, 监理单位应派现场监理人员参加。

4. 施工用电安全管理规定

（1）施工组织设计或施工方案编制。施工组织设计和施工方案是临时用电实施的前提和保障。临时用电实施前，电气工程师应按照 JGJ 46—2005《施工现场临时用电安全技术规范》相关规定，对施工现场临时用电设备设施进行系统调研，收集各施工阶段施工机械、设备的数量及其电气数据，编制与现场实际相符、具有可操作性的临时用电施工组织设计或施工方案，用于指导临时用电施工和管理。

（2）配置专业电工和焊工。根据作业面数量、工作量等配备足够的专业电气工程师和电工。电工和焊工属于特种作业工种，必须按照国家有关规定经专门安全作业培训，取得特种作业操作资格证书，方可上岗作业。未取得特种作业操作资格证书的人员不得从事电气设备及电气线路的安装、维修和拆除工作。

（3）配电箱的布置与维护。临时用电实施前，施工单位应严格按照现行国家标准，采购正规厂家生产的具有 3C 认证的合格产品。进场前，加强验收，避免残次品进入现场。现场实施时，严格按照"三级配电、两级漏电保护"系统进行设置，并在配电箱上粘贴总配电箱、分配电箱、开关箱标志予以区分。配电箱设置完成后，按照规范要求进行可靠接地。在使用过程中，加强巡视检查，发现问题及时予以维修或更换。

（4）配电线路布置。临时用电实施前，施工单位应严格按照现行国家标准，根据用电设备功率，采购符合现场负荷要求，经正规厂家生产的具有 3C 认证的绝缘导线。在使用过程中，严格按照规范要求，三级配电箱与二级配电箱的距离不超过 30m，开关箱距离其控制的固定式用电设备水平距离不超过 3m，架空线路不小于 2.5m，并采用 S 形绝缘挂钩将电缆进行悬挂。室外的埋设导线埋地敷设深度不小于 0.6m。导线接头采用工业插头，方便工人使用。

（5）做好设备的保护接地和接零工作。场站施工现场变压器供电系统严格按照规范要求采用 TN-S 系统（俗称"三相五线制"）。相线 L1、L2、L3、N 线、PE 线严格按照规范规定的颜色设置，相线 L1（A）、L2（B）、L3（C）的绝缘颜色依次为黄色、绿色、红色，N 线的绝缘颜色为淡蓝色，PE 线的绝缘颜色为绿色和黄色双色。任何情况下，上述颜色标志严禁混用和互相代用。总配电箱、分配电箱及架空线路终端，以及其保护导体（PE）等，接地电阻不大于 10Ω，变压器中性点接地电阻不大于 4Ω。部分管网施工部位因距民用供电系统较远而采用发电机供电，这时可采用电源中性点直接接地的"三相四线制"供电系统和独立设置 TN-S 接零保护系统，接地采用导电较好的扁铁、圆钢或角钢，严禁采用螺纹钢。

（6）设备设施管理。施工设备进场前，加强验收管理，进场的机械设备必须符合国家强制认证标准，避免不合格或明令禁止的机械设备进入施工现场。用电机械设备防护等级应与现场的环境相适应，并根据类别设置相应的间接接触电击防护措施。所有进场的机械设备必须经过监理单位审核验收，验收合格后方可投入使用，使用前施工单位应制定安全操作规程。生产过程中，安排专人对电动施工机具的使用、保管、维修人员进行安全技术教育和培训，施工机械电源线磨损后，采购 3C 认证的绝缘性能良好的橡胶电缆。施工人员使用施工机具时,严格执行标准化要求,人走闸关、人走电断,机械设备电源线采用悬挂方式进行架空。

(7) 注意高压线。严禁在高压线下方搭设临时建筑物、堆放材料、进行施工作业。在高压线一侧作业时,必须保持至少6m的水平距离。达不到上述距离时,必须采取隔离防护措施。

(8) 注意人身安全。防止人身接触或接近带电导体,加强对带电设备的隔离,并悬挂标志牌,以警示作业人员保持一定的安全距离,控制不安全因素。

(9) 在移动有电源线的机械设备,如电焊机、水泵、小型木工机械等,必须切断电源,不能带电搬动。

(10) 使用手持照明灯具(行灯)应符合一定的要求:电源电压不超过36V;灯体与手柄应坚固,绝缘良好,耐热且防潮湿;灯头与灯体结合牢固;灯泡外部应有金属保护网;金属网、反光罩、悬吊挂钩应固定在灯具的绝缘部位上。

(11) 潮湿环境下的用电管理:在潮湿和易触及带电体的场所工作时,照明电压不应大于24V;在特别潮湿、导电良好的地面及密闭金属容器内工作时,照明电压不应大于12V。

5. 夜间施工安全管理规定

1) 总体原则

无特殊情况,原则上不安排夜间施工,杜绝为赶工而盲目安排夜间施工,严禁极端恶劣天气情况下进行夜间施工。因施工工艺要求必须连续作业、无法避免夜间施工时,应合理编制夜间施工计划及专项方案,采取必要安全保障措施。

2) 夜间施工安全保障措施

(1) 施工任务申报:夜间施工前,应严格落实地方政府报备机制及建设单位夜间施工审批机制。

(2) 夜间施工管理:夜间施工前,必须进行夜间施工安全教育和危险告知;严格执行夜间值班制度,夜间施工当班工长、网格员、安全员、监理员等应在现场值班,严格实行交接班制度;管理人员与作业人员同步上下班,严禁脱岗。

(3) 夜间施工巡视:分层分级建立夜间施工巡视机制,建设、施工、监理单位每天夜间对所有在建作业面(含暂停施工作业面)开展全覆盖巡视。

1.6.2 沟槽作业专项管理规定

(1) 地质勘查单位应详细探明沟槽地质结构,对于开挖深度大于1.5m的地质条件复杂段,应在沟槽开挖前进行重点提醒。

(2) 物探勘察单位应在物探成果中准确、明显地标志燃管、强电管等涉及施工安全的管线,以及未探明或疑似管线信息(种类、位置、埋深等),针对既有地下管线复杂的或存在安全风险的部位进行二次精细化物探。

(3) 沟槽支护应"先支后挖"或"分层开挖、随挖随支"。设计单位对支护方案应进行技术比选,采用放坡开挖的应明确放坡比。施工图中应标志各管段(以检查井分段)沟槽支护形式,注明既有管线易发生危险位置及需采取的安全保护措施。

（4）设计单位应明确沟槽安全等级，对于需要进行第三方监测的深基坑应明确具体监测方案或监测要求。第三方监测单位应根据设计要求编制监测方案，并应经设计单位和监理单位审核。

（5）沟槽施工均应编制专项施工方案，超过一定规模的危大工程应组织专家论证。专项施工方案实施前，编制人员或者项目技术负责人应向施工现场管理人员进行方案交底，施工现场管理人员应向全体作业人员进行安全技术交底。

（6）施工单位应严格按照批准的专项施工方案组织施工，不得擅自修改、调整专项施工方案。因规划调整、设计变更、外部环境等原因确需调整的，修改后的专项施工方案应按照要求重新审核和论证。钢板桩或型钢桩变更为其他支护类型，以及坡率变大时，应报建设单位备案。

（7）涉及占道施工的，施工单位应编制交通组织方案，作业前向道路主管部门申请批准。涉及交通安全时，应征得公安机关交通管理部门同意，设置交通引导标志及禁令标志，夜间配安全警示灯。

（8）施工单位在各施工作业面应配备具有一定经验的网格员。网格员应严格履行作业带班制，与作业班组同时出勤。

（9）施工单位应通过三级安全教育、班前会、预知危险活动、应急演练等方式加强作业人员的安全教育培训，确保作业人员具备沟槽施工安全风险辨识、事故应急处置等能力。

（10）沟槽作业面必须配备视频监控设备，监控摄像头应正对作业区域，未配置视频监控设备的禁止施工作业。

（11）沟槽开挖前，施工单位应向监理单位提交沟槽开挖动土作业安全审查证，监理单位签字确认后方可进行沟槽开挖施工。沟槽开挖施工过程中，应采取每日许可方式，网格员应上报本班组沟槽深度、支护形式等关键信息，现场监理批准后方可施工。

（12）沟槽施工过程中，如遇地质情况复杂、现场与勘察设计文件不符等情况，导致原有支护措施无法保证现场施工安全时，施工单位应及时上报，由监理单位组织各方进行现场查勘，严禁冒险作业。

（13）沟槽开挖时，应按照自上而下的顺序进行，严禁掏挖。原有地下管线外边缘1m范围内必须人工探挖，禁止挖掘机等大型机械设备挖掘。沟槽开挖深度超过2m且需要临边作业的，应按照高处作业要求进行安全防护并设置警告标志。

（14）开挖过程中，应严格控制沟槽两侧荷载，材料及弃土堆放距沟槽边缘不应小于0.8m，且高度不应超过1.5m。已开挖完成的沟槽，挖掘机不得直接骑沟槽作业。

（15）作业人员进行沟槽作业和沟槽支护拆除前，现场管理人员必须进行现场安全检查，确认安全后方可安排作业。在沟槽内作业时，现场管理人员应随时观察边坡稳定情况。支护拆除应与回填土填筑高度适合，严禁将支护结构一次性拆除。

（16）开挖深度为2~3m（不含3m）的沟槽且开挖线以外2倍沟槽深度范围内存在重要建（构）筑物时，应开展施工期安全监测。

（17）施工过程中，应合理控制一次性开挖长度，支护应按照施工开挖段逐段验收，未经验收合格的严禁作业人员进入沟槽或转入下道工序。

（18）遇大雪、冰冻、强降雨和连续降雨等恶劣天气时，应暂停施工。复工前，施工单位应组织沟槽复工安全检查，经专业监理工程师确认后方可复工。

1.6.3 现场安全隐患辨识及管控措施

1. 风险类型

开槽施工管道工程易发生的主要安全风险类型有坍塌、机械伤害、物体打击、高处坠落、车辆伤害、其他爆炸、触电等。

2. 风险源分析

1）坍塌

坍塌通常指物体在受到外力或重力的影响下，超过了其自身的强度限值，或者因为结构的稳定性被破坏，从而导致物体倒塌并可能造成人员伤害或伤亡的事故。坍塌可能发生在多种场合，如建筑物倒塌、山体滑坡、挖掘工程中的土石塌方、脚手架坍塌、堆置物品倒塌等。开槽施工管道工程造成坍塌的主要原因有以下几点。

（1）土体失稳，产生裂缝。

（2）放坡、支护不当，支撑失稳，边坡失稳滑坡。

（3）开挖方式不当，掏挖、超挖等。

（4）基坑边堆土、堆载超过规定要求，挖掘机、起重机等在基坑边缘停放、行驶。

（5）施工开挖或降水引起地表沉降，对周边建（构）筑物基础稳定产生影响。

（6）未对基坑进行安全监测或安全监测措施不到位。

（7）管道堆放不稳固，运输过程固定不牢，发生滚动或碰撞。

（8）地基土质松软，有淤泥，底部不均匀，未填实，地基土承载力不符合设计要求。

（9）检查井砌筑、浇筑质量不合格，检查井地基承载力不够、压实度不达标，检查井结构不牢固等，都可能导致井室失稳坍塌。

2）机械伤害

机械伤害主要指机械设备运动（静止）部件直接与人体接触引起夹击、碰撞、卷入等形式的伤害。开槽施工管道工程造成机械伤害的主要原因有以下几点。

（1）机械作业人员未取得作业资格证书。

（2）机械设备在软土场地作业时，未采取铺设渣土、砂石等硬化措施，存在倾覆风险。

（3）机械设备未经进场验收便投入使用，作业过程中未设置安全警示标志，未安排专人进行指挥，或作业人员违反操作规程开展作业。

（4）机械设备未安装后视镜、倒车蜂鸣器等设施，或损坏后未及时更换，而失去相关安全警示功能。

（5）挖掘机械铲斗连杆部位采用螺纹钢等其他材料代替连接销轴时，存在作业过程中脱落风险。

（6）挖掘机械违规作为长距离吊运工具或超能力吊运材料。

（7）设备、装置在使用过程中未按照规定进行定期检查、维修和保养。

（8）作业区域内，土方机械和施工人员的安全距离不符合标准要求。

（9）空压机等各类小型机械设备传动部位未设置防护罩。

3）物体打击

物体打击主要指施工过程中的物料、工具、拆卸的脚手架部件等未固定或固定不牢固，在风力或其他外力作用下产生移动或坠落，对作业人员造成伤害。开槽施工管道工程造成物体打击的主要原因有以下几点。

（1）临边堆放材料不稳、过多、过高且安全距离不符合要求，临边防护（防护栏杆及踢脚板）缺失，导致物体坠落，从而引起物体打击。

（2）施工设备作业运转引起物体打击，如起重机械在吊装材料时，钢丝绳突然断裂、歪拉斜吊、材料固定不牢等导致物体坠落。起吊作业时，作业半径内未进行安全警示、警戒，人员误闯入作业区。挖土过程中，反铲作业半径内违规站人。被吊构件表面附着物（如泥土、零散材料等）未清理。

（3）边坡表面悬挂的泥土及施工材料等未及时清理引起物体打击，如沟槽开挖后，未及时清理拉森钢板桩槽帮黏结的土块，其因受日光暴晒而干结变硬，与钢板桩之间的黏结力变小，受外界因素干扰和自身重力影响发生脱落而引起物体打击。

（4）材料传递造成物体打击，主要原因为作业人员违规从高处往下直接抛掷建筑材料、杂物、垃圾，或作业人员向上递工具、小材料时失手未抓牢。

（5）作业人员安全防护不到位引起物体打击，如未佩戴或未正确佩戴安全帽。

4）高处坠落

高处作业指在距基准面2m以上（含2m）有可能坠落的高处进行作业。在此作业过程中，因坠落而造成的伤亡事故被称为高处坠落事故。开槽施工管道工程造成高处坠落的主要原因有以下几点。

（1）临边作业时，作业人员不慎失去平衡。

（2）行动时，作业人员误落入孔洞口或沟槽内。

（3）作业人员坐或躺在沟槽边缘休息导致失足。

（4）沟槽及建（构）筑物临边没有安全防护设施。

（5）安全防护设施不牢固，损坏时未及时处理。

（6）没有醒目的警示标志。

（7）未设置安全通道或安全通道不符合要求等。

5）车辆伤害

车辆伤害通常指因机动车辆行驶而发生的人体坠落、物体倒塌或下落、挤压等伤亡事故。这类伤害特指车辆直接引起的损伤，不包括起重设备提升、牵引车辆及车辆停驶引起的伤害事件。开槽施工管道工程造成车辆伤害的主要原因有以下几点。

（1）场内车辆标志、信号、防护等有缺陷，操作失误，违章作业，气候与环境恶劣等。

（2）占道施工车辆标志、信号、防护等有缺陷。

6）其他爆炸

其他爆炸指不属于瓦斯爆炸、火药爆炸、锅炉爆炸、容器爆炸等事故的爆炸，这里特指可燃性气体燃气与空气混合后导致的爆炸。开槽施工管道工程造成其他爆炸的主要原因有以下几点。

(1) 未联系勘察单位在现场进行管线复勘并进行交底。

(2) 未办理燃气管线保护方案审批等相关手续。

(3) 未与管线产权单位建立联动机制，管线交底不到位。

(4) 未对现场既有管线起始点及走向进行标注或标注不清晰，未设置明显的警示隔离区，未设置禁止机械开挖标志和管线专用标志牌。

(5) 现场开挖施工前，未进行探挖或探挖不到位，在未探明管线的情况下进行机械开挖。

(6) 已开挖并露出的管线未采取可靠包裹及顶托方式进行保护。

7) 触电

触电伤害指电流通过人体内部器官，破坏人的心脏、肺部、神经系统等，导致人出现痉挛、呼吸窒息、心室纤维性颤动、心脏骤停甚至死亡等现象。电流通过人的体表时，会对人体外部造成局部伤害，即电流的热效应、化学效应对人体外部组织或器官造成伤害。开槽施工管道工程造成触电的主要原因有以下几点。

(1) 缺乏安全使用电气设备的相关知识，用手直接触摸带电体或漏电设备外壳。带电操作高压开关或设备。带电拉接线路或安装设备。有人触电后，施救者没有先停电再施救，而是直接用手拉触电者等。

(2) 建筑物或脚手架与户外高压线距离太近，但却没有设置防护网。

(3) 电气设备、电气材料不符合规范要求，绝缘部位受到磨损破坏，如配电箱未按照规范要求采购，或采购的配电箱尺寸、厚度、防腐材料、防火涂料、电气元件布置等不符合规范要求。配电箱、开关箱中的漏电保护器的额定漏电动作电流大于30mA，额定漏电动作时间大于0.1s。在潮湿或有腐蚀介质场所使用的漏电保护器的额定漏电动作电流大于15mA，额定漏电动作时间大于0.1s。

(4) 对电气设备或线路的安装、维护不当，如电缆线乱搭、乱接或接线不规范，不悬挂或悬挂间距、高度不够，甚至放置于地上。设备无支架遮挡，淋水受潮。设备零件缺少或破损时，未及时补足、更换，致使设备带"病"运行等。

(5) 电箱不装门、锁，电箱门出线混乱，施工现场未按照"三级配电、二级漏电保护"系统进行设置，存在一机多闸现象。

(6) 电动机械设备不按照规定接地接零。

(7) 手持电动工具无漏电保护装置。

(8) 违反机电设备的安全运行作业规程，违章作业，如设备外壳不接地。带电检修或搬迁电气设备。未使用绝缘工（用）具或使用未绝缘或绝缘程度不够的工（用）具。带电场所未设警戒装置或未悬挂标示牌，导致人员误入带电场所，误触带电线路或设备。

3. 安全风险预控措施

1) 坍塌风险预控措施

(1) 基坑开挖前，编制开挖施工专项方案，并按照审批许可后的方案开挖。挖土时，注意土壁的稳定性，发现裂缝及坍塌相关风险，立即组织人员撤离现场并及时处理。

（2）基坑开挖边坡应按照设计要求自上而下分层实施，严禁随意开挖坡脚，严禁掏挖、超挖。施工过程中，严禁设备或重物碰撞基坑支护结构，且不得在支护结构上放置或悬挂重物。

（3）基坑支护应做到随挖随支，支护到位并且达到设计要求的强度方可开挖下层土方，严禁提前开挖、超挖，尽量减少暴露时间。

（4）施工机械应停放在坚实的地基上，不得在基坑边2m范围内停、驶重型机械。

（5）土方开挖前，应查明周边影响范围内建（构）筑物情况，并采取措施保护其安全，防止开挖引起地表沉降。降水时，应进行沉降监测，发现异常情况及时采取措施。降水深度在基坑（槽）范围内不应小于基坑（槽）底面以下0.5m，必要时，应进行现场抽水试验，验证并完善降排水方案。

（6）土方开挖过程中，应定期对基坑及周边环境进行巡视，随时检查基坑位移（土体裂缝）、倾斜、土体及周边道路沉陷或隆起、地下水涌出、管线开裂、不明气体冒出和基坑防护栏安全性等问题。

（7）当基坑开挖过程中出现位移超过预警值、地表裂缝或沉陷等情况时，应及时报告相关情况。出现塌方险情等征兆时，应立即停止作业，组织相关人员撤离危险区域，并立即通知有关方进行研究处理。

（8）管槽开挖后，发现地基土质松软、底部不均匀等特殊情况时，会同监理单位、设计单位确定处理措施并会签变更设计、洽谈记录。地基严禁超挖，必要时可以用砂土回填。

（9）对管道基础不良地段进行基础处理。管道施工前，应进行软基处理，管道地基如遇淤泥则应抛石碾压，地基土承载力不应低于设计要求。

（10）现浇钢筋混凝土结构的井室施工应符合国家相关规定，强度等级未达设计要求不得受力。

（11）其他相关措施见1.6.2沟槽作业专项管理规定。

2）机械伤害风险预控措施

（1）施工车辆及中大型机械设备管理措施。

①机械设备进场前，收集、核查相关出厂合格证、产权备案证、年检合格证等资料，由指定人员组织验收，并按照规定办理使用登记。

②建立特种设备、人员管理台账，特种作业人员按照规定进行专门的安全作业培训并取得相应资格证书后方可上岗作业。

③严格审查设备安装方案及专项安全技术措施，落实现场作业人员和管理人员技术交底。

④启动设备前，对安全工（器）具结构是否完整、性能是否完好、是否在检验有效期内等相关内容进行检查。

⑤设备、装置使用过程中，定期开展检查、维修和保养工作，重点对设备转向、制动、灯光等机械系统运行、倒车警报安装及安全装置灵敏程度等内容进行检查。

（2）小型机械设备管理措施。

①加强作业人员安全教育培训,保证相关作业人员熟练掌握设备适用范围、操作要求、安全防护等内容。

②启用设备前,检查防护罩、盖或手柄等危险运动零部件防护装置,若破裂、变形或松动,则及时进行更换。

③长期搁置不用的工具在使用前,按照规定对其相关使用功能进行检查,合格后方可使用。

3) 物体打击风险预控措施

(1) 严格控制沟槽周边材料堆放的高度及安全距离等,材料及弃土堆放距沟槽边缘不应小于0.8m,高度不应超过1.5m。临边应设置安全防护措施,防止物体坠落。

(2) 严格控制施工设备运转管理,作业区域应有安全警戒标志,严禁人员进入。安排专人进行现场作业监护。起重吊装作业严格遵守"十不吊"原则。起重吊装作业前,应检查被吊物件,清除其表面所有附着物。

(3) 及时清理边坡表面及边缘散落的泥土、施工材料,以及支护结构上的附着物、桩间土等。

(4) 高处作业所用材料应堆放平稳,不得妨碍作业,而且应制定防止坠落的措施。使用工具时,制定防止工具坠落伤人的措施,工具用完随手放入工具袋内。上、下传递物品时,禁止抛掷。

(5) 现场作业人员应正确佩戴安全帽,且安全帽质量应符合国家相关标准规定。

4) 高处坠落风险预控措施

(1) 临边必须设有牢固、有效的安全防护设施(盖板、围栏、安全网)。临边防护设施如有损坏,则必须及时修缮。严禁擅自移位、拆除临边防护设施。

(2) 严禁在孔洞口和沟槽处临边休息、打闹或跨越。

(3) 孔洞口、沟槽临边必须挂醒目的警示标志。

(4) 应坚持对从事高处作业的人员进行经常性安全宣传教育和安全技术培训,当发现自身或他人有违章作业的异常行为,或发现与高处作业相关的物体和防护措施出现异常状态时,应及时改变,使之达到安全要求,从而预防、控制高处坠落事故的发生。

(5) 高处作业人员的身体条件应符合安全要求:严禁患有不适合高处作业疾病的人员从事高处作业;疲劳过度、精神不振和情绪低落的作业人员应停止高处作业;严禁酒后从事高处作业。

(6) 高处作业人员的个人着装应符合安全要求:根据实际情况配备安全帽、安全带和相关劳动保护用品;不准穿高跟鞋、拖鞋或赤脚作业,应穿软底防滑鞋作业;不准攀爬脚手架,也不准在高处跳上跳下。

(7) 使用高凳和梯子时,单梯只准1人操作,支设角度以60°~70°为宜,梯子下脚应采取防滑措施。移动梯子时,梯子上不准站人。使用高凳时,单凳只准站1人,而双凳支开后,两凳间距不得超过3m。如使用较高的梯子和高凳,则应根据需要采取相应的安全措施。

(8) 登高作业前,必须检查脚踏物,确认其安全可靠,如脚踏物是否有承重能力。

(9) 严禁在六级强风或大雨、雪、雾天气从事露天高处作业。另外,必须做好高处作业过程的安全检查工作,如发现作业人员异常行为、作业物品异常状态,应及时加以排除，使之达到安全要求，从而避免高处坠落事故发生。

5）车辆伤害风险预控措施

（1）车辆设备通用安全管理要求。

①各类运输机械应有完整的机械产品合格证及相关的技术资料。

②各类运输机械应外观整洁，车牌号清晰完整。

③启动前，应重点检查以下项目：螺栓、铆钉连接紧固，不得出现松动、缺损现象；制动系统各部件连接可靠，管路畅通；灯光、喇叭、指示仪表等应齐全完整；轮胎气压应符合要求。

④运输机械启动后，应观察各仪表指示值，检查内燃机运转情况、转向机构及制动器性能等。

⑤运载物品应与车厢捆绑牢固，并注意控制整车重心、高度。轮式机具和圆形物件装运应采取防止滚动的措施，严禁货厢载人。

⑥运输超限物件时，应事先勘察路线，了解空中、地上、地下障碍，以及道路、桥梁等通过能力，制定运输方案，必须向交通管理部门办理通行手续。在规定时间内按照规定路线行驶。超限部分白天应插警示旗，夜间应挂警示灯。

⑦在泥泞、冰雪道路上行驶时，应降低车速，沿前车辙迹前进，并采取防滑措施，必要时加装防滑链。

⑧车辆停放时，应将内燃机熄火，拉紧手制动器，关闭车门。驾驶员在离开前应熄火并锁住车门。在坡道上停放时，下坡停放应挂倒挡，上坡停放应挂一挡，并应使用三角木楔等塞紧轮胎。

（2）占道施工安全管理要求。

①未经许可，任何单位和个人不得占用道路从事非交通活动。因工程建设需要占用、挖掘道路，或者跨越、穿越道路架设、增设管线设施，应事先征得道路主管部门同意。影响交通安全的，还应征得公安机关交通管理部门同意。

②施工前，应编制专项交通导行方案，合理规划现场车辆、行人路线，满足社会交通流量，保障高峰期交通需求，确保车辆、行人安全顺利通过施工区域。

③施工作业单位应在经批准的路段和时间内施工作业，并在距离施工作业地点来车方向安全距离处设置明显的安全警示标志。施工作业车辆、机械应安装警示灯，喷涂明显的标志图案，作业时，应开启警示灯和危险报警闪光灯。

④对未中断交通的施工作业道路，应加强交通安全监督检查。发生交通堵塞时，及时做好疏导工作，维护交通秩序。道路施工需车辆绕行时，施工单位应在绕行处设置标志。

⑤施工作业完毕，应迅速清除道路上的障碍物，消除安全隐患，经道路主管部门和公安机关交通管理部门验收合格，符合通行要求后，方可恢复通行。

⑥夜间施工现场应设置明显的交通标志、安全标志牌、警戒灯等，各种标志牌应具有夜间荧光功能。作业人员按照要求穿戴统一的工作服和安全帽，夜间施工应身穿反光背心等，严禁人员随意进入行车道或在行车道上停留。夜间施工需安排专人做好交通指挥工作。

6）其他爆炸风险预控措施

（1）施工单位应配备持证的专职安全管理员，对涉及燃气管线的作业区域实施全过程安全监督，确保作业程序符合相应安全管理要求。现场网格员必须熟悉并掌握燃气管线开挖作业相关要求及应急处置程序，严格履行作业带班制，与作业班组同时出勤，实时掌握现场情况。

（2）项目开工前，施工单位应积极对接主管部门、街道社区、物业，以及管线权属、设计及物探单位，组织召开燃气管线专项交底会，并对照燃气权属单位提供的燃气平面图、勘探设计提供的管线普查图确认燃气管线信息。对管线普查图上的燃气管线有质疑的，建设单位应组织勘测单位进行二次精细化探测踏勘。

（3）施工单位专业技术人员必须按照设计图纸（含综合管线图）及权属单位交底资料编制燃气管线探挖及保护专项施工方案。专项施工方案必须明确管线探挖过程的开挖支护要求及具体的燃气管线保护措施，实施前必须进行三级安全技术交底。

（4）项目开工前，建设单位、监理单位、施工单位应与燃气管线权属单位建立联动机制。建设单位应会同施工单位、监理单位与燃气管线权属单位共同制定燃气设施保护方案并签订相关协议，明确各方责任，并做好相应技术准备工作。

①作业面动土前，施工单位应联系燃气管线权属单位和勘测单位对地下燃气管线信息进行再次确认，按照地下管线开挖许可等相关规定办理燃气管线开挖许可手续，经各方审批完成后方可进行燃气管线探挖作业。对于既有燃气管线，现场应喷涂标明燃气管线信息，设置安全隔离区域和警示标志。

②正式开挖前，施工现场管理人员应向参与施工的全体作业人员（包含班组安全员及挖掘机作业人员）进行安全技术交底和燃气管线交底，交底内容包括但不限于地下燃气管线位置、保护开挖范围及措施、潜在安全风险及应急处置措施和应急联系电话，并保留交底记录及影像资料。

（5）燃气管线探挖时，施工单位应协调管线权属单位安排专人现场指导，同时派专职安全员对开挖过程进行监督，监理人员应全过程旁站。各方应做好旁站记录或安全日志记录。

（6）对于施工图标明和现场管线交底指出的地下燃气管线，必须采用人工探槽的方式确定管线的具体位置和走向。燃气管线未人工探明前禁止机械开挖。

（7）燃气管线探明后，施工单位应立即在现有燃气管线周边设置燃气警示标志，并进行安全隔离，隔离区配置消防设施及"燃气危险""严禁烟火"等警示标志。

（8）对探明的燃气管线必须采取管线保护措施（如采用悬吊保护措施），燃气管线上悬挂警示告知牌。告知牌应明示燃气管线产权单位、联系电话，以及管线材质、埋深和走向、开挖保护措施、意外破坏可能造成的危害、应急处置措施、应急联系电话等。

（9）禁止在燃气管道附属设施（控制阀门等）上方堆积施工土方、施工材料。禁止在燃气管线上方盲目进行其他动土开挖、顶进、打桩等施工作业。

（10）基坑明挖施工前，应对无法进行保护的燃气管线进行迁改，迁改工作必须由权属单位认可的专业队伍实施，迁改完成后方可进行基坑施工。未明确管线具体位置前，严禁施工。

（11）各参建单位在开工前必须根据风险辨识结果按照分级管控要求编制综合应急预案、地下管线开挖专项应急预案和燃气泄漏现场应急处置方案，并组织开展应急演练。

7）触电风险预控措施

触电风险预控措施同 1.6.1 相关内容。

第2章 不开槽施工

长江大保护项目市政管网整治修复工程不开槽施工工艺主要应用于因场地狭窄或受附近建筑物或其他因素限制，而不适宜采用大开挖工作面的场所，具有在城市作业无须大面积开挖打桩，对工作面周围建（构）筑物影响较小且自身刚度较大，能够有效防止侧面土层坍塌等优点。本章重点介绍工作井施工、顶管施工及定向钻施工等工艺特点、适用规范、重点注意事项等内容，旨在提高不开槽施工工艺质量和安全管理成效。

2.1 工作井施工

2.1.1 预制沉井施工工艺

1. 概述

沉井是在地面上完成井筒制作，通过井内取土使之依靠自身重力克服井壁摩阻力下沉至设计标高的地下结构物。沉井施工的主要工序包括钢筋制作与绑扎安装、模板安装、混凝土浇筑、工作井下沉、沉井封底等。

浇筑完成的工作井既可以作为基础，又可以作为施工时的挡土墙和挡土围堰结构物使用。工作井承载面积较大，能承受较大的垂直荷载和水平荷载，具有整体性强、稳定性好等特点。而且沉井作业不需要大规模放坡开挖，施工时，对邻近建筑物尤其是软土中地下建筑物的基础影响小。

该工艺适用于在其影响范围内无重要建（构）筑物及地下管线的区域，可广泛应用于桥梁工程、隧道工程及市政给水排水工程。

2. 现行适用规范

（1）GB 50268—2008《给水排水管道工程施工及验收规范》。
（2）DG/TJ 08—2049—2016《顶管工程施工规程》。
（3）DB/T 29—93—2004《土压平衡和泥水平衡顶管工程施工技术规程》。
（4）DB13/T 2815—2018《顶管工程施工及验收技术规程》。
（5）JGJ 46—2005《施工现场临时用电安全技术规范（附条文说明）》。
（6）JGJ 160—2016《施工现场机械设备检查技术规范》。
（7）中国非开挖技术协会行业标准《顶管技术及验收规范（试行）》。

3. 施工工艺流程及操作要点

1）工艺流程

预制沉井施工工艺流程见图2-1。

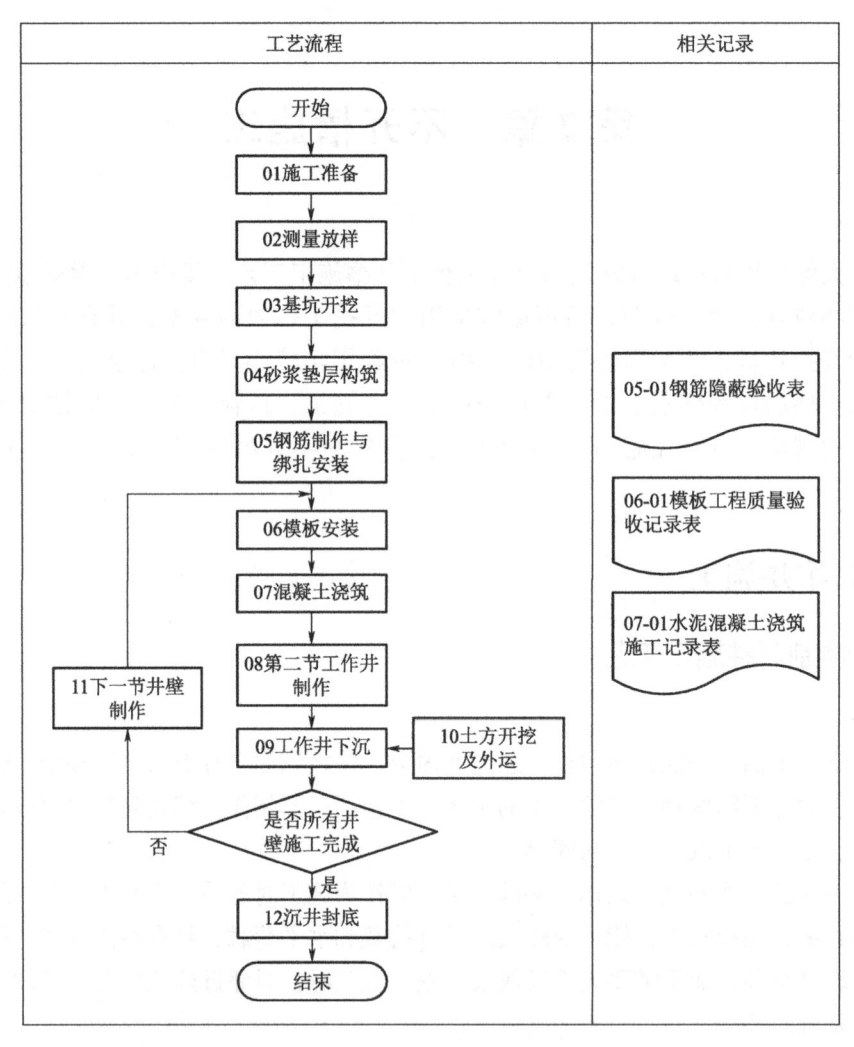

工艺流程	相关记录
开始 → 01施工准备 → 02测量放样 → 03基坑开挖 → 04砂浆垫层构筑 → 05钢筋制作与绑扎安装 → 06模板安装 → 07混凝土浇筑 → 08第二节工作井制作 → 09工作井下沉 ← 10土方开挖及外运 → 是否所有井壁施工完成（否→11下一节井壁制作→06；是→12沉井封底）→ 结束	05-01钢筋隐蔽验收表 06-01模板工程质量验收记录表 07-01水泥混凝土浇筑施工记录表

图 2-1 预制沉井施工工艺流程

2) 施工准备

沉井施工前，应进行地质勘探，地质勘探的钻孔数量、位置及深度应符合相关规定，随后根据形成的岩土工程勘察资料对垫层厚度、下沉系数、接高稳定性、封底混凝土等内容进行计算与验算。施工前期还应获取施工影响范围内的建（构）筑物、地下管线和障碍物等环境保护的相关资料，并对施工现场进行踏勘，了解邻近建（构）筑物、堤防、地下管线和地下障碍物等情况，按照要求做好沉降位移的定期监测及监护工作。预制沉井施工准备见图 2-2。

3) 基坑开挖

为便于第一节工作井制作，应进行基坑开挖作业，基坑深度不超过 2m。基坑开挖的首要步骤为将工作井区范围的障碍物与表层土挖出，并根据设计要求，在保障工作井整体制作方便的前提下确定基坑底平面尺寸。为保证制作工作井的地基有足够的承载力，基坑底部若为松软的土质，则必须予以清除，用砂或砂土回填、整平、夯实，防止在工作井身制作过程中发生不均匀沉降，导致井壁开裂。开挖机械优先采用铲斗式挖掘机，施工过程应辅助人工整平。基坑形成后，立即以粗砂分层回填夯实，并采用平板振捣器振捣密实，保证填砂的承载力。沉井基坑开挖见图2-3。

(a) 施工准备　　　　　　　　　　　　(b) 测量放样

图2-2　预制沉井施工准备

图2-3　沉井基坑开挖

4）砂浆垫层构筑

工作井刃脚采用砂垫层和混凝土垫层。砂垫层铺设3~5层，每层20cm，每层铺设时采用平板振捣器振捣密实。混凝土垫层优先采用C15混凝土，第一节工作井下沉过程中，为降低构件挠曲应力，混凝土垫层应在支撑点两侧100cm处断开，独立成为定位块。沉井混凝土垫层浇筑见图2-4。

5）钢筋制作与绑扎安装

钢筋绑扎时，对材料进行质量管控，严格控制钢筋的品种、级别、规格，同时注意控制钢筋的间距、平直度、搭接长度、搭接位置、预留孔洞钢筋加密，检查钢筋网之间的连接是否符合要求。注意，当工作井分节制作时，接高处的水平钢筋应进行加密处理。工井钢筋绑扎见图 2-5。

图 2-4 沉井混凝土垫层浇筑

（a）钢筋制作 　　　（b）绑扎安装

图 2-5 工作井钢筋绑扎

6）模板安装

模板表面应平整光滑，强度、刚度、整体稳定性较好，缝隙不漏浆，同时对拉螺栓、垫块等安装牢固，保护层厚度符合要求，预埋件、预留孔洞不遗漏，设置偏差符合要求。

（1）井壁侧边模板安装前，应根据弹线位置，采用 ϕ14mm 短钢筋在离底面 50mm 处焊接定位钢筋（注意，电焊时不应伤到主筋），将其作为控制截面尺寸的限位基准。一侧模板安装完成后，应先采用临时支撑固定，再安装另一侧模板。两侧模板用限位钢筋控制截面尺寸，并用上下连杆及剪刀撑等控制模板的垂直度，确保稳定性。

（2）特别需要注意的是，沉井施工时，落地外脚手架必须与模板系统脱开，而且应具有防止倾覆的安全措施。

沉井模板安装见图 2-6。

图 2-6 沉井模板安装

7）混凝土浇筑

混凝土浇筑应分层平铺，均匀对称。浇筑时，应振捣密实。浇筑完成后，应及时养护。当工作井分节制作时，施工缝处应增加止水钢板。在接缝处开展混凝土凿毛作业时，应清洗干净，充分湿润。在浇筑上层混凝土前，用水泥砂浆接浆。工作井第一节混凝土浇筑及止水钢板设置见图 2-7。

（a）第一节混凝土浇筑　　　　　　　　　　（b）止水钢板设置

图 2-7 工作井第一节混凝土浇筑及止水钢板设置

8）第二节工作井制作

井壁外模板按照上述方法采用抛撑方式加固，井壁内模板采用井内设中心排架与水平钢管支撑的方法进行加固。水平钢管支撑呈辐射状，一端与中心排架连接，另一端与井壁内模板的竖向龙骨连接。

（1）封模前，各种预埋件或插筋应按照要求用电焊固定在主筋或箍筋上。预留套管或预留孔洞的钢框应与钢筋焊接牢固，保证位置准确。

(2) 模板安装前,必须涂刷脱模剂,使下沉工作井混凝土表面光滑,这样可减小阻力,便于工作井下沉。

9) 工作井下沉

工作井下沉前,应观测地下水位。分层、均匀、对称下沉挖土,当下沉系数较大时,应先挖中间部分,保留刃脚周围土体,严格控制井内取土深度,使刃脚切土下沉,严禁超挖。下沉应按照勤测勤纠的原则进行,纠偏校正后方可继续下沉。当即将下沉至设计标高时,应预留一定量缓慢下沉,防止超沉。当下沉到位,且8h累计下沉量不大于10mm时,可封底施工。工作井下沉需要注意以下事项。

(1) 工作井混凝土强度达到设计要求后,方可开始挖土下沉。下沉时,应先凿除刃脚下的混凝土垫层。

(2) 工作井下沉过程中,必须安排专人进行指挥。初沉采用人工配合机械下沉。初沉是工作井下沉的关键工序,此时四壁无约束、无摩擦力,全部重量靠砂层承担,下沉系数很大。若工作井重心高、开挖不均匀,则易发生倾斜、位移问题,刃脚下的砂垫层应分层均匀开挖,每层厚度20cm,在刃脚沿线全面进行,人工开挖的土方丢在井口中心,人员撤离后使用挖掘机集中转走。

(3) 工作井下沉时,应按照"先中后边、分层对称取土、先高后低、均匀缓慢下沉、及时纠偏"的原则进行操作。伸缩臂挖掘机挖土时,应分层、对称均匀进行。井内靠周边的土方以人工开挖、扦铲为主,严格控制每层土的开挖厚度,防止超挖。井内取土时,先四周后中间,逐渐扩大挖土范围。机械挖土时,每层挖土厚度不超过0.5m。

工作井下沉见图2-8。

(a) 人工配合挖掘机下沉　　(b) 长臂挖掘机取土

图2-8　工作井下沉

10) 沉井封底

工作井下沉到位后,观测工作井,24h内累计沉降量小于10mm时,经施工各方工程师认可方能进行封底。封底前,应清除井底浮土,超深部分用石块和碎石填满至要求标高,上面浇筑80cm厚C25素混凝土,随后施工钢筋混凝土底板。

4. 材料与设备

1）钢筋

检测项目：屈服强度、拉伸强度、伸长率、弯曲性能、重量偏差。

批次划分：每批重量通常不大于60t。超过60t的部分，每增加40t（或不足40t的余数），增加一个拉伸试验试样和一个弯曲试验试样。

检测频次：逐批检测。

2）钢筋连接件

检测项目：抗拉强度、弯曲性能。

批次划分：每组代表批量为不超过300个（焊接件接头）或500个（机械连接接头）的实际数量。电弧焊、电渣压力焊、气压焊接头抽样范围为不超过连续二层的接头。

检测频次：逐批检测。

3）水泥

检测项目：安定性、凝结时间、水泥胶砂强度。

批次划分：每组代表批量为不超过200t（袋装）或500t（散装）的实际用量。

检测频次：逐批检测。

4）普通混凝土

检测项目：标准养护、抗压强度、抗折强度、抗渗性。

批次划分：每组代表批量为不超过100m³的实际用量。一次连续浇筑量超过1000m³时，每组代表批量为不超过200m³的实际用量。每一楼层同一配合比的混凝土，取样不得少于一次。每次至少留置一组立方体标准养护试块和若干组同条件养护试块。

检测频次：逐批检测。

5）长臂挖掘机

检测项目：设备功能。

批次划分：每批次为1台。

检测频次：逐台验收。

6）钢筋

(1) 主控项目。

①钢筋进场时，应按照国家现行相关标准的规定抽取试件进行屈服强度、抗拉强度、伸长率、弯曲性能和重量偏差检验，检验结果应符合相关标准的规定。

检查数量：根据进场批次和产品的抽样检验方案确定。

检验方法：检查质量证明文件和抽样检验报告。

②对按照一、二、三级抗震等级设计的框架和斜撑构件（含梯段）中纵向受力普通钢筋，应采用HRB 335E、HRB 400E、HRB 500E、HRBF 400E、HRBF 500E钢筋，其强度和最大力总伸长率的实测值应符合下列规定。

a. 抗拉强度实测值与屈服强度实测值的比值不应小于1.25。

b. 屈服强度实测值与屈服强度标准值的比值不应大于1.30。

c. 最大力总伸长率不应小于9%。

检查数量：按照进场的批次和产品的抽样检验方案确定。

检验方法：检查抽样检验报告。

（2）一般项目。

①钢筋应平直、无损伤，表面不得有裂纹、油污、颗粒状或片状老锈。

检查数量：全数检查。

检验方法：观察。

②成型钢筋的外观质量和尺寸偏差应符合国家相关标准的规定。

检查数量：同一厂家、同一类型的成形钢筋，不超过30t为一批，每批随机抽取3根成型钢筋。

检验方法：观察；尺量。

③钢筋机械连接套筒、钢筋锚固板及预埋件等的外观质量应符合国家现行相关标准的规定。

检查数量：根据国家相关标准的规定确定。

检验方法：检查产品质量证明文件；观察、尺量。

7）混凝土

（1）主控项目。混凝土的强度等级必须符合设计要求。用于检验混凝土强度的试件应在浇筑地点随机抽取。

检查数量：同一配合比混凝土，其取样与试件留置应符合下列规定。

①每拌制100盘且不超过100m³时，取样不得少于一次。

②每工作班拌制不足100盘时，取样不得少于一次。

③连续浇筑超过1000m³时，每200m³取样不得少于一次。

④每一楼层取样不得少于一次。

⑤每次取样应至少留置一组试件。

检验方法：检查施工记录及混凝土强度试验报告。

（2）一般项目。

①后浇带的留设位置应符合设计要求。后浇带和施工缝的处理方法应符合施工方案要求。

检查数量：全数检查。

检验方法：观察。

②混凝土浇筑完毕，应及时对其进行养护，养护时间和养护方法应符合施工方案要求。

检查数量：全数检查。

检验方法：观察；检查混凝土养护记录。

5. 质量控制

预制井施工工艺按照GB/T 51130—2016《沉井与气压沉箱施工规范》相关规定执行，但未对沉井突沉和沉井不沉等特殊情况下如何保证下沉质量提出具体解决方案，而且未对沉井的养护和沉井的外观质量控制进行相关规定。预制井施工工艺的关键工序和难以控制的工序为工作井下沉，可采取的主要措施为：开挖工作坑进行垫层施工，在下沉初期沉井良好的下沉过程中勤测、勤纠，保证下沉精度；合理确定挖土顺序，防止沉井突沉、偏移；下沉深度距设计标高应有一定的预留量，防止沉井超沉。在施工过程中，特别需要注意施工过程控制指标和施工质量控制指标。

1) 施工过程控制

(1) 垫层施工。

①合理确定工作坑平面尺寸和开挖深度。

②砂垫层的铺设厚度不宜小于600mm，每层铺设厚度不应超过300mm，应逐层浇水控制最佳含水量。砂垫层宜采用颗粒级配良好的中砂、粗砂或砾砂，并做好排水工作。

③砂垫层的压实系数可采用环刀法或贯入仪法测定，压实系数不应小于0.93。

④素混凝土垫层施工前，应检查砂垫层的压实系数和平整度，符合要求方可沿墙浇筑。

(2) 工作井制作。

①工作井刃脚施工时，应在浇筑前将刃脚内侧与底板连接的凹槽处进行凿毛处理，并应与顶板、箱壁一起浇筑。刃脚内侧与底板连接的凹槽深度宜为150~200mm，连接处不应漏水。

②钢筋下料时，严格控制钢筋的品种、级别、规格。验收时，按照图纸要求对钢筋间距、连接方式、搭接长度等相关指标逐一查验。

③模板应具有足够的强度和刚度，模板的设计、安装及预埋件和预留孔洞设置偏差应符合 GB 50204—2015《混凝土结构工程施工质量验收规范》相关规定。当工作井接高制作时，模板下端应高出地面1000mm以上。

④工作井接高施工前，应进行纠偏，并进行接高稳定性验算。

⑤混凝土浇筑时，应分层平铺，均匀对称，每层混凝土的浇筑厚度宜为300~500mm。

⑥水平施工缝应留置在底板凹槽、凸榫或沟、洞底面以下200~300mm。沉井的井壁及框架不宜设置竖向施工缝。

⑦混凝土浇筑完成后，应及时养护。分节制作的钢筋混凝土工作井下沉前，首节的混凝土强度必须达到设计强度，其余各节不得低于设计强度的70%。

(3) 工作井下沉施工。

①下沉挖土时，应分层、均匀、对称进行。

②工作井下沉时，应按照勤测勤纠的原则进行，每8h对井体倾斜度和下沉量测量至少2次，纠偏后方可继续下沉。

③即将下沉至设计标高时，应留50~200mm的预留量，缓慢下沉。

(4) 工作井封底。

①封底前，应进行抗浮验算，并清除软土层井底浮泥，修整井底，铺碎石垫层。

②封底时，应先铺设400~500mm的碎石或沙砾石反滤层并夯实，面积不大于100m^{2}的工作井应一次连续浇筑。

③封底混凝土达到设计强度后方可抽除沉井内的水。

2) 施工质量控制

(1) 主控项目。

①封底所用工程材料应符合国家相关标准规定和设计要求。

②封底混凝土强度及抗渗、抗冻性能应符合设计要求。
③封底前，坑底高程应符合设计要求。封底后，混凝土底板厚度不得小于设计要求。
④下沉及封底时，沉井无变形、倾斜、开裂现象；沉井结构无线流现象；底板无渗水现象。

（2）一般项目。
①沉井干封底和水下封底的施工应符合 GB/T 51130—2016《沉井与气压沉箱施工规范》相关规定。
②沉井底板与井壁接缝处的防水处理应符合设计要求。

2.1.2 钢筋混凝土护壁逆作法施工工艺

1. 概述

钢筋混凝土护壁逆作法施工是沿沟槽的纵向两侧位置自上而下分层、分段施工钢筋混凝土护壁，并每隔一定距离设置一道钢筋混凝土横隔墙作为临时挡土围护结构，当混凝土结构强度达到设计要求后，在沟槽内部进行排水管道铺设、连接、安装及回填等一系列施工工艺。

钢筋混凝土护壁逆作法支护是利用各种挖槽机械，辅以人工，在地下挖出窄而深的沟槽，人工对其进行修整，在沟槽里自上而下、分层、分段安装钢筋、支设模板并浇筑适当混凝土而形成的具有一定防渗（水）、挡土和承重功能的连续的地下稳定结构。这样做可以利用结构本身的强度和刚度来平衡或抵消周围侧向土压力，从而保证沟槽内作业人员的人身安全。

1) 工艺特点

钢筋混凝土护壁逆作法施工工艺的优点为：刚性支撑，变形小，稳定性好，对周边环境影响较小；在设计挖深相同的情况下，与放坡开挖相比，其占地面积较小，大大减少了土方开挖量和回填工程量；相对钢板桩、钢管桩支护工艺，其施工噪声较小；施工工艺相对成熟、简单，无须大型设备；施工时，能够有效避让和保护地下管线，可做到随挖随保护，作业人员安全有保障；相对钢板桩等支护工艺，其对周边建（构）筑物的影响较小。但钢筋混凝土护壁逆作法施工工艺也有一定的局限性，护壁结构为钢筋混凝土结构，材料消耗大，机械使用率低；地下管线复杂段施工效率低；对浅层地下空间有一定影响。

2) 技术参数

钢筋混凝土护壁逆作法施工的具体技术参数按照设计说明及施工图纸要求执行。以某项目为例，护壁平面示意图见图 2-9，护壁断面示意图见图 2-10，管道一侧的工作面宽度见表 2-1，开挖宽度计算公式为：

$$B = D_0 + 2(b_1 + b_2 + b_3) \tag{2-1}$$

式中：B 为管道沟槽底部的开挖宽度，mm；D_0 为管道外径，mm；b_1 为管道一侧的工作面宽度，mm；b_2 为有支撑要求时，管道一侧的支撑厚度，mm，通常取值为 150～200mm；b_3 为现场浇筑混凝土或钢筋混凝土管渠一侧模板的厚度，mm。

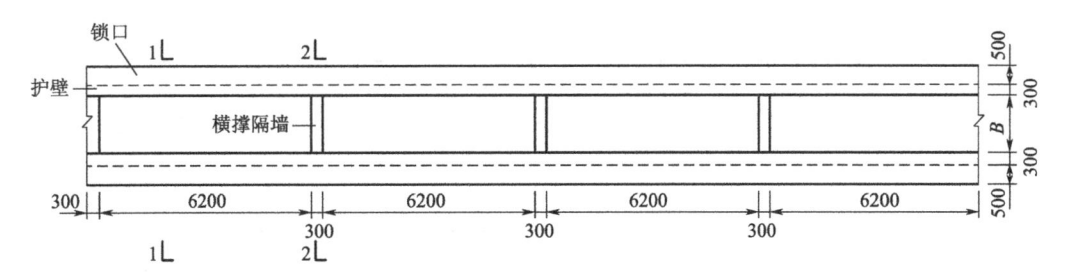

图 2-9 护壁平面示意图（单位：mm）

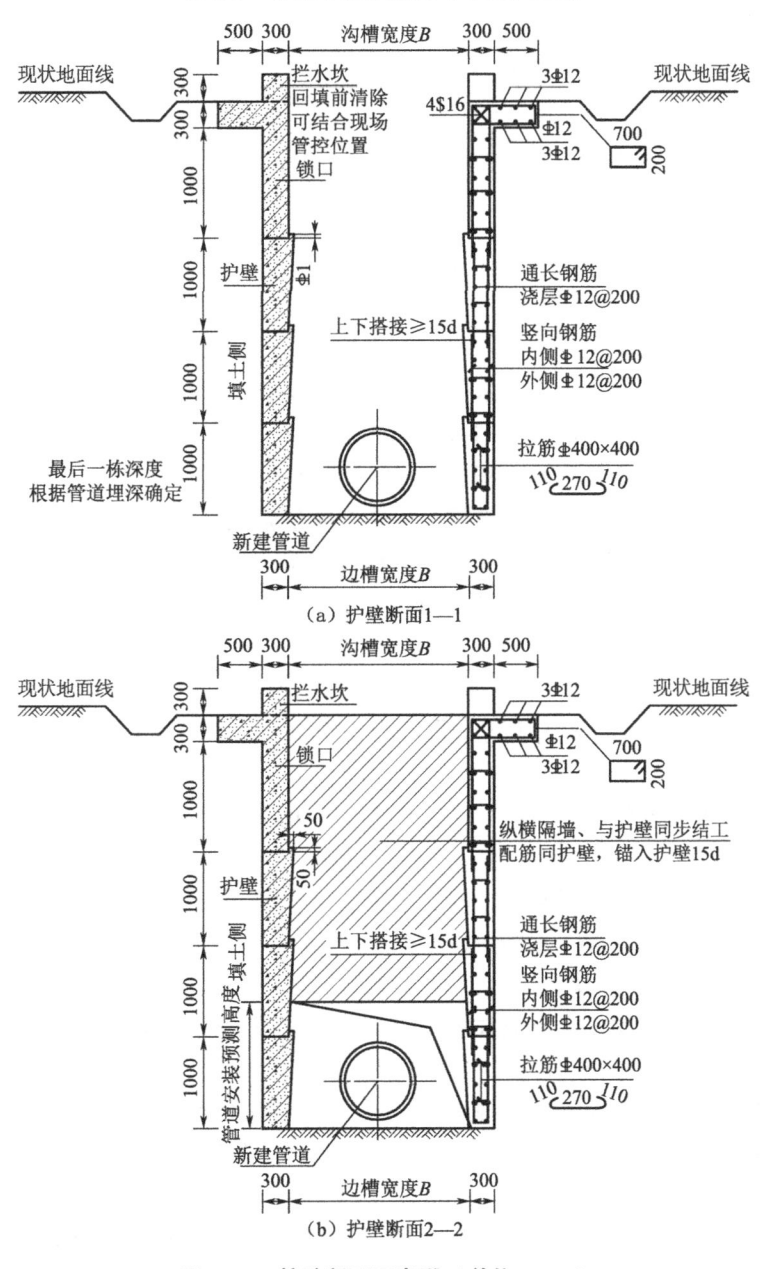

（a）护壁断面1—1

（b）护壁断面2—2

图 2-10 护壁断面示意图（单位：mm）

表 2-1　管道一侧的工作面宽度　　　　　　　　　（单位：mm）

管道外径 D_0	管道一侧的工作面宽度 b_1		
	混凝土类管道		金属类管道、化学建材管道
$D_0 \leq 500$	刚性接口	400	300
	柔性接口	300	
$500 < D_0 \leq 1000$	刚性接口	500	400
	柔性接口	400	
$1000 < D_0 \leq 1500$	刚性接口	600	500
	柔性接口	500	
$1500 < D_0 \leq 3000$	刚性接口	800～1000	700
	柔性接口	600	

3）适用范围

本工艺适用于开挖深度 5m 以内的给水排水管道工程沟槽支护，检查井、顶管工程管井施工，以及不具备放坡开挖条件或其他支护方式无法符合要求的情况。

2. 现行适用规范

（1）GB 50268—2008《给水排水管道工程施工及验收规范》

（2）GB 50666—2011《混凝土结构工程施工规范》

（3）GB 50300—2013《建筑工程施工质量验收统一标准》

（4）GB 50204—2015《混凝土结构工程施工质量验收规范》

（5）GB 50202—2018《建筑地基基础工程施工质量验收标准》

（6）JGJ 311—2013《建筑深基坑工程施工安全技术规范》

3. 施工工艺流程及操作要点

1）工艺流程

钢筋混凝土护壁逆作法施工工艺流程见图 2-11。

2）施工准备

（1）了解现场交通状况，向业主、监理提交现场交通导流组织方案及临时施工道路设置方案。

（2）了解现场地上地下障碍物情况，向业主、监理提交拆迁报告及地下障碍物的改移保护方案，调查联系现场余土的外运场地。

（3）与地方交通等部门取得联系，为工程施工创造良好环境。

（4）工程开工前，向业主及地方水电管理部门提交水电供应申请及手续，争取在开工后五日内完成水电临时线路的铺设工作。

（5）开工前，组织技术人员及现场管理人员学习施工规范、工艺标准及上级下发的有关文件，熟悉、了解本工程的施工特点，申请业主、监理等部门进行图纸会审和设计交底工作。

（6）接到施工图纸后，结合现场实际情况，编制施工方案和施工组织设计并报监理审批，开工前，完成前期施工各项目的现场施工技术交底。

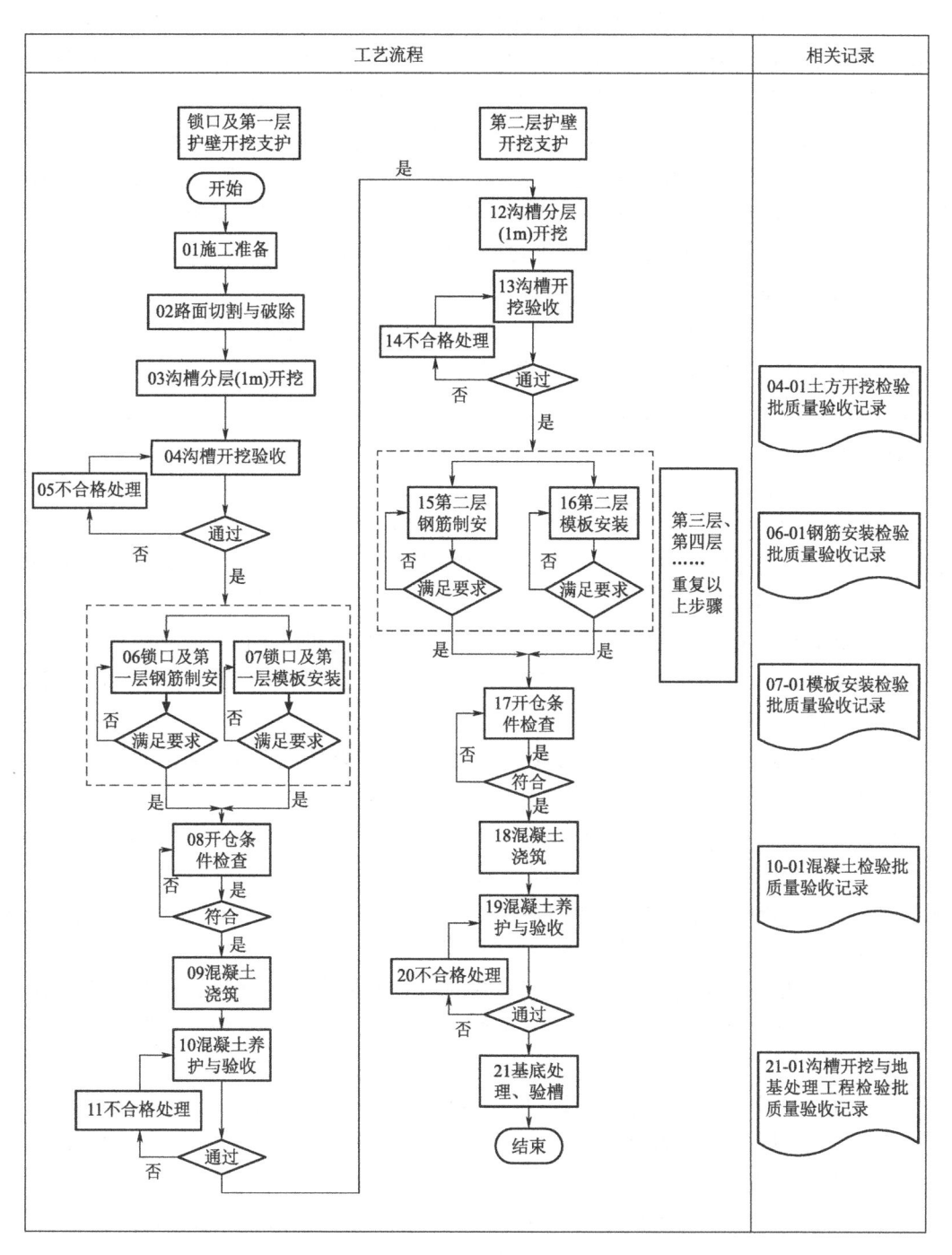

图 2-11 钢筋混凝土护壁逆作法施工工艺流程

(7) 开工前,完成测量交接桩及复核工作,完成施工测量方案的编制和控制网点测设成果,报监理单位审批。

(8) 施工现场围挡(墙)应沿工地四周连续设置,不得留有缺口,确保围挡(墙)的稳定性、安全性。围挡的材料应具有坚固、稳定、整洁、美观等特点,宜选用砌体、金属板材等硬质材料,不宜使用彩布条、竹篱笆或安全网等。施工现场的围挡一般不应低于1.8m,市区内的围挡不应低于2.5m,且应符合当地主管部门有关规定。禁止在围挡内侧堆放泥土、砂石等散状材料及架管、模板等。雨后、大风后及春融季节应检查围挡的稳定性,发现问题及时处理。由于围挡可能搭设在转弯或车辆掉头处,这样可能导致视野盲区,因此应设置通透围挡(通透围挡设置段数按照视距要求控制,一般设置长度20m),避免视野盲区,保证交通及施工安全。

(9) 当护壁支护位于车行道以下时,为减少后期路面恢复时产生的破除量,锁口顶部标高可低于路面的层底,按照设计要求沿锁口两侧通长设置300mm×300mm砖砌拦水坎等截、挡水设施,位置可根据现场实际布置情况进行调整,并在沟槽回填完成后、路面恢复前进行凿除。

3) 路面切割与破除

现场放出基槽开槽上口边线,报监理单位批准后,根据放线位置,用路面切割机垂直切开路面,再用挖掘机在路面切缝1.0m外开挖。注意,临切缝位置应人工挖除,防止扰动及破坏。

4) 沟槽分层开挖

(1) 场地清理完后,应根据设计图纸,将线位、标高和横断面等数据提交监理工程师检查确认后开挖。土方开挖的顺序和方法应与其他施工工序相互配合,不得对邻近设施及其正常使用产生破坏及干扰。

(2) 采用机械开挖时,应根据工程范围、施工机械条件、进度要求等合理选用施工机械,从而充分发挥机械效率,节省机械费用,加快进度。

(3) 施工前,必须调查清楚沟槽开挖范围内及影响范围内的各种管线、地面建(构)筑物。建设单位必须提供现有各种管线相关资料,必要时去规划及管线管理单位查询,查阅有关专业技术资料,掌握管线的施工年限、使用状况、位置、埋深等信息,并请相关管理单位现场交底,必要时在管理单位的现场监护下进行坑探。

(4) 土方开挖应从上到下分层分段依次进行,并做成一定坡度,以利排水。在开挖过程中,应随时检查边坡状态,根据土质变化情况,做好沟槽的支撑准备工作,以防坍陷。

(5) 土方开挖后,先在距基底设计标高300mm处抄出水平线,钉上小木桩,再人工将留土层挖走,同时由两端轴线引桩拉通线,检查沟槽尺寸,确定沟槽宽度,以此修整沟槽,最后清除沟槽土方,抄底铲平。

(6) 在场地有条件临时堆放时,开挖的土方应放置于距坑边缘0.8m外,高度不宜超过1.5m(GB 50268—2008《给水排水管道工程施工及验收规范》)。多余的土方应一次运走,避免二次搬运。

(7) 为了提高作业效率,在周边环境及地下管线影响较小的段落,锁口及第一层沟槽开挖采用机械与人工结合的方式。按照设计要求，分层分段开挖，每层开挖深度不大于1.0m，开挖长度10～15m，沟槽中部采用机械方式开挖，土方直接装入自卸车外运。为了防止超挖，两侧锁口采用人工方式开挖与修整。

5）锁口及第一层护壁

(1) 锁口及第一层护壁施工主要包括模板工程、钢筋工程及混凝土工程。按照设计要求，开挖深度以1m为一个施工循环节点控制。地质条件较好，开挖深度较大时，为了加快施工进度，提高施工效率，可按照工程建设程序，联系设计单位，通知参建各方到现场适度进行调整，完善相关资料。锁口段施工处于沟槽顶部，施工位于地表，工艺较为简单。土方开挖完成后，先进行钢筋制作与绑扎安装，以及支模施工，再进行混凝土浇筑。

(2) 锁口及第一层护壁沟槽开挖结束后，先进行锁口和护壁清理，再进行钢筋绑扎。安装模板后进行位置测量与检查，确保锁口段及护壁位置的准确性。

(3) 施工用模板统一使用木模板。钢筋在钢筋加工棚内根据图进行加工预制，运输至施工现场后进行绑扎。

(4) 按照设计要求，竖向钢筋须插入下层护壁不小于15d，作为下一段护壁钢筋的锚固段。钢筋绑扎严格按照施工图及相关规范施工，钢筋绑扎完成后通知监理工程师进行钢筋隐蔽工程验收，合格后方可进行模板安装和混凝土浇筑。

(5) 两侧护壁模板面板采用15mm×1830mm×920mm的九层板（光面），横向采用4000mm×100mm×50mm的木方或$\phi48$mm×3mm钢管加固，间距250mm，竖向选用$\phi48$mm×3mm双钢管或方木，间距900mm。中隔墙模板采用对拉螺杆加固，对拉螺杆的间距横竖都控制在400～600mm之间，两侧护壁模板之间选用钢管加顶托或方木支撑。

(6) 混凝土浇筑完成后，两侧锁口混凝土表面应及时覆膜，并进行洒水养护，待强度达到设计要求5MPa或者超过24h（温度高于20℃，一般南方地区），应进行模板拆除，继续对混凝土护壁进行养护，养护至设计要求的强度或时间后，进行第二层护壁开挖支护。

6）第二层护壁

施工要求同锁口及第一层护壁。

7）第三层护壁

施工要求同第二层护壁，以此循环作业。

8）基底处理、验槽

(1) 在施工单位自检合格的基础上进行基底处理，并在施工单位自检确认合格后提出验收申请。

(2) 基底处理、验槽由总监理工程师或建设单位项目负责人组织建设、监理、勘察、设计及施工单位的项目负责人、技术质量负责人共同按照设计要求和有关规定进行。

沟槽逆作法钢筋混凝土护壁支护施工见图2-12。

(a) 搭设围挡 　　　　　　　　　　　　(b) 路面切割与破除

(c) 锁口及第一层护壁施工 　　　　　　(d) 锁口及护壁修理

(e) 锁口及第一层护壁钢筋制安 　　　　(f) 锁口及第一层模板安装

图 2-12　沟槽逆作法钢筋混凝土护壁支护施工（一）

(g) 锁口及第一层护壁混凝土浇筑成型 　　　　　(h) 成形后的锁口及第一层护壁

(i) 末层护壁钢筋绑扎 　　　　　(j) 末层护壁模板安装

(k) 护壁支护完成 　　　　　(l) 整体护壁支护鸟瞰图

图 2-12　沟槽逆作法钢筋混凝土护壁支护施工（二）

4. 材料与设备

1）主要材料

钢筋混凝土护壁逆作法施工主要材料见表2-2。

表2-2 钢筋混凝土护壁逆作法施工主要材料

序号	材料名称	规格型号	检验批次	备注
1	钢筋	HRB400、HPB300	60t/批	按照设计要求或规范送检
2	混凝土	C30	100m^3/次	按照设计要求或规范送检
3	模板	15mm×1830mm×920mm	—	根据现场实际情况确定
4	木枋	50mm×100mm	—	根据现场实际情况确定
5	钢管	ϕ48mm×3mm	—	根据现场实际情况确定

（1）钢筋留样标准。

①钢筋应按照进场时钢筋批号及直径分批运送，每60t为一批，不足60t按一批计。每批送检1组，每批钢筋应由同一牌号、同一炉号、同一规格、同一交货状态的钢筋组成。

②成型钢筋进场时，应检查成型钢筋的质量证明文件、成型钢筋所用材料质量证明文件及检验报告，检验批量按照合同约定确定。同一工程、同一原材料来源、同一组生产设备生产的成型钢筋，检验批量不宜大于30t。

（2）混凝土留样标准。

①每100m^{3}相同配合比的混凝土取样不得少于1次。

②每工作班搅拌的同一配合比的混凝土不足100盘时，取样不得少于1次。

③当一次连续浇筑超过1000m^{3}时，同一配合比的混凝土每200m^{3}取样不得少于1次。

④每次取样应至少留置1组标准养护试块，同等条件养护试块的留置组数应根据实际需要确定。

2）主要施工机械设备

钢筋混凝土护壁逆作法施工所需主要设备见表2-3。

表2-3 钢筋混凝土护壁逆作法施工所需主要设备

序号	机械名称	型号	单位	备注
1	挖掘机（履带防护）	PC200	台	土方开挖
2	起重机	根据现场实际情况确定	台	垂直运输
3	板式运输车	根据现场实际情况确定	台	材料运输
4	电焊机	XB1-400	台	焊接作业
5	全站仪	SOKKIA-SET210	套	测量控制
6	自卸汽车	根据现场实际投入确定	台	弃渣运输
7	污水泵	根据现场实际投入确定	台	抽降排水
8	便携式四合一检测仪	根据现场实际投入确定	台	有毒有害气体检测
9	泵吸式气体检测仪	根据现场实际投入确定	台	有毒有害气体检测

续表

序号	机械名称	型号	单位	备注
10	鼓风机	ADKS-4	台	通风
11	插入式振捣棒	—	台	混凝土振捣
12	钢筋切断机	GQ-40	台	钢筋制作
13	钢筋弯曲机	GW-40	台	
14	钢筋调直机	GT4-8	台	
15	交流焊机	BX-315	台	
16	柴油发电机	根据现场实际投入确定	台	临时用电
17	洒水车	根据现场实际投入确定	辆	文明施工
18	雾炮车	根据现场实际投入确定	辆	洒水除尘

5. 质量控制

1) 沟槽开挖

(1) 沟槽的开挖断面应符合施工组织设计（施工方案）的要求。槽底原状地基土不得扰动，机械开挖时，槽底留 200～300mm（GB 50268—2008《给水排水管道工程施工及验收规范》）土层，由人工开挖至设计高程，整平。

(2) 槽底不得受水浸泡或受冻，槽底局部扰动或受水浸泡时，宜采用天然级配砂砾石或石灰土回填，槽底扰动土层为湿陷性黄土时，应按照设计要求进行地基处理。

(3) 槽底土层为杂填土、腐蚀性土时，应全部挖出并按照设计要求进行地基处理。

(4) 沟槽边坡稳固后，设置供作业人员上下沟槽的安全梯。

2) 钢筋隐蔽工程验收

(1) 验收纵向受力钢筋的牌号、规格、数量、位置。

(2) 验收钢筋的连接方式、接头位置、接头质量、接头面积百分率、搭接长度、锚固方式及锚固长度。

(3) 验收箍筋、横向钢筋的牌号、规格、数量、间距、位置，以及箍筋弯钩的弯折角度、平直段长度。

(4) 验收预埋件的规格、数量和位置。

3) 支护施工

应按照设计要求进行支护施工，若无法实施时，及时提出变更需求，对工程联系单等进行协商，禁止擅自改变设计方案。

4) 验槽

沟槽开挖至设计高程后，应由建设单位会同设计、勘察、施工、监理单位共同验槽，发现岩土质与勘察报告不符或有其他异常情况时，由建设单位会同上述单位研究处理措施。

5) 地基处理

(1) 管道地基应符合设计要求，管道天然地基的强度不符合设计要求时，应按照设计要求进行加固处理。

(2) 槽底局部超挖或发生扰动时,可按照设计要求或以下方法处理。

①超挖深度不超过 150mm 时（GB 50268—2008《给水排水管道工程施工及验收规范》），可用挖槽原土回填夯实,其压实度不应低于原地基土的密实度。

②槽底地基土壤含水量较大,不适于压实时,应采取换填等有效措施。

(3) 排水不良造成地基土扰动时,可按照设计要求或以下方法处理。

①扰动深度为 100mm 以内（GB 50268—2008《给水排水管道工程施工及验收规范》），宜换填天然级配砂石或砂砾处理。

②扰动深度为 300mm 以内（GB 50268—2008《给水排水管道工程施工及验收规范》），但下部坚硬,宜先换填卵石或块石,再用砾石填充空隙并找平表面。

(4) 设计要求换填时,应按照要求清槽,并经检查合格,回填材料应符合设计要求或有关规定。

(5) 采用其他方法进行管道地基处理时,应符合国家相关标准规定和设计要求。

6）沟槽开挖与地基处理的主控项目和一般项目要求

(1) 主控项目。

①原状地基土不得扰动、受水浸泡或受冻。

检查方法：观察；检查施工记录。

②地基承载力应符合设计要求。

检查方法：观察；检查地基承载力试验报告。

③进行地基处理时,压实度和厚度应符合设计要求。

检查方法：按照设计或规定要求进行检查,检查检测记录和试验报告。

(2) 一般项目。

沟槽开挖的允许偏差见表 2-4。

表 2-4 沟槽开挖的允许偏差

序号	检查项目	允许偏差（mm）		检查数量		检查方法
				范围	点数	
1	槽底高程	土方	±20	两井之间	3	用水准仪测量
		石方	+20, -200			
2	槽底中线每侧宽度	不小于规定		两井之间	6	挂中线用钢尺量测,每侧计 3 点
3	沟槽边坡	不陡于规定		两井之间	6	用坡度尺量测,每侧计 3 点

7）模板的主控项目和一般项目要求

(1) 主控项目。

①模板及其支架应符合浇筑混凝土时的承载能力、刚度和稳定性要求,且应安装牢固。

检查方法：观察；检查模板支架设计和验算。

②各部位的模板安装位置正确、拼缝紧密而不漏浆。

检查方法：观察；检查模板设计和施工方案。

③模板应清理干净，脱模剂应涂刷均匀，钢筋和混凝土接茬处应无污渍。

检查方法：观察。

（2）一般项目。

①浇筑混凝土前，应将模板内的杂物清理干净，钢模板的板面不应有明显锈渍。

检查方法：观察。

②清水混凝土工程及装饰混凝土工程应使用能达到设计效果的模板。

检查方法：观察。

8）钢筋的主控项目和一般项目要求

（1）主控项目。

①进场钢筋的质量保证资料应齐全，每批的出厂质量合格证明及各项性能检验报告应符合国家有关标准规定和设计要求。受力钢筋的品种、级别、规格和数量必须符合设计要求。钢筋的力学性能检验、化学成分检验等应符合 GB 50204—2015《混凝土结构工程施工质量验收规范》相关规定。

检查方法：观察；检查每批钢筋的出厂质量合格证明、性能检验报告及相关复验报告。

②钢筋加工时，受力钢筋的弯钩和弯折、箍筋的末端弯钩形式等应符合 GB 50204—2015《混凝土结构工程施工质量验收规范》相关规定和设计要求。

检查方法：观察；检查施工记录；用钢尺量测。

③纵向受力钢筋的连接方式应符合设计要求。受力钢筋采用机械连接接头或焊接接头时，其接头应按照 GB 50204—2015《混凝土结构工程施工质量验收规范》相关规定进行力学性能检验。

检查方法：观察；检查施工记录；检查连接材料的产品质量合格证明和接头力学性能检验报告。

④同一连接区段内的受力钢筋，采用机械连接或焊接接头时，接头面积百分率应符合 GB 50204—2015《混凝土结构工程施工质量验收规范》相关规定；采用绑扎接头时，接头面积百分率及最小搭接长度应符合 GB 50141—2008《给水排水构筑物工程施工及验收规范》相关规定。

检查方法：观察；检查施工记录；用钢尺量测（检查数量：底板、侧墙、顶板，以及柱、梁、独立基础等部位抽测均不少于 20%）。

（2）一般项目。

①钢筋应平直、无损伤，表面不得有裂纹、油污、颗粒状或片状老锈。

检查方法：观察；检查施工记录。

②成型的网片或骨架应稳定牢固，不得有滑动、折断、位移、伸出等情况。绑扎接头应扎紧并向内折。

检查方法：观察。

③钢筋安装就位后，应稳固，无变形、走动、松散等现象，保护层应符合要求。

检查方法：观察。

④钢筋加工的形状、尺寸应符合设计要求。钢筋加工的允许偏差见表 2-5。

表 2-5 钢筋加工的允许偏差

项　　目	允许偏差（mm）
受力钢筋沿长度方向的净尺寸	±10
弯起钢筋的弯折位置	±20
箍筋外廓尺寸	±5

⑤钢筋安装位置允许偏差见表 2-6。

表 2-6 钢筋安装位置允许偏差

项　　目		允许偏差（mm）	检查方法
绑扎钢筋网	长、宽	±10	尺量
	网眼尺寸	±20	尺量连续三挡，取最大偏差值
绑扎钢筋骨架	长	±10	尺量
	宽、高	±5	尺量
纵向受力钢筋	锚固长度	-20	尺量
	间距	±10	尺量两端、中间各一点，取最大偏差值
	排距	±5	
纵向受力钢筋、箍筋的混凝土保护层厚度	基础	±10	尺量
	柱、梁	±5	尺量
	板、墙、壳	±3	尺量
绑扎箍筋、横向钢筋间距		±20	尺量
钢筋弯起点位置		20	尺量
预埋件	中心线位置	5	尺量
	水平高差	+3, 0	塞尺量测

9）混凝土拌和物的主控项目和一般项目要求

（1）主控项目。

①现浇混凝土所用的水泥、细骨料、粗骨料、外加剂等原材料的质量保证资料应齐全，每批的出厂质量合格证明及各项性能检验报告应符合 GB 50141—2008《给水排水构筑物工程施工及验收规范》相关规定和设计要求。

检查方法：观察；检查每批原材料的出厂质量合格证明、性能检验报告及相关复验报告。

②混凝土配合比应符合施工和设计要求。

检查方法：观察；检查混凝土配合比设计，检查试配混凝土的强度、抗渗、抗冻性能等试验报告；商品混凝土还应检查出厂质量合格证明等。

③结构混凝土的强度、抗渗和抗冻性能应符合设计要求，其试块的留置及质量评定应符合 GB 50141—2008《给水排水构筑物工程施工及验收规范》相关规定。

检查方法：检查施工记录；检查混凝土试块的试验报告、混凝土质量评定统计报告。

④混凝土结构应外光内实。施工缝后浇带部位应表面密实，无冷缝、蜂窝、露筋现

象，否则应修理补强。

检查方法：观察；检查施工缝处理方案和技术处理资料。

⑤拆除模板时的混凝土结构强度应符合 GB 50141—2008《给水排水构筑物工程施工及验收规范》相关规定和设计要求。

检查方法：观察；检查同等养护条件下的混凝土强度试块报告。

（2）一般项目。

①浇筑现场的混凝土坍落度或维勃稠度应符合配合比设计要求。

检查方法：观察；检查混凝土坍落度或维勃稠度检验记录，以及施工配合比；检查现场搅拌混凝土原材料的称量记录。

②模板在浇筑过程中应无变位、变形、漏浆等现象，模板在拆除后应无黏膜、缺棱掉角及表面损伤等现象。

检查方法：观察；检查施工记录。

③施工缝后浇带位置应符合设计要求，表面应平顺，无明显漏浆、错台、色差等现象。

检查方法：观察；检查施工记录。

④混凝土表面应无明显收缩裂缝。

检查方法：观察；检查混凝土记录。

2.2 顶管施工

2.2.1 土压平衡顶管施工

1. 概述

1）工艺概述

土压平衡顶管施工是一种机械式顶管施工工艺，根据土压平衡基本原理，利用顶管机的刀盘切削和支承机内土压舱的正面土体，抵抗开挖面的水、土压力，以达到土体稳定的目的，由此减少对正面土体的扰动，以及地面的沉降与隆起。

2）工艺特点

（1）该工艺适用于各种土质，从软黏土到砂砾土都可，但土质为砂砾层或黏粒含量较少的砂层时，应利用添加剂改良土体。

（2）该工艺可保持开挖断面稳定性，使得地面变形较小。

（3）该工艺可操作安全、便利，作业环境较好。

3）适用范围

该工艺一般适用于淤泥、黏土、砂土、粉土、粉黏土，以及含有数量不超过 10%、粒径不大于 50mm 的卵石土层，也适用于外径 200mm 以上且覆土深度不小于 1.5 倍管外径的管道施工。

2. 现行适用规范

（1）GB 50268—2008《给水排水管道工程施工及验收规范》

（2）CECS 246—2008《给水排水工程顶管技术规程（附条文说明）》

(3) DG/TJ 08—2049—2016《顶管工程施工规程》

(4) DB/T 29—93—2004《土压平衡和泥水平衡顶管工程施工技术规程》

(5) DB13/T 2815—2018《顶管工程施工及验收技术规程》

(6) JGJ 46—2005《施工现场临时用电安全技术规范（附条文说明）》

(7) JGJ 160—2016《施工现场机械设备检查技术规范》

3. 施工工艺流程及操作要点

1) 工艺流程

土压平衡顶管施工工艺流程见图 2-13。

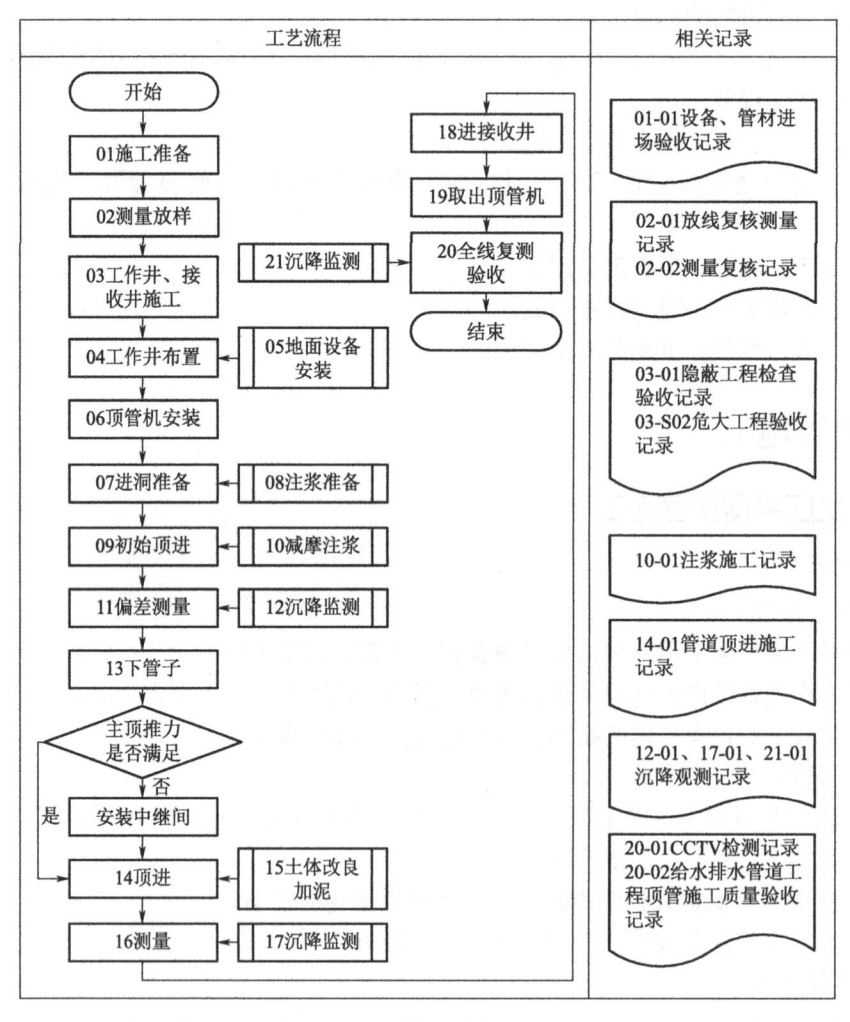

图 2-13 土压平衡顶管施工工艺流程

（1）施工准备：阅读图纸、现场踏勘、管材采购、顶管施工作业队伍招标采购等。

（2）测量放样：工作井及接收井测量定位、工作井及接收井选址处打围及交通疏导。

（3）工作井、接收井施工：采用沉井或逆作法建造工作井或接收井，使其达到预定的深度及混凝土强度，确保顶管施工作业期间的支护安全。

(4) 工作井布置：在工作井总平面内布置如顶管机操作间、储料场、储泥池、触变泥浆投加系统、液压站等辅助设备。

(5) 地面设备安装：根据工作井总平面布置图进行设备就位、安装、调试等工作，使其达到可以施工作业的要求。

(6) 顶管机安装：主要是安装掘进机及主顶系统装置的后座垫铁、导轨、千斤顶、千斤顶支架、后座泵站、穿墙止水环、泥水循环系统、测量系统、照明和通风系统等设备。

(7) 进洞准备：根据工作井的预留洞口，安排顶管机顶进。顶管机穿墙顶进见图 2-14。

(a) 顶管机顶进　　　　　　　　　　　　(b) 顶管机穿墙

图 2-14　顶管机穿墙顶进

(8) 注浆准备：进排泥泵、压浆泵、管路系统、泥浆池、污泥沉淀池等携泥、出土系统等提前准备好。

(9) 初始顶进：顶管机、千斤顶、导轨等设施就位，破除洞口后，顶管机前后均会受力，但应达到平衡，使得顶管机尾部进入土体。

(10) 减摩注浆：顶进开始后，顶管机和管道受到土体挤压，摩擦力变大，导致千斤顶受力过大，顶进速度降低，管道破裂风险增大，可通过向管道外壁加注触变泥浆的措施，减小管道与土体的摩擦力。

(11) 偏差测量：顶进开始后，必须核对顶进的水平、高程等方面的偏差，通常利用激光经纬仪、测量靶和监视器等装置对顶管机前进方向进行测量。

(12) 沉降监测：顶进开始后，对地面沉降情况进行监测，避免地面塌陷。若发现沉降超标，则应及时注浆，避免危害进一步扩大。

(13) 下管子：将事先安放好密封环的管节吊下去，对准，插入就位。

(14) 顶进：启动顶管机、进排泥泵、压浆泵、主顶油缸、推进管节，安装中继间（中继间由小千斤顶、液压泵站、外壳体组成）。将整段管道分段推进，减少主推顶力，避免顶力过大，管材破裂。顶管机正常顶进见图 2-15。中继间示意图见图 2-16。

(15) 土体改良加泥：当顶进方向的地质条件较差时，为了避免水土流失过多导致地

(a) 管节安装　　　　　　　　　　　　　(b) 管节顶进

图 2-15　顶管机正常顶进

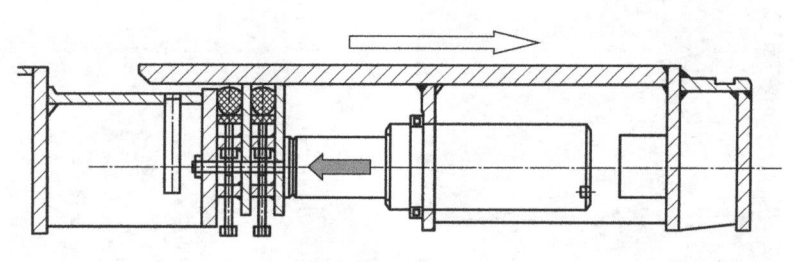

图 2-16　中继间示意图

面沉降、危及周边建（构）筑物，需要采取土体注浆加固措施，防止地面塌陷、建筑物倒塌。

（16）测量：利用激光经纬仪、测量靶和监视器测量顶管施工过程中顶管机推进的轴线偏差；利用纠偏千斤顶、油泵站、位移传感器和倾斜仪控制顶管施工过程中的顶管机推进方向，防止顶进偏差。

（17）沉降监测：对地面沉降情况开展监测，避免地面塌陷。

（18）进接收井：当顶管顶到接收井墙体位置时，凿穿接收井进洞位置的混凝土，迅速顶出顶管机头。顶管完成后，利用注浆管，注入水泥浆液，置换触变泥浆，充填空隙，防止地面沉降。顶管机机头顶进接收井见图 2-17。顶管注浆见图 2-18。

（19）取出顶管机：顶管机进入接收井后，将其拆解，减小长度，利用起重机将零部件吊出接收井。

（20）全线复测验收：管道贯通，封堵顶管工作井及接收井的洞口周边后，对管道全线进行坐标、高程方向的测量，确保管线顺直、坡度方向一致，无上凸、下凹现象。

2）操作要点

(1) 设备安装及试运行。

①设备安装。

a. 导轨安装：导轨一般采用装配式形式，安放在混凝土基础路面上。定位后，导轨安装必须稳固、正确，保证顶进过程中不发生位移、变形和沉降等问题。导轨安装允许偏

(a) 远景　　　　　　　　　　　　　　　(b) 近景

图 2-17　顶管机机头顶进接收井

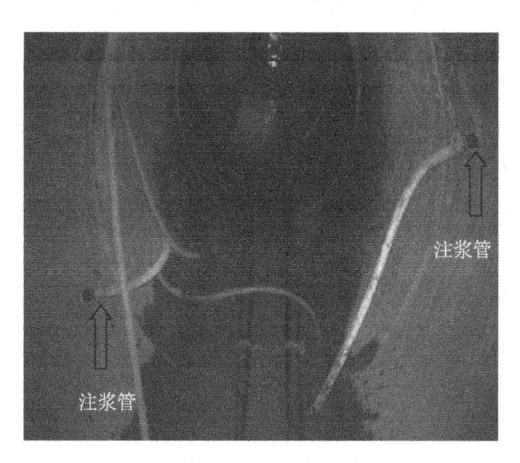

图 2-18　顶管注浆

差：轴线位置 3mm；顶面高程 0～+3mm；两轨内距±2mm。

b. 主顶设备安装：主顶设备主要包括主顶千斤顶、油泵站及管阀、组合 U 形顶铁、环形接口顶铁。主顶千斤顶应根据顶进阻力对称布置，多台主顶千斤顶共同作用时，每台使用压力不应大于额定工作压力，伸出的最大行程应小于油缸行程 10cm 左右。组合 U 形顶铁布置要求相邻面垂直，与导轨接触面平整。环形接口顶铁应与混凝土管口吻合，中间用软木板衬垫，防止承插口处破损。后背铁安装应与管道轴线垂直且紧贴沉井后背墙。

c. 前墙止水圈安装：前墙止水圈由预埋法兰盘底盘、橡胶板、钢压板、垫圈及螺栓等组成，可防止机头进出洞口流入泥水，确保顶进时压注的触变泥浆不流失。安装时，法兰盘应预埋在混凝土沉井内，要求中心正确，端面平整，安装牢固。

②设备试运行。设备试运行应遵照设备说明书进行。通过试运行，可查找和消除设备可能存在的所有问题，并确认其处于完好状态。

a. 在不加载的情况下，确认电源电路开关的接通、切断工况试验的检查情况。

b. 液压系统控制阀件的动作灵敏、正确，特别注意有无控制电路反接现象，操作台显示动作与实际动作是否一致。

c. 设备润滑和密封系统供油正常，油路畅通，供油压力可在设定的范围内调节。

d. 刀盘正反转动作正确，无异常响声。

e. 纠偏千斤顶的伸缩动作正常，编组动作与操作台显示一致，检查完毕，应将纠偏千斤顶回缩到工作零位。

f. 顶进千斤顶的伸缩动作正常，检查完毕，应将顶进千斤顶回缩到工作零位。

g. 对注浆管路进行加压试验和检查，保证注浆管路畅通、无泄漏。

设备调试顺序为：将操作台输出电缆分别与对应的接口接好，逐步送电，观察各仪表电压值是否正常；依次送电，检查各设备运行状态，送水泵、排泥泵、抽水泵及搅拌间电机旋转方向，以及排泥泵的调速系统是否正常，若旋转方向相反，则调换该电机两相电源线，若发生异常响声或气味，则立刻停电检查故障原因，尽快排除故障；注浆泵一般采用螺杆泵，不能在无浆液状态下运行，在调试或运行前，用管钳扭动转轴，待转轴灵活后可加水运转，注意螺杆泵的旋转方向与出口压力；将掘进机各电缆接好，开启操作按钮和动力按钮，使后方动力站运行（运行前，检查油箱内油量是否充足，有无污染）；调速器旋钮转动至 10 位，千斤顶切换成伸出状态，逐渐将调速器拨至 0 位使其全速运行，全部伸出后再退回，反复操作 1~2 次进行排气；关闭后方动力站，打开机内动力站，运行刀盘，打开中控室监测视频，看刀盘旋转方向是否正确，转矩仪是否正常，将转矩仪设定于 0 位，观察报警系统是否正常，倾斜仪指示情况，开、关旁通阀和止水阀的动作是否灵活，操作纠偏控制按钮，观察纠偏指针在光靶上移动情况，以及能否到达最大位置；关闭机内动力站，待机 10~15min，观察掘进机破碎锥体内有无油滴落下，若有少量渗出物落下，则视为合格，停止刀盘、关闭中控室监测视频及动力操作回路；拆除掘进机电缆线，将掘进机吊装至导轨上，准备顶进。

（2）顶进。初始顶进时，一般机头顶进速度控制在 3~5mm/min，泥浆流量控制在 1.4~1.5m³/min。正常顶进时，机头顶进速度设定为 100mm/min，泥浆流量设定为 1.07m³/min。

①初始顶进。一般把从破洞到第三节混凝土管推入土中的全过程称为初始顶进。初始顶进分为以下步骤进行。

a. 破洞：在破洞前，洞口必须设置有防止土体或砂层塌方的措施。在土质均匀的黄土中顶进时，洞口采用砖砌封门。在砂土中顶进时，比较有效的方法是深层搅拌桩和高压旋喷桩。

b. 顶管机入土：封门破除后，将顶管机刀盘开动，用主顶油缸逐渐将顶管机推入土中。在这个过程中，注意防止刀盘嵌入砂土中不转而顶管机壳体旋转，应采取控制顶进速度和在顶管机左右两侧加设角撑的方法防止其旋转。

c. 混凝土管与机头管连接：将机头后方的两根混凝土管与机头管连接，使其形成一个整体，用来控制顶进段的高程和中线。

至此，初始顶进工作完成，应停下来进行一次全面测量，将测量数据绘成曲线，便于分析。

②顶管机刀盘转速和扭矩控制及调整。在顶进过程中，根据土质情况和顶进效果进行刀盘转速和扭矩控制及调整。正常顶进情况下，刀盘应调至高转速、中低扭矩的状态，以获得较好的切削和土仓泥土搅拌效果。在施工过程中，需停止刀盘回转时，应先停止顶进，让刀盘空转一段时间，观察到刀盘工作电流（或工作油压）开始回落后再停止刀盘回转。在顶进过程中，发现刀盘工作电流（或工作油压）异常上升时，应降低顶进速度或停止顶进，待刀盘工作电流（或工作油压）平稳后再按照正常速度顶进。

当顶管机头发生自转时，应将刀盘回转方向调至与顶管机头自转相同的方向进行顶管机头的旋转偏移纠正。刀盘重新启动时，应采取一切可能的措施减小启动阻力，在确认不会对设备造成破坏或进一步加大顶进困难后，可加大扭矩启动刀盘。

③顶进设备操作。顶进设备的操作应按照前方顶进反馈的控制信息要求实施。初始顶进或中途停机重新顶进时，都应遵循从低速到高速的控制原则。顶进速度应尽量均匀，尤其应避免顶进速度突然加快的现象。对顶进过程中出现的任何工作油压波动都应及时分析原因并采取相应措施。

④纠偏操作。在机头和机头连接管出洞前，即使发生高程或中线偏差问题，也尽量不要纠偏，因为此时纠偏机头连接管尚位于导轨上，起不到纠偏作用。机头连接管出洞后，高程或中线在 2cm 以内时可不纠偏，高程或中线超出标准值 2cm 以上时，根据监视器内的光点位置变化趋势进行纠偏，但必须有一个提前量。纠偏时，遵循"先纠高程，后纠中线，小角度连续纠偏"的原则，纠偏油缸的伸出量一次不宜太大（以不超过 2cm 为宜）。当光点位置有反向移动趋势或移动速度放缓时，可将纠偏油缸缩回，停止纠偏。纠偏时，应观察监视器内仰俯角和旋转角变化，作为参考数值，仰俯角和旋转角最大偏差不得超过原始值 3°。

顶进过程中，作业人员应随时监测监视器各项数据的变化，并及时记录，在分析记录数据的基础上进行纠偏。作业人员必须对顶管各项数值进行记录，顶进记录应做到准确、清楚、完整、及时，每顶进一根混凝土管，记录数据不得少于 1 次，每班次不少于 6 次，测量人员应对激光经纬仪进行每作业班次不少于 2 次校核，并保留校核记录。

（3）测量与监控。

①高程和中线误差监测。土压平衡顶管应利用激光导向进行监控，在施工经验不足的情况下，应使用水准仪和经纬仪进行高程和中线误差的校验测量。管道水平轴线和高程测量应符合下列规定。

a. 初始顶进工作井进入土层时，每顶进 300mm，测量不应少于 1 次。正常顶进时，每顶进 1000mm，测量不应少于 1 次。

b. 进入接收工作井前 30m 应增加测量，每顶进 300mm，测量不应少于 1 次。

c. 全段顶完后，应在每个管节接口处测量其水平轴线和高程，有错口时，应测出相对高差。

②地面隆沉情况监控。对顶管施工过程中的地面隆沉情况进行监控，监控应符合下列要求。

a. 监控基准点应设在施工影响区域外，并具有良好通视与防干扰条件。

b. 隆沉观测点应沿顶管机前进轴线方向对称布置，具体布设尺寸应结合初始顶进试验，由施工设计确定。

　　c. 对需要保护的建（构）筑物等应设监控点。

　　d. 对已完成的管段应继续进行隆沉观测，观测间隔时间按照控制测量方案确定。

（4）触变泥浆与填充泥浆。

①加注触变泥浆。顶管机外径宜比顶进管道外径大 2～6cm，注浆后使土体与管道间形成 10～30mm 厚的泥浆环。应根据管道直径、土质条件、计算注浆量等确定每个注浆面的注浆孔数量。注浆应从顶管机后的第 1、2 节管道开始，并通过对注浆分闸门的控制，使管道的前端在顶进过程中始终得到注浆补充。

顶进过程中还应通过后续管道的补浆孔进行补浆。补浆孔的间距和数量取决于土质、顶进速度等，宜隔 2～5 节管道布置补浆孔。

注浆压力因管道上方土体的塌落程度、土体的渗透系数及注浆管路沿程压力损失等而存在差异。注浆压力控制宜遵循以下原则。

　　a. 浆液能以较平稳的工作压力连续注入。

　　b. 防止浆液窜入管道内。

　　c. 注浆压力不得超过管道上方覆土的承压能力。

②填充泥浆。顶管终止顶进后，应向管外壁与土层间形成的空隙，或减阻触变泥浆层进行充填、置换，保障被穿越的地面建（构）筑物安全。注浆应符合下列要求。

　　a. 应由管道内均匀分布的注浆孔向外侧空隙压注浆液，注浆应与地面监控配合，采用多点注浆将管外壁与土层间形成的空隙充分填满，注浆量宜按照计算空隙体积的 150% 控制。

　　b. 注浆压力应根据管线覆盖土层的厚度计算或试验确定，宜控制在 0.1～0.3MPa，砂卵石层宜控制在 0.1～0.2MPa。

　　c. 注浆结束后，应在规定时间内封闭注浆孔。

（5）中继间顶进。施工中继间接力顶进是长距离顶管的重要技术措施，随着顶进距离的增加，管壁与土体之间的阻力随之加大，虽然利用触变泥浆可以减小阻力，但其作用有限。长距离顶管应设置中继间，采用中继间接力顶进技术，增加一次顶进的距离，并减少工作井，降低施工成本。

应根据顶进作业总顶力的计算和顶进管材的管壁承受能力等在施工方案中确定中继间的设置及其使用数量。中继间应符合下列要求。

①中继间应具有足够刚度，卸装方便，在使用过程中具有良好的连接性和密封性。

②中继间的设计最大顶力不宜超过管道承压面抗压能力的 70%。

③中继间应在主顶设备顶力达到中继间设计顶力的 3/4 前使用。

④中继间的液压设备与工作井的顶进设备宜集中控制。顶进时，距离顶管机最近的中继间先顶，其他中继间保持不动，在所有中继间依次完成项伸后，工作井内主顶千斤顶完成最后的顶进作业。

（6）顶管井的接收。

接收井一般设在管线的检查井位置。接收井的开挖、支撑方式与工作井类似。在有地下水地段时，应进行降水处理。接收井的尺寸应符合顶管机与首节管道脱离后进行设备检查、维护及吊运所需空间的要求。接收井应预留顶管机出洞口，洞口直径宜大于顶管机直径 10~20cm。顶管机临近接收井壁 1~2m 时，应调整、控制顶管机的顶进速度，加密对顶管机轴线的测控。

（7）顶管异常情况的处理。

①机头漂动：在施工顶进过程中，若遇软土层，则机头有时会出现上漂或下陷现象，应及时纠偏，将前面几节管道与机头连接起来。

②发生旋转：在施工顶进过程中，管道有时会发生旋转，此时可在发生旋转的管节上面的一边加配重，慢慢调整其旋转方向，恢复至正常位置或增加纠偏旋转力矩。

③遇障碍物及地下管线：在顶管线路上如遇地下障碍物，则应在上管前采取措施将其排除。如遇地下管线，则应查明管线的性质，采取加固、引流、截流等措施，待顶管施工完成后再恢复原有地下管线。如遇粒径过大的块石，但由于管道埋设不深，可采取破路开挖的方法挖除。

④路面塌陷或隆起：在道路顶进过程中或顶进完后，若在管道顶进轴线位地面出现路面塌陷情况，则应对塌陷路面及时进行处理。

a. 拆除塌陷部位路面，挖掘路基土至顶进管道的管顶，从管顶部位回填至现有路基顶部，按照原路实际铺筑道路基层恢复路面。

b. 在塌陷部位路面，顺管道顶进方向钻孔至管道顶部。孔径为 60mm，孔距为 500~1000mm，用 1:2.5 细砂水泥砂灌注、填充因管道顶进时土体坍塌形成的空洞，稳固地基。拆除塌陷部位路面，填平路基，恢复路面。路面恢复后，及时拆除围挡，清理路面，恢复交通。

⑤特殊地质条件处理：顶管施工应准确判断土层地质情况，但泥质粉砂岩物理性能比较特殊，粉砂、黏土含量、风化程度、含水率等因素对其影响较大，而且地勘通常带水钻孔取芯，会影响结果判定，应结合顶管井开挖取样进一步试验，选择合适的顶管机。在复杂地层进行中长距离顶管时，应采取更多减小阻力措施，如管材外壁涂蜡（2mm 工业蜡），承插接头处设双层橡胶圈防止减阻泥浆外漏，防止顶力过大造成管材破裂。

4. 材料与设备

1）施工材料

土压平衡顶管施工所需主要施工材料包括管材、管道附件、构（配）件。主要原材料等产品进入施工现场时，必须进行进场验收并妥善保管。进场验收时，应检查每批产品的订购合同、出厂合格证、性能检验报告、使用说明书等，并按照国家相关标准进行复验，验收合格后方可使用。

（1）管材：主要包括钢筋混凝土管、钢管、玻璃纤维增强塑料夹砂管、球墨铸铁管和钢筒混凝土管。钢筋混凝土管应符合 GB/T 11836—2023《混凝土和钢筋混凝土排水管》相关规定。钢管应符合 GB/T 700—2006《碳素结构钢》相关规定。玻璃纤维增强塑料夹砂管应符合 GB/T 21238—2016《玻璃纤维增强塑料夹砂管》和 GB/T 21492—2019《玻璃纤维增强塑料顶管》相关规定。

（2）木垫圈：其厚度应根据顶管直径和曲率半径确定，通常以 10～30mm 为宜；压缩模量不应大于 140MPa；混凝土管木垫圈外径应与橡胶密封圈槽口齐平，其内径应比管道内径大 20mm；玻璃纤维增强塑料夹砂管木垫圈外径应等于接头最小外径，其内径宜比管道内径大 2mm。

（3）密封材料：钢承插口接头可采用橡胶密封垫止水，水压较高时，宜采用遇水膨胀橡胶止水圈止水；弹性密封填料应根据周围环境确定，一般条件下宜选用三元乙丙橡胶密封圈；穿越地层含油时，宜选用丁腈橡胶密封圈；遇霉菌侵蚀时，宜选用防霉等级达到二级及以上的橡胶密封圈。

2）施工设备

土压平衡顶管施工设备主要包括顶进设备和辅助施工设备。顶进设备由顶管机主机、中继顶进装置、主顶进装置三大部分组成。土压平衡顶管主要施工设备见表 2-7。

表 2-7 土压平衡顶管主要施工设备

序号	名称	单位	备注
1	土压平衡顶管机	套	直径、功率、扭矩根据工程需要确定
2	主顶进装置	套	油缸顶力根据计算确定
3	中继顶进装置	套	顶进长度根据需要确定
4	龙门吊或汽车吊	台	吨位根据需要确定
5	出土小车	只	容积根据需要确定
6	泥浆搅拌机	台	容积为 0.2m³
7	储浆桶	只	容积为 2m³
8	单螺杆压浆泵	台	—

顶管施工设备进场投入使用前，应对其进行验收，具体验收项目、验收内容及验收要求可参照表 2-8 市政工程顶管设备安全检查验收相关内容。

表 2-8 市政工程顶管设备安全检查验收表

序号	验收项目	验收内容及要求
1	安装验收	油泵和压力表使用前，应进行相关精度检测及校核
2		顶管施工设备应按照设备使用说明书的要求安装
3		油泵必须装有限压阀、溢流阀、压力表等保护装置并灵敏可靠
4		安装液压千斤顶、液压泵、管路和控制系统的配置应符合施工组织设计规定
5		安装工具管和顶管机底板混凝土应达到设计强度
6		后背结构及其安装应符合施工组织设计要求
7		安装导轨应安装在稳固的基础上，导轨应安装直顺、牢固
8		试运转时，各仪表、传动装置、制动机构应工作正常

续表

序号	验收项目	验收内容及要求
9	千斤顶、油泵等	压力系统各管路、操作阀、油缸、油泵等应畅通、严密、无泄漏
10		千斤顶必须按照规定的顶力使用,不得超载
11		千斤顶的油路应并联,每台千斤顶应有进油、退油的控制系统
12		顶铁应有足够的刚度,同种规格的顶铁尺寸应相同,顶铁上应有锁定装置
13	电气部分	井下、管内照明必须采用12V电源并设二级漏电保护装置
14		电箱电线接零保护符合规范要求,漏电保护器灵敏可靠
15		电闸箱应防水、防潮,电闸箱内安全设备应齐全,安装应符合安全用电要求
16	安全防护部分	工作坑应设防护栏杆,高度不低于1.2m,各向均能承受1000N的外力
17		长距离顶管应有通风设施设备
18		其他安全防护装置应齐全有效
19		作业人员经过相应针对性安全技术培训,应能遵守安全操作规程

3) 管道功能性试验

(1) 试验方法:压力管道应进行管道水压试验,试验合格标准判定依据分为允许压降值和允许渗水量值,具体按照设计要求确定;无压管道应进行管道严密性试验,分为闭水试验和闭气试验,具体按照设计要求确定。

(2) 试验频次:压力管道水压试验的管段长度不宜大于1.0km;无压管道进行闭水试验,条件允许时,可一次试验不超过5个连续井段;对于无法分段试验的管道,应根据工程具体情况确定。

(3) 规范标准:按照 GB 50268—2008《给水排水管道工程施工及验收规范》相关规定执行。

(4) 试验结果合格标准分为两种情况。压力管道水压试验:主试验阶段停止注水补压后稳定15min,当15min后压力下降不超过允许压力降值时,将试验压力降至工作压力并保持恒压30min,进行外观检查,若无漏水现象,或实测渗水量小于或等于规范允许渗水量,则水压试验结果合格。无压管道严密性试验:闭气试验时间符合规范要求,且管内实测气体压力大于或等于1500Pa,或闭水试验时管道外观无漏水,且实测渗水量小于或等于规范允许渗水量,则严密性试验结果合格。

5. 顶管异常处理

顶管异常处理措施见表2-9。

表2-9 顶管异常处理措施

异常情况	相关事例	处理措施
地下障碍物	废弃钢丝绳、拱涵、箱涵	开天窗、逆套管、改进工艺
地下交叉管线	排水管、供水管、燃气管	改线、改进工艺
地质条件变化	建渣、流沙	改进工艺
特殊地质条件	泥质粉砂岩层、岩层褶皱	减小阻力、优化工艺
路面塌陷或隆起	路面塌陷或隆起	封闭道路、恢复路基、调整压力

1）地下障碍物情况处理

当顶管遇地下障碍物导致不能正常顶进时，如障碍物能够去掉且顶管顶进长度较短时，则可采用回退已顶进管节、顶管机方式处理，但需要做好上部土体稳固措施，防止坍塌；如地质条件、接收井尺寸等满足手掘式顶管条件时，则可选用逆套管法套取接头；如顶管机未受损，埋设较浅时，则可采用钢护筒支护方式开天窗，快速开挖，待处理后，继续顶进；如顶管机受损不能顶进，需要更换顶管机，则需要新增顶管井，更换顶管机，待处理障碍物后，继续顶进。

2）地下交叉管线情况处理

顶管施工前，应尽量探明管道轴线范围内地下管线，可采取调阅档案资料、物探、现场实测、产权单位现场交底等方式，避免管线交叉影响顶管施工。在地下交叉管线不明的情况下，采用手掘式顶管可有效避免损坏地下管线。顶管碰触到地下管线时，可采取迁改、交叉等措施避开地下管线，之后继续顶进。确实不能绕开时，可更改为开槽施工或调整管道路由等方式。

3）地质条件变化情况处理

顶管施工前，施工单位应加密补勘，特别是地勘报告显示黏土层、顶进长度大于100m的管段，同时结合顶管工作井、接收井开挖揭露的地质情况，进一步判断。根据实际情况，选择适宜的顶管机型：地质条件为均匀的岩石或土时，首选机械顶管；地质条件为土层，但存在较多卵石、石渣时，宜选择具有二次破碎功能的复合顶管机，这样可避免卡钻；管段埋深处无地下水时，可选择手掘式顶管。

4）特殊地质条件处理

顶管施工需准确判断土层地质情况，但泥质粉砂岩物理性能比较特殊，粉砂、黏土含量、风化程度、含水率等因素对其影响较大，而且地勘通常带水钻孔取芯，会影响结果判定，应结合顶管井开挖取样进一步试验，选择合适的顶管机。在复杂地层进行中长距离顶管时，应采取更多的减小阻力措施，如管材外壁涂蜡（2mm工业蜡），承插接头处设双橡胶圈防止减阻泥浆外漏，防止顶力过大造成管材破裂。

5）路面塌陷或隆起处理

在道路顶进过程中或顶进完后，若在管道顶进轴线位地面出现路面塌陷情况，则应对塌陷路面及时进行处理。

用彩钢围挡遮挡塌陷部位路面，进行道路封闭或导行并设置警示标志牌，派专人指挥交通。夜间在围挡处设置警示红灯、照明灯。

拆除塌陷部位路面，挖掘路基土至顶进管道的管顶，从管顶部位回填至现有路基顶部，按照原路实际铺筑道路基层恢复路面。

在塌陷部位路面，顺管道顶进方向钻孔至管道顶部。孔径为60mm，孔距为500～1000mm，用1∶2.5细砂水泥砂灌注、填充因管道顶进时土体坍塌形成的空洞，稳固地基。拆除塌陷部位路面，填平路基，恢复路面。路面恢复后，及时拆除围挡，清理路面，恢复交通。

6. 质量控制

根据DB13/T 2815—2018《顶管工程施工及验收技术规程》相关规定，顶管工程主要检验批为管道顶进、顶管隧道防水。

1) 施工过程控制

(1) 顶管轴线高程和轴线平面位置允许偏差为±50mm。为防止出现偏差或偏差超出允许范围,应严格控制设备安装精度,将水平与垂直偏差控制在±2mm以内,保证工具头定位精确。

(2) 为防止顶管过程中出现机头抱死、无法继续顶进现象,对进场的管节应进行外观质量验收,主要针对管节外形尺寸,特别是前三节管节,挑选几何尺寸较好的管节,使顶进轴线与泥浆套在顶进之初即保持良好状态。

(3) 顶进过程中易造成路面塌陷或隆起,路面最大隆起允许偏差为+30mm,最大塌陷允许偏差为-30mm。应密切关注地面隆沉情况,将监测数据及时反馈给作业人员,以便采取相应措施,调整顶进参数,减小对周边环境的影响程度。

(4) 顶进过程中,应做好顶进记录,绘制轴偏差图,根据图表确定纠偏措施,贯彻勤测、勤纠、缓纠的纠偏原则,切忌剧烈纠偏动作。绘制顶力曲线图,将顶力控制在管节和顶进设备额定压力范围内,严禁超出,以免发生管节爆裂等问题。

2) 施工质量控制

(1) 管道顶进。

①主控项目。

a. 钢套管、钢筋混凝土管节的强度、规格应符合相应设计要求。

检验数量:全数检查。

检验方法:检查质量证明文件。

b. 路面塌陷或隆起监测点布置应符合相应设计要求,路面最大隆起允许偏差为+30mm,最大塌陷允许偏差为-30mm。

检验数量:全数检查。

检验方法:现场观察或检查施工记录。

c. 钢套管、钢筋混凝土管节顶进允许偏差、检验数量和检验方法应符合相应设计要求,若设计无要求,则应按照表2-10 钢套管、钢筋混凝土管节顶进允许偏差、检验数量和检验方法执行。

表2-10 钢套管、钢筋混凝土管节顶进允许偏差、检验数量和检验方法

序号	项目		允许偏差(mm)	检查频率		检验方法
				范围	点数	
1	中线位移	$D<1500$mm	≤30	每节管	1	测量或查阅测量记录
2		$D≥1500$mm	≤50			
3	管内底高程	$D<1500$mm	+30~-40	每节管	1	水准仪测量
4		$D≥1500$mm	+40~-50			
5	相邻管间错口	混凝土管	15%壁厚且≤20	每个接口	1	尺量
6		钢管	<2			
7	相顶时管节错口		≤30	对顶接口	1	尺量

②一般项目。

a. 管道内应线形平顺，无突变、变形现象；缺陷部位应修补密实、表面光洁；管道无明显渗水和水珠现象。

b. 管道与工作井出、进洞口的间隙连接牢固，洞口无渗水。

c. 管道内应干净整洁，无杂物。

（2）顶管隧道防水。

①主控项目。

顶管隧道防水材料的品种、规格、性能等应符合设计要求和国家现行相关标准。

检验数量：全数检查。

检验方法：检查质量证明文件及检验报告。

②一般项目。

顶管隧道防水的质量要求及其检验数量、检验方法见表2-11。

表 2-11 顶管隧道防水的质量要求及其检验数量、检验方法

质量要求	检验数量	检验方法
隧道渗水量应控制在设计防水等级要求范围内，接缝处应无线流和漏泥砂现象	不少于10处且每100m不应少于1处	
套管拼接的接缝防水应符合设计要求	观察，测量渗水量	检查施工记录

2.2.2 泥水平衡顶管施工

1. 概述

泥水平衡顶管是一种能够进行全断面切削土体，用泥水压力来平衡土压力和地下水压力，又以泥水作为输送弃土介质的机械自动化顶进施工方法。在泥水平衡顶管施工过程中，通过改变泥水仓的送、排泥水量和顶进速度来控制排土量，使泥水仓内的泥水压力值保持稳定并控制在设定范围内。泥水压力可以平衡顶管机施工时土体和地下水对其产生的压力，泥水在挖掘面上形成一层不透水的泥膜，阻止泥水向挖掘面内渗透，从而稳定开挖面和周边土体。

1）工艺特点

泥水平衡顶管施工可有效保持挖掘面稳定，对管周土体造成的扰动较小，利于控制地面沉降。施工精度高，上、下、左、右均可纠偏。可连续进行作业，进度快。与其他类型顶管施工比较，其施工总推力较小，在黏土层更为突出，适宜长距离顶管。工作井内作业环境好，作业较安全。机头前端刀盘切削土体时，通过搅拌装置，将土体搅拌为泥浆，利用进、排水系统，将泥浆输送到地面泥浆罐内，利用泥水管道完成弃土工作，不会涉及吊土、搬运土方等作业。使用、维修、保养简单，噪声和振动都很小。

2）技术参数

DN3000顶管技术参数见表2-12。

3）适用范围

该工艺主要适用于软土、粉土、砂土，卵砾石含量小于20%且粒径小于50mm的砂卵

石，以及含水或不含水土层的土质环境。此外，该工艺还适用于小、中、大、巨口径的中、长、超长顶进距离的顶管作业，但要求地面沉降小，管顶覆土深度大于1.5倍的管外径，且大于3m。

表 2-12 DN3000 顶管技术参数

项　　目		单　　位	数　　值
水泥管直径范围		mm	$\phi3000$
顶管机外径×长度		mm	$\phi3660\times6000$
切削刀盘	电机功率	kW	37×5
	最大扭矩	kN·m	1024
	转速	r/min	0～2.6
纠偏系统	油缸数量	个	8
	油缸推力	N	200×8
	纠偏角度	°	3
	电机功率	kW	5.5
排泥泵		kW	37
进水泵		kW	30
排泥及进水管		mm	150
舱门		mm	$\Phi520$
对抗土压力		t/m³	50
顶进速度		mm/min	0～100
控制方式			机内或机外PLC集中控制（可用触摸屏操作）
机头总重		t	62

2. 现行适用规范

(1) GB 50268—2008《给水排水管道工程施工及验收规范》

(2) CECS 246—2008《给水排水工程顶管技术规程（附条文说明)》

(3) DG/TJ 08—2049—2016《顶管工程施工规程》

(4) DB/T 29—93—2004《土压平衡和泥水平衡顶管工程施工技术规程》

(5) DB13/T 2815—2018《顶管工程施工及验收技术规程》

(6) JGJ 46—2005《施工现场临时用电安全技术规范（附条文说明)》

(7) JGJ 160—2016《施工现场机械设备检查技术规范》

3. 施工工艺流程及操作要点

1) 工艺流程

泥水平衡顶管施工工艺流程见图 2-19。

(1) 施工准备。泥水平衡顶管施工前，根据设计提供的地勘报告确定施工工艺，必要时进行补充勘察，组织作业人员认真学习施工图纸、相关规范、标准，明确施工内容和技术要求，若现场出现与图纸不符的内容，应联系设计人员进行补充设计或变更设计。泥水平衡顶管施工前，对地下管线和建（构）筑物进行全面现场勘查，标注与设计管线交叉的管线，逐个绘出图纸，并结合现场实际情况提出解决方案，确保安全顶进。施工准备见图 2-20。

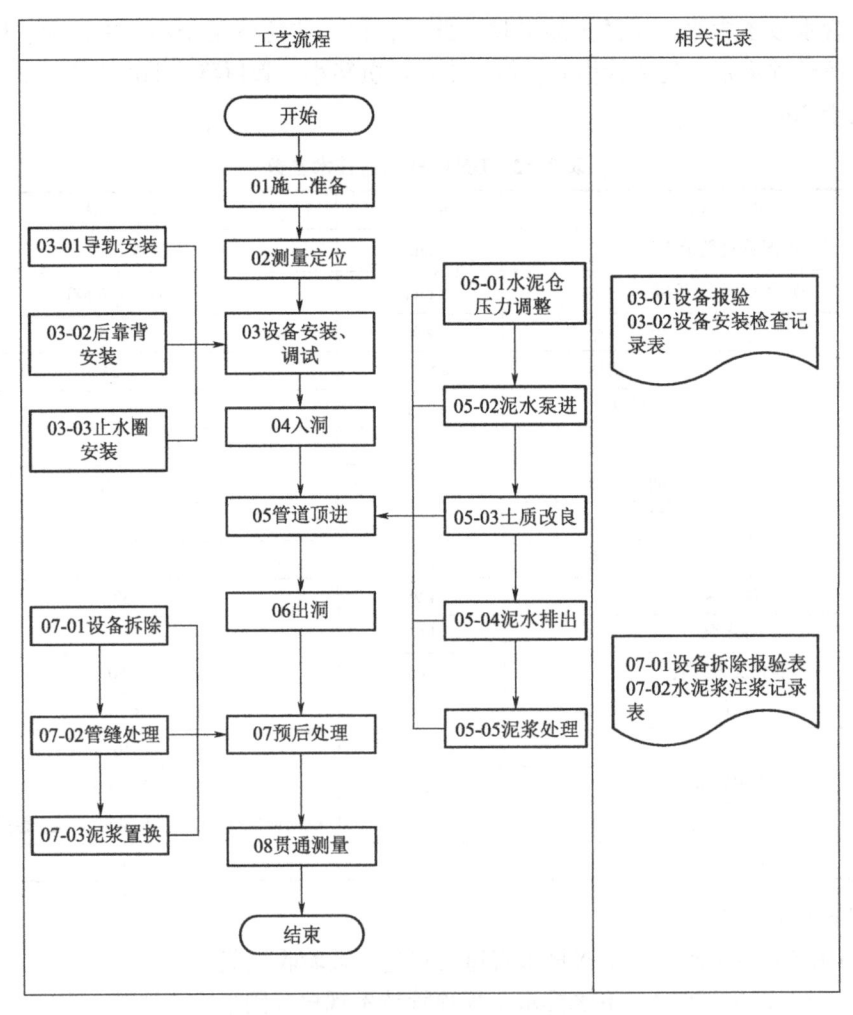

图 2-19 泥水平衡顶管施工工艺流程

图 2-20 施工准备

(2) 测量定位。

①在顶进第一节管（工具管），以及校正偏差过程中，测量间隔不应超过 50cm，保证管道进入土层的位置正确，管道进入土层后正常顶进，测量间隔不宜超过 100cm。顶进管道的允许偏差见表 2-13。

表 2-13　顶进管道的允许偏差

项　　　目		允许偏差（mm）
管道端面垂直度		4
管道水平方向		10
管道转向误差		40
轴线位置	$D \geq 1500$mm	<200
管道内的底高程	$D \geq 1500$mm	+40～-50
相邻管间错口	钢筋混凝土管道	15%壁厚且不大于 20
对顶时两端错口		50

②中心测量：在进行中心测量时，应利用激光经纬仪测量（即用激光束定位）。将激光导向经纬仪瞄向井内的激光发射器，左右调整激光发射器的位置，使激光发射器的激光发射点处于轴线位置上。

③高程测量：用水准仪和特制高程尺，根据工作井内设置的水准点标高（设两个），测量前一节管前端与后端管内的底高程，从而掌握前一节管的走向趋势。测量后，应与工作井内另一水准点闭合。

④激光测量：将激光经纬仪（激光束导向）安装在工作坑内，按照管线设计的坡度和方向调整好，在管内安装标志牌，当顶进管道的位置与设计位置一致时，激光点可射到标志牌中心，说明顶进无偏差。若有偏差，则应根据偏差量进行校正。

⑤全段顶完后，应在每个管节接口处测量其中心位置和高程，有错口时，应测量错口的高差。

顶管测量定位见图 2-21。

（a）平面测量　　　　　　（b）高程测量

图 2-21　顶管测量定位

(3) 设备安装、调试。

①设备安装：主顶设备底盘的安装应牢固，防止受力变形或位移。底盘的调整定位宜

在将顶管机吊运至底盘导轨上进行。主顶设备液压系统宜设置在主顶设备附近，这样方便操作，要求液压软管接头连接处干净无污染。吊运完成后，调整底盘及顶管机头的位置、高程、中线、仰俯角等。

②设备试运行：设备试运行前，应对设备安装、各种管线电缆连接处进行检查，确认安装和连接无误后方可接通电源。设备的试运行应按照设备说明书进行。通过试运转，查找和解决设备可能存在的所有问题，确认其处于完好状态。

③设备调试：将操作台输出电缆与对应的接口接好，逐步送电，观察各表电压值是否正常。注浆泵一般采用螺杆泵，不能在无浆液状态下运行，在调试或运行前，用管钳扭动转轴，待灵活后可加水运转，观察注浆泵的旋转方向与出口压力。将掘进机的各电缆接好，开启操作按钮和动力按钮，并使后方动力站运行，操作纠偏控制旋钮，观察纠偏指针在光靶上移动的情况，观察其能否到达最大位置。关闭机内动力站，待机 10～15min，观察掘进机破碎锥体内有无油滴落下，若有少量油渗出但无落下，则可视为合格，这时应停止刀盘运转，准备顶进。

（4）管道顶进。

①初始顶进。顶管机初始顶进是顶管施工的关键环节之一，其主要内容包括出洞口前地层降水和土体加固、顶管机始发基座设置、顶管机组装就位调试、密封胀圈安装、顶管机试运转、临时墙拆除、顶管机贯入作业面加压和顶进等。初始顶进分为以下几步。

第一步，破洞。工程地质条件较好时，洞口可采用砖砌封门，施工前，破除砖砌封门。

第二步，顶管机入土。砖砌封门破除后，可将顶管机刀盘开动，用主顶油缸将顶管机徐徐推入土中。在这个过程中，应注意防止刀盘嵌入土中不转而顶管机壳体旋转，须采取控制顶进速度和在顶管机左右两侧加设角撑的方法来防止其旋转。

第三步，将机头后方的一根管材与机头管连接，使其形成一个整体，这样可控顶进的高程和中线。至此，初始顶进工作完成，这时应停下来进行一次全面测量，并将测量数据绘成曲线，便于分析。顶管机穿墙顶进见图 2-22。

图 2-22 顶管机穿墙顶进

②管材安装。

a. 管道安装施工前,应用毛刷、棉纱布等仔细将承口内部和插口端外表面的泥沙及其他异物清理干净,确保没有泥沙、油污及其他异物。

b. 承口清理。用毛刷和干净的抹布清理承口内部,不要有漆、土、沙、水等残留物。管道接口清理干净后,还应将随管配套的胶圈清理干净再安装。仔细检查胶圈安放位置是否正确。

c. 检查木垫片是否完好,将插口与承口对齐,检查插口和承口相对位置是否合适,在新吊装好的管节后方安装环形顶铁,使用千斤顶将插口平稳顶入承口内。

d. 管节完全顶到位后,重复上述步骤,安装下一管节。

③管道纠偏。顶进过程中的纠偏是顶管作业质量好坏的关键,若操作不当,则可能造成顶力骤升、管道接口破损等问题,严重时可能造成管道无法顶进,引发严重的安全、质量事故和重大经济损失。由此可见,顶进过程的纠偏尤其重要。

a. 在顶进过程中,随着距离的增加,管道的阻力也随之增大。为了提高顶进施工的效率,施工过程中尽量降低管道外侧的阻力,通常可采用往管道外侧喷射触变泥浆的方式降低顶进的阻力。

b. 在机头和机头连接管出洞前,即使发生中线和高程偏差,也尽量不要纠偏,此时机头连接管尚位于导轨上,起不到纠偏作用。机头连接管出洞后,当高程或中线在±2cm以内时,可不纠偏,当高程或中线超出标准值2cm以上时,根据监视器内的光点位置变化趋势进行纠偏,而且必须有一个提前量。纠偏遵循"先纠高程,后纠中线,小角度连续纠偏"的原则,纠偏油缸的伸出量一次不可太大(以不超过2cm为宜)。顶管顶进见图2-23。

(a) 顶管顶进施工　　　　(b) 喷射触变泥浆

图2-23 顶管顶进

(5) 出洞。当顶管机头逐渐靠近接收井洞口时,必须控制好顶进的泥水压力,缓慢顶进,可用机头刀盘慢慢将封墙切削破碎,使顶管机出洞。顶管机头整体出洞后,应尽快和混凝土管节分离,并将管节和接收井的接头按照设计要求进行处理,减少水土流失。由于顶管施工过程中的进出洞口是一项很重要的工作,因此在顶管机出洞时应注意以下几点。

①机头和尾管的直径比混凝土管的直径大 2cm，导致尾管在出洞后，混凝土管与出洞口有 2cm 间隙，泥砂容易从该间隙渗漏。由于各块夹紧钢板可以沿径向轴线调整固定，因此应将该间隙封住，从而阻止泥砂渗漏。

②进出洞口土体拟采用旋喷桩方法加固（加固强度不宜过大），加固的范围为：深度方向的洞口上、下各 2m；管井中线左右各 3～4m；长度方向为 4～5m。

③做好进出洞前的准备工作，包括人员设备。顶筒机头出洞后，及时将与机头连接的管道分离，并将机头吊出井外。此外，抓紧处理井内泥浆，进行洞口封门止水。

2）顶管施工操作要点

（1）重点工序操作要点。

①下管安管。管节采用成品预制管节，根据管线长度提前规划管节配置，标准管节长度为 2m。管节安装前，认真检查，确认质量合格后方可使用。管道下方对接及出土皆使用起重机。安装管节前，应安装止水胶圈，在管节端面粘贴好松木衬垫，将管节吊放在轨道上稳定好，使管节插口端对正前管的承口中心，缓缓顶入，直至两个管节端面紧密贴合衬垫，检查接口密封胶圈及衬垫是否良好，如发现损坏，则重新安装。

②顶进。应严格控制前 5～10m 管道的顶进偏差，其轴线位置偏差不能超过 3mm，高程控制为 0～+3mm，在顶进过程中若出现偏差，则应及时纠正。先顶进，后开挖，顶进速度一般为 3～4cm/min，最大不超过 5cm/min。管道顶进距离工作井的井内壁 50cm 时，应下管焊接，回程加顶铁，然后继续顶进。顶管切入土体后，应严格控制水平偏差不大于 5mm，其高程控制为设计高程加抛高数，防止"磕头"。

③顶管工作面的降水、排水措施。顶管施工区地下水在勘察深度范围内主要为上部填土层中的上层滞水。上层滞水主要由大气降水补给，无统一水位，水量较小，以蒸发形式排出。地下水量较少且渗流速度较慢时，可让地下水从掘进面流向工作井集水坑，根据水量用数台水泵抽水排出，避免管道前端积水。

④顶管接收。为顺利完成顶管接收工作，一般应对洞口土体进行加固。接收井位置土质为素土和粉质黏土时，应对顶管道两侧和顶部一定宽度和长度范围内的土体进行加固，以提高土的强度，从而使工具管在出洞或进洞时不会发生坍土现象。当顶管顶到靠近接收井位置 6m 时，应减慢顶进速度。

⑤注浆填充。由于管线位于道路下方，为保证路基稳定，顶管结束后，应及时用水泥砂浆填充管体四周的缝隙，使其密实坚固。水泥砂浆应搅拌均匀，无结块，无杂物。注浆压力为 0.1～0.2MPa，注浆孔左右各设一个排气孔。填充水泥砂浆时，必须按照一个方向的顺序压浆，即每个注浆孔压浆时，只有见到前方注浆孔冒出水泥砂浆方可认为填充饱满。压浆分两次进行，第一次注满土层和管壁之间的孔隙，24h 后进行第二次压浆，第二次压浆应重新布孔。注浆结束后，应及时清理注浆设备，以防堵塞。注浆设备和系统由泥浆搅拌机、泥浆泵、输浆管、输浆管总节门、注浆孔及分节门组成。第一注浆孔设在距首节管约 7.5m 处，每 3m 依次设置一个注浆孔。注浆孔位置一般设在管道左上方或右上方，

这样可避免出土时碰撞。

（2）特殊情况处理。

①机头漂动。在施工顶进过程中如遇软土层，机头有时会产生上漂或下陷现象，应及时纠偏，将前面几节管与机头连接起来。

②产生旋转。在施工顶进过程中，管道有时会旋转，此时可在产生旋转的管节处加配重，并慢慢纠正其旋转方向，恢复至正常位置或增加纠偏旋转力矩。

③遇障碍物及地下管线。在顶管线路上，如遇地下障碍物，则在上管前采取措施排除。如遇地下管线，则应查明管线的性质，采取加固、引流、截流等措施，待顶管施工完成后恢复原有地下管线。如遇粒径过大的块石，则鉴于管道埋设的深度不大，可采取破路开挖的方法挖除。

④顶管对建（构）筑物的监测保护。顶管施工会造成土层扰动，导致地面发生一定下沉，应对周围建（构）筑物采取监测保护措施。

⑤沉降监测。正式顶进前，在顶进轴线上每隔20m设置一个沉降观测点，另在可能造成破坏的建筑物墙角下设置沉降观测点，定期进行沉降观测，一般每天测量1次，特殊情况应增加测量次数。根据以往经验，沉降控制值最好为±10mm。

⑥控制。在顶管施工过程中，采取措施控制地基土层沉降量，主要方法为：控制泥水压力的平衡；控制顶管偏差；控制注浆压力，均匀注浆；控制顶进速度，减少土层扰动。

4. 材料与设备

1）施工材料

泥水平衡顶管施工所需的施工材料主要包括管材、橡胶圈、构（配）件。主要原材料等产品进入施工现场时必须进行进场验收。

（1）安装前，认真检查管材和橡胶圈，若发现管材有缺陷、砂眼、破损等，橡胶圈出现粗细不均匀、错茬、裂缝、气孔、老化等现象，则严禁使用，及时将其退出现场。

（2）管道装卸时，应采用两个支撑吊点，这两个支撑吊点宜在管长1/4处，以保持管道稳定。

（3）在管道装卸过程中，应防止管道撞击或摔落，尤其应注意保护管端，如有损伤，则应及时与厂方联系，以便妥善处理。

2）施工设备

泥水平衡顶管机的构成为机头、顶进设备、泥水平衡系统、电气控制系统和泥水处理系统。其中，机头是一个钢结构圆筒，主要由刀盘、高压水喷嘴、高压水仓、泥土仓、隔栅板、泥水仓、主轴、主轴箱、纠偏油缸、进排泥管、高压水管、减速器、电动机、机内电器柜、后壳体、多边形壳体、栅孔、中心刀、滚刀、前壳体等组成。泥水平衡顶管机示意图见图2-24。

5. 顶管异常处理

顶管异常处理见2.2.1土压平衡顶管施工相关内容。

6. 质量控制

泥水平衡顶管施工质量控制标准见表2-14。

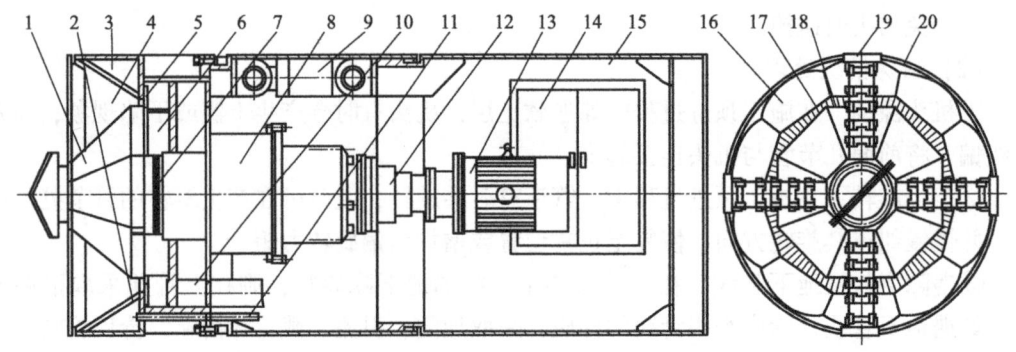

1—刀盘；2—高压水喷嘴；3—高压水仓；4—泥土仓；5—隔栅板；6—泥水仓；7—主轴；8—主轴箱；9—纠偏油缸；10—进排泥管；11—高压水管；12—减速器；13—电动机；14—机内电器柜；15—后壳体；16—多边形壳体；17—栅孔；18—中心刀；19—滚刀；20—前壳体

图 2-24 泥水平衡顶管机示意图

表 2-14 泥水平衡顶管施工质量控制标准

类别	检查项目	质量管理及控制要点	检查数量	检测方法
施工准备	（1）方案编制、专家论证、安全技术交底 （2）测量放线、定位 （3）资源准备、设备安装	（1）施工前，完成方案编制、审批及专家论证工作；完成顶管施工三家安全技术交底工作 （2）测量放线、定位完成后，应经监理确认 （3）人员、设备进场后，完成导轨及设备安装（含靠背浇筑施工）、验收	全数检查	资料检查、现场验收
主控项目	管节及附件等工程材料	材料类型：钢筋混凝土顶管、钢顶管 验收标准：钢筋混凝土顶管采用Ⅲ级混凝土管，混凝土强度等级不低于C50，抗渗等级不低于S8，接口采用钢承口，管道内、外表面应平整，管道应无麻面、蜂窝、塌落、露筋、空鼓等缺陷，局部凹坑深度不应大于5mm；混凝土管不允许有裂缝；钢顶管型号Q235，钢管公称等级1.0MPa，管材表面应无疤痕、裂纹、严重锈蚀等缺陷；管道内防腐除锈等级不低于Sa2级，管道外防腐等级不低于Sa2.5级；橡胶密封圈的外观和断面质地应致密，圆度均匀，无气泡、气孔、裂缝或凹痕等缺陷；原材料均应进行进场验收；取样送检参照检测方案执行	按照批次抽检	观察、用尺量测、进场验收
主控项目	钢管接口焊接质量	外观：不得有熔化金属流到焊缝外未熔化的母材上，焊缝和热影响区表面不得有裂纹、气孔、弧坑和灰渣等缺陷；表面应光滑、均匀，焊道与母材应平缓过渡，宽度：应盖出坡口边缘2~3mm；表面余高：应小于或等于1+0.2倍坡口边缘宽度，且不大于4mm；咬边：深度应小于或等于0.5mm，焊缝两侧咬边总长度不得超过焊缝长度的10%，且连续长度不应大于100mm；错边：应小于或等于0.2t（t为壁厚），且不应大于2mm；未焊满：不允许	一级焊缝总数的100%，二级焊缝总数的20%	观察、用尺量测、探伤检测
主控项目	无压管道管底坡度	无明显反坡问题	全数检查	观察、测量
主控项目	管道接口端部	接口端部应无破损、无顶裂等缺陷，接口处应无滴漏等缺陷	全数检查	观察

续表

类别	检查项目	质量管理及控制要点	检查数量	检测方法
一般项目	管道内壁（施工完成后）	管道内应线形平顺、无突变、变形；一般缺陷应修补密实，表面光洁；管道无明显渗水和水珠；管道内应干净，无杂物、油污等	全数检查	观察
	管道与工作井出、进洞口间隙连接	连接牢固，洞口无渗水	全数检查	观察每个洞口
	钢管防腐层	内防腐：采用 IPN8710-2B 型防腐涂料，二道底漆，二道面漆，颜色为灰色；外防腐：直接埋地管道外防腐，先涂刷 IPN8710-3 型厚浆型防腐底漆一层，外包 10mm×10mm 中碱无蜡玻璃丝布一层，外刷三层 IPN8710-3 型面漆，颜色为黑色；外露管道外防腐，先涂刷 IPN8710-3 型底漆一层，外包 10mm×10mm 中碱无蜡玻璃丝布一层，涂刷一层底漆，外包 10mm×10mm 中碱无蜡玻璃丝布一层，最后在外刷三层 IPN8710-3 型面漆，颜色为黑色	全数检查	观察
	钢筋混凝土管道内防腐层	防腐层应完整、附着紧密	全数检查	观察
允许偏差或允许值	直线顶管水平轴线 顶进长度<300m	混凝土管为±50mm；钢管为±130mm	全数检查	用经纬仪测量或挂中线用尺量测
	直线顶管内底高程 顶进长度<300m	管径 $D \geq 1500$mm 时，混凝土管为+40mm、-50mm，钢管为±80mm；管径 $D<1500$mm 时，混凝土管为+30mm、-40mm，钢管为±60mm	全数检查	用水准仪或水平仪测量
	相邻管间错口 钢管	≤2mm	每管节1点	用钢尺量测
	相邻管间错口 钢筋混凝土管	15%壁厚，且小于或等于20mm		
	钢管管道竖向变形	≤0.03D_i（mm）		
	对顶时两端错口	<50mm		

注：D_i 为管道内径。

2.3 定向钻施工

2.3.1 概述

定向钻施工是一种不开槽施工方法，先用水平钻孔机钻进小口径的导向孔，再用回扩钻头扩大钻孔，同时将管道拉入孔内。

2.3.2 现行适用规范

（1）GB 20904—2007《水平定向钻机 安全操作规程》
（2）GB 50268—2008《给水排水管道工程施工及验收规范》

(3) GB 50683—2011《现场设备、工业管道焊接工程施工质量验收规范》

(4) GB 50911—2013《城市轨道交通工程监测技术规范》

(5) GB 50497—2019《建筑基坑工程监测技术标准》

(6) GB/T 12605—2008《无损检测 金属管道熔化焊环向对接接头射线照相检测方法》

(7) GB/T 50903—2013《市政工程施工组织设计规范》

(8) GB/T 50328—2014《建设工程文件归档规范（2019年版》

(9) CJJ 63—2018《聚乙烯燃气管道工程技术标准》

(10) CJJ 95—2013《城镇燃气埋地钢质管道腐蚀控制技术规程》

(11) CJJ 101—2016《埋地塑料给水管道工程技术规程》

2.3.3 施工工艺流程及操作要点

1. 工艺流程

定向钻施工工艺流程见图2-25。

1）管线勘察

(1) 现场勘察主要确定以下内容：钻孔轴线和地面走向，地面相对高度，导向孔造斜长度和入钻点位置，铺管长度，布管位置，钻机等设备进出场路线和道路情况，钻机和配套设备布置占用的场地和空间。

(2) 测量施工所在地的地形地貌、地下管线走向及埋深情况，找准入钻点的准确位置。

(3) 调查并落实设备进场路线、钻杆倒运路线，以及行人来往通行规律，应采取安全措施，确保管线工程顺利施工。

(4) 复查施工所在地的污水管、自来水管、高压电缆和通信电缆位置及埋深是否和本次工程穿越的管道交叉。

2）工作井、接收井开挖

入土端开挖2.0m×1.5m×2.0m工作坑，出土端开挖4.0m×2.0m×2.5m泥浆储运坑，具体位置根据现场情况确定。如路面下下的路基为不宜穿越的砂砾石层，则工作坑领道应延长并加深，从而保证入出土点及穿越曲线在土层中。

3）管道轴线测量放样

(1) 根据施工现场情况确定导向孔轴线。

(2) 观察施工管线经过的地段周围管线及障碍物，路面所有井孔都应下井查清。

4）钻机定位和钻机控向测量

(1) 施工设备进场前，场地应达到"三通一平"，确保施工设备顺利进场。

(2) 根据导向孔轴线，校定钻机位置轴线，定位、锚固钻机。

(3) 根据现场实际情况，规律摆放泵站、固控、储浆罐、发电机组等设备。

钻机定位和钻机控向见图2-26。

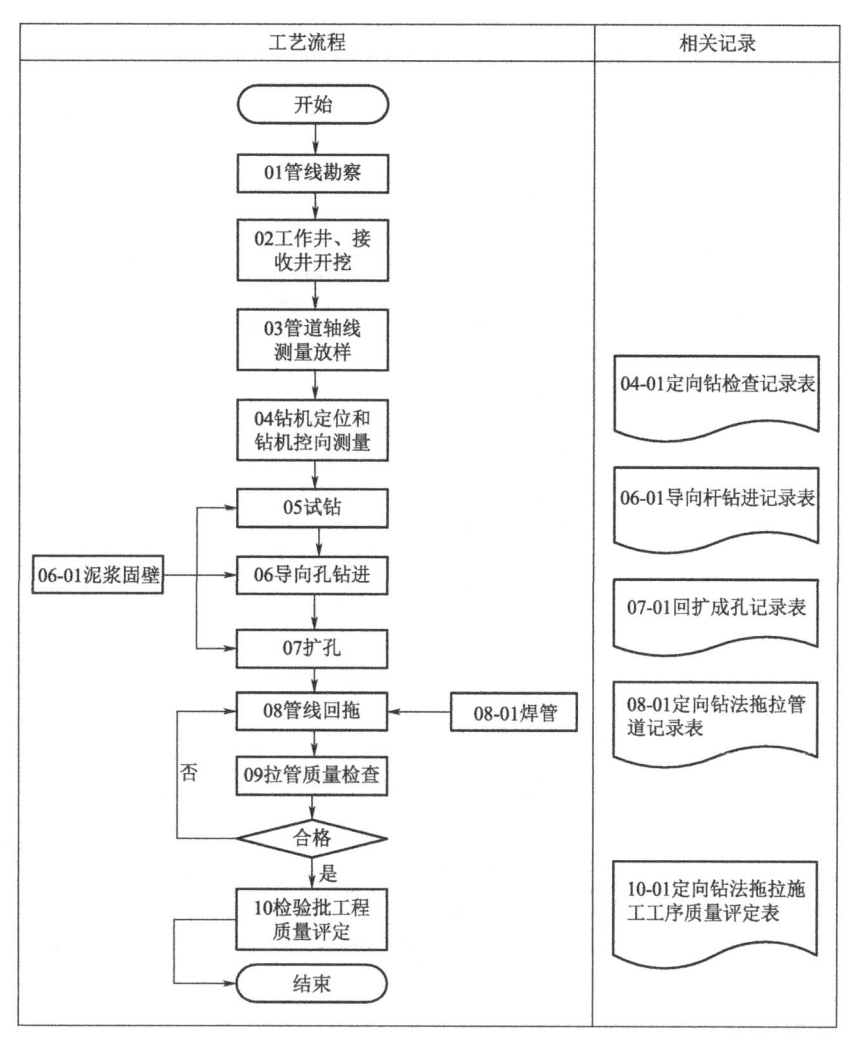

图 2-25 定向钻施工工艺流程

图 2-26 钻机定位和钻机控向

5) 导向孔钻进
(1) 根据地层情况，选择并设计导向孔轨迹曲线。
(2) 为保证预扩孔及回拖工作顺利进行，导向孔钻进时，要求每根钻杆的角度改变

· 153 ·

量最大不超过 2°，连续 4 根钻杆的累计角度改变量应控制在 8°以内。

（3）对轴线及钻机就位情况进行校准，检查无误后方可钻进施工。

（4）为避免泥浆流量太大，对周围环境造成影响，施工过程中应及时清理泥浆。

定向钻导向孔钻进见图 2-27。

图 2-27 定向钻导向孔钻进

6）扩孔

根据管线直径，采用扩孔器扩孔施工，以满足管线回拖施工的要求。

7）管线回拖

（1）钻机操作时，应时刻注意钻机仪表的拉力扭矩并控制管线回拖速度，增大泥浆排量，降低泥浆压力，从而保护孔壁。保证孔内有充足的泥浆，这样利于管线回拖。

（2）管线回拖到设计位置后，应请参建各方到现场检查验收，并办理相关手续，这样才算施工任务结束。

2. 操作要点

（1）正式钻进前，应进行试钻，检查设备仪器是否运转良好，发现问题及时处理。根据测量位置，操作定向钻机，严格按照设计要求的角度、方向等形成导向孔。开钻时，采用轻压慢转的方式，保持钻具的导向性和稳定性。进尺后，根据地层变化和钻进深度，适时调整钻进参数。

（2）扩孔的最终直径宜为管道外径的 1.1～1.3 倍，回扩次数应根据最大扩孔直径、待铺设管道长度等因素确定，采取一次或多次逐级扩孔的方式进行。扩孔的回拉力、转速、钻进液流量等技术参数应认真记录，密切关注其变化。清孔次数应根据孔内残留的泥渣量、钻进参数等确定。

（3）定向钻进及扩孔应根据地层条件配制泥浆，泥浆应能维护孔壁的稳定，并将钻屑携带到地表。护孔泥浆压力应根据不同扩孔阶段选用不同的泥浆压力和流量。

（4）管道回拖宜采用匀速慢拉的方法进行，可用滚轮支架架起管道或将管道置于发送沟内。钢管接口应采用焊接方式，聚乙烯管接口应采用熔接方式，回拖前，应检查预制管道焊缝和防腐质量。

(5) 管道铺设后，应对管道进行定位。对于管道高程偏差要求高的管线，注浆前，应进行管道高程测量或管道机器人检测。定位后，应注浆置换管道外浆液，充填周边土体空隙。注浆宜以水泥浆为主，通过注浆管进行，注浆管应可靠固定在已铺设管道外侧，注浆管长度、管壁上注浆孔的数量与分布应根据地层条件、铺管直径与长度确定。

(6) 定向钻施工期间，应对工作坑、施工影响范围的地表、既有管线与建（构）筑物等进行监控测量。

2.3.4 材料与设备

1. 管材

定向钻施工应根据设计要求选用聚乙烯管或钢管，成品管产品质量应符合 GB 50268—2008《给水排水管道工程施工及验收规范》相关规定，满足抗冲击、重复荷载要求，管材应具有较强的耐久性。管道壁厚、单次铺管长度应符合国家现行标准与设计要求。钢管壁厚校核应根据输送介质、所处行业、所处运行环境、使用年限、埋深、单次回拖长度、地层、估算的回拖力等计算。化学建材管（塑料管）等非金属管壁厚校核应结合埋深、地层、单次回拖最大长度、材质类型等计算。单次铺管长度校核应结合埋深、地层、管材类型等计算确定。管节长度应符合施工工艺要求。

管材的外观质量应全面检查，要求管材外观颜色一致，内壁光滑平整，无划伤、毛刺等缺陷。接前管材的端面应平整且与管道中心轴线垂直，管道接口外径与管材外径一致，不得有明显突出。管材外壁应有统一的标志（生产企业、产品名称、公称直径、环刚度及生产日期等）或编号。管材的公称直径必须符合设计要求。

2. 泥浆

泥浆性能指标的调整应符合下列要求：黏度应能维护孔壁的稳定，并将钻屑携带到地表；泥浆的失水量控制为一般地层 30min 内 10~15mL；水敏性易坍塌和松散地层失水量宜控制在 5mL 以下，如有地方标准，则可遵照地方标准执行；泥浆的 pH 值应控制在 8~10 之间，宜采用钠基膨润土（钙基成本较低，但效果稍差）制备，密度宜为 1.02~1.25g/cm³。

3. 施工设备

1）定向钻机

①城市定向钻进拖拉法施工一般选用中型钻机。定向钻机分类见表 2-15。

表 2-15 定向钻机分类

分　类	小　型	中　型	大　型
回拉力（kN）	<100	100~450	>450
扭矩（kN·m）	<3	3~30	>30
回转速度（r/min）	>130	100~130	<100
功率（kW）	<100	100~180	>180
钻杆长度（m）	1.0~3.0	3.0~9.0	9.0~12.0
传动方式	钢绳和链条	链条或齿轮齿条	齿轮齿条
敷管深度（m）	<6	6~15	>15

②导向钻头类型和尺寸应按照岩土的类型、土层的造斜能力、造斜配套工具等要求确定。钻头类型见表2-16。

表 2-16 钻头类型

土 层 类 别	钻 头 类 型
淤泥质黏土	较大掌面的铲形钻头
软黏土	中等掌面的铲形钻头
砂性土	小锥形掌面的铲形钻头
砂、砾石层	镶焊硬质合金,中等尺寸弯接头钻头
岩石层	泥浆马达驱动的牙轮钻头或气动冲击锤

③扩孔钻头宜根据地层、铺管长度、铺管外径、施工工艺等确定。扩孔钻头类型见表2-17。

表 2-17 扩孔钻头类型

土 层 类 别	扩孔钻头类型
松软地层	挤压型或组合型扩孔钻头
软土地层	切削型或组合型扩孔钻头
硬土和岩石	牙轮组合型或滚刀组合型扩孔钻头

2）泥浆搅拌机

泥浆搅拌机主要采用强制式搅拌机,生产率应符合注浆用量需求。

3）注浆泵

注浆泵常采用卧式三缸活塞高压水泥注浆泵,其排量及压力应符合注浆要求。

2.3.5 质量控制

1. 施工过程控制

(1) 导向孔完成后,复核标高和方位,确保其按照设计曲线成孔。如位置偏差大于5cm,则抽回钻杆重新施工。

(2) 管道的轴向曲率应符合设计要求、管材轴向弹性的性能和成孔稳定性的要求。

(3) 定向钻机施工时,轴向最大回拖力和最小曲率半径的确定应符合管材力学性能的要求,钢管的管径与壁厚之比不应大于100,聚乙烯管标准尺寸比宜为SDR11。

(4) 管道接口质量应符合 GB 50268—2008《给水排水管道工程施工及验收规范》相关规定和设计要求或管道厂家具体要求。聚乙烯管道热熔焊缝焊接频率应符合设计要求,外观质量应全面检查。焊接质量应符合下列要求:对接热熔焊缝焊接力学性能不低于母材;对接热熔接后应形成凸缘,且凸缘形状大小均匀一致,无气孔、鼓泡和裂缝等缺陷;接头具有沿管材整个圆周平滑对称的翻边,翻边最低处不低于管材外表面;对接错边量不大于管材壁厚的10%,且不大于3mm;管道内壁凸缘必须处理平整。钢管焊接质量应符合 GB 50683—2011《现场设备、工业管道焊接工程施工质量验收规范》相关规定,焊接检测频率应符合设计要求,外观质量应全面检查;钢管的焊缝等级不应低于Ⅱ级;钢管外防腐结构层及接口处的补口材质应符合设计要求,外防腐层不应被土体磨损或增设牺牲保护层。检验过程中,若有不合格的应加倍抽检,仍不合格时应停止焊接,查明原因进行整改后方可继续焊接。

(5)管道施工完成后,应按照 GB 50268—2008《给水排水管道工程施工及验收规范》相关规定进行闭水或功能性试验。

2. 施工质量控制

定向钻施工质量控制标准见表 2-18。

表 2-18 定向钻施工质量控制标准

		检 查 项 目		质量要求、允许偏差或允许值(mm)
主控项目	1	管节、防腐层等材料		产品质量符合国家标准相关规定和设计要求
	2	管节组对拼接		经检验(验收)合格
		钢管外防腐层		
	3	钢管接口焊接聚乙烯管或聚丙烯管接口熔焊		符合设计要求;管道预水压试验合格
	4	管道回拖后线形		应平顺,无突变、变形等缺陷,实际曲率半径符合设计要求
一般项目	1	导向孔钻进、扩孔、管段回拖及钻进泥浆(液)		符合施工方案
	2	管段回拖力、扭矩、回拖速度		符合施工方案,回拖力无突升或突降现象
	3	钢管、管段防腐层		布管和发送管道时,钢管防腐层无损伤,管段无变形;回拖后暴露的管段防腐层结构应完整、附着紧密
	4	入土点位置	平面轴向,平面横向	20
			垂直向高程	±20
	5	出土点位置	平面轴向	500
			平面横向	$1/2$ 倍 D_i
			垂直向高程 压力管道	$±1/2$ 倍 D_i
			垂直向高程 无压管道	±20
	6	管道位置	水平轴线	$1/2$ 倍 D_i
			管道内底高程 压力管道	$±1/2$ 倍 D_i
			管道内底高程 无压管道	+20,-30
	7	控制井	井中心位置 轴向	20
			井中心位置 横向	20
			井内洞口中心位置	20

2.4 安全管理重点事项

2.4.1 通用管理规定

应符合 1.6.1 相关管理规定。

2.4.2 顶管施工专项管理规定

1. 顶管设备设施安全性能

(1) 顶管施工设备的控制系统、液压系统、油缸、顶管机等相关配套件"三证"（生产许可证、产品合格证、安全鉴定证）应齐全有效，无证及结构有缺陷、安全装置不全的施工设备严禁进场。

(2) 千斤顶、液压泵等重要装置应正常运转，压力系统各管路、操作阀、油缸、油泵等畅通、严密、无泄漏。应注意保护压力表和油管，发现异常应立即停止，特别是压力突然上升时，应检查并排除故障后方可继续作业。千斤顶按照规定顶力使用、不超载，顶铁应有足够的刚度，顶铁上有锁定装置。

(3) 应经常性检查顶管设备安全阀、油管接头、活塞密封及焊缝等易损部位安全性能，以及油泵限压阀、溢流阀、压力表等保护装置并检定灵敏可靠。

(4) 水平限位的油缸架应按照要求设置，后靠背与油缸轴线应垂直，油缸活塞收回后，应及时关闭油泵等。

(5) 顶管后座安装时，如发现背墙面不平或顶进时枕木压缩不均匀，则必须进行调整加固。

2. 顶管施工作业环境安全

(1) 落实视频监控设备，做到"有作业、有监控"，确保作业人员、设备及作业内容处于视频监控下。

(2) 顶管作业前，应查明顶管沿线地下障碍物和地质水文情况，对管道穿越地段的上部房屋、桥梁等结构物采取措施进行处理。

(3) 按照有限空间作业管理，落实"先通风、后检测、再作业"要求，作业过程持续通风并开展有毒有害气体监测。

(4) 作业过程中，顶管施工井室周围土体应稳定，顶管机外壁与井室洞圈之间止水装置应设置齐全、有效。

(5) 顶管井后背墙应坚实、无变形。

(6) 爬梯护笼按照要求设置，并且设置防坠器，爬梯应延伸到作业面。

(7) 顶管井护栏应稳固牢靠，临边距离应符合要求。

(8) 井内照明应符合安全电压要求。

(9) 顶进过程中，不得站在顶铁两侧操作，以防发生崩铁伤人事故。

3. 顶管施工管理行为

(1) 顶管施工设备进场时，必须进行联合验收，且验收记录齐全，验收记录应与现场设备相匹配。

(2) 按照超危大工程，对顶管施工每日开展作业审批，网格员在岗、监理旁站和管理人员过程巡视监督等管理应落实到位，吊装过程配备专门的起重指挥人员。

(3) 应急救援物资配备齐全，做好应急演练。

(4) 施工单位应对外包队伍管理到位，严格审查专业分包、劳务分包单位资质能力、组织体系、安全投入。

(5) 在拼接管段前或因故障停顿时，应加强联系，及时通知工具管头部作业人员停止冲泥出土，防止冲吸过多造成塌方。

2.4.3 现场安全隐患辨识及管控措施

1. 风险类型

不开槽施工管道工程易发生的主要安全风险类型为坍塌、机械伤害、物体打击、高处坠落、起重吊装、透水、触电。

2. 风险源分析

1）坍塌

(1) 沉井挖土下沉时，在沉井刃脚部位直接挖土，导致井壁失稳、倾斜。

(2) 顶管施工对地下管道、邻近建筑物、电杆等公用设施稳定产生影响。

(3) 其他坍塌风险源分析同 1.6.3 相关内容。

2）机械伤害

(1) 进场的顶管设备、配套设备和辅助系统无产品合格证及安装使用说明书。

(2) 顶管设备的型号与管道的型号或水文地质条件不匹配。

(3) 设备安装完后未进行试车，直接进行顶进作业。

(4) 顶管设备安装、拆卸未按照操作规程进行。

(5) 设备、装置在使用过程中未按照规定进行定期检查、维修和保养。

(6) 顶进作业未建立交接班制度或记录不完整，作业过程中，作业人员停留在顶铁上方及侧面等危险区域。

(7) 千斤顶和油表未配套使用或混用，顶进过程中发现油压突然增高、千斤顶活塞退回时油压过大、速度过快等现象时未及时停止施工。

(8) 空压机等各类小型机械设备传动部位未设置防护罩。

3）物体打击

同 1.6.3 相关内容。

4）高处坠落

同 1.6.3 相关内容。

5）起重吊装伤害

起重吊装伤害事故指在日常起重作业中发生脱钩砸人、钢丝绳断裂抽人、移动吊物撞人、滑车砸人，以及倾翻事故、坠落事故、提升设备过卷事故、起重设备误触高压线或感应带电体触电等。不开槽施工管道工程造成起重吊装伤害的主要原因有以下几点。

(1) 未按照规定编制专项施工方案，或方案编制内容不全或无针对性。

(2) 起重机械设备无制造许可证、产品合格证、备案证明和安装使用说明书，起重设备使用前，未按照规定进行验收，或未办理起重机械使用登记。

(3) 起重设备的安全装置不齐全或不灵敏可靠，钢丝绳、卷筒、滑轮等装置损坏后未及时更换。

(4) 吊装设备安装、调试后未按照规定进行荷载试验，吊索具系挂点位置或系挂方式不符合专项施工方案的要求。

(5) 吊装现场及道路不平整、不坚实，回填土、松软土层未夯实、未铺设底板，吊机停置在斜坡上，或支腿伸展不到位。

(6) 起重机司机操作证与操作机型不符、未设专职信号指挥和司索人员，或相关特种作业人员未持证上岗。

(7) 起重臂及吊物下有人员作业、停留或通行，吊装过程中未能严格遵守起重吊装作业的"十不吊"原则。

6) 透水

(1) 工作井施工。

①未结合水文地质及现场地勘对工作井周边实际情况进行补勘复核，不清楚工作井与周边地下水位的关系。

②施工前，未联合市政管网权属单位进行管线交底，对工作井周边给水排水管网摸排不清，存在原给水排水管网破损渗漏风险。

③未按照设计要求设置隔水、降水等结构，不能隔绝或降低井内四周来水。

④降水井数量、深度、孔径、布置位置等参数不符合设计、规范要求，不能有效降低地下水位。

⑤未对沉井周边既有给水排水管线进行保护监测，沉井下沉过程中导致既有给水排水管线破坏，出现渗漏。

⑥工作井内未按照要求设置应急逃生爬梯，未设置水泵。

(2) 顶管施工。

①未结合水文地质及现场地勘对顶管路由周边实际情况进行补勘复核，不清楚顶管路由周边地下水位的关系。

②施工前，未联合市政管网权属单位进行管线交底，对管线路由周边给水排水管网摸排不清，存在原给水排水管网破损渗漏风险，或存在未探明排水管涵问题。

③未对管道路由上方既有给水排水管线进行保护监测，顶进过程中导致既有给水排水管线破坏，出现渗漏。

④顶管出洞口、进洞口周围土体未按照设计要求进行加固，在机头出洞、进洞时存在涌水、涌砂风险。

⑤顶管出洞口、进洞口未设置止水环，在机头出洞、进洞时存在涌水、涌砂风险。

⑥顶管作业人员未经过安全技术交底，不熟悉操作规程，顶进过程中遇到障碍物不能及时辨别，存在顶破不明排水管涵风险。

7) 触电

同 1.6.3 相关内容。

3. 安全风险预控措施

1) 坍塌风险预控措施

(1) 沉井挖土下沉时，应由沉井中心向四周挖土，并控制挖土厚度，杜绝在沉井刃脚部位直接挖土，防止井壁失稳、倾斜。

(2) 井内土体利用长臂挖掘机挖出井外，长臂挖掘机应在每次施工前对机械设备进行安全性能检查、机械各个连接部位工作性能检查，同时应安排专人指挥操作。

(3) 沉井挖土下沉时，应加强沉井周边建（构）筑物的沉降监测、地表监测。对建（构）筑物因沉井下沉影响结构安全的，应停止沉井施工，制定相应技术方案后再施工。沉井下沉对地表沉降的影响在允许范围内时，应对沉降区域立即采取黄砂回填、夯实等措施。

(4) 顶管施工过程中，应加强地表沉降监测，对顶管施工区域出现地表沉降的，应立即回填并夯实。对工作井出现位移的，应先分析原因，制定相关技术处理措施，然后再施工。

(5) 施工期应调查地上地下公用设施的现状，绘制现状图，标明地下管道的埋深、平面尺寸及管道的用途，施工过程中应进行探测。邻近建（构）筑物、电杆等公用设施应设置丈量点，施工过程中应丈量其变化情况。

(6) 其他坍塌风险预控措施同 1.6.3 相关内容。

2）机械伤害风险预控措施

(1) 顶管、定向钻等机械设备管理措施。

①机械设备进场前，收集、核查相关出厂合格证、产权备案证、年检合格证等资料，由指定人员组织验收，并按照规定办理使用登记。

②将租赁设备纳入统一管理，按照规定履行验收程序，机械设备外侧张贴操作规程牌、责任人牌及警示标志，并严格执行相关操作规程。

③严格审查设备安装方案及专项安全技术措施，落实现场作业人员和管理人员技术交底。

④建立特种设备、人员管理台账，特种作业人员按照规定进行专门的安全作业培训并取得相应资格后方可上岗作业。

⑤机械设备安装、调试与使用期间，与相邻工作面有交叉作业情况时，安排专人进行现场协调、管理。

⑥启动设备前，对安全工（器）具结构是否完整、性能是否良好、是否在检验有效期内等相关内容进行检查。

⑦每月定期开展机械设备检验试验、日常维护及安全检查，特种设备在检验周期内进行定期检测。

(2) 小型设备管理措施。

①加强作业人员安全教育培训，保证相关作业人员熟练掌握设备适用范围、操作要求、安全防护等内容。

②启用设备前，检查防护罩、盖或手柄等危险运动的零部件防护装置，若破裂、变形或松动，则及时更换。

③长期搁置不用的工具在使用前，按照规定对其相关使用功能进行检查，合格后方可使用。

3）物体打击风险预控措施

物体打击风险预控措施同 1.6.3 相关内容。

4）高处坠落风险预控措施

高处坠落风险预控措施同 1.6.3 相关内容。

5）起重吊装风险预控措施

（1）起重作业技术方案管理措施。

①开展起重作业前，按照规定履行专项施工方案编制、审核、审批程序，有针对性地开展安全技术交底，并留下相关文字记录。

②对于采用非常规起重设备、方法，且单件起吊重量为 10kN 及以上的起重吊装的危大工程，严格按照住房和城乡建设部办公厅发布的建办质〔2021〕48 号《危险性较大的分部分项工程专项施工方案编制指南》开展专项方案编制。

（2）起重机械设备管理措施。

①起重机械设备应按照规定办理使用登记，建立设备单机档案，督促起重设备生产厂家提供生产（制造）许可证、起重机械设备产品合格证和使用说明书。

②起重机械应定期开展检验试验、日常维护及安全检查，主要内容为以下几项。

a. 起重机械独立起升高度、附着间距和最高附着以上的最大悬高及垂直度是否符合规范要求。

b. 起重机械的安全装置是否存在不齐全、失效或者被违规拆除、破坏的情况。

c. 起重机械防坠安全器是否存在超过定期检验有效期、标准节连接螺栓缺失或失效等情况。

d. 起重机械的地基基础承载力和变形是否符合设计要求。

e. 起重机械是否经有相应资质的检验检测机构检验。

f. 起重机械是否配备荷载、变幅等指示装置和荷载、力矩、高度、行程等限位、限制及连锁装置。

（3）吊索吊具管理措施。

①吊索吊具进场前，必须验收合格。吊运重物时，应根据吊运类型选取对应吊具，并分类存放在干燥、通风的地方。

②定期对吊索吊具开展检查，对达到报废标准的，应及时进行更换、报废。报废标准为：吊带严重磨损、穿孔、切口、撕断；承载接缝裂开、缝线磨断；吊带纤维软化、老化、弹性变小、强度减弱，纤维表面粗糙易剥落；吊带出现死结；吊带表面有过多点状疏松、腐蚀、酸碱烧损，以及热融化或烧焦等问题。

（4）起重吊装作业管理措施。

①起重吊装过程中，设置专职安装拆卸工、起重机司机、信号工、司索工，应加强对特种作业人员的资质管控，只有取得相关特种作业资格证方可上岗作业。

②吊装过程中，严格遵守起重吊装"十不吊"要求，吊运零散件时，使用专门的吊篮、吊斗等器具，严禁细长件吊运出现单点吊、长短混吊的情况。

6）透水风险预控措施

（1）工作井施工管理措施。

①加强现场调研和实地勘测，查清工作井与周边地下水的关系，若地下水位高于井底高程，则应根据降水测算，对管道路由进行连续降水，保证水位降至管底 50cm 以下。

②施工前，组织市政管线权属单位进行管线交底，排查工作井周围给水排水管网，检查管网是否有破损，若有破损，则应对破损部位进行修复，确保工作井周围的给水排水管

网无漏点。

③按照设计要求，提前施工隔水、降水等，加强施工安全技术交底，严抓现场施工质量。

④施工过程中，对周边给水排水管网进行保护监测，若出现破坏情况，则应根据透水情况确定是否组织人员撤离，并组织专业人员抢修。

⑤工作井内应配备应急逃生爬梯，这样遇到工作井透水问题可迅速逃离。

⑥工作井内应配备足量的排水泵，根据水量大小及时投入抽排。

⑦施工过程中，加强对基坑降水、基坑支护、周边管线的监测，出现预警立即启动应急预案。

（2）顶管施工管理措施。

①摸排顶管路由高程与周边地下水的关系。地下水位高于管底高程时，不得采用人工顶管方式顶进。若条件受限必须人工顶管，则应根据降水测算，对管道路由进行连续降水，保证水位降至管底 50cm 以下。

②严格按照设计要求，对出洞口、进洞口周围土体进行加固，通过钻孔取芯检测加固效果，符合设计要求方可出洞。

③在出洞口、进洞口按照设计要求增设止水环，防止出洞、进洞时水、砂通过机头与洞口之间的间隙涌入井内。

④顶管过程中，监测顶管路由周边排水管涵的位移变化及流水量。管涵位移或流水量发生变化时，应迅速排查原因，加强对顶管路由周边地下水位的监测。

⑤人工顶管时，顶管过程中机头前若遇渗水则立即汇报，停止掘进，由作业人员携带便携式取样钻机在机头前开孔，现场管理人员根据芯样及钻孔流水情况判断能否继续顶进。

⑥当掘进面的地下水量较少且渗流速度较慢时，若为上坡道，则让渗水从掘进面流向工作井集水坑，根据水量大小配备相应水泵抽排。若为下坡道，则用抽水机及时抽排掌子面积水，避免管道前端积水。若出现透水，则施工人员应立即从管道内撤离至井上平台。

⑦人工顶管作业在大雨天不得开展，连续降雨后应加强顶管路由的地下水位监测，确定水位在管底以下 50cm 方可施工。

7）触电风险预控措施

触电风险预控措施同 1.6.3 相关内容。

第3章 管道附属构筑物

为使管道系统有效发挥作用，除管道本身外，通常还需要在管道系统设置某些附属构筑物，如给水管道系统中的阀门井、水表井，排水管道系统中的检查井、雨水口、出水口等。附属构筑物设置合理、施工质量高，不仅能够使管道系统充分发挥其作用，而且方便后续运维管理。在长江大保护项目中，建设数量最多、最为重要的管道附属构筑物为各类井室、雨水口等。

3.1 井室

井室是连接上下游管道、接入支管或设置在阀门、水表等管道附件处，供运维人员检修的专用地下构筑物。排水系统中的井室通常为污水检查井，一般设置在管道交会、转弯、管道尺寸或坡度改变等处，以及相隔一定距离的直线管段上。除普通形式外，井室还有跌水井、换气井、水封井等特殊形式。

常用的井室施工方法有现浇法和预制法，其对应的井室类型分别为现浇钢筋混凝土井室和预制装配式井室。

3.1.1 现浇钢筋混凝土井室

1. 概述

现浇钢筋混凝土井室指现场根据设计文件进行支模、扎筋、浇筑混凝土，经养护、拆除模板而制成的井室。采用现浇法制作的井室，其结构整体性好、刚度大，并可根据设计要求和现场实际条件制造出各类符合需求的井室。现浇钢筋混凝土井室见图3-1。

2. 现行适用规范

（1）GB 50242—2002《建筑给水排水及采暖工程施工质量验收规范》
（2）GB 50268—2008《给水排水管道工程施工及验收规范》
（3）GB 50330—2013《建筑边坡工程技术规范》
（4）GB 50119—2013《混凝土外加剂应用技术规范》
（5）GB 50870—2013《建筑施工安全技术统一规范》
（6）GB 51004—2015《建筑地基基础工程施工规范》
（7）GB 50204—2015《混凝土结构工程施工质量验收规范》
（8）GB 50202—2018《建筑地基基础工程施工质量验收标准》
（9）GB 55018—2021《工程测量通用规范》
（10）GB 55008—2021《混凝土结构通用规范》
（11）GB 55034—2022《建筑与市政施工现场安全卫生与职业健康通用规范》

图 3-1 现浇钢筋混凝土井室

（12）GB/T 50107—2010《混凝土强度检验评定标准》

（13）GB/T 50152—2012《混凝土结构试验方法标准》

（14）GB/T 50903—2013《市政工程施工组织设计规范》

（15）GB/T 50081—2019《混凝土物理力学性能试验方法标准》

（16）JGJ 162—2008《建筑施工模板安全技术规范》

（17）JGJ 59—2011《建筑施工安全检查标准》

（18）JGJ 18—2012《钢筋焊接及验收规程》

（19）JGJ 79—2012《建筑地基处理技术规范》

（20）JGJ 111—2016《建筑与市政工程地下水控制技术规范》

（21）JGJ 107—2016《钢筋机械连接技术规程》

（22）CJJ 1—2008《城镇道路工程施工与质量验收规范》

（23）20S515《钢筋混凝土及砖砌排水检查井》

3. 施工工艺流程及操作要点

1）工艺流程

现浇钢筋混凝土井室施工工艺流程见图 3-2。

（1）施工准备。

①组织施工技术人员熟悉设计图纸、相关技术规程、规范、质量验收评定标准等。

②根据设计文件及施工区域内的地下建（构）筑物资料，组织技术人员进行现场踏勘，查明地上、地下建（构）筑物分布情况及区域内交通、社会环境等管制要求。若有设计图纸与现场实际不同或设计方案难以实施的情况，则及时向相关单位提出。

③结合设计图纸及现场踏勘实际情况，编制施工方案。对井室深度达到危大工程或危大工程判定标准的，应按照建办质〔2018〕31 号《住房城乡建设部办公厅关于实施〈危险性较大的分部分项工程安全管理规定〉有关问题的通知》、住房和城乡建设部令第 37 号《危险性较大的分部分项工程安全管理规定》相关规定编制相应专项方案，并完成

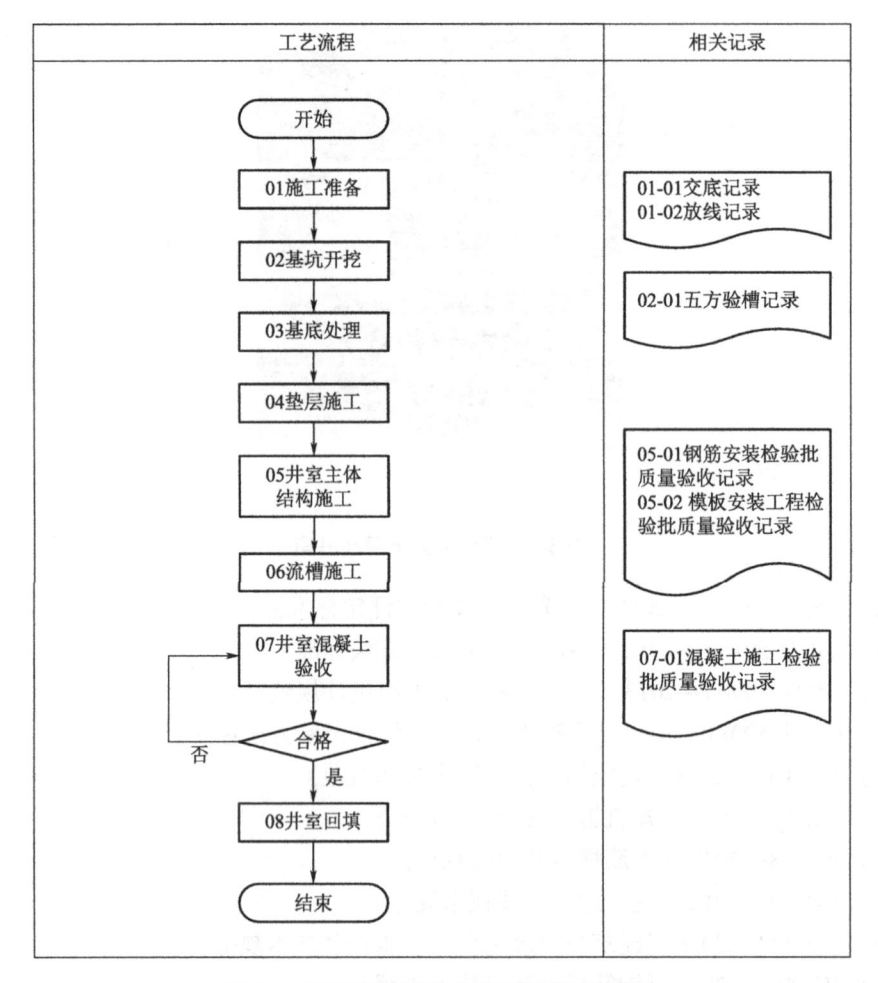

```
工艺流程                          相关记录

    开始
     │
  01施工准备  ──────────────  01-01交底记录
     │                       01-02放线记录
  02基坑开挖
     │                       02-01五方验槽记录
  03基底处理
     │
  04垫层施工
     │                       05-01钢筋安装检验批
  05井室主体                   质量验收记录
     结构施工                 05-02模板安装工程检
     │                       验批质量验收记录
  06流槽施工
     │
  07井室混凝土 ─────────────  07-01混凝土施工检验
     验收                    批质量验收记录
     │
  ◇合格◇── 否 ──┐
     │是        │
  08井室回填 ────┘
     │
    结束
```

图3-2 现浇钢筋混凝土井室施工工艺流程

审核或专家评审流程。

④向作业人员进行安全和技术交底，并形成交底记录。

⑤根据设计图纸，对井室进行定位放样，并形成放线测量记录，交由监理单位、建设单位审核。

⑥搭设围挡，若施工区域为市区，则在搭设围挡前，应完成相应占道手续办理。

⑦根据现场实际情况，搭设临时用水、用电建筑，对有迁改需求的区域进行迁改。

（2）基坑开挖。基坑开挖可分为两种情况：一种是同管道沟槽一同开挖，此种情况较为常见；另一种是在原有管道系统基础上，单独加井室。单独开挖井室基坑的情况较为少见。

①井室基坑开挖过程中，土方开挖的顺序应与设计工况一致，严禁超挖。

②井室基坑开挖应分层进行，内支撑结构基坑开挖应均衡进行，基坑开挖不得损坏支护结构。当采用放坡开挖法时，坡率不应大于设计文件规定限值。

③井室基坑周边施工材料、设施或车辆荷载严禁超过设计要求的地面荷载限值。

④井室基坑开挖过程中,应严格控制基底高程,不得扰动基底原状土。开挖时,基底设计标高以上应预留 0.2~0.3m 土层由人工清理至设计标高。如遇局部超挖或发生扰动,则应按照设计要求进行处理,严禁自行处理。

⑤井室基坑开挖过程中,应注意天气变化,如遇降雨等不利天气,则应按照施工方案采取相应措施,避免基坑泡水,变形过大。开挖至坑底标高后,应及时进行封闭,并采取防止水浸、暴露和扰动基底原状土的措施。

⑥井室基坑开挖至设计标高后,应及时通知建设单位,进行五方验槽工作,并形成验槽记录。发现岩、土质与勘察报告不符或有其他异常情况时,由建设单位会同勘察、设计、监理等相关单位研究处理。

(3) 基底处理。

①地基承载力强度应符合设计要求,不符合设计要求时,应按照设计要求进行加固,符合设计要求方可进行后续工序。

②排水不良造成地基土扰动时,若扰动深度为 100mm 以内,则宜填天然级配砂石或砂砾处理;若扰动深度为 300mm 以内,但下部坚硬,则宜填卵石或块石,再用砾石填充空隙并找平表面。

③设计要求换填时,应按照要求清槽,并经检查合格。回填材料应符合设计要求或相关规定。

(4) 垫层施工。

①验槽完成后,应迅速做好垫层施工准备工作,完成垫层浇筑,避免基地暴露时间过长,造成不必要的损害。

②井室垫层一般采用素混凝土,其混凝土强度、厚度等必须符合设计要求。

③垫层浇筑前,确定浇筑范围,并设置模板,保证垫层厚度、尺寸、平整度等符合设计要求。

(5) 井室主体结构施工。

①钢筋绑扎。

a. 底板钢筋绑扎前,应由技术人员在垫层上对井室控制线进行标志,并清除垫层上的杂物,同时应准备与底板混凝土标号相同的垫块,保证保护层厚度符合设计要求。

b. 底板钢筋铺设时,先铺短向钢筋,再铺长向钢筋。钢筋绑扎时,靠近外围两行的相交点每点都绑扎,中间部分的相交点可相隔交错绑扎,双向受力的钢筋必须将钢筋交叉点全部绑扎。绑扎时,通常采用一面顺扣方式,并且交错变换方向,也可采用八字扣方式,但必须保证钢筋不移位。

c. 钢筋加工应符合相关技术标准和规范要求,完成加工后的钢筋应挂牌注明所用部位、类别,分类堆放,同时做好防护措施,避免锈蚀。

d. 钢筋绑扎和安装前,应严格按照施工图纸做钢筋排列间距的各种样尺,作为钢筋排列的依据。绑扎钢筋时,应在主筋上画好。

e. 受力钢筋的绑扎接头位置应相互错开,在受力钢筋直径 30 倍且不小于 50mm 的区段内,绑扎接头的受力钢筋截面的面积占受力钢筋的总面积的百分率为:受力区不得超过50%;受拉区不得超过 25%。

f. 钢筋相交点应用20～22号火烧丝扎结，每隔一根可相互呈梅花状扎牢，但周边交叉点应每处都绑扎。

g. 绑扎丝头应向内弯曲，不得伸向保护层内，已绑好的钢筋不得被踩踏，其上不可放置重物。

h. 配合其他工种安装预埋管件、预留洞口时，其位置、标高应符合设计要求。

②模板安装。

a. 使用前，模板表面应清理干净并均匀涂刷混凝土隔离剂，安装应牢固，位置应正确。

b. 模板和支架的强度、刚度和稳定性应符合设计要求，使用前，应经过检查，重复使用时，应经过修整。

c. 模板支架预留沉落量为0～30mm。

d. 模板接缝拼接应严密，不得漏浆。

e. 变形缝端头模板处的填缝中心应与初期支护变形缝位置重合，端头模板支设应垂直、牢固。

f. 井壁模板与盖板模板的支设应自成体系，不得因井壁拆除模板而影响盖板混凝土强度的正常增长。

③混凝土浇筑。

a. 按照施工方案划分浇筑部位，浇筑前，应对设立模板的外形尺寸、中线、标高、各种预埋件等进行隐蔽工程检查，并形成验收记录，检查合格后方可浇筑。

b. 从下向上浇筑，各部位应对称浇筑、振捣密实，且振捣器不得触及防水层。

c. 浇筑时，应同时安装踏步。踏步安装后，在混凝土未达到规定抗压强度前不得踩踏。

d. 浇筑混凝土时，应尽量避免碰撞模板、钢筋及预埋件。混凝土强度必须达到设计强度才允许施工人员在其上走动。井室混凝土浇筑应严格控制施工质量，注意材料的选择、配合比设计、浇筑和养护，确保混凝土的强度和稳定性，同时需要采取措施防止浇筑过程中出现气泡、裂缝等问题。

e. 混凝土运输、输送入模的过程宜连续进行，从运输到输送入模的延续时间不宜超过表3-1运输到输送入模的延续时间的规定，且不应超过表3-2运输、输送入模及其间歇总的时间限值规定。早强型减水外加剂、早强剂的混凝土及有特殊要求的混凝土应根据设计及施工要求，通过试验确定允许时间。

表3-1 混凝土运输到输送入模的延续时间

条　件	延续时间（min）	
	≤25（℃）	>25（℃）
不掺外加剂	90	60
掺外加剂	150	120

f. 混凝土浇筑不得发生离析现象，两侧井壁应对称浇筑，高差不应大于30cm。防止单侧浇入量过大，避免钢筋骨架和内模出现弯曲形变和位移等问题。

表 3-2 混凝土运输、输送入模及其间歇总的时间限值

条 件	时间限制（min）	
	≤25（℃）	>25（℃）
不掺外加剂	180	150
掺外加剂	240	210

g. 从高处倾倒混凝土时，其垂直高度不应超过2m，否则应采用流槽串管或导管，这样可防止混凝土离析。

h. 浇筑时，应进行现场见证取样，并做好混凝土浇筑记录。

④模板拆除。

a. 井壁模板应在混凝土强度能保证其表面及棱角不因拆除而受损时拆除。

b. 井室盖板底模应在混凝土试块达到现浇混凝土底模拆除时所需的强度规定时拆除。现浇混凝土底模拆除时所需的强度见表3-3。

c. 现浇井室内模应待混凝土达到设计强度标准的75%后拆除。拆除时，注意保护混凝土，严防猛砸、硬撬。在混凝土强度能保证预埋件和预留孔洞表面不会出现坍塌和裂缝等问题后方可拆除。

表 3-3 现浇混凝土底模拆除时所需的强度

结构类型	结构跨度（m）	达到设计强度标准值（%）
板	≤2	≥50
	>2，≤8	≥75
	>8	≥100
梁、拱、壳	≤8	≥75
	>8	≥100

⑤混凝土养护。

a. 混凝土浇筑后，应及时进行保湿养护。保湿养护方式有多种，如洒水、覆盖、喷涂养护剂等。保温养护方式应根据现场条件、环境温度或湿度、构件特点、技术要求、施工操作等因素确定。

b. 采用通用硅酸盐水泥或矿渣硅酸盐水泥配制的混凝土时，养护时间不应少于7d。采用其他品种水泥时，养护时间应根据水泥性能确定。采用缓凝型外加剂、大掺量矿物掺合料配制的混凝土时，养护时间不应少于14d。采用抗渗混凝土、强度等级C60及以上的混凝土时，养护时间不应少于14d。

c. 洒水养护宜在混凝土裸露表面覆盖麻袋或草帘后进行，也可采用直接洒水、蓄水等方式。洒水养护应保证混凝土表面处于湿润状态。洒水养护时，严禁采用未经处理的海水。

d. 当日最低温度低于5℃时，不应进行洒水养护。

e. 采用覆盖养护时，宜在混凝土裸露表面覆盖塑料薄膜、塑料薄膜加麻袋、塑料薄膜加草帘。塑料薄膜应紧贴混凝土裸露表面，塑料薄膜内应保持有凝结水。覆盖物应严

密，覆盖物的层数根据施工方案确定。

（6）流槽施工。井室内流槽应采用混凝土现浇方法施工，其内模可选用与管径相同的塑料模板，流槽表面应平顺、圆滑、光洁，并与上下游管道底部接顺。

（7）井室混凝土验收。混凝土井室的强度应符合设计要求，井室的允许偏差应符合相关验收规范规定。安装井室内的管道，并用细石混凝土封堵洞口。混凝土井室外表面应无严重缺陷。混凝土浇筑时的钢筋数量、间距、位置应正确。检查钢筋质量验收资料、施工记录，确认主控项目及一般项目，合格后方可通过验收。预留孔、预埋件应符合设计和管道施工工艺要求。

（8）井室回填。

①井室与管道同时施工时，井室周围的回填应与管道沟槽回填同时进行，不便同时进行时，应留台阶形接茬。

②井室周围回填压实时，应沿井室中心对称进行，且不得漏夯，回填材料压实后应与井室壁紧贴。

③井室周围回填土在符合设计要求的情况下，可优先利用基坑中挖出的土，但其中不得含有机杂质。使用前，应过筛，其粒径不应大于50mm，含水率应符合规定。

④回填前，应清除基底的垃圾等杂物，清除积水、淤泥，对基底标高及相关基础等进行检查验收，并办好隐检手续。

⑤施工前，应根据工程特点、填方土料种类、密实度要求、施工条件等合理确定填方土料含水率控制范围、最大干密度、虚铺厚度和压实遍数等。

⑥每层回填土的虚铺厚度应根据所采用的压实机具确定。每层回填土的虚铺厚度见表3-4。

表3-4 每层回填土的虚铺厚度

压实机具	木夯、铁夯	轻型压实设备	压路机	振动压路机
虚铺厚度（mm）	≤200	200～250	200～300	≤400

⑦当井室位于软土层、低洼、沼泽、地下水高的地段时，回填参照GB 50268—2008《给水排水管道工程施工及验收规范》相关规定执行。

2）施工工艺操作要点

（1）安装钢筋时，钢筋的品种、级别、规格、数量和间距应符合设计要求，钢筋保护层的厚度应符合设计要求。

（2）模板安装位置、尺寸必须符合图纸要求，模板应具有足够的稳定性、刚度和强度，能够可靠地承受浇筑混凝土的重量和侧压力及施工过程中产生的荷载，便于安装、拆卸，且表面必须平整，接缝严密。

（3）混凝土浇筑后，使用振捣器振捣密实。砌筑水泥砂浆强度、结构混凝土强度应符合设计要求。砌筑结构应灰浆饱满、灰缝平直，不得有通缝、瞎缝。混凝土结构无严重质量缺陷。井室无渗水、水珠现象。井室壁抹面应密实平整，不得有空鼓、裂缝等问题。混凝土无明显的一般性质量缺陷。井室无明显湿渍现象。

(4) 其他要点。

①应采用合理设计支撑结构,确保井室结构的稳定性和安全性,并采取措施防止支撑结构失稳、变形。在地基不稳定的地段采用加固措施,增加支撑结构。

②井室施工过程中,应采取措施防止井室变形,如加强支撑结构的稳定性,控制施工过程中的地基沉降等。应加强对井室变形和地基沉降等关键指标的监测,及时发现问题并采取相应措施解决,确保施工质量和安全。

4. 材料与设备

1) 材料准备

(1) 原材料:水泥、石子、砂、块石和防腐材料等。

(2) 混凝土:采用商品混凝土时,供应商应具备相应资质,提供的混凝土应符合设计及规范要求,商品混凝土应有原材料检验报告、配合比报告及混凝土强度报告,并且符合相关规格、规范、标准要求。

(3) 钢筋:钢筋的级别、种类和直径应按照设计要求确定,并且具有出厂合格证并经复验,见证取样检验合格。钢筋出厂时,应有产品合格证和检验报告单,钢筋的品种、级别、规格应符合设计要求。钢筋进场时,应抽取试件进行力学性能检验,其质量必须符合国家现行标准规定。钢筋不得有严重的锈蚀、麻坑、劈裂、夹砂、夹层等缺陷。钢筋应按照类型、直径、钢号、批号等条件分别堆放,并应避免油污、锈蚀。当发现钢筋脆断、焊接性能不良或力学性能显著不正常等现象时,应对该批钢筋进行化学分析或其他专项检验。

(4) 井室预留筋:预留筋的数量、长度、垂直度和偏位距均应按照设计要求留置,并应注意与绑扎的钢筋连接在一起。

(5) 垫块:为保证钢筋保护层的厚度,应增加混凝土垫块,但垫块直径不宜太小,以 15~20mm 为宜。

(6) 模板:模板应具有足够的稳定性、刚度和强度,能够可靠地承受浇筑混凝土的重量和侧压力及施工过程中产生的荷载,便于安装、拆卸,且表面必须平整,接缝严密,不得漏浆。

(7) 防水剂:为提高混凝土的抗渗性能,可按照规定要求添加防水剂。

2) 机具准备

(1) 测量设备:全站仪、水准仪、钢尺、皮尺等。

(2) 挖土设备:挖掘机、推土机、自卸汽车。

(3) 回填压实设备:压路机、小型机械冲击夯机。

(4) 混凝土浇筑设备:混凝土拌和机、振捣器、混凝土泵送设备等。

(5) 一般工具:发电机、抽水机、铁锹、手推车、放样线绳等。

5. 质量控制

1) 施工过程控制指标

(1) 模板工程。

①模板表面应平整;胶合板模板的胶合层不应脱胶翘角;支架杆件应平直,无严重变形和锈蚀;连接件应无严重变形、锈蚀、裂纹。

②模板规格、支架杆件的直径、壁厚等应符合设计要求。
③在施工现场组装的模板,其组成部分的外观和尺寸应符合设计要求。
④有必要时,应对模板、支架杆件和连接件的力学性能进行抽样检查。
⑤模板外观应在进场时和周转使用前进行全面检查。
⑥现浇结构模板应检查尺寸。现浇结构模板允许偏差和检查方法见表3-5。

表3-5 现浇结构模板允许偏差和检查方法

项目		允许偏差（mm）	检查方法
轴线位置		5	钢尺检查
底模上表面标高		±5	水准仪或拉线、钢尺检查
截面内部尺寸	基础	±10	钢尺检查
	柱、墙、梁	+4,-5	钢尺检查
层高垂直度	全高不大于5m	6	经纬仪或吊线、钢尺检查
	全高大于5m	8	经纬仪或吊线、钢尺检查
相邻两板表面高低差		2	钢尺检查
表面平整度		5	2m靠尺和塞尺检查

(2) 钢筋工程。
①钢筋安装时,受力钢筋的牌号、规格和数量必须符合设计要求。
②钢筋应安装牢固,受力钢筋的安装位置、锚固方式应符合设计要求。
③钢筋安装允许偏差和检验方法见表3-6。受力钢筋保护层厚度的合格率应达到90%及以上,且不得有超过表3-6数值1.5倍的尺寸偏差。

表3-6 钢筋安装允许偏差和检验方法

项目		允许偏差（mm）	检验方法
绑扎钢筋网	长、宽	±10	尺量
	网眼尺寸	±20	尺量连续三挡,取最大偏差值
绑扎钢筋骨架	长	±10	尺量
	宽、高	±5	尺量
纵向受力钢筋	锚固长度	-20	尺量
	间距	±10	尺量两端、中间各一点,取最大偏差值
	排距	±5	
纵向受力钢筋、箍筋的混凝土保护层厚度	基础	±10	尺量
	柱、梁	±5	尺量
	板、墙、壳	±3	尺量
绑扎箍筋,横向钢筋间距		±20	尺量连续三挡,取最大偏差值
钢筋弯起点位置		20	尺量
预埋件	中心线位置	5	尺量
预埋件	水平高差	+3,0	塞尺量测

2) 井室实体质量控制指标

(1) 主控项目。

①所用的原材料、预制构件的质量应符合国家相关标准的规定和设计要求。

检查方法：检查产品质量合格证明书、各项性能检验报告、进场验收记录。

②砌筑水泥砂浆强度、结构混凝土强度应符合设计要求。

检查方法：检查水泥砂浆强度、混凝土抗压强度试块试验报告。

检查数量：每 50m³ 砌体或混凝土每浇筑 1 个台班一组试块。

(2) 一般项目。

现浇钢筋混凝土井室施工质量验收标准见表 3-7。

表 3-7 现浇钢筋混凝土井室施工质量验收标准

	检查项目		允许偏差（mm）	检查数量 范围	检查数量 点数	检查方法
1	平面轴线位置（轴向、垂直轴向）		15	每座	2	用钢尺量测、经纬仪测量
2	结构断面尺寸		+10, 0	每座	2	用钢尺量测
3	井室尺寸	长、宽	±20	每座	2	用钢尺量测
3	井室尺寸	直径	±20	每座	2	用钢尺量测
4	井口高程	农田或绿地	+20	每座	1	用水准仪测量
4	井口高程	路面	与道路规定一致	每座	1	用水准仪测量
5	井底高程	开槽法管道铺设 $D \leq 1000$	±10	每座	2	用水准仪测量
5	井底高程	开槽法管道铺设 $D > 1000$	±15	每座	2	用水准仪测量
5	井底高程	不开槽法管道铺设 $D < 1500$	+10, -20	每座	2	用水准仪测量
5	井底高程	不开槽法管道铺设 $D \geq 1500$	±20	每座	2	用水准仪测量
6	踏步安装	水平及垂直间距、外露长度	±10	每座	1	用尺量测偏差较大值
7	脚窝	高、宽、深	±10	每座	1	用尺量测偏差较大值
8	流槽宽度		+10	每座	1	用尺量测偏差较大值

3.1.2 预制装配式井室

1. 概述

预制装配式井室安装工艺是一种现代化的建筑施工方式，将井室结构分解为若干个独立的构件，在专业化工厂进行预制生产，在施工现场进行组装，完成井室修建。这种施工方式能够提高施工效率，有效缩减整体施工周期，降低施工过程中的施工成本，改善施工建设的现场环境，同时可减少现场噪声和环境污染。预制装配式井室见图 3-3。

2. 现行适用规范

(1) GB 50242—2002《建筑给水排水及采暖工程施工质量验收规范》

(2) GB 50268—2008《给水排水管道工程施工及验收规范》

(3) GB 50330—2013《建筑边坡工程技术规范》

图 3-3 预制装配式井室

(4) GB 50870—2013《建筑施工安全技术统一规范》
(5) GB 51004—2015《建筑地基基础工程施工规范》
(6) GB 50204—2015《混凝土结构工程施工质量验收规范》
(7) GB 50202—2018《建筑地基基础工程施工质量验收标准》
(8) GB 55018—2021《工程测量通用规范》
(9) GB 55008—2021《混凝土结构通用规范》
(10) GB/T 50903—2013《市政工程施工组织设计规范》
(11) GB/T 51231—2016《装配式混凝土建筑技术标准》
(12) GB 55034—2022《建筑与市政施工现场安全卫生与职业健康通用规范》
(13) JGJ 59—2011《建筑施工安全检查标准》
(14) JGJ 79—2012《建筑地基处理技术规范》
(15) JGJ 276—2012《建筑施工起重吊装工程安全技术规范》
(16) JGJ 1—2014《装配式混凝土结构技术规程》
(17) JGJ 111—2016《建筑与市政工程地下水控制技术规范》
(18) JC/T 2241—2014《预制混凝土检查井》
(19) CJJ 1—2008《城镇道路工程施工与质量验收规范》
(20) 22S521《预制装配式混凝土检查井》

3. 施工工艺流程及操作要点

1) 工艺流程。预制装配式井室施工工艺流程见图 3-4。

(1) 施工准备。预制装配式井室施工准备工作不仅包括现浇钢筋混凝土井室的施工准备，还包括以下事项。

①梳理项目所需的各类井室类型、接入管道管径、强度要求等资料，提前联系专业厂家定制，确保后续成品井室供应满足现场所需，同时检查既定厂家的资质及其所用的水泥、砂石等原材料的检验报告。

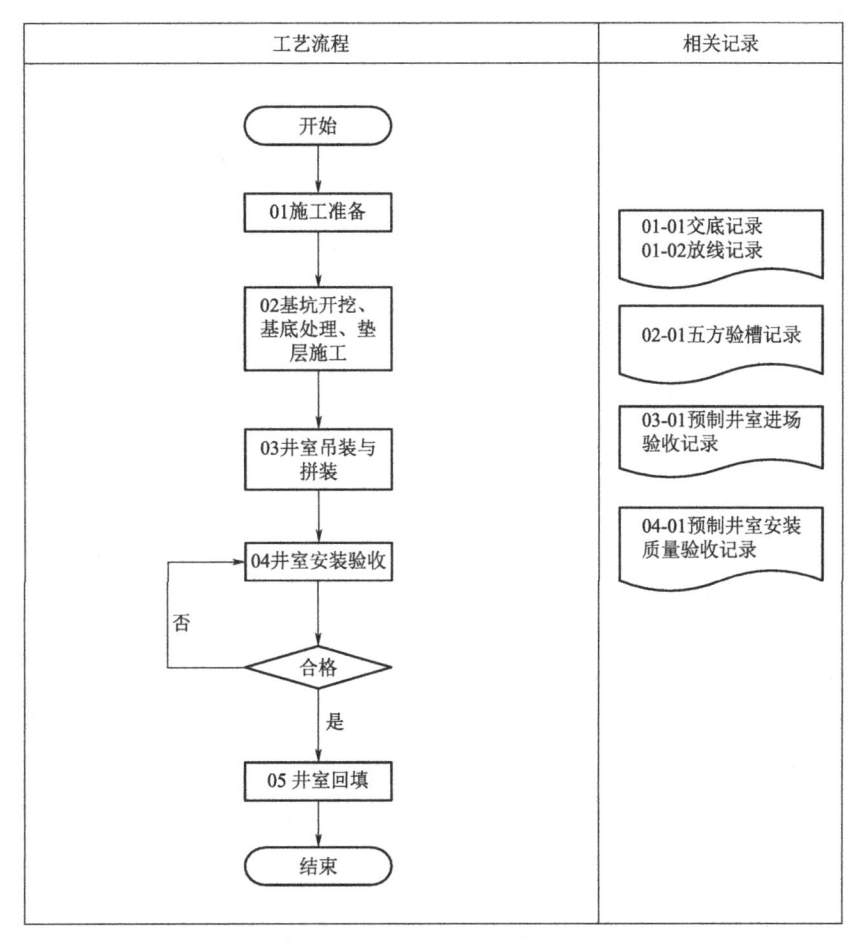

图 3-4 预制装配式井室施工工艺流程

②重点规划施工期间起重机设备的布置方式，为后续成品井室吊装做好保障措施。

（2）基坑开挖、基底处理、垫层施工。预制装配式井室基坑开挖、基底处理、垫层施工的要求同现浇钢筋混凝土井室，但其开挖时间应充分考虑成品井室到货时间，避免开挖完成后基坑长时间暴露。

（3）井室吊装与拼装。

①井室预制构件进场后，应充分做好其质量验收工作，确保预制构件及其配件经检验符合设计和安装要求。若需二次转运，则应采取有效的保护措施，防止预制构件损坏或变形。

②吊装预制构件时，要求施工现场有足够的吊装作业空间，选用合适的起重机及起重设备。吊装作业应按照 JGJ 276—2012《建筑施工起重吊装工程安全技术规范》相关规定执行。

③预制构件移动及吊装的混凝土强度应符合设计要求，设计没有要求时，不应低于设计强度的 80%。

④因井壁较薄，故为了保证井壁起吊时起吊角必须大于 60°，施工时由人工配合起重

设备进行安装。预制构件吊装示意图见图 3-5。

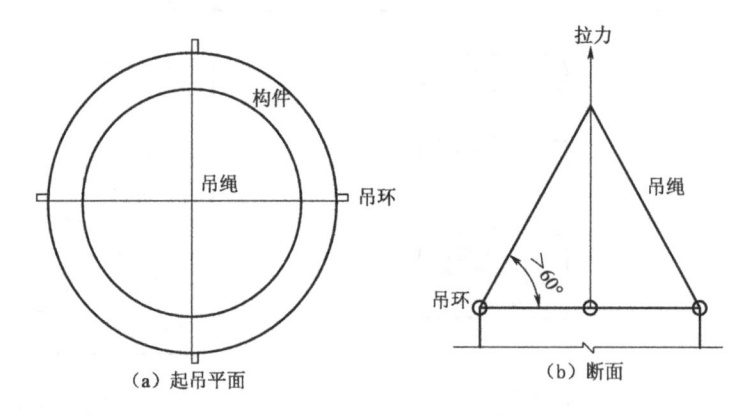

图 3-5 预制构件吊装示意图

⑤预制构件装配位置和尺寸应正确，并安装牢固，安装前，各预制构件接头处应清理干净，保证井室安装平顺，并注意检测其垂直度。

⑥采用水泥砂浆接缝时，企口坐浆与竖缝灌浆应饱满，装配后的接缝水泥砂浆凝结硬化期间应加强养护，不得受外力碰撞或震动。

⑦底板与井室、井室与盖板之间的拼缝用水泥砂浆填塞严密，抹角应光滑平整。

⑧井室预留口轴线与管道轴线应相符，井座安装应平整，高程控制应符合要求。

⑨设有橡胶密封圈时，止水应严密可靠，安装应平整、圆顺、严密。止水橡胶密封圈周边采用 1∶2 微膨胀水泥砂浆或聚氨酯水泥砂浆嵌缝。

（4）井室回填。预制装配式井室回填的要求与现浇钢筋混凝土井室回填的要求一致，但其回填前，应保证接口处砂浆强度符合设计要求。预制装配式井室安装见图 3-6。

图 3-6 预制装配式井室安装

2）施工工艺操作要点

施工前，应对设计图纸和相关规范进行充分了解和分析，确保施工质量和安全。施工准备时，在进行预制装配式沉井施工过程中，按照相关施工要求对整个平面进行合理适当的布置，保证整个平面得到充分合理的应用，在此基础上对整个施工过程中的轴线进行准确控制。在进行基坑挖掘、中心柱、控制桩施工的过程中，对其所处的位置和深度进行合理有效控制。在井室安装过程中，严格按照工艺流程操作，确保安装质量。

4. 材料与设备

1）材料准备

预制构件：根据设计图纸的要求，联系构件预制厂家进行构件生产。

附属材料：水泥、石子、砂、块石和防腐材料等。

2）机具准备

(1) 测量设备：全站仪、水准仪、钢尺、皮尺等。

(2) 挖土设备：挖掘机、推土机、自卸汽车等。

(3) 吊装设备：起重机。

(4) 回填压实设备：压路机、小型机械冲击夯机等。

(5) 一般工具：发电机、抽水机、铁锹、手推车、放样线绳等。

5. 质量控制

1）施工过程控制指标

(1) 原材料质量：预制装配式井室使用的原材料应符合设计要求，按照相关标准对预制厂家所用原材料进行检查。

(2) 预制构件质量：预制构件的尺寸、形状、强度、防水等性能应符合设计要求，可按照 JC/T 2241—2014《预制混凝土检查井》相关规定进行验收。各部件允许偏差见表 3-8。

表 3-8 各部件允许偏差 （单位：mm）

内框尺寸	有效高度	保护层厚度	壁厚	顶板底板厚度	端面倾料度
+5	+10	-2	+5	+5	10
-5	-10		-3	-3	

2）施工质量控制指标

预制装配式井室的施工安装和验收应符合 GB 50204—2015《混凝土结构工程施工质量验收规范》相关规定。其轴线位置、井底高程的安装允许偏差在符合设计要求的情况下，可参照现浇钢筋混凝土井室质量验收标准执行。

3.2 井盖

3.2.1 概述

井盖是检查井最主要的附属配套产品，是用于遮盖井室，防止人或物体掉落的重要设施。按照用途不同，井盖可分为雨水井盖、污水井盖或给水井盖等。按照材质不同，井盖可分为铸铁井盖、混凝土井盖等。按照安装位置不同，井盖可分为人行道井盖、车行道井盖等。

井盖的施工与安装可分为两种情况：一种情况是与井室一起施工，即井室施工完成后进行井盖安装工作，此种情况无须单独进行基坑开挖、井筒砌筑等工作，是一种常见方式；另一种情况是对下沉、破损或材质过时的既有井盖进行维修或更换，不进行井室施工，此种情况须单独进行基坑开挖、钢筋绑扎、混凝土浇筑等工作。井盖见图3-7。

(a) 既有井盖维修 　　(b) 新建井盖

图 3-7 井盖

3.2.2 现行适用规范

(1) GB 50268—2008《给水排水管道工程施工及验收规范》
(2) GB/T 23858—2009《检查井盖》
(3) GB 51004—2015《建筑地基基础工程施工规范》
(4) GB 55018—2021《工程测量通用规范》
(5) GB 55008—2021《混凝土结构通用规范》
(6) GB 55034—2022《建筑与市政施工现场安全卫生与职业健康通用规范》
(7) GB/T 50107—2010《混凝土强度检验评定标准》
(8) GB/T 26537—2011《钢纤维混凝土检查井盖》
(9) GB/T 50152—2012《混凝土结构试验方法标准》
(10) GB/T 50081—2019《混凝土物理力学性能试验方法标准》
(11) GB 50119—2013《混凝土外加剂应用技术规范》
(12) GB/T 50903—2013《市政工程施工组织设计规范》
(13) GB 50870—2013《建筑施工安全技术统一规范》
(14) GB 50204—2015《混凝土结构工程施工质量验收规范》
(15) CJ/T 121—2000《再生树脂复合材料检查井盖》
(16) CJ/T 211—2005《聚合物基复合材料检查井盖》
(17) JGJ 162—2008《建筑施工模板安全技术规范》
(18) CJ/T 327—2010《球墨铸铁复合树脂检查井盖》

(19) JGJ 59—2011《建筑施工安全检查标准》
(20) JGJ 18—2012《钢筋焊接及验收规程》
(21) JGJ 107—2016《钢筋机械连接技术规程》
(22) CJ/T 511—2017《铸铁检查井盖》
(23) CJJ 1—2008《城镇道路工程施工与质量验收规范》
(24) 20S515《钢筋混凝土及砖砌排水检查井》
(25) 14S501—1《球墨铸铁单层井盖及踏步施工》

3.2.3 施工工艺流程及操作要点

1. 工艺流程

井盖安装施工工艺流程见图 3-8。

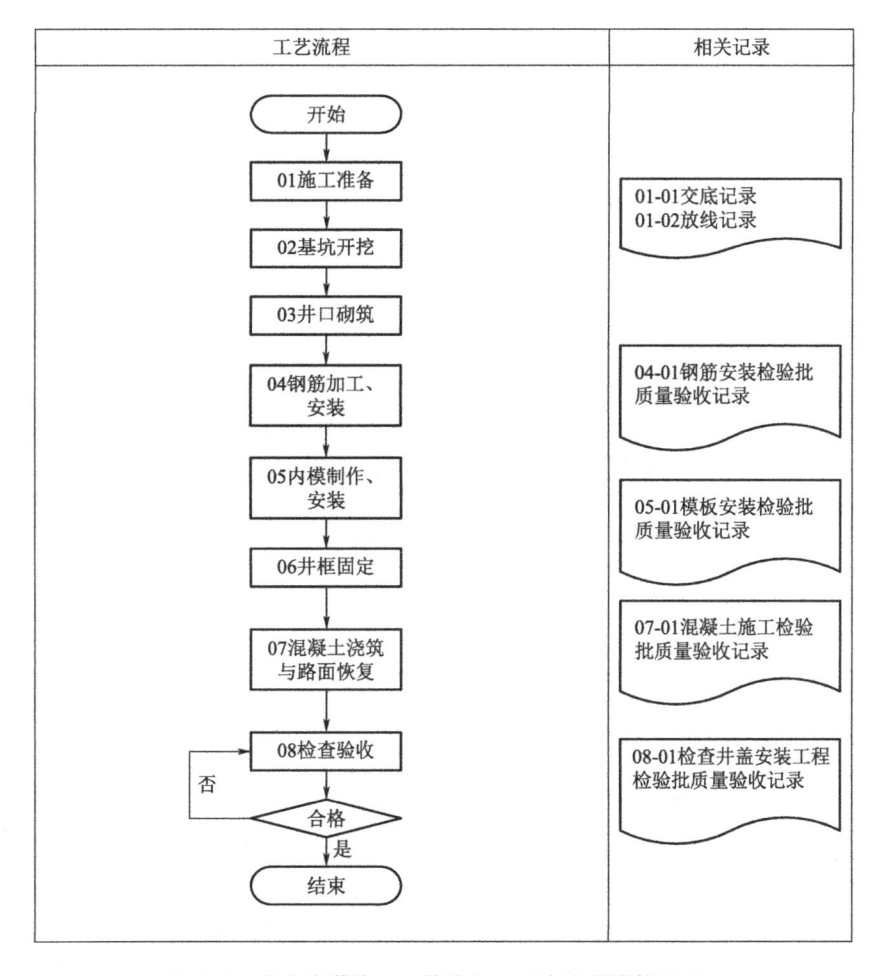

工艺流程	相关记录
开始 ↓ 01施工准备 ↓ 02基坑开挖 ↓ 03井口砌筑 ↓ 04钢筋加工、安装 ↓ 05内模制作、安装 ↓ 06井框固定 ↓ 07混凝土浇筑与路面恢复 ↓ 08检查验收 ↓ 合格？ 否→ 是↓ 结束	01-01交底记录 01-02放线记录 04-01钢筋安装检验批质量验收记录 05-01模板安装检验批质量验收记录 07-01混凝土施工检验批质量验收记录 08-01检查井盖安装工程检验批质量验收记录

图 3-8 井盖安装施工工艺流程（既有井盖维修适用）

（1）施工准备。除编制施工方案、进行安全技术交底等常规施工准备工作外，还应着重做好以下几方面施工准备工作。

①标志管理。统计所有检查井的类型、结构、尺寸、井盖安装质量等，采用全站仪测量检查井位坐标，并准确进行标志。

②测量定位。路面结构层按照单折线路施工。井框高程横向按照对应的道路中心线与边线高程控制，纵向按照平衡梁长度控制。每个检查井均按照"十字法"将定位桩固定在质量无异常的路面（沥青下面层），并由技术人员复核后使用。

（2）基坑开挖。基坑开挖前，应以井中心为圆心画圆，沥青面层采用切割锯割缝。采用风镐破除结构层时，破除范围应小于基坑尺寸，且不得扰动路面结构（严禁发生隆起或裂纹现象）。基坑预留边缘部分采用人工凿除，保证坑壁整齐、圆顺、坚实。破除时，应注意保护切割面，不得破坏切割边缘。基坑破除深度宜为既有路面以下13～20cm，坑面应干净整洁，平整度较好。

（3）井口砌筑。井口高度不足时，应按照要求进行修复，井口砌砖应按照检查井砌筑标准控制，达到砂浆饱满、砌筑规范、尺寸准确的要求。基底井周部分采用低标号混凝土填实、找平。应考虑井口高度与加固混凝土的关系，保证井口直接安装钢筋骨架。砌筑井口直径（抹面后）应与检查井盖的有效直径吻合。井口砌筑见图3-9。

图3-9 井口砌筑

（4）钢筋加工、安装。钢筋加工及骨架尺寸应符合设计及规范要求，骨架安装应与井口位置吻合，保证底部保护层厚度。骨架应牢固，避免被踩踏而出现变形等问题。钢筋加工、安装见图3-10。

（5）内模制作、安装。制作牢固、适用的圆形井口模板，并便于安装和拆除，一般用0.5mm厚铁皮制作，保证井口尺寸及混凝土外观质量。铁皮内模用井口和井框限制，用来加固尺寸，并起到稳固作用。为保证内模稳固，应考虑在井口预设简易支撑。

（6）井框固定。井框固定时，将井盖与井框拆开，待拆除内模后再安装，并采用悬吊可调式支架固定井框。调整检查井盖铰链轴，使其与行车方向相同，并安装在来车方向。预埋锚固钢筋采用U形或L形且直径为12mm以上的螺纹钢筋，将其按照要求埋入井框预留孔或紧贴井框周围安装。

（7）混凝土浇筑与路面恢复。混凝土浇筑时，采用设计规定强度的混凝土，坍落度

图 3-10 钢筋加工、安装

宜控制为 12~15cm。混凝土表面必须抹面压光，混凝土终凝后，应将表面浮浆清除或拉毛。沥青路面恢复时，应保证混凝土表面与沥青下面层平齐，并保证井框外露部分与沥青上面层厚度一致。混凝土浇筑见图 3-11。

图 3-11 混凝土浇筑

（8）检查验收。检查井内、管道内、管道口、井壁、流槽上、踏步上等各部位都必须清理干净。井周围也应清理干净，保证井框及混凝土与沥青面层结合紧密。每个检验批完成后，由项目部质检员组织施工负责人、施工队伍进行现场验收，监理工程师旁站监督并完成验收。

2. 施工工艺要点

安装井盖前，应对井盖的类型、级别、材质、重量、结构尺寸及外观进行现场验收，每批抽两套进行承载力试验，合格后方可使用。

开挖、清除井口位置的面层、基层材料时，不得扰动周围路面结构。浇筑时，必须采用商品混凝土，并将其振捣密实，使其与道路结构紧密结合。预埋钢筋应安放 8 根以上，并均匀分布。无法安装预埋钢筋时，必须采用其他方式加固井框，如膨胀螺栓或钢筋网片。

对于新建检查井的井盖安装，在检查井浇筑完成后，可直接从井盖安装步骤开始，其混凝土浇筑随管道工程主体施工时路面混凝土的浇筑工序进行。若井盖位于道路上，则安装时应注意井盖上的箭头所指方向与车流方向一致。

3.2.4 材料与设备

1. 材料准备

（1）井盖：应按照设计要求准备相应材质及相应类型的井盖，如球墨铸铁井盖、混凝土井盖等，井盖标志应正确、清晰。

（2）原材料：水泥、石子、砂、钢筋等。

（3）混凝土：应采用商品混凝土，其供应商具备相应资质，提供的商品混凝土符合设计及规范要求，应有原材料检验报告、配合比报告及混凝土强度报告，并且符合相关规格、规范、标准的要求。

（4）路面恢复材料：应按照原有路面材质准备相同的路面恢复材料，如沥青、相应结合剂等。

（5）其他材料：采用上述材料以外的其他材料时，应符合本标准规定的要求，且任何改良部分都应符合相关要求并检测合格。

2. 机具准备

切割设备：圆形切割机。

开挖设备：破碎镐、风镐、铁锹等。

压实设备：冲击夯、压路机等。

3.2.5 质量控制

1. 井盖质量控制

井盖的表面应完整，材质均匀，无影响产品使用的缺陷。井盖进场时，应附有质量证明材料，主要包括产品合格证及试验检测报告，其时间、批号、类型必须对应。井盖上表面不应有拱度，井座保持顶平，井盖与井座的接触面应平整、光滑。铸铁井盖与井座应为同一种材质，井盖与井座装配尺寸应符合 GB/T 6414—2016《铸件尺寸及形状公差》相关规定。

2. 施工过程质量控制

（1）井盖进场后，必须配套存放，并做好产品标志（每套都应编号，这样方便追溯）。现场不得存放不合格品。禁止拆卸混装。井圈加固时，若拆下井盖，则必须按照相同编号进行管理，保证其安装适配。

（2）钢筋绑扎、模板支设、混凝土浇筑应符合 GB 50204—2015《混凝土结构工程施工质量验收规范》相关规定。

3. 检查井安装质量控制

（1）安装井盖前，应对井盖的类型、级别、材质、重量、结构尺寸及外观进行现场验收，每批抽两套进行承载力试验，合格后方可使用。

（2）开挖、清除井口位置的面层、基层材料时，不得扰动周围路面结构。

(3) 必须用商品混凝土浇筑，确保混凝土振捣密实并与道路结构紧密结合。

(4) 预埋钢筋应安放 8 根以上，并均匀分布。无法安装预埋钢筋时，必须采用其他方式加固井框，如膨胀螺栓或钢筋网片。

(5) 外观质量标准。

①预埋件安装正确、牢固，井盖与检查井口位置吻合。

②混凝土振捣密实，表面平整，无石子外露及露筋现象，混凝土与切割面紧密结合，井口平整、光洁，与井壁垂直，养护及时，无裂纹。

③井框与沥青应相接平顺，结合紧密。

④检查井内应干净，无建筑垃圾等杂物。

(6) 实测、实量控制标准。

井盖安装质量控制可参考表 3-9 井盖安装质量验收标准。

表 3-9 井盖安装质量验收标准

项目		允许偏差（mm）	检验频率 范围	检验频率 点数	检验方法
井座与路面高差（mm）	车行道	≤3	每座	1	十字法，用直尺和塞尺量，取最大值
	人行道	≤4 大理石、花岗岩铺装≤2	每座	1	十字法，用直尺和塞尺量，取最大值
盖板与井座高差（mm）		≤1	每座	1	十字法，用直尺和塞尺量，取最大值
井盖设施安装方向		与道路中线平行	每座	1	观察

3.3 雨水口

雨水口是在雨水管渠或合流管渠上收集雨水的构筑物。街道路面上的雨水会经过雨水口，通过连接管流入排水管渠。雨水口由进水箅、井身和支管组成。雨水口的形式、数量和布置根据汇水面积产生的数量、雨水口的泄水能力和道路形式确定。雨水口的井身可用砖砌或钢筋混凝土预制。雨水口进水箅分为平箅式和立箅式两种形式。常用雨水口进水箅见图 3-12。

(a) 平箅式雨水口　　　　　　　　(b) 立箅式雨水口

图 3-12 常用雨水口进水箅

3.3.1 砌筑式雨水口

1. 概述

砌筑式雨水口井身采用砖砌形式进行修筑,常用于新建、改建道路工程,雨水口对施工工艺要求较高,宜设污染物截流设施,目的是减少由地表径流产生的非溶解性污染物进入排水管渠,造成堵塞。

2. 现行适用规范

（1）GB 50268—2008《给水排水管道工程施工及验收规范》

（2）GB 50141—2008《给水排水构筑物工程施工及验收规范》

（3）GB/T 5101—2017《烧结普通砖》

（4）GB 175—2023《通用硅酸盐水泥》

（5）JGJ 52—2006《普通混凝土用砂、石质量及检验方法标准（附条文说明）》

3. 施工工艺流程及操作要点

1）工艺流程

砌筑式雨水口施工工艺流程见图 3-13。

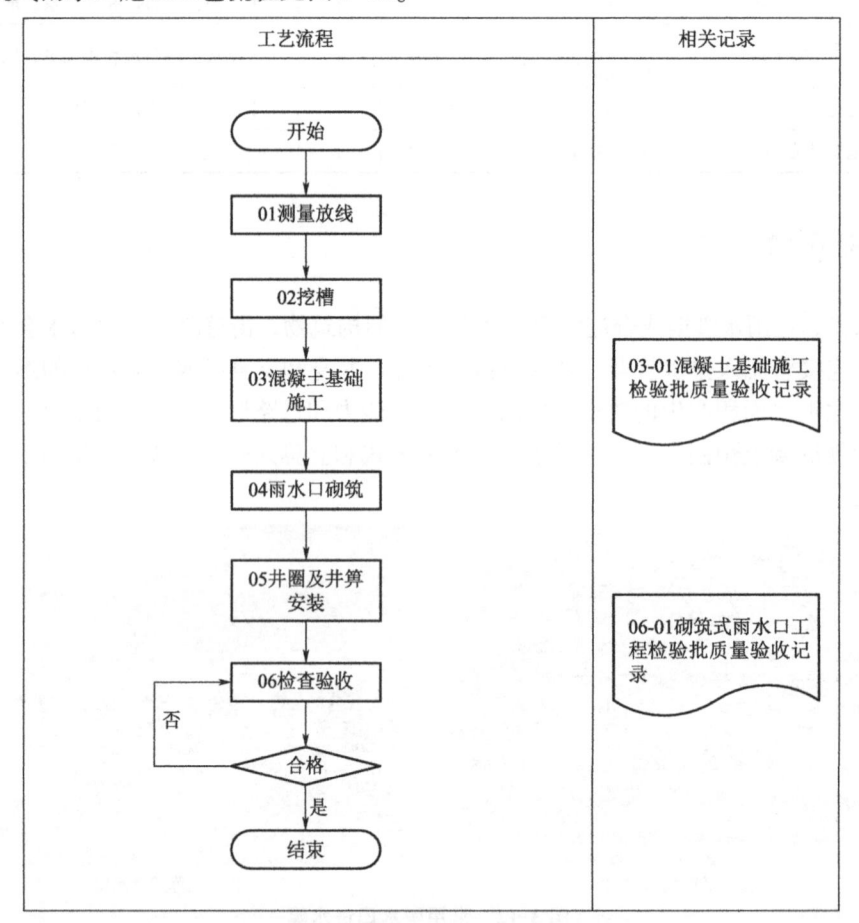

图 3-13 砌筑式雨水口施工工艺流程

（1）测量放线。根据设计图纸，按照道路设置边线及支管位置，确定雨水口位置，定出雨水口中心线桩，使雨水口长边与道路边线重合（弯道部分除外），并放出雨水口开挖边线。

（2）挖槽。按照设计图纸的雨水口位置及外形尺寸，开挖雨水口槽，每侧宜留出30~50cm作业空间。人工开挖雨水口槽时，必须严格按照开挖边线开挖。开挖时，应核对雨水口位置，如有误差则以支管为准。修正位置时，应与路边平行，并挖至设计深度。

（3）混凝土基础施工。槽底应夯实，若为松软土质，则应换填符合要求的土质，及时浇筑混凝土基础。混凝土浇筑前，应及时排出积水。混凝土标号应符合设计及规范要求，根据设计确定基础尺寸。混凝土浇筑时，应充分振捣密实。浇筑完成后，应按照要求进行养护。

在基础上放出雨水口倒墙位置线并安放好雨水支管，管段外漏雨水口内壁长度不大于2cm，管段应完整无破损。

（4）雨水口砌筑。雨水口混凝土基础达到设计或者规范要求后，方可进行雨水口井墙砌筑。砌筑时，应注意以下事项。

①选择数量合适、质量合格的砖，将其运送至砌筑现场，并在砌筑雨水口井墙前一天充分浇水湿润（冬季除外）。

②根据试验室提供的水泥砂浆配合比，现场搅拌水泥砂浆，宜采用机械搅拌，搅拌时间不少于90s，稠度应为50~70mm。

③砂浆应随用随拌，若有泌水现象，则应在砌筑前重新拌和。测放雨水口井墙的内外边线、角桩，据此进行雨水口井墙砌筑。

④按照雨水口井墙位置挂线，先砌筑一层，再根据长宽尺寸，核对对角线尺寸，核对方正。

⑤砌筑雨水口井墙时，应灰浆饱满，随砌随勾缝，灰缝宽度应控制为8~12mm。每砌高300mm，应将墙体肥槽及时回填夯实。回填材料应采用二灰混合料或低标号混凝土。

⑥砌筑雨水口井墙时，砖块应上下错缝，内外搭接。雨水口井墙砌筑见图3-14。

图3-14 雨水口井墙砌筑

⑦雨水支管与雨水口井墙间应砂浆饱满，管顶应发125mm砖券，管口应与井墙面齐平，管端面应完整无破损。

⑧雨水口井墙砌筑完成后，井底用10MPa混凝土抹出向雨水支管集水的泛水坡。混凝土厚度最大50mm，最小30mm。雨水口为3算以上时，设置1%的坡度向雨水支管。

⑨为了保证雨水口与路面顶面平顺，应按照设计高程，在路面沥青上面层施工前，安装完成雨水口井圈及井盖。

（5）井圈及井算安装。

雨水口砌筑至规定标高后，应及时安装井圈及井算。按照设计高程找平，井圈安装就位后，底部铺2cm厚1：3水泥砂浆嵌牢。安装井圈时，位置应准确，与雨水口内壁一致。安装井算时，井算应与路面平齐或稍低5～30mm，不得突出，核证标高后，井算周围用C20混凝土锁牢，要求安装牢固、平稳。

（6）检查验收。

原材料、预制构件应符合国家相关标准规定和设计要求，检查产品质量合格证明、各项性能检验报告和进场验收记录。雨水口位置正确，深度符合设计要求，安装不歪扭。井圈、井算应完整无损，安装平稳牢固。支管、连管应直顺，无倒坡、错口等破损现象。井内、连接管道内无线漏、滴漏现象。雨水口砌筑勾缝应直顺、坚实，不得漏勾、脱落。内外壁抹面管应平整光洁。支管、连管内应干净、流水畅通，无明显渗水现象。

2）施工工艺操作要点

（1）基础施工。开挖雨水口槽及雨水管支管槽时，每侧宜留出300～500mm的施工宽度，槽底应夯实并及时浇筑混凝土基础。

（2）雨水口砌筑。雨水口的位置及深度应符合设计要求。管端面在雨水口内的露出长度不得大于20mm，管端面应完整无破损。砌筑时，灰浆应饱满，随砌随勾缝，抹面应压实。雨水口底部应用水泥砂浆抹出雨水口泛水坡。砌筑完成后，雨水口内应保持干净，及时加盖，保证安全。雨水口与检查井的连接管道的坡度应符合设计要求，位于管路下的雨水口、雨水支管、雨水连接管应根据设计要求浇筑混凝土基础。坐落于道路基层内的雨水支管应使用C25级混凝土全包封，且包封混凝土达到75%设计强度前，不得放行交通。井圈、井算应完整无损，安装平稳牢固。

4. 材料与设备

1）材料准备

（1）砌筑用砖：品种、规格、外观、强度、质量应符合GB/T 5101—2017《烧结普通砖》相关规定，并符合设计要求。一般，砌筑用砖的强度不低于MU10，应具有出厂产品质量合格证和试验报告单，进场后，应送样复验合格。砌筑用砖有以下要求。

①尺寸偏差。检验样品数量为20块，按照GB/T 2542—2012《砌墙砖试验方法》的检验方法进行。其中，每一尺寸测量不足0.5mm时按照0.5mm计，每一方向尺寸以两个测量值的算术平均值表示。样本平均偏差的计算方法为：20块试样同一方向40个测量尺

寸的算术平均值减去其公称尺寸的差值。样本极差的计算方法为 20 块试样同一方向 40 个测量尺寸中最大测量值与最小测量值的差值。

②抗风化性能。经 15 次冻融试验后，每块砖样可出现分层、掉皮、缺棱、掉角等冻坏现象。冻后砖样裂纹长度应符合以下规定。

a. 大面上宽度方向及其延伸至条面的长度小于或等于 30mm。

b. 大面上长度方向及其延伸至顶面的长度或顶面上水平裂纹的长度小于或等于 50mm。

③石灰爆裂。砖的石灰爆裂应符合下列规定。

a. 破坏尺寸大于 2mm 且小于或等于 15mm 的爆裂区域，每组砖不得多于 15 处。其中，大于 10mm 的不得多于 7 处。

b. 不得出现最大破坏尺寸大于 15mm 的爆裂区域。

c. 试验后，抗压强度损失不得大于 5MPa。

④砌筑用砖中不得出现欠火砖、酥砖和螺旋纹砖。

（2）水泥。一般采用强度等级 32.5 级普通硅酸盐水泥和矿渣硅酸盐水泥。水泥进场时，应有产品合格证和出厂检验报告，进场后，应对其强度、安定性及其他必要的性能指标进行取样复验，质量必须符合 GB 175—2023《通用硅酸盐水泥》相关规定。对水泥质量有疑问或水泥出厂超过三个月时，使用前，必须进行复验，并按照复验结果使用。不同品种的水泥不得混合使用。

①硅酸盐水泥初凝时间不得少于 45min，终凝时间不得多于 390min。

②细度、终凝时间、不溶物和烧失量中的任一项不符合标准规定，或混合材料掺合量超过最大限量，强度低于商品标号规定的指标时，都视为不合格品。

③水泥包装标志中，水泥品种、标号、工厂名称和出厂编号不全的属于不合格品。

④试验报告内容应包括标准规定的各项技术要求及试验结果、混合材料名称和掺合量、出厂窑情况（属旋窑或立窑生产）。水泥厂应在水泥发出日起 7d 内寄发除 28d 强度外的各项试验结果。28d 强度数值应在水泥发出日起 32d 内补报。

⑤水泥在运输与贮存过程中不得受潮和混入杂物，不同品种和标号的水泥应分别贮存，不得混在一起贮存。

（3）水。宜采用饮用水。当采用其他水源时，其水质应符合 JGJ 63—2006《混凝土用水标准（附条文说明）》相关规定。

（4）砂。宜采用质地坚硬、级配良好且洁净的中粗砂，其含泥量不超过 3%，质量应符合 JGJ 52—2006《普通混凝土用砂、石质量及检验方法标准（附条文说明）》相关规定，进场后应取样复验合格，具体要求如下。

①细骨料砂应检查颗粒级配、泥块含量、石粉含量、压碎指标、有害物质、表观密度、堆积密度、孔隙率、碱集料反应，尤其是含泥量和有害物质含量。

②砂的质量检验报告内容应包括委托单位、样品编号、工程名称、样品产地、类别、代表数量、检测依据、检测条件、检测项目、检测结果、结论等。

③砂或石的数量验收可按照质量计算，也可按照体积计算。测定质量时，以汽车地量衡或船舶吃水线为依据。测定体积时，以车皮或船舶的容积为依据。采用其他小型运输工

具时，可按照量方确定。

④砂或石在运输、装卸和堆放过程中，应防止颗粒离析、混入杂质，并应按照产地、种类和规格分别堆放。碎石或卵石的堆料高度不宜超过5m，对于单粒级或最大粒径不超过20mm的连续粒级，其堆料高度可增加到10m。

2）机具准备

砌筑雨水口降水机具见表3-10。

表3-10 砌筑雨水口降水机具

序号	设备名称	规格型号	备注
1	砂浆搅拌机	根据现场需求	制拌砂浆
2	挖掘机	根据现场需求	成槽
3	抽水泵	根据现场需求	抽排水
4	工具：水平尺、小线、瓦刀、大铲、线坠、小推车、筛子、灰槽、水桶	根据现场需求	—

5. 质量控制

1）施工过程控制指标

（1）砂浆拌和均匀，保证砌筑砖含水量为10%～15%，砌体不得有竖向通缝，必须为上下错缝，内外搭接。如井身不能一次砌完，则在二次接高时，先将原砖面的泥土杂物清理干净，再用水清洗砖面并浸透。

（2）雨水口砌筑灰缝宽度应控制为8～12mm。灰缝应饱满，每砌筑300mm，将墙体肥槽及时回填夯实。雨水支管与墙体间砂浆应饱满，管口与井墙面齐平。

2）雨季施工控制指标

下雨期间砌筑时，应有防雨措施。下雨时，必须停止砌筑，覆盖未用完的砂浆，并对已砌筑墙体采取遮雨措施。下雨时，若雨水口已具有泄水能力，则应临时安装雨水箅，将雨水导入到雨水主干线；若雨水口尚未具有泄水能力，则应覆盖好正在施工的雨水口，防止雨水进入雨水口内。

3）冬季施工控制指标

冬季砌筑雨水口时，不得采用冻结法。砌筑前，应清除冰、雪等冻结物，不得使用水浸砖。砂浆宜用普通硅酸盐水泥拌制，砂内不得含有直径大于10mm的冻结块，并且宜用抗冻砂浆。砂浆使用温度不应低于5℃。砂浆应随用随拌，搅拌时间应比常温时增加0.5～1倍。冬季当日最低气温高于或等于-3℃时，可采用抗冻砂浆和覆盖保温措施。当日最低气温低于-3℃时，不宜进行砌筑施工。

4）施工管理及控制要点

（1）砌筑用砖现场搬运时，应注意轻搬轻放，防止其棱角及表面损坏。

（2）浇筑泛水坡豆石混凝土时，应注意避免污染墙壁。

（3）道路施工时，注意雨水口临时盖钢板的刚度、强度及密闭性，防止道路施工机械损坏雨水口，防止沥青黏油或沥青混凝土进入雨水口。

砌筑雨水口施工质量验收标准见表3-11。

表 3-11 砌筑雨水口施工质量验收标准

	检查项目	允许值或允许偏差	检查方法
主控项目	雨水口的原材料、预制构件的质量	设计要求	检查产品质量合格证明、各项性能检验报告、进场验收记录
	雨水口位置和深度	设计要求	逐个观察，用水准仪、钢尺量测
	井圈、井箅	设计要求	现场检验
	井内、连接管道	内无线漏、滴漏现象	现场检验
一般项目	雨水口砌筑勾缝，内、外壁抹面	10mm	钢尺量测较大值
	雨水口位置与道路边线平行	10mm	钢尺量测较大值
	墙体的水平灰缝厚度和竖向灰缝宽度	8~12mm	钢尺量测较大值
	雨水口顶部高程与路面的衔接	±10mm	钢尺量测较大值

3.3.2 预制式雨水口

1. 概述

预制式雨水口常见于小区、市政道路，是一款针对城市面源污染并从源头采取控制措施的产品，可显著减少初期雨水中的污染物，并具有高效的雨水净化、防蚊防臭、安装便捷、维护简单等特点。目前已在全国范围内广泛应用，是一款技术成熟、性能稳定、可大面积推广的产品。预制式雨水口见图3-15。

图 3-15 预制式雨水口

2. 现行适用规范

(1) GB 50268—2008《给水排水管道工程施工及验收规范》。

(2) GB 50141—2008《给水排水构筑物工程施工及验收规范》。

(3) GB 175—2023《通用硅酸盐水泥》。

(4) GB/T 5101—2017《烧结普通砖》。

(5) JGJ 52—2006《普通混凝土用砂、石质量及检验方法标准（附条文说明）》。

3. 施工工艺流程及操作要点

1) 工艺流程

预制式雨水口施工工艺流程见图 3-16。

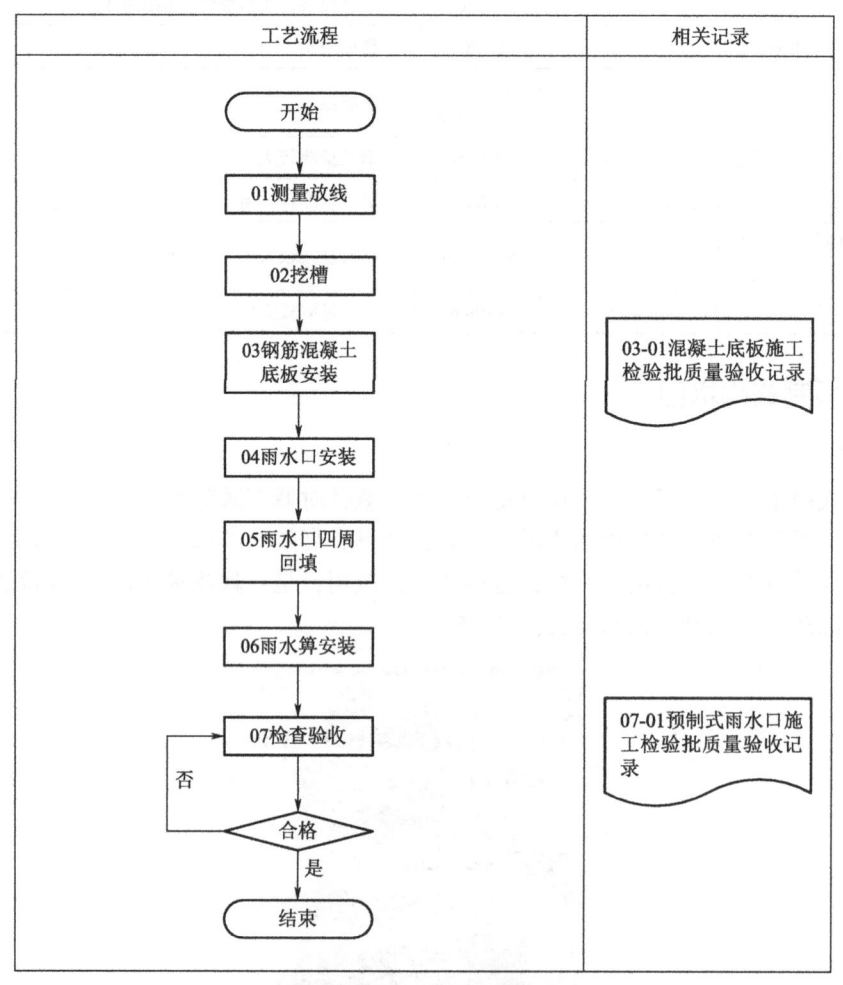

图 3-16 预制式雨水口施工工艺流程

（1）测量放线。在道路底基层碾压后放出道路中线，按照设计图纸中的横断面示意图确定雨水口的基准线，依据基准线，按照雨水口外边线放出检查井位置，撒灰线进行标志。

（2）挖槽。按照设计雨水口位置及外形尺寸，开挖雨水口槽，每侧宜留出 30~50cm 作业空间。人工开挖雨水口槽时，必须严格按照开挖边线进行开挖。开挖时，应核对雨水口位置，如有误差则以支管为准。修正位置应与路边平行，并挖至设计深度。

（3）钢筋混凝土底板安装。基坑基地夯实平整后，将预制式雨水口的底板平稳放入基坑内。在基坑中的雨水口底板上安装侧墙与边墙，通过凹槽和凸槽依次将底板与侧墙和边墙连接,然后在侧墙间安装调节块,通过调节块将侧墙连接紧密,拼装成型。

(4)雨水口安装。雨水口的安装采用多角度挂线和定位方法,保证平面位置及垂直度。注意,封口及构件的缝隙应采用防水砂浆勾缝填充。检查井与管道的连接采用1:2防水砂浆嵌缝封堵,并涂刷2~3层防水涂料。在安装就位的雨水口上方铺砌水泥砂浆,安装圈梁。在侧墙、边墙与调节块的间隙处,以及圈梁与雨水口模块的衔接处打胶。保证雨水口各部分连接紧密。

(5)雨水口四周回填。雨水口四周回填时,必须分层填筑,分层厚度不大于30cm,采用打夯机进行夯实,回填材料及压实度要求同周边路基或基层。

(6)雨水箅安装。雨水口四周回填到位后,应及时安装雨水箅。雨水箅就位后,将其周围用1:3水泥砂浆嵌牢固,雨水箅四周呈45°三角形。

(7)检查验收。混凝土振捣密实,表面平整,无石子外露及露筋现象。混凝土与切割面或开凿面结合紧密。混凝土养护及时,无裂纹。雨水口内无建筑垃圾等杂物。雨水支管敷设直顺,无错口、反坡、凹兜、支管外露。管端面完好,不应将断管端置入雨水口。雨水支管、雨水口四周回填密实,处于道路基层内的雨水支管应做360°混凝土包封。雨水支管、雨水口位置符合设计规定,且符合路面排水要求。

2)预制式雨水口施工工艺要点

预制式混凝土构件必须表面平整、光滑、无蜂窝麻面。预制式混凝土构件的安装应采用1:2水泥砂浆座浆抹平。回填土时,在井室周围应同时均匀回填,回填土密度应按照道路设计要求确定,并不应低于95%。雨水口范围内应采用小型压路机对路面进行压实,以免对已完成的雨水井结构产生不利影响,雨水口连接管的敷设、接口、回填土要求和标准与市政道路下的雨水管相同,并应符合现行相关规范、标准与规程。预制式混凝土构件应注意在制造、运输、堆放及安装过程中保持完好,避免破损。

4. 材料与设备

1)材料准备

材料通常为水泥和砂。

2)机具

预制式雨水口施工机具见表3-12。

表3-12 预制式雨水口施工机具

序号	设备名称	数量	规格型号	备注
1	挖掘机	若干	符合现场要求	成孔
2	发电机	若干	符合现场要求	成孔
3	起重机	若干	符合现场要求	降水

5. 质量控制

1)施工过程控制指标

(1)严格控制雨水口与路面高差,保证安装时雨水口略低于控制点10mm。

(2)雨水口模块、雨水箅安装时,应轻搬轻放,防止磕棱掉角,保证雨水口模块与雨水箅完整无损,安装平稳牢固。

(3）雨水口顶面与路面的高差应在路面完成后检测，允许偏差为 3mm 以内。雨水口高程允许偏差为±10mm 以内。雨水口顶面与雨水箅吻合，允许偏差为 10mm 以内。雨水口侧墙与调节块应与路缘石平行，允许偏差为 20mm 以内。

（4）表观验收包括混凝土振捣密实，表面平整，无石子外露及露筋现象。混凝土与切割面或开凿面结合紧密。混凝土养护及时，无裂纹。

（5）雨水口内无建筑垃圾等杂物。

（6）雨水支管敷设应直顺，不应错口、反坡、凹兜，支管的管端面应完好，不应将断管端置入雨水口。雨水支管、雨水口四周回填应密实，处于道路基层内的雨水支管应做 360°混凝土包封。

2）施工管理及控制要点

（1）在施工红线内、围挡上悬挂安全生产、文明施工、保证工程质量等警示标语横幅。

（2）各种材料堆放整齐，保证施工道路平整、畅通。

（3）散堆材料随用随收堆，用完的器材及时清场，剩余材料回收到指定地点堆放。

（4）材料、构件、料具等材料应按照总平面图堆放，并进行标志，做到工完场地清。

（5）采取防粉尘、防噪声措施，将粉尘和噪声污染降到最低。

预制式雨水口施工质量验收标准见表 3-13。

表 3-13 预制式雨水口施工质量验收标准

	检查项目	允许值或允许偏差	检查方法
主控项目	雨水口的原材料、预制构件的质量	设计要求	检查产品质量合格证明、各项性能检验报告、进场验收记录
	雨水口位置和深度	设计要求	逐个观察，用水准仪、钢尺量测
	井圈、井箅	完整无损，安装平稳牢固	现场检验
	井内、连接管道	无线漏、滴漏现象	现场检验
一般项目	雨水口砌筑勾缝	10mm	直顺、坚实，不得漏勾、脱落
	雨水口位置与道路边线平行	10mm	用水准仪、钢尺量测

3.4 安全管理重点事项

3.4.1 通用管理规定

应符合 1.6.1 相关管理规定。

3.4.2 现场安全隐患辨识及管控措施

1. 风险类型

管道附属构筑物工程易发生的主要安全风险类型有机械伤害、物体打击、高处坠落、起重伤害、中毒窒息、触电。

2. 风险源分析

1）机械伤害

同 1.6.3 的相关风险分析。

2）物体打击

同 1.6.3 的相关风险分析。

3）高处坠落

同 1.6.3 的相关风险分析。

4）起重伤害

（1）未按照规定编制起重吊装专项施工方案，或施工方案编制内容不全、无针对性。

（2）起重机无制造许可证、产品合格证、备案证明和安装使用说明书。

（3）未组织开展荷载试验便将挖掘机械作为长距离吊运工具，或超出机械能力吊运材料。

（4）吊索规格不匹配或机械性能不符合设计要求，磨损、变形等达到报废标准时，未及时进行更换。

（5）吊装现场及道路不平整、不坚实，回填土层、松软土层未夯实、未铺设底板，吊机停置在斜坡上，或吊机支腿伸展不到位。

（6）起重机司机操作证与操作机型不符，未设专职信号指挥和司索人员，或相关特种作业人员未持证上岗。

5）中毒窒息

（1）未结合施工工艺、环境等开展有限空间作业辨识，或辨识不全、内容有缺陷。

（2）未建立有限空间作业安全责任制度、现场安全管理制度、安全操作规程等相关制度。

（3）对作业现场负责人、监护人员、作业人员、应急救援人员等安全培训、教育培训不到位，相关人员不能熟练掌握有限空间作业程序及应急救援知识。

（4）作业前，未办理有限空间作业票，未配备专职监护人员，或监护人员擅自离开作业现场。

（5）作业前，未按照要求对安全防护设备、个体防护用品、应急救援装备、作业设备和用具的齐备性和安全性进行检查，未配备气体检测设备，或未定期进行校验、维护。

（6）作业过程中，未严格遵守"先通风、再检测、后作业"等有限空间作业管控要求。

6）触电

同 1.6.3 的相关风险分析。

3. 安全风险预控措施

1）机械伤害风险预控措施

机械伤害风险预控措施同 1.6.3 相关内容。

2）物体打击风险预控措施

物体打击风险预控措施同 1.6.3 相关内容。

3) 高处坠落风险预控措施

高处坠落风险预控措施同 1.6.3 相关内容。

4) 起重伤害风险预控措施

起重伤害风险预控措施同 2.4.3 相关内容。

5) 中毒窒息风险预控措施

中毒窒息风险预控措施同 4.8.2 有限空间作业专项管理规定。

6) 触电风险预控措施

触电风险预控措施同 1.6.1 相关内容。

第4章 管道修复工程

地下污水管网承担着城市水污染防治、汛期防洪和排涝的重任，是城市"肌体"中重要的"血管"，但随着使用年限不断增长，地下污水管网"病害"日趋增多，然而改造修复工程不可避免地要对路面"开膛破肚"，给居民出行、市政交通带来不便。为了解决这些问题，在管道修复工程的雨污分流改造施工中，探索使用非开挖修复新工艺，实施"微创手术"，将施工改造带来的"负面影响"降至最低，由此在长江大保护项目中得到广泛应用并取得显著成效。

4.1 管道修复预处理

4.1.1 概述

对旧管道进行非开挖修复前，为了保证修复质量，确保修复后的成品可达到预期寿命，需要对管道进行清洗、清障、注浆等一系列前期准备工作。预处理的效果直接影响修复效果，需要对预处理后的管道情况进行视频检测，形成影像资料，并进行验收，合格后方可进行下道工序。

管道修复工程施工前，应根据管道状况、修复工艺要求对原有管道进行预处理，并符合下列规定。

（1）预处理后的原有管道内应无沉积物、垃圾及其他障碍物，不应有影响施工的积水和渗水现象。

（2）预处理后的原有管道内表面应干净，无影响干软管衬入的附着物、尖锐毛刺、突起物、台阶现象。

（3）预处理后的原有管道有沉降、变形、破损和接头错位的部位时，应先进行复位和修复处理。

（4）原有管道地下水位较高，内部出现可能影响整体固化的二级及以上渗漏时，应对漏水点通过注浆等措施进行止水或隔水处理。

4.1.2 现行适用规范

（1）GB/T 50448—2015《水泥基灌浆材料应用技术规范》

（2）T/CECS 717—2020《城镇排水管道非开挖修复工程施工及验收规程》

（3）CJJ 181—2012《城镇排水管道检测与评估技术规程》

（4）CJJ/T 210—2014《城镇排水管道非开挖修复更新工程技术规程》

（5）CJJ 68—2016《城镇排水管渠与泵站运行、维护及安全技术规程》

(6) YS/T 5211—2018《注浆技术规程》

4.1.3 施工工艺流程及操作要点

1. 工艺流程

管道修复预处理施工工艺流程见图 4-1。

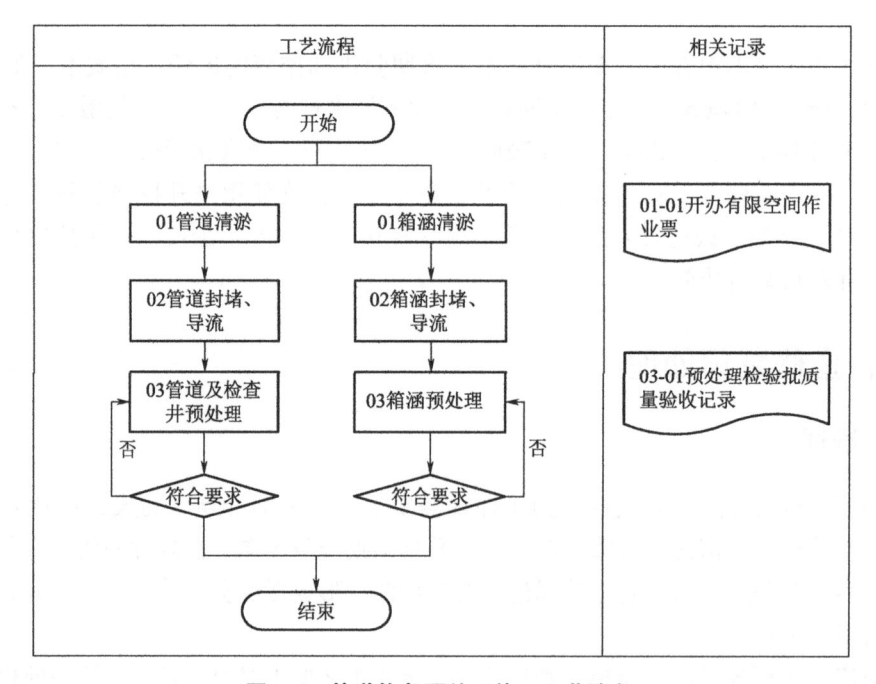

图 4-1 管道修复预处理施工工艺流程

1) 管道（箱涵）清淤

采用高压水枪清洗附着在管道（箱涵）内壁上的淤泥、石块等杂物。清淤处理后，保证管道（箱涵）内壁无附着物。

2) 管道（箱涵）封堵、导流

采用气囊、砖砌、沙袋等设施将施工管段上下游堵塞，确保无污水流入作业管段内。管段封堵后，设置临水水泵及有压软管，及时将封堵管段上游来水排至下游。施工工艺图示意图见图 4-2。

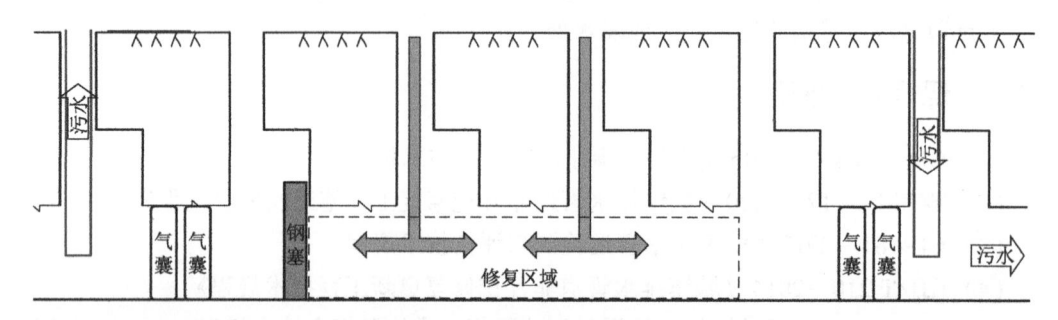

图 4-2 施工工艺示意图

3) 管道（箱涵）及检查井预处理

管道清洗、封堵完毕后，应对管道或检查井的破损段进行修理，包括钢筋头切断、下沉管段在管外注浆抬升、局部凸起磨平等，确保后续修复质量。管道预处理管控要求及措施见表4-1。

表4-1 管道预处理管控要求及措施

管控重点	管控要求	管控措施
施工方案	原有管道损坏程度、修复更新施工方案应符合设计要求	施工单位：施工单位自行委托有管道内窥检测资质的第三方检测单位进行检测。施工单位应将第三方检测单位的资质报监理和业主审查备案。检测完成后，应立即分析检测结果，在2h内出具初步检测评估结果（正式检测评估报告应在24h内出具）。若评估结果与设计图纸相符，则按照原修复方案组织开展修复工作。若评估结果与设计图纸不符，需要调整修复方案的，则应将检测评估报告提交设计单位 监理单位：监理单位相关人员到现场旁站见证，对检测评估报告进行认可 设计单位：设计单位在收到施工单位的检测评估报告后及时出具设计方案，施工单位按照设计方案组织开展修复工作，设计单位及时完善设计变更手续 建设单位：建设单位应做好协调配合工作
管道内表面处理、管道周边土体	原有管道经预处理，应无影响修复更新施工工艺的缺陷，管道内表面、周边土体应加固处理，符合相关规范要求	施工单位：按照设计及施工方案进行处理，做好相关施工记录 监理单位：监理单位进行全面观察，施工单位提供电视检测（CCTV）辅助检查，检查监理单位预处理施工记录、相关技术处理记录，并对结果进行认证
检查井和工作井处理、管道试通	原有管道范围内的检查井、工作井经处理应符合施工要求，应按照要求进行管道试通，并符合修复更新施工要求	施工单位：按照设计及施工方案进行处理，做好相关施工记录 监理单位：监理单位观察，检查内容包括施工记录、试穿管段试通记录、相关技术处理记录，并对结果进行认证
拼合管制作	现场拼合管工况条件应符合样品管（板）的原有制备要求	施工单位：按照设计及施工方案进行处理，做好相关施工记录 监理单位：监理单位观察，检查内容包括施工材料质量保证资料、施工记录等

2. 操作要点

（1）施工单位自行委托有管道内窥检测资质的第三方检测单位进行检测。

（2）管道内表面处理、管道周边土体加固应符合相关规范要求。

（3）原有管道范围内的检查井、工作井经处理应符合施工要求，应按照要求进行管道试通，并符合修复更新施工要求。

（4）现场拼合管工况条件应符合样品管（板）的原有制备要求。

（5）内衬施工前，应由设计人员、监理人员对预处理后的原有管道进行现场检查，并应保存影像、文字等资料作为隐蔽验收依据。

（6）管道清洗产生的污水和污物应从检查井内排出，污物处理应符合CJJ 68—2016《城镇排水管渠与泵站运行、维护及安全技术规程》相关规定，污水应合规排放至规定地点。

4.1.4 材料与设备

（1）根据施工方案准备所需的材料、设备、构配件，如封堵气囊、高压清洗设备、吸污车、手持破碎镐。

（2）主要的辅助性物资包括施工用劳保用品如安全帽、安全绳、手套、防水服、照明灯、电线，施工工具如铁锹、泥桶、垃圾袋及各类安全防护设施。

4.1.5 质量控制

1. 主控项目

（1）原有管道经检查，其损坏程度、修复更新施工方案应符合设计要求。

检查方法：按照 CJJ 181—2012《城镇排水管道检测与评估技术规程》相关规定进行检查，对照设计文件检查施工方案，检查原有管道检测与评估报告，以及与设计的洽商记录等。

（2）按照要求进行原有管道处理、周边土体加固处理时，应无影响修复施工工艺的缺陷，管道内表面应符合 T/CECS 717—2020《城镇排水管道非开挖修复工程施工及验收规程》相关规定和设计要求。

检查方法：CCTV 全数检查；检查预处理方案、施工记录和 CCTV 检测资料。

（3）原有管道范围内的检查井、工作井经处理符合施工要求。

检查方法：观察；检查施工记录、相关技术处理记录。

管道预处理的技术要求见表 4-2。

表 4-2　管道预处理的技术要求

非开挖修复方法	技术要求
原位固化法	管道表面应无明显附着物、尖锐毛刺及凸起物
水泥基材料喷筑法	管道内应无漏水，管道表面应湿润、粗糙
机械制螺旋缠绕法	管道内应无沉积、结垢和障碍物，水深不应超过管径的 20%
垫衬法	管道内应无沉积、结垢和障碍物
碎（裂）管法	原有管道应无堵塞，宜排出积水
热塑成形法	管道内应无沉积、结垢和障碍物，基面应平整圆顺
管片内衬法	管道内应无沉积、结垢和障碍物
不锈钢双胀环法	管道内应无明显沉积、结垢和障碍物，待修复部位前后 500mm 内的管道表面应无明显附着物、尖锐毛刺及凸起物
不锈钢快速锁法	
点状原位固化法	

2. 一般项目

原有管道经预处理后，应无影响各类修复更新施工工艺的缺陷。

检查方法：全数观察；CCTV 辅助检查；检查预处理施工记录、相关技术处理记录。

管道坍陷预处理前后对比见图 4-3。

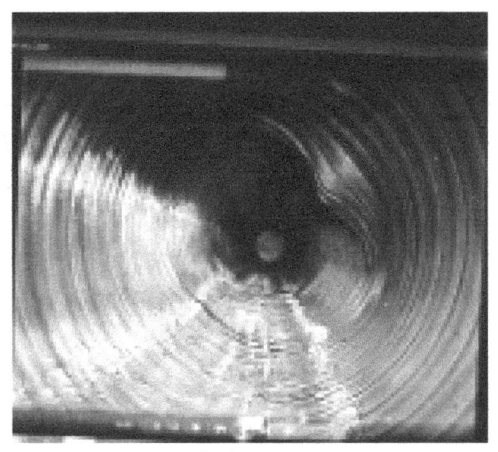

(a)管道坍陷预处理前　　　　　　　　　　(b)管道坍陷预处理后

图 4-3　管道坍陷预处理前后对比

4.2　紫外光固化施工

4.2.1　概述

紫外光固化法指采用牵拉方式将浸有光引发树脂的湿软管置入原有管道内，通过紫外光固化形成管道内衬的修复方法，简称 UV-CIPP（UVcured-in-placepipe）。CIPP 内衬整体修复结构示意图见图 4-4。

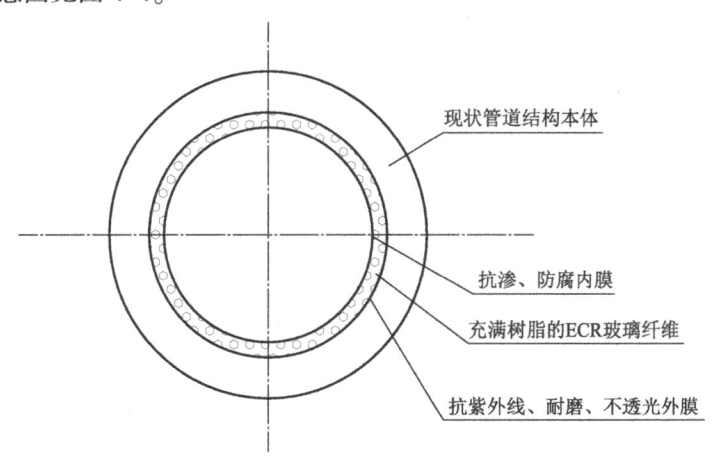

图 4-4　CIPP 内衬整体修复结构示意图

（标注：现状管道结构本体；抗渗、防腐内膜；充满树脂的ECR玻璃纤维；抗紫外线、耐磨、不透光外膜）

首先，将待固化的预浸渍玻璃纤维布软管拉入到预处理完成的待修复管道中，在软管两端安装好扎头。其次，通过施工设备往软管内部充入空气，使软管膨胀至能够贴合待修复管道。再次，开启紫外线灯架对软管进行固化，在紫外光固化过程中，紫外线灯架匀速移动，实时记录连续空气压力和软管反应温度，直至整段软管固化完成。最后，紫外光固化完成后，拉出内膜并对端口进行切割密封处理。

1. 工艺特点

(1) 工艺优点。紫外光固化法内衬管与原管道内壁贴合紧密,不需要注浆。对交通的影响较小,施工速度快、工期短,固化后使用寿命长达50年。可用于修复非圆形管道。内衬管道连续,表面光滑,可减少流量损失。100%非开挖内衬修复,不用开挖工作坑。能源需求较低,施工现场不用水或蒸汽固化,不会产生有毒气体或其他有害物,对于保证施工人员及施工附近人员的安全、保护环境十分有利。

(2) 限制条件。施工过程中需要截流导排,无法带水作业。需要特定固化设备,对工人技术水平和经验有较高要求。受紫外线辐射穿透能力的影响,软管固化壁厚一般控制在15mm内。

2. 技术参数

(1) 软管承受拉力参数。湿软管拉入过程中,其承受的最大拉力应符合T/CECS 717—2020《城镇排水管道非开挖修复工程施工及验收规程》相关规定。湿软管承受的最大拉力见表4-3。

表4-3 湿软管承受的最大拉力

序号	管径(mm)×壁厚(mm)	最大拉力(kN)
1	DN300×4	40
2	DN400×5	55
3	DN500×6	100
4	DN600×6	125
5	DN700×8	190
6	DN800×8	225
7	DN1000×10	340
8	DN(1200~1600)×12	500
9	DN1800×15	700

(2) 固化加压参数可参考一次加压压力参数表(见表4-4),压力调节及停歇时间参数表(见表4-5)。

表4-4 一次加压压力参数表

序号	管径	一次加压时间(min)	一次加压压力(MPa)	二次加压压力(MPa)
1	DN200~DN300	30	0.040	0.050→0.060
2	DN300~DN400	30	0.035	0.045→0.055
3	DN400~DN500	35	0.030	0.040→0.050
4	DN500~DN600	35	0.030	0.035→0.040
5	DN600~DN800	35~40	0.025	0.030→0.035
6	DN800~DN1000	40~45	0.020	0.025→0.030
7	DN1000~DN1800	40~70	0.020	0.020→0.025

表 4-5 压力调节及停歇时间参数表

序号	管径	每次加压（MPa）	停留时间（min）
1	DN200～DN500	0.05～0.06	3～5
2	DN600～DN800	0.04～0.05	4～6
3	DN800～DN1000	0.03	6～8
4	DN1000～DN1800	0.03	7～9

（3）软管伸长参数。湿软管两端的端口伸出原有管道的长度应符合 T/CECS 717—2020《城镇排水管道非开挖修复工程施工及验收规程》相关规定。湿软管两端的端口伸出原有管道的长度见表 4-6。

表 4-6 湿软管两端的端口伸出原有管道的长度

序号	湿软管的管径 D	端口伸出长度（mm）
1	D≤500	≥500
2	500<D≤800	≥800
3	>800	≥1000

（4）紫外光固化小车移动速度可参考表 4-7 D919 固化速度表。

表 4-7 D919 固化速度表　　　　　　　　　　（移动速度：m/min）

序号	管道直径（mm）	材料厚度（mm）										
		3	4	5	6	7	8	9	10	11	12	13
1	250	2	2	2	—	—	—	—	—	—	—	—
2	300	2	2	1.6	—	—	—	—	—	—	—	—
3	400	1.5	1.5	1.2	1.1	—	—	—	—	—	—	—
4	500	0.9	0.85	0.8	0.6	—	—	—	—	—	—	—
5	600	0.75	0.7	0.65	0.6	0.54	0.4	—	—	—	—	—
6	700	—	—	0.8	0.75	0.7	0.6	—	—	—	—	—
7	800	—	—	0.75	0.7	0.6	0.5	—	—	—	—	—
8	900	—	—	—	0.65	0.55	0.45	—	—	—	—	—
9	1000	—	—	—	—	0.5	0.45	0.4	—	—	—	—
10	1100	—	—	—	—	0.45	0.4	0.35	—	—	—	—
11	1200	—	—	—	—	0.4	0.35	0.3	—	—	—	—
12	1400	—	—	—	—	—	0.14	0.13	0.12	0.1	—	—

注：1. 表中速度为上限值，实际施工时，速度不得超过表中数值。
　　2. 实际施工时，应结合温度控制速度。
　　3. 采用新技术时，可以随时开关灯，无须等待，而且因发热量少，故不会融化内膜。

3. 适用范围

紫外光固化法适用于管道结构性缺陷（破裂、渗漏、脱节、错口、腐蚀等）为 2 级或 3 级且 DN150～DN1800 水泥管、整体未发生大面积结构性缺陷的双壁波纹管。

4.2.2 现行适用规范

（1）GB 50332—2002《给水排水工程管道结构设计规范》

（2）GB 50268—2008《给水排水管道工程施工及验收规范》

（3）GB 55027—2022《城乡排水工程项目规范》

（4）GB/T 1634.3—2004《塑料 负荷变形温度的测定 第3部分：高强度热固性层压材料》

（5）GB/T 1449—2005《纤维增强塑料弯曲性能试验方法》

（6）GB Z/T 205—2007《密闭空间作业职业危害防护规范》

（7）GB/T 8806—2008《塑料管道系统 塑料部件尺寸的测定》

（8）GB/T 3857—2017《玻璃纤维增强热固性塑料耐化学介质性能试验方法》

（9）GB/T 1040.4—2018《塑料 拉伸性能的测定 第4部分：各向同性和正交各向异性纤维增强复合材料的试验条件》

（10）GB/T 1634.1—2019《塑料 负荷变形温度的测定 第1部分：通用试验方法》

（11）GB/T 1634.2—2019《塑料 负荷变形温度的测定 第2部分：塑料和硬橡胶》

（12）GB/T 2567—2021《树脂浇铸体性能试验方法》

（13）CJJ 6—2009《城镇排水管道维护安全技术规程》

（14）CJJ 181—2012《城镇排水管道检测与评估技术规程》

（15）CJJ/T 210—2014《城镇排水管道非开挖修复更新工程技术规程》

（16）T/CECS 559—2018《给水排水管道原位固化法修复技术规程》

（17）T/CECS 717—2020《城镇排水管道非开挖修复工程施工及验收规程》

4.2.3 施工工艺流程及操作要点

1. 工艺流程

紫外光固化法工艺流程见图4-5。

1）拉入底膜

施工准备完成后，应进行CCTV检测，通过机器人或者高压水枪、穿绳器等将一根牵引绳从一端井口经过待修复管道带入到另一端井口。通过牵引绳将底膜拉入管道内，拉入底膜的同时拉入另外一根拉绳（用于拉软管或者牵引机钢丝绳）。底膜安装完成后，应确保底膜平整铺设于管道底部，且拉绳位于底膜上面。将底膜固定在管道底部，常见固定方法包括但不限于气囊固定、膨胀螺栓固定等。

2）牵引设备安装

将卷扬机安装在下料井口的对面井口上面，且在井内安装滑轮撑杆（滑轮安装应靠向后方管道口中间位置），确保滑轮撑杆安装牢固。在卷扬机进行拖拉软管施工时，速度不得超过5m/min，卷扬机与下料井口都应安排人员观察，并通过对讲机保持联系。卷扬机安装完成后，通过底膜上的拉绳将钢丝绳端头挂钩拉至软管下料井口上面。通常，卷扬机前端与软管采用万向挂钩连接，这样可释放卷扬机钢丝绳的扭力，防止在软管拉入过程

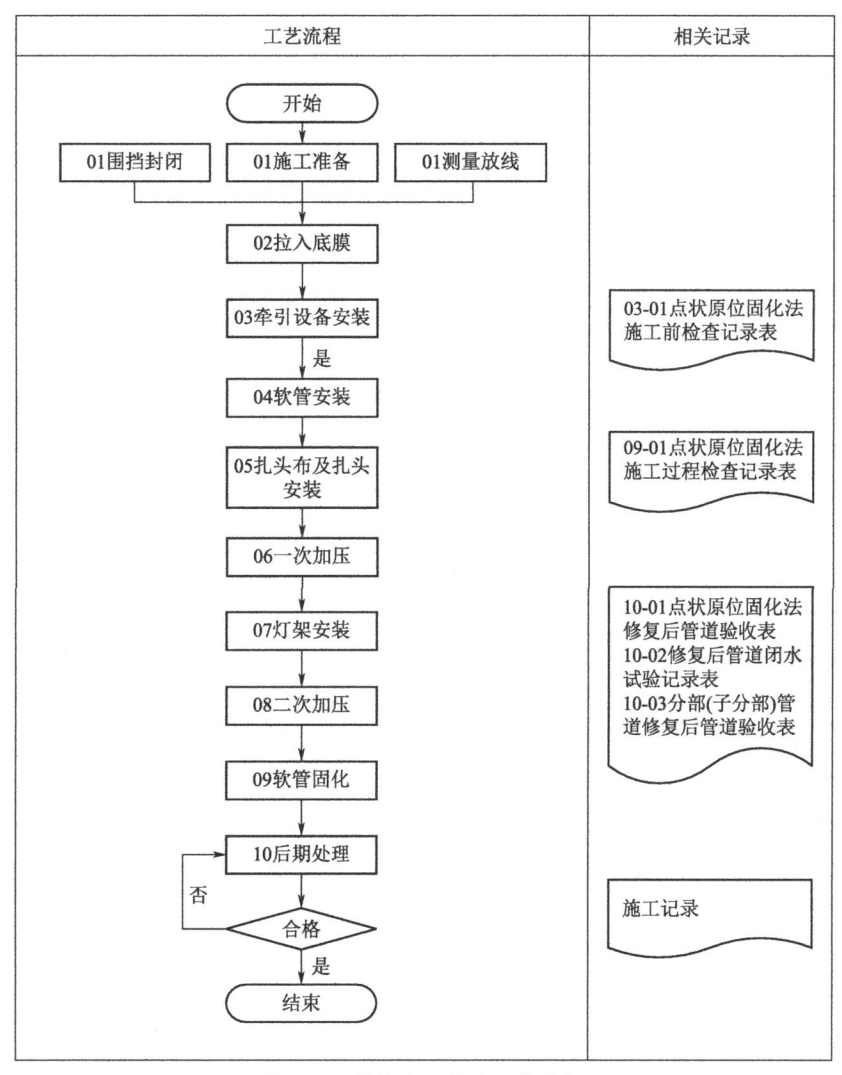

工艺流程	相关记录
开始 → 01围挡封闭 / 01施工准备 / 01测量放线 → 02拉入底膜 → 03牵引设备安装 → 04软管安装 → 05扎头布及扎头安装 → 06一次加压 → 07灯架安装 → 08二次加压 → 09软管固化 → 10后期处理 → 合格？(否→返回10后期处理;是→结束)	03-01点状原位固化法施工前检查记录表 09-01点状原位固化法施工过程检查记录表 10-01点状原位固化法修复后管道验收表 10-02修复后管道闭水试验记录表 10-03分部(子分部)管道修复后管道验收表 施工记录

图 4-5　紫外光固化法工艺流程

中因钢丝扭力而出现软管扭曲现象。

3）软管安装

（1）端头捆绑。首先，检查木箱下料井口周边是否有尖锐物，将软管从木箱中拉出并平铺，将软管沿宽度方向三等分折叠（大管径多折，具体折叠次数根据软管的管径确定，保证折叠完的软管可正常进入井口），将折叠完的端头套上扎头布或者用底膜包裹（防止软管在拉入过程中被划破）。其次，将软管沿长度方向折叠70cm，在折叠的同时放置一根吊装带（用于与卷扬机挂钩连接），将折叠好的软管用捆绑器打紧（需要在捆绑器金属位置下垫防护隔层，防止打紧过程中金属划破软管外层），完成后，应用胶带缠绕绑扣金属部分。最后，连接预置好的吊装带与卷扬机前端万向挂钩。

（2）软管拉入。拉入时，软管应不叠、不扭、不刮，平稳、缓慢地进入管道。井内还应安排人员观察软管在管道内拖拉时是否平整，而且需用绳子将软管末端绑紧下入井内，软管的插入过程会一直持续到万向挂钩到达卷扬机，且管口出来看见软管为止（现场可根据绑头重叠长度确定）。

施工过程中，如果两个井段距离过长，则施工人员应配备无线电通信设备方便交流。

内衬管施工需要跨越多个管段时，应安排专人检查紫外光固化法整体修复施工质量控制手册中间井的软管是否拉伸到位。

4）扎头布及扎头安装

（1）扎头布安装。软管两端在安装扎头前，应外套相应规格的扎头布，在待修复管道中间井处安装拉链扎头布。扎头布可以防止内衬管在施工加压过程中在没有管道内壁支撑的区域发生过度膨胀和爆裂。安装时，确保扎头布套入软管内的长度为20cm以上。

（2）扎头安装。安装扎头前，应留足够长度的软管绑头（软管长度为0.5m以上，实际长度根据现场情况确定），并且确认软管直径与扎头外径相匹配（规格相对应），提前确认扎头上是否有残留树脂及其他尖锐异物并在外缠绕好保鲜膜，这样可提高大型拼接扎头气密性，同时可防止充气时树脂流到扎头上，影响后续使用。绑扎头时，先将高温细绳穿过扎头的中心，再与软管内膜内的预置绳连接牢固。扎头插入内膜过程中，应确保扎头不会压到预制绳。在扎头塞入的过程中，可用若干个大力钳将软管夹住，这样方便用力，待扎头完全塞入内膜后，先将外膜翻开，将扎头两侧多余的软管在左右两侧等分折叠，再用捆绑器紧固，注意外膜不需要进行捆绑（保证软管在加压过程中可以向两端延伸）。捆绑器的安装通常需要至少2根捆绑器，其打紧方向应相反，金属位置应错开。捆绑器在安装时，要对应安装在扎头的台阶圆环内。扎头捆绑完成后，应在软管的左中右方向开设3~5个气孔，每个气孔的长度3~5cm，气孔要穿透最外层膜及次外层膜，可见软管内部玻璃纤维布，最后整理好扎头布。

绑扎头时，应注意扎头类型，有进风口的扎头安装在结束井（靠近修复车），无进风口的扎头安装在开始井。安装前，应清洁扎头，务必清除此前安装时残留的所有树脂，并且检查扎头上的密封圈是否能紧密牢固连接。

扎头布及扎头安装完成后，应将扎头盖板打紧，并连接好风管及回流管。

5）一次加压

（1）加压控制。充气前，应确保井下无作业人员，且按照0.003~0.006MPa/min的速度缓慢充气。当压力达到一次加压的压力时，持续保压，整个过程需要30~70min，保证软管充分撑开。在保压阶段应将软管中的预置绳慢慢拉出，置换为耐高温的细绳，用于拉灯架。

（2）灯架测试。在保压阶段应完成灯架的功能测试及灯架高度的调节，包括紫外线灯珠是否正常亮起，温度值显示是否正常，灯架的光强是否正常，灯架行走轮是否干净，等等，并套上对应管径的导灯膜。

6）灯架安装

（1）关闭充气后，打开结束井扎头盖板，将灯架上的导灯膜套到扎头上，用捆绑器打紧，同时将高温绳系在灯架上。

（2）由井上人员扎紧灯架尾端导灯膜，同时开始充气。

（3）当软管被撑开后，在靠近扎头端的内膜上开一个气孔，可下手调整灯架放入时的位置，同时通知开始井端的作业人员用高温绳缓慢将灯架拉入软管。

(4) 当灯架尾部进入扎头后，停止拉绳，同时关闭充气。

(5) 将电缆线从扎头盖板中间穿过，并连接电缆线尾部与灯架，盖上扎头盖板打紧。

(6) 开始井和结束井两端作业人员对扎头上的绑带再次进行打紧加固操作。

7) 二次加压

(1) 软管二次充气的最终压力应能使软管充分膨胀并紧贴原有管道内壁，具体的操作压力值可根据管径确定。

(2) 打开摄像头，收紧电缆线，对电缆线的起始位置进行标志，并将软件上的距离值清零。

(3) 当二次充气达到操作压力值时，再次保压10min，然后牵引灯架行走。

(4) 通过摄像头观察软管撑开情况，要求软管完全撑开，无明显褶皱（转弯、错口处除外），无白斑。有未完全撑开区域时，灯架不宜强行通过，可适当提高充气压力。确认软管完全撑开后，灯架应在开始井的软管一端就位。二次充气上升到操作压力值时，应持续保压，直到软管固化完成。

8) 软管固化

根据湿软管内衬制造商提出的产品要求确定灯架型号、灯功率、数量及固化巡航速度，并注意内衬管的管径和壁厚对巡航速度的影响。在整个固化阶段，必须测量并记录固化温度（比如，T_1、T_2、T_3 反应温度）、压力和固化速度。整个固化过程应保持空气压力不变，使内衬管与原有管道紧密接合。如果紫外灯在固化过程中出现故障，则必须立即调整固化速度，同时必须遵守预先确定的固化参数或温度范围。固化完成后，关闭紫外灯光，缓慢降低管道内部压力至大气压，降压速度不大于 0.01MPa/min，充分冷却，待冷却后（约10~30min），确定软管已被完全固化再拆除扎头，对内衬管端头进行密封和切割处理。

9) 后期处理

冷却到常温后，打开结束井端的扎头盖板，拿出修复灯架，此时应戴手套作业，防止灯架烫手，同时解开灯架上的高温细绳，不要拉出，保证在管道内放好。拆除两端的扎头，拆扎头的过程需要保证管道内的细绳不被拉出。切除开始井和结束井两端的多余衬管，切割时，应注意安全，保证切割平整，切割时保证衬管超出原有管道 20~30mm。切割时，注意佩戴防护设施。用管道内的高温绳拉出临时内膜，对切割后的衬管进行封口处理。清理井下作业垃圾，整理井下作业工具。

紫外光固化施工见图 4-6。

2. 操作要点

1) 操作条件

(1) 修复工程管道最大允许转角为 15°。

(2) 修复前，应对管道进行预处理，预处理应符合紫外光固化法的修复要求。

(3) 施工场地应符合湿软管展铺、牵引设备、吊装机械（当修复管道大于或等于800时，湿软管应采用起重机吊入井底）操作或运行的要求。

(4) 紫外光固化不得带水作业，管道固化修复前，应进行堵水导排。

(5) 如需人工下井，则井盖揭开后，自然通风不应小于30min。排出下水道内有毒有害气体，并进行有毒有害气体浓度检测。井下气体浓度应符合 CJJ 6—2009《城镇排水管道维护安全技术规程》相关规定。

(a) 通风　　　　　　　　　　　　　(b) 气体检测

(c) 预处理　　　　　　　　　　　　(d) 防坠器安装

(e) 气囊封堵　　　　　　　　　　　(f) 底膜拉入

(g) 软管平铺　　　　　　　　　　　(h) 软管拉入

图 4-6　紫外光固化施工（一）

(i) 绑扎扎头　　　　　　　　　　　　(j) 充气打压

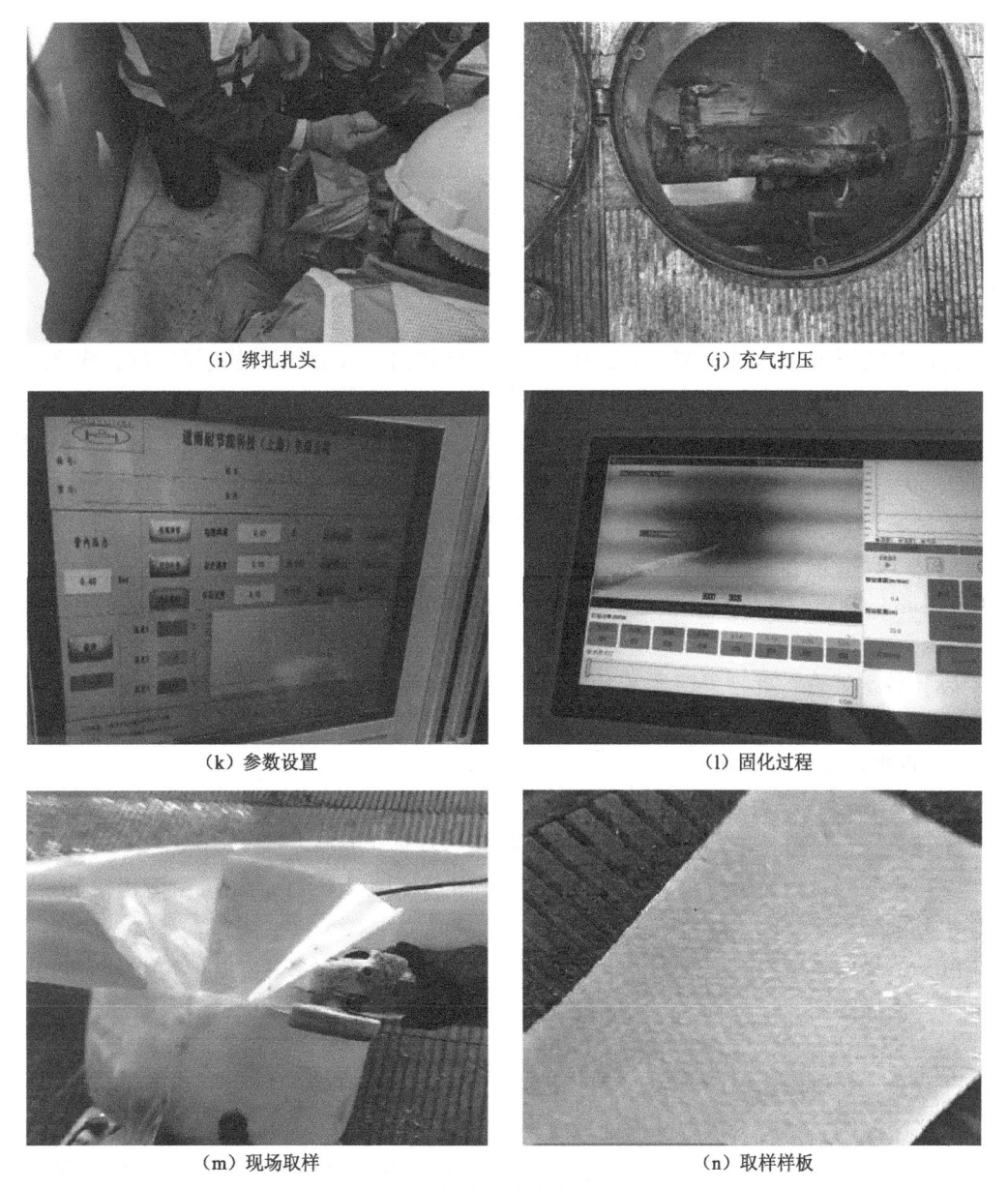

(k) 参数设置　　　　　　　　　　　　(l) 固化过程

(m) 现场取样　　　　　　　　　　　　(n) 取样样板

图 4-6　紫外光固化施工（二）

2）操作要点

（1）底膜敷设。将浸渍有树脂的底膜用牵引绳牵引至待修复原有管道的底部，覆盖大于 1/3 的待修复管道周长。

（2）拉入内衬管。将软管一端使用扎带扎紧，启动卷扬机将软管拉入待修复管道内，当井室的井口外部的软管长度与井室的深度接近时，停止卷扬机，用扎带将软管的尾部与绳子扎紧后施加反力，再次开启卷扬机牵引软管，直到软管前端部超出待修复管道左端。

（3）端口安装扎头。扎头插入软管端口至扎头边，使其与软管齐平，平整软管内膜，夹紧软管，使用紧绳器扎紧，紧绳器的扎带对准扎头的两个槽，且两个紧绳器扎紧扎带的方向应相反。扎头袋一端插入待修复管道的管口扎头布，另一端超过扎头的尾端。连接风机与扎头之间的气管和气压表管。

（4）一次充气。使压缩空气进入软管内，将软管内的空气进行充气加压，使软管内气压保持30min。

（5）灯架进入软管。灯架在进入软管的过程中，应关闭高压风管的排气阀门和高压风机，打开扎头盖，将灯架通过扎头进入软管。灯架全部进入软管后，停止拉入，检查灯架，将灯架拉至软管结束一端管口，对灯架电缆的起始位置进行标志。

（6）二次充气与紫外灯就位。向软管二次充气，待修复管道的直径为400～1500mm时，二次充气压力应达到0.07～0.25MPa，当向软管内充气的气压达到要求后，应继续充气使软管内气压保持30min。

（7）软管固化和拆除紫外灯。开启灯架上的紫外灯，8盏紫外灯每盏之间的开启间隔时间为30s。软管固化在紫外灯全部开启后开始，每盏紫外灯功率为100W。软管至待修复管道壁厚为3～12mm，待修复管道内直径为250～1200mm时，控制灯架距离待修复管道两端为0.5m时，以0.2～0.3m/min的速度行走；中间部分控制紫外灯以0.12～0.15m/min的速度行走；灯架到达终点时，依次关闭8盏紫外灯，每盏之间的关闭间隔时间为30s。

（8）管端处理。拆除紧绳器和扎头，切除固化后多余的内衬管，在内衬管口与待修复管道的端头缝隙抹速凝型快速止水材料。

3）重难点及应对措施

（1）卷扬机拉不动或被拖拽移动。

①现象：卷扬机拉不动内衬管，甚至卷扬机自身被拉动。

②产生原因：内衬管过重，拖动内衬管所需的牵引力超过了卷扬机所能提供的拉力；卷扬机基础未固定牢固。

③防治措施：下料时，使用滑轮组，通过增加动滑轮数量减小拉力；卷扬机通过打地锚和方木支撑固定。

（2）固化内衬管表面不平整。

①现象：软管固化后的表面平整度达不到规范或设计要求。

②产生原因：原有管道内部预处理效果未达到设计要求。

③防治措施：在拖入内衬管前，对原有管道进行精细处理，并达到预处理的设计要求。

（3）固化内衬管表面有褶皱。

①现象：紫外光固化后的内衬管表面有褶皱。

②产生原因：

a. 内衬管外表面的面积与原有管道内表面的面积不一致，可能是由于测量数据偏差或制作偏差导致内衬管外径与原有管道内径尺寸不能很好匹配。

b. 原有管道存在局部变形、缩径、变径、转弯等情况。

c. 固化时，内衬管内部的鼓胀压力不足。

③防治措施：

a. 精确测量原有管道管径沿纵轴线的尺寸，并精确裁剪。

b. 对原有管道缺陷进行处理，使其符合修复前的预处理要求。

c. 固化过程中，增大内衬管内部的充气压力，使内衬管紧贴原有管道内壁。

④处理措施：将内衬管分段分片割除，并清理干净，重新进行紫外光固化施工。

（4）内衬管开裂。

①现象：内衬管表面出现局部开裂现象。

②产生原因：

a. 内衬管直径偏小，过度扩张导致内衬管偏薄，厚度不达标，严重时导致内衬管破裂。

b. 内衬管运输、吊放、翻转或牵引安装过程中，设备、工作台、井壁、管壁等的尖锐物导致内衬管出现划痕及破裂现象。

c. 内衬管冷却速度过快而收缩，引起拉裂。

③防治措施：

a. 精确测量原有管道管径沿纵轴线的尺寸，并精确裁剪。

b. 严格控制操作工艺。

④处理措施：一旦内衬管开裂，即应判为不合格工程，需要局部重新修复，或整段重新修复；将内衬管分段分片割除，并清理干净，重新进行紫外光固化施工。

（5）内衬管白斑。

①现象：固化后的内衬管出现白斑。

②产生原因：内衬管树脂浸润过程中，抽真空和碾压工艺不到位导致树脂浸润不密实，含有气泡。

③防治措施：严格控制树脂浸润工艺，消除气泡。

④处理措施：如果白斑数量超出规范要求，则局部缺陷需局部切除和修复；如果整个管段上出现较多白斑，则应将整个内衬管全部移除，重新修复。

（6）内衬管强度不达标。

①现象：固化试样的强度达不到要求。

②产生原因：

a. 内衬管浸润过程中的原因有内衬管中的树脂用量不足，树脂浸润不密实，稀释剂或填充剂添加过多。

b. 施工过程中的原因有原有管道预处理不到位，局部渗漏冲刷导致树脂流失，原有管道内有凸起物而未进行预处理，导致凸起物处的内衬管壁变薄，厚度不达标。

c. 固化时，紫外灯强度不够，固化反应不彻底。

③防治措施：

a. 严格控制树脂浸润工艺。

b. 对原有管道缺陷进行严格预处理。

c. 保持固化过程中的光照度、温度和速度，留足固化反应时间。

④处理措施：将内衬管分段分片割除，并清理干净，重新进行紫外光固化施工。

（7）软弱带。

①现象：内衬管局部没有很好固化，从而出现软弱带。

②产生原因：

a. 内衬管中某一处树脂少，可能是浸润不到位或现场固化前树脂流失导致的。

b. 固化时温度低，可能是原有管道的渗漏未进行预处理，在紫外光固化时渗漏部位的温度因流水冷却而达不到固化温度，或固化不充分；也可能是紫外灯功率不够，或照射时间过短，光敏反应不充分。

③防治措施：严格控制树脂浸润工艺和现场施工工艺。

④处理措施：将固化不良管段切除，并清理干净，重新进行局部紫外光固化施工。

(8) 提前固化。

①现象：内衬管在储存或运输过程中发生固化。

②产生原因：内衬管在储存或运输过程中的温度不符合要求，或受到强光照射或风吹，而导致保护膜破损。

③防治措施：严格按照材料说明书储存和运输。

(9) 贴合不实。

①现象：固化后的内衬管与原有管道之间存在间隙。

②产生原因：

a. 尺寸裁剪偏差，对原有管道尺寸测量不精确或没有严格按照尺寸裁剪。

b. 固化过程中，压力控制不到位，施工气压过低，导致内衬材料不能充分膨胀，无法紧贴管壁。

c. 原有管道存在变形、脱节、错位、局部凸起等缺陷，而预处理时未完全处理这些缺陷。

③防治措施：

a. 精确测量原有管道尺寸，精确裁剪、制作内衬管。

b. 固化时，保持足够高的气压，使软管紧贴原有管道内壁。

c. 做好原有管道预处理工作。

(10) 鼓包。

①现象：内衬管的内部出现局部鼓包或隆起现象。

②产生原因：

a. 原有管道内部凸起部分处理不彻底。

b. 固化过程中，内衬管内部气压偏低。

c. 原有管道缺陷处理不到位，渗水积聚在内衬管与原有管道的环状间隙中。

d. 隆起会影响过流能力。

③防治措施：固化时，保持足够的气压；原有管道的渗漏点问题在预处理时应彻底解决。

(11) 针孔。

①现象：固化后的内衬管表面出现针孔或缺口。

②产生原因：内衬管的保护膜在运输或施工过程中受到损坏。

③防治措施：在运输或施工过程中，防止尖锐物刺伤或刮伤保护膜。

④处理措施：如果没有可见的渗漏，则影响不大；如果出现局部渗漏，则应采取局部内衬修复技术处理；如果大面积出现渗漏，则应全部重新修复；如果是可以进入的大直径雨污水管道，则可以采取人工灌注环氧树脂的方法补救。

（12）起泡。

①现象：内衬管中出现泡状凸起物。

②产生原因：施工过程中，固化温度过高，起泡使得内衬管很容易被磨损，严重降低内衬管的使用寿命。

③防治措施：严格控制固化温度。

4.2.4 材料与设备

1. 材料

（1）湿软管进入施工现场时，应进行复验，并应符合下列规定。

①内衬材料管径、壁厚应符合设计要求。

②紫外光原位固化湿软管运输车内温度应低于20℃，车内应有温度记录及路程时间记录。

③紫外光原位固化湿软管应按照制造商建议的方式存储，存储温度宜为10～30℃。存储应避光，避免淋雨、进水，室内存储应通风，远离火源。

④湿软管厚度应均匀，表面无破损，表面或截面不应有直径大于1.0mm的气泡，也无较大面积褶皱。

⑤湿软管进入施工现场时，应附有产品合格证（注明所用树脂类型）、长期性能检测报告（紫外光原位固化材料厂家提供）、耐腐蚀检测报告、出厂检验报告、产品使用说明，其中，长期性能检测报告每个厂家应提供一份，耐腐蚀检测报告每个厂家每两年应提供一份。

（2）湿软管进入施工现场时，可采用红外光谱对照法鉴定树脂类型，截取一块100mm×100mm的湿软管样品委托有资质的第三方检测单位测试红外光谱图，测试方法应按照GB/T 32199—2015《红外光谱定性分析技术通则》和GB/T 32198—2015《红外光谱定量分析技术通则》相关规定测定。

2. 设备

（1）施工专用设备应根据工程特点合理选用，应有备用动力和设备，并有现场总体布置方案。

（2）施工专用设备系统应包括下列设备。

①卷扬机（绞盘）和用于原位拉入内衬的控制装置。

②充气用的高压风机和软管的下料设备。

③维护和监测压力的设备。

④紫外光固化设备。

⑤切割修整设备。

（3）设备的规格型号、性能应符合施工要求，设备铭牌、设备使用说明书、质量保证资料应齐全。固化设备应具有以下功能。

①固化过程应有静态和动态数据瞬时采集与存储功能，采集数据包括开关灯时间、固化巡航速度、距离、增压过程及工作压力，控制软件可记录每个紫外光灯辐射紫外线的时间。

②固化设备每分钟自动记录温度、压力、巡航速度和距离，自动识别灯架类型、功率。

③灯架应配置前后摄像头，便于在拖动紫外光固化灯的过程中观察软管是否充气充

分，内壁是否完好无破损。

（4）专用设备。专用设备有专用发电机、紫外光固化车、液压顶参数、紫外光灯等。紫外光固化施工工艺专用设备见图 4-7。

(a) 专用发电机

(b) 紫外光固化车

(c) 专用发电机(50～75kW)

(d) 液压顶参数

(e) 紫外光灯

(f) 配套设备

(g) 参数信息

(h) 摄像头(管内)

图 4-7　紫外光固化施工工艺专用设备

4.2.5 质量控制

1. 施工过程控制

（1）紫外光固化施工前，应开展下列工作。

①根据软管的直径和壁厚合理选择灯架形式及紫外光灯的功率，确保灯架处于管道中心位置，并核对选用的紫外光灯的辐射波长是否与软管厂家提供的产品固化波长一致，以及紫外光灯的辐射强度是否符合要求。

②灯架放入井下前，在地面进行开灯试运行，确保所有紫外光灯、摄像头及温度传感器能够正常工作。

③对灯架进行外观检查，并对灯架及灯架轮进行清洁。

④紫外光灯管首次运行时间达到500h后，应使用UV能量计对紫外光灯管进行能量检测，每150h检查一次，并与标准紫外光灯进行比较，当能量衰减超过30%时，应更换紫外光灯。

⑤检查每个紫外光灯的使用记录，包括紫外光灯批号、编码代号、使用日期、单次使用时间、总使用时间、检查日期、检查结果及记录人等内容。

（2）装有湿软管的运输箱应防止阳光直射、受潮和损坏，当运输箱被铲车搬运或抬起时，应保证叉子足够长，能够容下运输箱的整个宽度，避免材料被钉子扎破。

（3）湿软管的拉入应符合下列规定。

①拉入湿软管前，应在原有管道内铺设垫膜，垫膜应置于原有管道底部，并应覆盖大于1/3的管道周长，且应在原有管道两端进行固定。

②湿软管进入检查井时，宜采取铺设传送滚轮等方式防止湿软管外膜划破。

③湿软管拉入原有管道前，宜对折或三对折拉入原有管道。

④应沿湿软管底部的垫膜将湿软管按水流方向平稳、缓慢拉入原有管道，拉入速度应不大于5m/min，不得磨损或划伤湿软管。

⑤湿软管两端的端口伸出原有管道的长度应符合 T/CECS 717—2020《城镇排水管道非开挖修复工程施工及验收规程》相关规定。湿软管两端的端口伸出长度见表4-8。

表4-8 湿软管两端的端口伸出长度

序号	湿软管的管径（mm）	端口伸出长度（mm）
1	$D \leqslant 500$	$\geqslant 500$
2	$500 < D \leqslant 800$	$\geqslant 800$
3	$D > 800$	$\geqslant 1000$

（4）湿软管扩展时，应采用压缩空气，并符合下列规定。

①湿软管两端应套扎头布，扎头应使用绑扎带绑扎牢固。

②充气管及压力监测管宜连接在湿软管入口端的扎头密封盖上。

③充气前，应检查湿软管连接处的密封性。

④湿软管内的压力加压应缓慢进行，加压速度不宜超过50kPa/min，湿软管内的工作压力应能使湿软管充分膨胀扩张并紧贴原有管道内壁。

(5) 灯架进入湿软管时，应避免划伤内膜，大于 DN800 的管道应设置空气锁，宜采用灯膜设置空气锁的方式进灯。先将一定长度的灯膜捆绑在扎头外侧，再将灯架放入灯膜内，并将灯膜另一端压紧，向灯膜内充气，使灯膜及湿软管在气压作用下胀开，最后将灯架拉入湿软管内。

(6) 紫外光固化过程中，应保持湿软管内的工作压力，使湿软管与原有管道紧密贴合。

(7) 固化时，应根据内衬管厂家的使用说明设定灯架的巡航速度。固化过程中，应根据湿软管两端的固化时间及灯架上温度传感器返回的内衬管表面温度值合理调整灯架的巡航速度。

(8) 湿软管固化完成后，应缓慢降低湿软管内压力至大气压，降压速度不应大于 0.01MPa/min。

(9) 湿软管固化完成后，应提供紫外光固化设备系统导出的电子施工记录，并作为施工过程检查记录资料。

(10) 固化完成后，内衬管端头应进行切割和密封处理，设计应在设计文件中明确端头密封技术要求。当管道位于地下水位以下时，宜用遇水膨胀橡胶密封圈密封。当管道位于地下水位以上时，宜用防水砂浆或树脂密封。

(11) 紫外光固化法施工时，应做好湿软管拉入长度、加压过程、保压工作压力、灯架的巡航速度、固化温度变化、固化时间、内衬管冷却温度及时间等数据的记录和检验。

(12) 固化结束后，将拉出的内膜保存到该段管道验收完毕。

(13) 内衬管检测要求。

①内衬管与原有管道贴合紧密，无明显凸起、凹陷、错台、空鼓等现象。

②内衬管内壁的要求为，内管表面光洁、平整，无局部划伤、裂纹、磨损、孔洞、起泡、干斑、冷斑、脱皮、分层、折痕、褶皱、杂质和软弱带等影响管道使用功能的缺陷。管道严禁有渗水现象。

③内衬管端部切口与井壁平齐，封口不渗漏水。

内衬管厚度实测实量见表 4-9。

表 4-9　内衬管厚度实测实量

序号	管径（mm）	厚度最小值（mm）
1	300	4
2	400	5
3	500	6
4	600	7
5	800	9

(14) 内衬管厚度检测位置应避免选在软管的接缝处，检测点为内衬新管圆周均等四点的平均值处，厚度误差允许 0%～25%。

(15) 现场内衬管的壁厚检验应按照 GB/T 8806—2008《塑料管道系统　塑料部件尺寸的测定》相关规定执行。固化后，内衬管的壁厚不得小于图纸设计值，平均壁厚不得大于图纸设计壁厚的20%。应测量管道两端各1个断面，每个断面测环向均匀至少6点，取平均值为断面的代表值。

（16）内衬样品管（或样品板）应按照GB/T 11547—2008《塑料 耐液体化学试剂性能的测定》检测耐化学腐蚀性。

（17）耐化学腐蚀性的检测浸泡时间为28d，试验温度为23℃。

（18）试件浸泡完成后，检测结果不应小于内衬管初始弯曲强度和弯曲模量的80%。

2. 施工质量控制

（1）主控项目。

紫外光固化法修复后，应按照T/CECS 717—2020《城镇排水管道非开挖修复工程施工及验收规程》紫外光原位固化法内衬检测项目进行内衬管检测。紫外光原位固化法内衬检测项目见表4-10。采样数量为每一管段一组试块，每组3块，试块一般在施工现场直接从内衬管的端部截取。

表4-10 紫外光原位固化法内衬检测项目

序号	检测项目	测试指标	技术要求	测试方法
1	三点弯曲测试	弯曲强度（MPa）	设计要求	T/CECS 717—2020《城镇排水管道非开挖修复工程施工及验收规程》
2		短期弯曲弹性模量（MPa）	设计要求	
3	拉伸试验	抗拉强度（MPa）	设计要求	GB/T 1040.4—2006《塑料 拉伸性能的测定 第4部分：各向同性和正交各向异性纤维增强复合材料的试验条件》
4	厚度测试	平均厚度e_m（mm）	不小于图纸设计值，单个样品测试值与平均厚度值偏差不大于10%	GB/T 8806—2008《塑料管道系统 塑料部件尺寸的测定》
5	密实性检测	材料样本透水性	无试验介质渗透至玻璃瓶中：0.05MPa，30min测试合格	T/CECS 717—2020《城镇排水管道非开挖修复工程施工及验收规程》

（2）一般项目。

①修复后的管道内应无湿渍，不得出现滴漏、线漏等渗水现象。

检验方法：观察或CCTV检测；检查施工记录、CCTV检测记录等。

检查数量：全数检查。

②内衬管表观质量应符合下列规定：内衬管表面应光洁，无局部孔洞、裂纹和软弱带；磨损、气泡或干斑的出现每10m不应大于1处；内衬管褶皱应符合设计要求，当设计无要求时，最大褶皱不应超过6mm；内衬管应与原有管道贴合紧密。

检验方法：观察或CCTV检测；检查施工记录、CCTV检测记录等。

检查数量：全数检查。

③内衬管起点和终点端头应切割整齐，端部密封处理应符合T/CECS 717—2020《城镇排水管道非开挖修复工程施工及验收规程》相关规定，且应密封良好、饱满密实。

检验方法：观察或对照设计文件检查施工记录等。

检查数量：全数检查。

3. 施工信息化管理

（1）对关键工序和材料进行拍照记录，照片分辨率不应小于1920×1080。照片上的水印信息应包含工程名称、施工单位、施工地址、日期时间，水印信息宜置于照片左下角，且大小不超过照片的15%。宜采用专用修复施工过程管理软件进行拍照。

（2）紫外光固化施工应进行拍照记录，并形成施工过程报告，上传至服务器。

（3）紫外光固化施工过程的灯架开启时间、灯架巡航速度、灯架关闭时间、管内压力、固化温度等数据宜使用移动端软件结合GNSS坐标定位技术记录并拍摄水印照片，并实时上传服务器。

（4）紫外光固化施工过程报告和数据宜采用数据库进行管理，通过计算机系统进行展示，并能实时查看、调阅、存档。

4.3 垫衬法施工

4.3.1 概述

垫衬法施工是通过管道检测、机械牵引安装等技术在原有管道内用柔性材料及相应的填充材料再造一层新的内衬层，从而对原有管道进行修复处理。材料选用速格垫，将其用机械设备牵引入管道，注水将塑格垫撑起，对塑格垫层进行灌浆，这样速格垫便与管道内壁锚固在一起，形成内衬结构，从而起到防渗、加固、维护的作用。灌浆固结时，一般采用水泥基灌浆料（代表材料是SG100高徽浆）及环氧树脂灌浆料对管道内衬层进行空隙填充。

1. 工艺特点

针对给水排水管道的修复工程，尤其是繁华城区道路给水排水管道的修复工程，采用非开挖垫衬法修复技术非常安全、可行、便捷，既能节省工程建设资金，降低施工成本，又能提高施工效率，保证施工安全。

2. 技术参数

一般，速格垫厚度为2.0mm，灌浆层为13~15mm，施工误差应控制在20mm之内。管道内衬施工完成后，管径减小30~40mm。施工技术应符合CJJ/T 210—2014《城镇排水管道非开挖修复更新工程技术规程》相关规定：内衬管的外径与原有管道内径减少量不宜大于管道内径的10%，且减少量不应大于50mm。

3. 适用范围

（1）适用于直径为300~2000mm的波纹管、钢筋混凝土管、砌石管、砖砌管道。

（2）适用于雨水管、污水管、工业废水管、箱涵等修复工程。

（3）适用于排水管道局部修复和整体修复工程。

（4）适用于弯曲、错位的复杂管道的修复工程。

4.3.2 现行适用规范

(1)《中华人民共和国工程建设标准强制性条文城镇建设部分》。
(2) GB 50268—2008《给水排水管道工程施工及验收规范》。
(3) GB 50204—2015《混凝土结构工程施工质量验收规范》。
(4) Q/CTG 249—2019《长江大保护城市水环境治理工程地下管线调查与检测评估实施技术导则》。
(5) T/CECS 717—2020《城镇排水管道非开挖修复工程施工及验收规程》。
(6) CJJ 181—2012《城镇排水管道检测与评估技术规程》。
(7) CJJ/T 210—2014《城镇排水管道非开挖修复更新工程技术规程》。
(8) CJJ 68—2016《城镇排水管渠与泵站运行、维护及安全技术规程》。
(9) CJJ 68—2016《城镇排水管渠与泵站运行、维护及安全技术规程》。
(10) YS/T 5211—2018《注浆技术规程》。

4.3.3 施工工艺流程及操作要点

1. 工艺流程

垫衬法施工工艺流程见图 4-8。

(1) 垫衬安装。管道清洗干净后，采用管道 CCTV 检测设备对管道内存在的缺陷进行检查并记录，同时检查管道是否符合垫衬法施工条件。

根据待修复管道的内径及长度对速格垫进行尺寸下料，采用自动焊机对速格垫进行高温热熔焊接。内径比原有管道内径小 30mm，制作的速格垫纵向搭接宽度不小于 100mm，有效焊缝不小于 25mm，横向搭接宽度不小于 200mm，有效焊缝不小于 50mm，材料损耗控制在 25% 以内（数据来源于项目施工方案）。

用卷扬机设备牵引的方式将速格垫安装在管道内。先将预制好的速格垫卷成圆筒状，并搭设好进膜支架，再将其安装在管道检查井的一端，在管道检查井另一端安装固定卷扬机，最后通过卷扬机的牵引将速格垫拉入管道内，置入速格垫时的速度不应超过 0.2m/s。

(2) 垫衬固定封口。速格垫铺设完成后，在管道两端进出口处安装密封条，并通过锚固板及螺栓将速格垫固定在管道壁上，在管道两端口与速格垫之间的空隙预留 3 个孔，顶部为 1 个注浆孔和 1 个回浆孔（也可作为排气排水孔），其孔径为 5cm，底部为 1 个排气排水孔，其孔径为 2.5cm（注：孔径应按照配套灌浆设备确定）。

(3) 垫衬注水支撑。在管道两端安装密封管件，且将气囊袋用卷扬机牵引至管道内，将管道两端口封闭后向气囊袋内注入水，利用水的重力和压力支撑起速格垫，使其填满整个管道。压力不宜过大，使速格垫形成与管道相符的形状即可。

(4) 垫衬灌浆。根据现场实际情况可选择搭建灌浆平台，管道上游部位用钢管架或龙门架搭建。待所有准备工作就绪后即可开始灌浆，从灌浆孔中注入 SG100 高徽浆，使 SG100 高徽浆填充于速格垫与管道之间的空隙，从而使速格垫与管道形成一个整体，每平

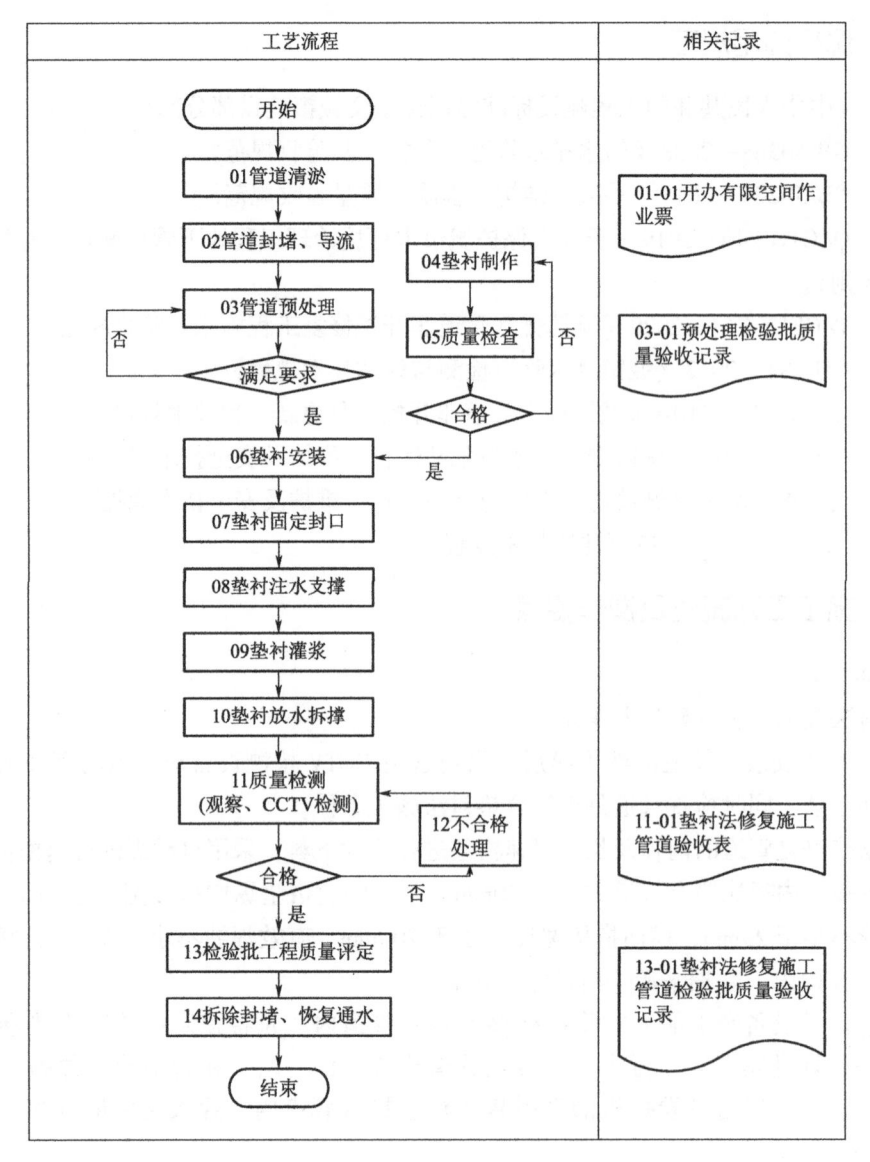

图 4-8　垫衬法施工工艺流程

方灌浆量不少于 50kg。制作高徽浆时，可采用专用搅拌机进行制备，水料比（水料比应根据 T/CECS 717—2020《城镇排水管道非开挖修复工程施工及验收规程》相关规定确定）按照要求准备：灌浆料与水应按照使用说明书的比例进行调配，在搅拌机中高速灌搅拌 5min，搅拌后的灌浆料应在 20min 内用完或按照灌浆料的技术要求执行，将制好的灌浆液通过灌浆平台的灌浆口灌入。在灌浆完成后，需要对管道进行回浆闭浆（闭浆时间应符合设计要求，通常为 12h）。

（5）垫衬放水拆撑。待灌浆液固化后，拆除堵头，放空支撑水，对管道两端口进行封口处理，并对修复后的管道进行两方面检查验收，一方面采用管道专用检测仪器检测内部垫衬施工情况，另一方面根据管道有关规范做功能性试验检测。

2. 操作要点

（1）管道内的泥沙等杂物必须清理干净。

（2）用卷扬机将速格垫拉进管道。速格垫可根据实际情况提前预制焊接成型，焊接时，通过测量及计算确定其尺寸和长度。

（3）速格垫铺设完成后，在管道两端进出口处安装密封条，并通过锚固板及螺栓将速格垫固定在管道壁上，同时安装灌浆管。

（4）在管道两端安装密封管件，将管道两端口封闭后向气囊袋内注入水，利用水的重力和压力支撑起速格垫，使其填满整个管道，但压力不宜过大。

（5）制备浆料，从灌浆孔中注入SG100高徽浆，使SG100高徽浆填充于速格垫与管道之间的空隙，从而使速格垫与管道形成一个整体。

（6）灌浆结束后，进行闭浆。待灌浆液固化后，拆除堵头，放空支撑水，对修复后的管道进行检查验收。

3. 注意事项

（1）速格垫按照要求制作成型，采用卷筒形式包装运输，施工前，采用钢架支撑，钢架应搭设牢固，钢架滚轮应坚固光滑。

（2）速格垫和气囊同时安装，通过牵引的方法置入原有管道。气囊只作管道两端堵头用，气囊进入管道前，应仔细检查，确保不漏气。

（3）置入速格垫时，应控制好速度，不宜超过0.2m/s，以免速度过快而导致其损坏。进入管道的速格垫应保持平整，不得扭曲。

（4）速格垫安装好后，宜经过24h的应力恢复再进行后续操作。将速格垫内衬与原有管道的结构基层固定，在管道两端进出口处安装密封条，并通过锚固板及螺栓将速格垫固定在管道壁上，同时安装好灌浆管、回浆管、排水排气管等预埋件并封堵。

（5）在进行速格垫施工前，应对预制好的速格垫进行检查，发现破损立即修补或更换。对内衬尺寸进行测量，确保内衬与工程实际规格相符合。对搭接部位进行检查，焊缝应平整、牢固，如有不良情况，则应立即重焊。

4.3.4 材料与设备

1. 速格垫

垫衬法修复管道宜选用由聚乙烯（PE）、聚丙烯（PP）、聚偏氟乙烯（PVDF）及乙烯三氟氯乙烯共聚物（ECTFE）等材料作为内衬材料制作成的速格垫。速格垫结构结合热塑性塑料的优点（柔韧性强、延展性好、耐腐蚀）和混凝土的优点（强度高、刚性好）。速格垫的网格结构可以有效分散荷载，具有很好的承载性能，可承受重型机械的轧压，同时具备有效防止水的渗透和保护管道的防渗性能。速格垫试验检测应符合T/CAS 471—2021《速格垫内衬钢筋混凝土管道工程技术规程》和CJJ/T 210—2014《城镇排水管道非开挖修复更新工程技术规程》相关规定。速格垫材料性能见表4-11。

2. SG100高徽浆

SG100高徽浆原料主要由水泥、专用外加剂，以及多种矿物改性组分和高分子聚合物材料组成，具有低水胶比、高流动性、零泌水、微膨胀、耐久性等特点。施工时，应直接加水搅拌使用。SG100高徽浆产品各项性能均达到国际领先水平，广泛应用于各种梁体预应力管道压浆及设备基础、锚杆等构件灌浆。SG100高徽浆灌浆料性能见表4-12。

表4-11　速格垫材料性能

性能项目	单位	性能指标			
		PE	PP	PVDF	ECTFE
密度（23℃）	g/m³	0.95±5%	0.9±5%	1.7±5%	1.6±5%
屈服强度	MPa	≥20	≥25	≥25	≥30
断裂伸长率	%	≥400	≥300	≥80	≥250
弹性模量	MPa	≥600	≥900	≥200	≥1600
球压入硬度	MPa	≥36	≥45	≥80	—
锚固键抗拉强度（灌浆料抗压强度35MPa）	MPa	≥500	≥500	≥500	≥500

表4-12　SG100高徽浆灌浆料性能

性能项目		单位	性能指标
凝胶时间	初凝时间	min	≤100
	终凝时间	h	≤12
流动度	初始值	mm	≥340
	30min 流动度	mm	≥310
泌水率	—	%	0
抗压强度	2h	MPa	≥12
	28d	MPa	≥55
抗折强度	2h	MPa	≥2.6
	28d	MPa	≥10
弹性模量	28d	GPa	≥30
自由膨胀率24h		%	0～1
对钢筋锈蚀作用		—	对钢筋无锈蚀作用

3. 环氧树脂灌浆料

环氧树脂灌浆料具有高强早强特点，以及优于水泥基材料的抗压、黏结等力学性能，可承受酸、碱、盐、油脂等化学品长期接触腐蚀的作用，但其造价较高。环氧树脂灌浆料性能见表4-13。

表4-13　环氧树脂灌浆料性能

性能项目	单位	性能指标
初凝时间（20℃）	h	≤2
抗压强度（28d）	MPa	≥60
抗拉强度（28d）	MPa	≥20
黏结强度（28d）	MPa	≥3.5

4.3.5 质量控制

1. 施工质量预控措施

施工质量预控措施见表4-14。

表4-14 施工质量预控措施

质量预控项目	产生原因	质量预控措施
管道内产生沉积、结垢和障碍物	过早脱模或修复材料强度未达到设计强度	预控措施：①施工完成后，立即进行养护，脱模时间通过试验确定；②采用自动焊机对其进行热熔焊接，单焊缝采用电火花检测，双焊缝采用加压充气法检测，如焊缝不漏气、无胶开、压力无明显下降则视为合格；③灌浆料取样复检时，严格控制灌浆压力，观察回浆情况，做好灌浆记录；④牵引垫衬前，应用无纺布类材料对垫衬进行包裹保护，牵拉操作应一次完成，不得中途停止
垫衬材料焊缝漏焊	设备未预热、焊接电压不稳定、焊接速度过快等	
注浆量不足	注浆不饱和或原管道内部空腔大，吸浆量大，未见回浆	控制要求：①速格垫材料的规格、性能应符合 T/CECS 717—2020《城镇排水管道非开挖修复工程施工及验收规程》和设计文件的相关规定；②灌浆料的性能应符合 T/CECS 717—2020《城镇排水管道非开挖修复工程施工及验收规程》相关规定；③内衬管的平均壁厚不得小于设计值，速格垫内衬焊接焊缝应清晰、无漏焊；④牵引速格垫前，应用无纺布类材料将速格垫进行包裹保护，置入速格垫时的速度不应超过 0.2m/s，进入管道的速格垫应保持平整，不得扭曲
速格垫牵引损坏	速格垫施工时未采取保护措施，施工中途停止	

2. 施工质量控制

1）主控项目

(1) 垫衬材料的规格、尺寸、性能应符合 T/CECS 717—2020《城镇排水管道非开挖修复工程施工及验收规程》相关规定和设计要求，质量保证资料应齐全。

检测方法：材料进场时，对照设计文件检查质量保证资料、厂家产品使用说明书等；材料性能检验时，应对同一批次产品现场取样不少于1组，对照设计文件检查取样检测记录、复检报告等。

(2) 灌浆料的性能、主要技术指标经进场检验应符合 T/CECS 717—2020《城镇排水管道非开挖修复工程施工及验收规程》相关规定和设计要求。

检测方法：对照设计文件检查取样检测记录、复检报告等。

(3) 内衬管的平均壁厚不得小于设计值。

检测方法：用尺子测量修复后的内衬管内径；对照设计文件，内衬管壁厚为原有管道内径与内衬管内径之差的1/2；内衬管壁厚为设计值的±2mm或原有管道标称直径的1%时均为合格。

(4) 垫衬内衬焊接焊缝应清晰、无漏焊。

检测方法：采用加压充气或电火花检测方法，检查施工记录、焊接记录等；单焊缝采用电火花检测，不产生电火花则视为合格；双焊缝采用加气充气法检测，焊缝不漏气、无脱开、压力无明显下降则视为合格。

2）一般项目

(1) 管道线形应和顺，接口、接缝应平顺，新老管道过渡应平缓，管道内应无明显湿渍。

检测方法：CCTV 检测或人工检查；检查施工记录。

（2）灌浆固结体应充满环状间隙，无松散、空洞等现象。

检测方法：人工观察；对照设计文件和施工方案检查施工记录、灌浆记录等。

（3）内衬管两端与原有管道间的环状空隙密封处理应符合设计文件的要求，且应密封良好。

检测方法：人工观察；对照设计文件和施工方案检查施工记录、灌浆记录等。

（4）修复管道的检查井及井内施工应符合设计文件的要求，且无渗漏现象。

检测方法：人工观察；对照设计文件和施工方案检查施工记录、灌浆记录等。

4.4 水泥砂浆喷涂修复施工

4.4.1 概述

水泥砂浆喷涂法是通过离心或压力喷射方式将修复用水泥基材料均匀覆盖在原有管道设施内表面形成内衬的修复方法，可用于各类断面形式、无机材质排水管（渠）的修复。

水泥砂浆喷涂法按照工艺可分为离心喷筑和人工喷筑两种方式。离心喷筑法可用于 DN300～DN3000 的圆形管道及检查井的井壁修复工程。人工喷筑法可用于人能进入的管道、检查井、各类箱涵、洞室等各类断面形式结构的修复工程。

4.4.2 现行适用规范

（1）GB/T 1346—2011《水泥标准稠度用水量、凝结时间、安定性检验方法》。

（2）GB/T 17671—2021《水泥胶砂强度检验方法（ISO 法）》。

（3）JGJ/T 70—2009《建筑砂浆基本性能试验方法标准》。

（4）JC/T 2327—2015《水性聚氨酯地坪》。

（5）JC/T 60011—2022《机械喷涂砂浆施工技术规程》。

（6）T/CECS 717—2020《城镇排水管道非开挖修复工程施工及验收规程》。

4.4.3 施工工艺流程及操作要点

1. 工艺流程

水泥砂浆喷涂修复施工工艺流程见图 4-9。

（1）采用离心喷筑法修复检查井，施工工艺流程如下。

①按照要求依次启动设备，待设备运行平稳后，按照要求制备浆料。

②将离心旋喷器居中置于井内，启动，待运行平稳后启动砂浆输送泵，待浆料从离心旋喷器均匀甩出后，操纵吊臂卷扬机，使离心旋喷器平稳下行至井底后，切换方向提升离心旋喷器上升至井口完成一个喷筑回次，如此循环往复喷涂至设计厚度。

③在离心喷筑过程中，离心旋喷器下放和提升速度宜使每回次的厚度达到 1～3mm，通过多回次喷筑，确保内衬达到最好的密实度。

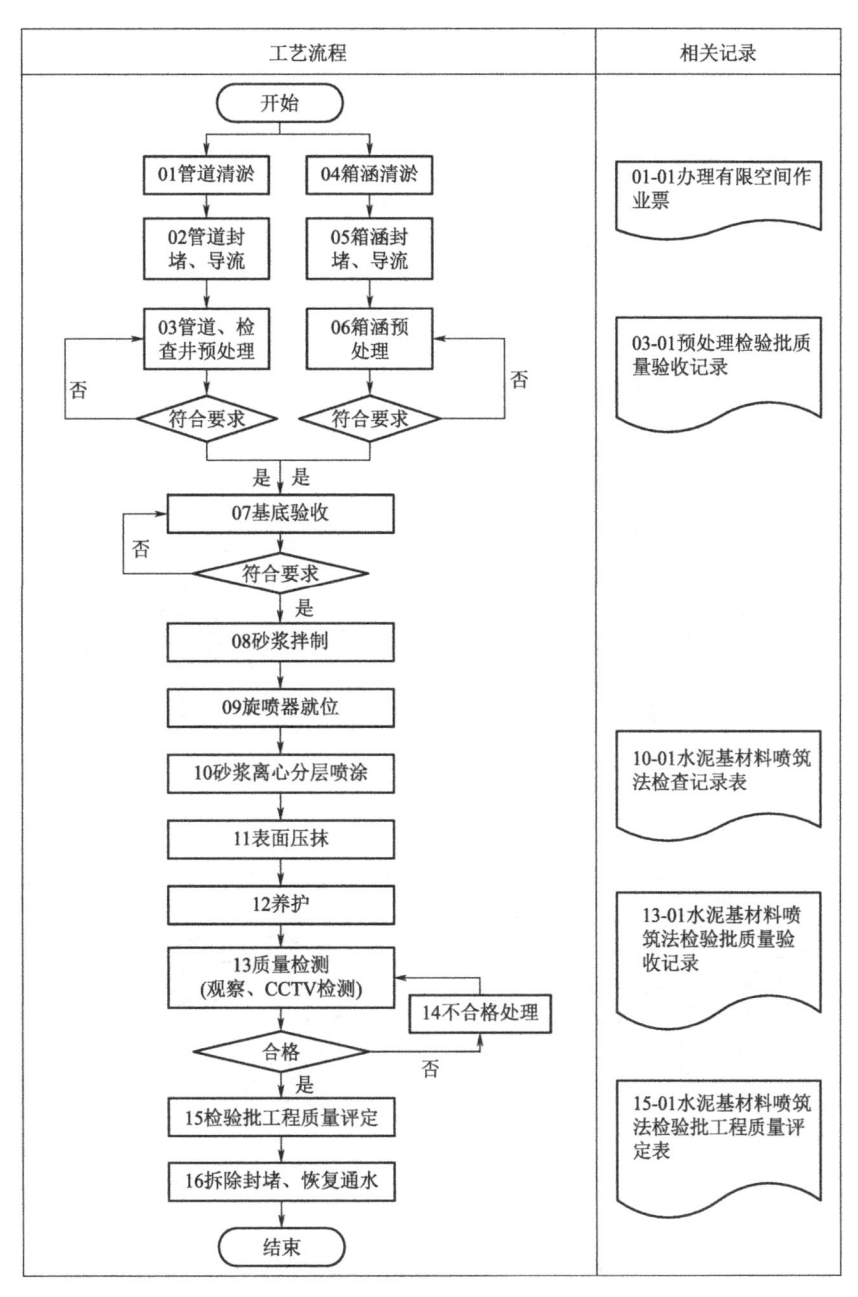

图 4-9 水泥砂浆喷涂修复施工工艺流程

（2）采用离心喷筑法修复管道，施工工艺流程如下。

①将离心旋喷器固定在机架上，摆放在待修复管段的末端部位，调整离心旋喷器轴线高度，连接料管和气管，并根据管道实际尺寸及砂浆的泵送排量调节离心旋喷器的旋转速度。

②根据管道直径，选择适宜的砂浆泵排量及离心旋喷器行走速度，控制每层喷筑厚度为 10~20mm。

(3) 采用人工喷筑法修复管道、检查井、各类箱涵和洞室，施工工艺流程如下。

①调节喷筑气压和浆料量，浆料应均匀分散喷出。

②控制喷枪与基面距离，喷枪移动应规律、平稳。

③可一次或分多次喷筑到设计厚度，但厚度超过20mm时，应分多次完成。

④喷筑完成后，应将喷筑层抹平，但同一部位不宜反复抹压。

⑤检查井的井底修复工程宜采用人工喷筑后压抹的方式，井底与井壁的结合处应进行倒角处理，井底内衬厚度不得小于20mm。

水泥砂浆喷涂法设备施工见图4-10。

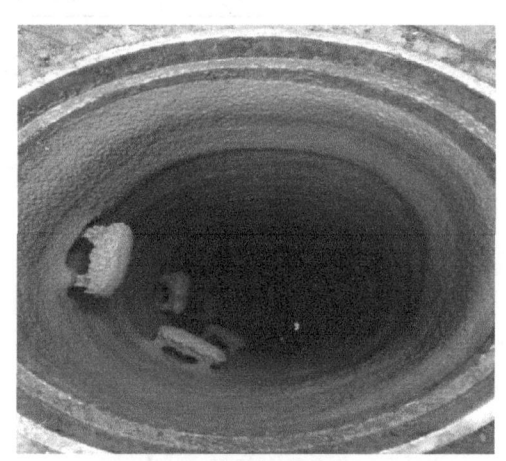

(a) 检查井喷涂施工　　　　(b) 检查井喷涂效果

(c) 管道修复前　　　　(d) 管道修复后

图4-10　水泥砂浆喷涂法设备施工

2. 操作条件

(1) 按照材料供应商推荐的水灰比搅拌内衬浆料，搅拌时间不宜少于3min，搅拌好的浆料应在45min内使用完，严禁将超过使用期的浆料二次搅拌使用。

(2) 当管径不大于1000mm时，喷筑内衬厚度为15mm。当管径大于1000mm时，喷筑内衬厚度为20mm。

(3) 采用离心喷筑法修复管道时，根据管道直径，选择适宜的砂浆泵排量及离心旋喷器行走速度，控制每层喷筑厚度为10~20mm。

(4) 采用人工喷筑法修复管道时，应注意以下事项。

①人工喷筑法适合修复人能进入的各类断面形式结构工程，如井室、大尺寸管道和箱涵等。

②调节好喷枪气量和浆料量，使浆料喷出时呈均匀分散状，避免呈束状或团状，但也不宜过度雾化。

③可一次或分多次喷筑到设计厚度，但厚度超过20mm时，应分多次完成。喷筑完成后，应将喷筑层抹平，但同一部位不宜反复抹压。

④检查井的井底修复工程宜采用人工喷筑后压抹的方式，井底与井壁的结合处应进行倒角处理，井底内衬厚度不得小于20mm。

⑤水泥基砂浆施工完成后6h内不宜受激烈的水流冲刷，检查井修复后12h内，井盖应避免受到车辆碾压或冲击振动。

⑥内衬应在无风、潮湿的环境下养护，防止因水分过快蒸发而导致内衬开裂。

⑦在施工过程及施工后24h内，应确保内衬不会结冰。

3. 操作要点

(1) 喷筑施工前，应保证基底处于湿润状态，但不得有明显水滴或流水。当环境温度低于0℃时，不宜进行喷筑施工。当环境温度高于35℃时，应采取降温措施。

(2) 在井室预处理的同时，需要对喷涂设备进行检查整理，做好井室喷涂的预备工作。

①对喷涂设备的喷枪进行清洗，确保出料正常。

②调试料泵出料压力及空压机送气压力，确保各参数达到标准值。

③进行配料试喷试验，对出料量进行量测，并对样品的色泽、固化时间、硬度进行判定。

(3) 喷涂空气压力控制为0.3~0.4MPa。

(4) 喷嘴与物面的距离一般以300~400mm为宜。过近则漆膜易流挂，过远则漆雾不均匀，易出现麻点。具体距离应根据涂料的种类、黏度及气压的大小适当调整。

(5) 机械喷涂弯头、三通等特殊管件和邻近闸阀的管段可采用手工喷涂方式，并用光滑的渐变段与机械喷涂的衬里相接。

(6) 将喷涂器固定在机架上，将机架放到需要修复竖井的部位，调整喷涂设备的高度，根据竖井尺寸及灰浆的泵送排量，调节喷涂设备的旋转速度，保证浇筑到竖井内壁的灰浆可形成稳定、均匀、平整的内衬层。

(7) 喷涂设备以恒速在竖井内上升，其速度和喷头的旋转速度配合可决定喷涂砂浆内衬的厚度，其厚度应达到设计要求，表面先用机器抹平，后人工抹平，最终形成极为细腻的光滑平整表面。

(8) 喷涂时，下一道要压住上一道的1/3或1/4，避免出现漏喷现象。

(9) 井底或井壁下部比较潮湿的地方应采用喷射模式，不对混合料进行雾化，保证底部结构均匀，不起泡，井底喷涂厚度不小于15mm。其他地方采用雾化喷涂方式，这样易控制喷涂厚度。

(10) 竖井内壁和井底喷涂完成后，立即人工抹平内壁表面，清理喷涂设备。

(11) 内衬喷筑完成后，宜保留内衬原始形态，可根据要求对表面进行抹压，但同一部位不得反复抹压，砂浆内衬的最小厚度不应小于10mm。

4. 注意事项

(1) 砂浆喷涂设备系统作业人员应经专业培训，并严格按照说明书操作。

(2) 配套的水压应稳定。

(3) 砂浆喷涂设备系统使用前，应加水试运转，检查设备系统和安全装置的可靠性。

(4) 砂浆喷涂设备系统在装入砂浆前，应在管道内加润滑材料，并放入砂浆。喷涂作业时，应在砂浆顺利流出管道口时再加装喷枪。

(5) 泵送装置工作时，应由专人观察泵的压力变化。当泵的压力超过最大压力限值时，应立即进行回流卸压，完成后再停机检查。

(6) 远距离或高层输送砂浆时，宜采用自动控制技术，并应配备相关人员及通信联络工具。

(7) 喷涂作业时，应注意观察喷枪口出料情况，当喷枪口不出料、出料不均匀、喷涂不平整时，应立即停机，检查喷枪口异物情况、砂浆稠度、砂浆泵工作压力。

(8) 干混砂浆散装移动简仓内存料低于最低存料位时，应停止使用。

(9) 若离心喷筑过程因故中断，则等待故障排除后重新启动旋喷器继续喷筑。若故障排除时间超过30min，则将喷筑机和料管内剩余的内衬浆料清出并清洗设备。离心旋喷器到管道或检查井内壁的内衬应均匀平整。

(10) 水泥基砂浆施工完成后6h内不宜受激烈的水流冲刷，检查井修复后12h内，井盖应避免受到车辆碾压或冲击振动。

(11) 内衬应在无风、潮湿的环境下养护。

(12) 在施工过程及施工后24h内，内衬不应结冰。

4.4.4 材料与设备

1. 材料

进入施工现场的水泥基砂浆应符合设计文件的规定，内衬材料进场应附有产品质量检测报告。当单项工程材料用量大于或等于10t时，应对进场材料的凝结时间、抗压强度、抗折强度和抗渗压力4项指标进行抽样复检。结构性修复用水泥基砂浆性能见表4-15，无机防腐水泥基砂浆性能见表4-16。

表4-15 结构性修复用水泥基砂浆性能

项目	单位	龄期	性能要求	测试方法
凝结时间	min	初凝	≤120	GB/T 1346—2011《水泥标准稠度用水量、凝结时间、安定性检验方法》
		终凝	≤360	
抗压强度	MPa	24h	≥25	GB/T 17671—2021《水泥胶砂强度检验方法（ISO法）》
		28d	≥65	
抗折强度	MPa	24h	≥3.5	
		28d	≥9.5	

续表

项目	单位	龄期	性能要求	测试方法
静压弹性模量	GPa	28d	≥30	JGJ/T 70—2009《建筑砂浆基本性能试验方法标准》
拉伸黏结强度	MPa	28d	≥1.2	
抗渗压力	MPa	28d	≥1.5	
收缩性	%	28d	≤0.1	
抗冻性（100次循环）	%	28d	强度损失≤5	
耐酸性		5%硫酸液腐蚀24h 10%柠檬酸；10%乳酸；10%醋酸腐蚀48h	无剥落、无裂纹	JC/T 2327—2015《水性聚氨酯地坪》

注：耐酸性检验用酸均为质量百分数。

表4-16 无机防腐水泥基砂浆性能

项目	单位	龄期	性能要求	测试方法
凝结时间	min	初凝	≤45	GB/T 1346—2011《水泥标准稠度用水量、凝结时间、安定性检验方法》
		终凝	≤360	
抗压强度	MPa	12h	≥8.0	GB/T 17671—2021《水泥胶砂强度检验方法（ISO法）》
		24h	≥12.0	
		28d	≥25.0	
抗折强度	MPa	24h	≥2.5	
		28d	≥4.0	
拉伸黏结强度	MPa	28d	≥1.0	JGJ/T 70—2009《建筑砂浆基本性能试验方法标准》
抗渗压力	MPa	28d	≥1.5	
耐酸性		5%硫酸液腐蚀24h 10%柠檬酸；10%乳酸；10%醋酸腐蚀48h	无剥落、无裂纹	JC/T 2327—2015《水性聚氨酯地坪》

注：1. 当需要快速恢复通水时，可以协商进行12h抗压强度测试。
2. 耐酸性检验用酸均为质量百分数。

2. 设备

（1）砂浆喷涂设备系统的选择应根据施工场所条件和要求确定，可采用组合式设备，也可采用一体化设备，通常包括搅拌装置、泵送装置、输送管道组件、喷涂装置。

（2）搅拌装置应符合JB/T 12818—2016《建筑施工机械与设备砂浆联合机》相关规定，还应符合下列规定。

①搅拌装置进料斗应具有过滤功能，其过滤装置的筛网孔径不应大于4.75mm，并应能防止杂物再次混入过滤后的砂浆。

②对于设有振动筛的结构连接部位应加设减振装置。

③带卸料功能的搅拌装置在仓门关闭时不应漏浆。

④宜配备防尘装置。

（3）泵送装置应符合下列规定。

①泵送装置包含气力输送泵和砂浆泵，应符合 JB/T 11854—2014《建筑施工机械与设备 砂浆泵》和 JB/T 13188—2017《正压气力输送机》相关规定。

②泵送装置应根据输出量和输送距离确定砂浆泵的类型。泵送装置主要设备的基本性能见表 4-17。

表 4-17 泵送装置主要设备的基本性能

性　能	单位	气力输送泵	砂浆泵		
			螺杆式砂浆泵	活塞式砂浆泵	挤压式砂浆泵
输出量	L/min	20～80	0.5～200	3～200	30～50
最大水平输送距离	m	140	200	500	100
最大垂直输送距离	m	100～150	80	140	80

③砂浆泵工作压力不宜小于 2.5MPa，应具备调速、手动卸料和反泵功能。

④泵送装置应设有压力指示仪表和安全保护设备。超过额定工作压力 10% 时，泵送装置及输送管道总成保压 40min 内，各密封处不应漏料。超过额定工作压力 15%，设备过载或短路时，泵送装置应能自动卸料减压或自动停机。泵送装置应设有砂浆卸压阀。

⑤未连接管道时，泵送装置输出量不应小于铭牌标志的最大流量。在额定工作压力下，泵送装置输出的额定流量不应小于其最大流量的 50%。

⑥泵送装置连续空运转 1h 时，减速器内润滑油温度升高不应超过 40℃，传动系统运转应平稳可靠、无异常声响，设备应运行协调。

（4）输送管道组件应根据材料类型、输送方式、喷涂要求选择，并应符合下列规定。

①与气力输送泵配套的输送管道内径不宜小于 50mm。

②砂浆拌和物的输送管道（输浆管）应符合下列规定。

a. 输浆管内径应根据流量确定，当砂浆用砂的细度模数较大或含纤维时，宜选取内径较大的输浆管。输浆管内径范围见表 4-18。

表 4-18 输浆管内径范围

项　目	单位	数　值		
喷涂流量	L/min	≤20	20～40	40～60
输浆管内径	mm	32	32～38	38～51

b. 应具有耐压、耐磨、耐腐蚀的特性。输送距离较短时，输浆管宜使用钢丝编织胶管或钢丝缠绕胶管。垂直输送距离超过 20m 时，输浆管垂直段宜选用钢管。

c. 输浆管额定工作压力与砂浆泵额定工作压力比值不应小于 2。

d. 单根输浆管长度不宜大于 13m。

③输送管道接头应采用自锁快速接头，且接头内壁与管道内壁应平滑过渡。

（5）喷涂装置包括空气压缩装置、压力显示装置、输气管道、喷枪等，应符合下列规定。

①空气压缩装置的性能应符合 GB/T 3853—2017《容积式压缩机验收试验》和 GB/T 13279—2015《一般用固定的往复活塞空气压缩机》相关规定，额定排气压力不宜小于 0.7MPa，排气量不宜小于 300L/min。

②输气管道内径不宜小于 8mm，其额定工作压力与空气压缩装置额定排气压力比值不应小于 2。

③喷枪及相应的喷嘴类型和口径应根据施工工艺要求、喷涂厚度、喷涂流量和材料最大粒径等选择，并应符合下列规定。

a. 喷枪宜选择直型喷枪。

b. 喷枪上应设置空气流量调节阀，并选择双气阀控制。

c. 喷嘴口径可根据材料调整大小，通常为 10~20mm。

(6) 根据施工工艺要求配备相应的干混砂浆散装移动筒仓，并应符合 SB/T 10461—2008《干混砂浆散装移动筒仓》相关规定。

4.4.5 质量控制

1. 主控项目

(1) 水泥基砂浆性能应符合设计要求，质量保证资料应齐全。

检验方法：对照设计文件检查出厂检测报告、现场抽样检测报告、质量保证资料、厂家产品使用说明等。

检查数量：全数检查。

(2) 施工过程中，应对现场搅拌好的砂浆进行现场取样制作试块并送检测单位检测，取样频次应符合设计要求。设计未明确要求时，修复检查井应按照每半个台班取样 1 组或每 5 口井取样 1 组的原则进行取样。管道修复时，应按照每个喷筑回次取样 1 组。结构修复用水泥基砂浆现场取样检测项目见表 4-19。无机防腐水泥基砂浆现场取样检测项目见表 4-20。

表 4-19 结构修复用水泥基砂浆现场取样检测项目

检测项目	单位	龄期	性能要求	测试方法
抗压强度	MPa	28d	≤65	GB/T 17671—2021《水泥胶砂强度检验方法（ISO 法）》
抗折强度	MPa	28d	≥9.5	

表 4-20 无机防腐水泥基砂浆现场取样检测项目

检测项目	单位	龄期	性能要求	测试方法
抗压强度	MPa	28d	≥25	GB/T 17671—2021《水泥胶砂强度检验方法（ISO 法）》
抗折强度	MPa	28d	≥4.0	

(3) 内衬平均厚度应符合设计要求，最小厚度不应低于设计值的 90%。

检验方法：采用测厚尺在未凝固的内衬表面随机插入检测，每个断面测 3~4 个点，以最小插入深度为内衬厚度。此外，可在监理的见证下，在检查井或管道断面设置标志钉，当内衬完全覆盖全部标志钉时，可认为厚度符合要求。

检查数量：全数检查。

2. 一般项目

（1）修复后，内衬表面应无明显湿渍、渗水，不得出现滴漏、线漏等现象，流槽平顺，管口与井壁应紧密结合。

检验方法：观察、CCTV 检测或潜望镜检查。

检查数量：全数检查。

（2）修复施工记录应齐全、正确。

检验方法：对照设计文件和施工方案进行检查。

检查数量：全数检查。

4.5 不锈钢双胀环快速锁施工

4.5.1 概述

不锈钢双胀环快速锁施工工艺是一种专用于管道接口错位、渗漏严重的非开挖修复工程的技术。不锈钢双胀环修复工艺利用专用液压设备，对不锈钢胀圈施压，将特制高强度密封止水带安装并固定在接口处，使安装压力符合管道运行要求，从而在接缝处建立长久性、密封性的软连接，使管道恢复原设计承压能力，从而保证管道正常运行。不锈钢快速锁修复工艺将锁紧螺栓固定装置安装在接口修复部位，从而达到管道修复目的。

1. 不锈钢双胀环修复工艺

不锈钢双胀环修复工艺适用于管径为 800～3000mm 的球墨铸铁管、铸铁管、钢管、混凝土管的局部修复和维护工程。该修复工艺宜与钻孔注浆法联合使用。

2. 不锈钢快速锁修复工艺

不锈钢快速锁修复工艺可用于 DN300～DN1800 排水管道局部修复，不适用于管道变形和接头错位严重的修复。DN600 以下管道不锈钢快速锁应采用专用气囊进行安装，DN600 及以上管道不锈钢快速锁宜采用多片式快速锁结构进行人工安装。

4.5.2 现行适用规范

（1）GB 50069—2002《给水排水工程构筑物结构设计规范》

（2）GB 50332—2002《给水排水工程管道结构设计规范》

（3）GB 50268—2008《给水排水管道工程施工及验收规范》

（4）GB 50141—2008《给水排水构筑物工程施工及验收规范》

（5）GB 50204—2015《混凝土结构工程施工质量验收规范》

（6）CJJ 1—2008《城镇道路工程施工与质量验收规范》

（7）CJJ 181—2012《城镇排水管道检测与评估技术规程》

（8）CJJ/T 210—2014《城镇排水管道非开挖修复更新工程技术规程》

（9）T/CECS 559—2018《给水排水管道原位固化法修复技术规程》

（10）T/CECS 602—2019《给水排水管道内喷涂修复工程技术规程》

(11) T/CECS 717—2020《城镇排水管道非开挖修复工程施工及验收规程》

(12) CJJ 6—2009《城镇排水管道维护安全技术规程》

4.5.3 施工工艺流程及操作要点

1. 工艺流程

不锈钢双胀环快速锁施工工艺流程见图4-11。

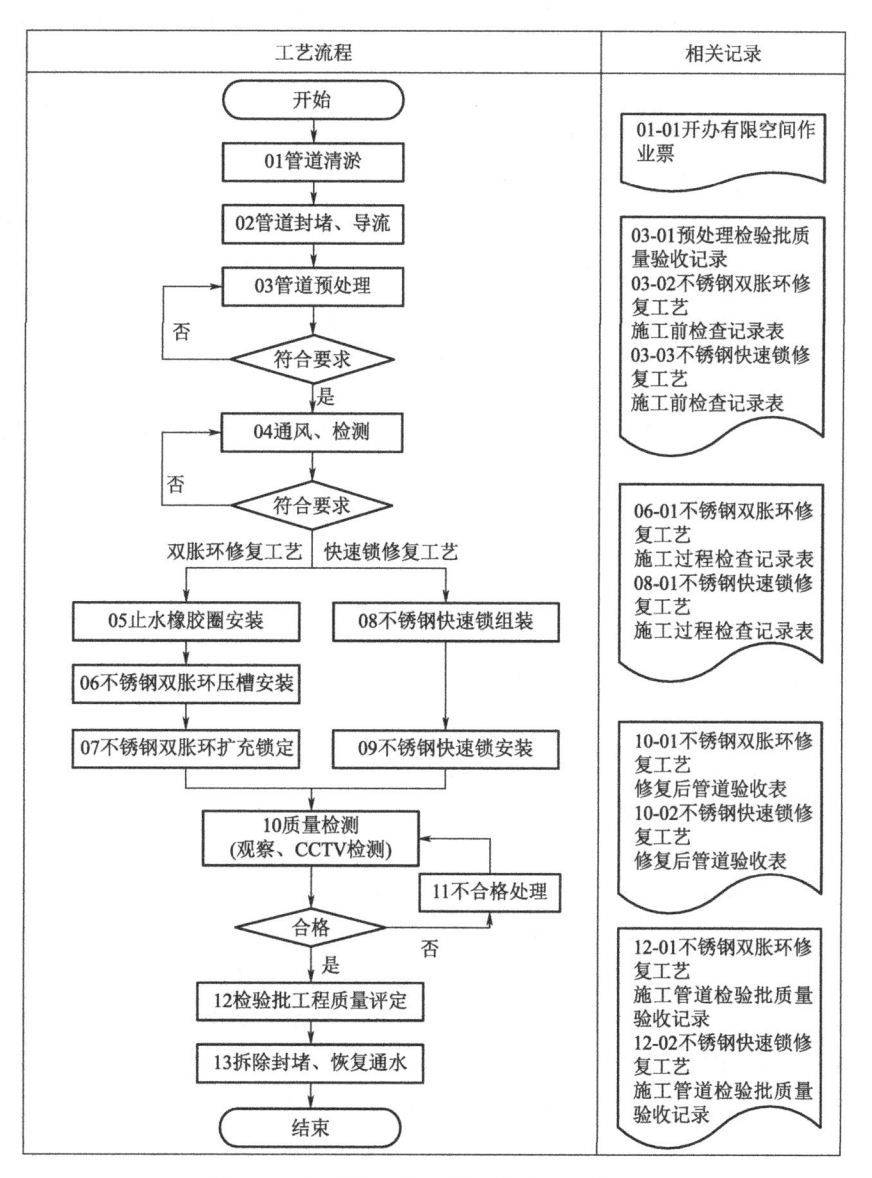

图4-11 不锈钢双胀环快速锁施工工艺流程

（1）不锈钢双胀环压槽安装。

①密封带定位：预处理完成后，应将密封带定位至管道修复部位，安装前，应处理好

两个密封接触的部位，以便密封唇口完全贴合，从而达到长久密封的目的。密封带应放置于待修复部位正上方（密封带准确覆盖在待修复接口的环向位置上方），并使待修复管口处于密封带中间部位。

②止水橡胶圈安装：密封部分清扫干净后涂黏合剂，这样可以将密封带与管道紧密黏合在一起。密封带必须精确置于涂层之上。

③不锈钢双胀环压槽安装：密封带定位后，将不锈钢双胀环放在密封带的环槽内。定位过程中，应将不锈钢双胀环准确放置在密封带的环槽内，不锈钢双胀环的开口应位于管道侧下方。

④不锈钢双胀环扩充锁定：安装时，将螺栓、卡扣等构件连成整体，不锈钢双胀环定位后，用专用液压工具对内双胀环的不锈钢双胀环施加压力，液压千斤顶设定值为20kN。

(2) DN600及以下管道不锈钢快速锁安装。

①应在始发井和接收井各安装一个卷扬机牵引不锈钢套筒运载车和CCTV检测设备。

②将运载车牵引到管道内待修复位置。

③运载车被牵拉到达待修复位置后，应缓慢向气囊内充气，使不锈钢圈和橡胶圈缓慢扩展并紧贴原有管道内壁，但气囊压力不得破坏不锈钢套筒的卡锁机构，最大压力宜控制在400kPa及以下。

④当确认不锈钢双胀环完全扩展并锁定后，缓慢释放气囊内的气压，并收回运载车和CCTV检测设备。

(3) DN600以上管道不锈钢快速锁安装。

①作业人员进入管道内部安装，所需辅助工具包括扳手、固定螺栓、扩充器、锤头等。

②施工前，应检查不锈钢片、橡胶圈外观质量、规格型号是否匹配。

③将不锈钢片（两片或三片）从检查井放入管道内部，送到待修复位置。

④拼装前，检查不锈钢片是否损坏，确保没有损坏后，将不锈钢片拼装为较原有管道直径小的不锈钢双胀环，再将橡胶圈密封圈套在不锈钢双胀环上。

⑤拼装过程应保证密封圈边缘与不锈钢圈边缘平齐，避免出现偏移现象，并保证止水橡胶圈在竖立过程中不会滑落。如发生偏移，则应进行校正。调节不锈钢双胀环位置，使缺陷位置位于密封圈中心，保证橡胶圈完全覆盖缺陷位置。

⑥对准缺陷位置，采用专用扩充器卡在上下两片不锈钢片的卡槽上，通过调节扩充器中间的主螺栓，使不锈钢双胀环扩张，待扩张一段距离或达到螺栓调节行程时，需调节扩充器两端的辅助螺栓，保证不锈钢双胀环均匀扩张，不发生偏移、跑位现象，采用不锈钢双胀环上的螺丝临时固定。

⑦重复上述步骤，继续使不锈钢双胀环扩张直至橡胶密封圈紧紧压在管道内壁上，确保不出现渗水现象后，将不锈钢片上的螺栓拧紧固定。

不锈钢快速锁施工效果见图4-12。

2. 施工工艺操作要点

1) 不锈钢双胀环修复工艺

(1) 双胀圈点状修复前，若管周存在空洞或土体松散情况，则应对管周土体进行注

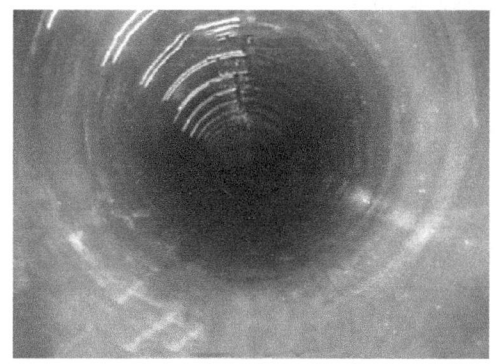

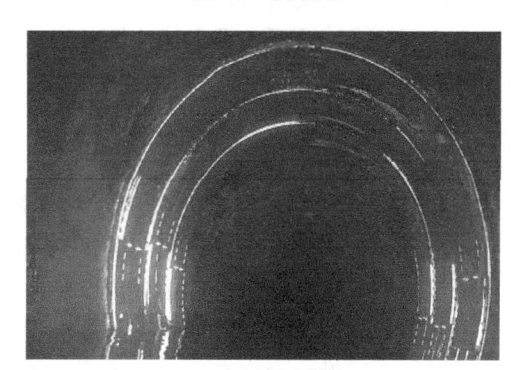

(a) 连续修复效果　　　　　　　　　(b) 单个修复效果

(c) 不锈钢快速锁修复前　　　　　　(d) 不锈钢快速锁修复后

图 4-12　不锈钢快速锁施工效果

浆加固。

(2) 止水橡胶圈宜采用人工沿管道环向平铺于管道内壁的方式进行，平铺后，应完全覆盖管道缺陷处，止水橡胶圈表面应平整、无褶皱，内壁紧贴原有管道。

(3) 不锈钢双胀环应沿止水橡胶圈的压槽安装。

(4) 安装完成后，应拆除不锈钢双胀环上焊接的液压设备支撑点。拆除时，应沿环向施力拆除，不得沿纵向用力拆除。

(5) 修复施工过程中，应做好注浆用量、注浆压力、液压设备的撑力、修复前后的渗水程度等施工记录。

2) 不锈钢快速锁修复工艺

(1) 原有管道待修复部位及前后 50mm 范围内管道内表面应干净，无附着物、尖锐毛刺和凸起物。

(2) 不锈钢快速锁应覆盖待修复缺陷，且轴向前后应比待修复缺陷长不小于 100mm。当缺陷轴向长度超过单个快速锁长度时，可采取多个快速锁搭接的方式安装。安装时，后一个快速锁的橡胶套应压住前一个快速锁超出的橡胶套。

(3) 采用气囊安装的不锈钢快速锁不得采用搭接方式，应按照下列步骤操作。

①在地表将不锈钢套筒和橡胶套预先套好，并检查锁紧装置是否可正常工作。

②在始发井和接收井各安装一个卷扬机，将快速锁固定在带轮子的专用气囊上，在

CCTV检测设备或潜望镜的辅助下将气囊牵拉至待修复位置。

③在CCTV检测设备或潜望镜设备的监控下，缓慢向气囊内充气，使不锈钢快速锁缓慢扩展并紧贴原有管道内壁，气囊压力宜为0.35~0.40MPa。

④当确认不锈钢快速锁完全张开后，卸掉气囊压力，撤出。

(4) DN600以上管道宜人工安装不锈钢快速锁，按照下列步骤操作。

①作业人员下入检查井，将不锈钢环片、橡胶套等送到待修复位置。

②先将不锈钢环片预拼装成小直径钢套，再将橡胶套套在不锈钢套上。橡胶套应迎水坡边朝来水方向安装。

③将预拼装好的不锈钢快速锁放置在待修复位置，采用专用扩充器对快速锁进行扩充，待扩充到橡胶套密封台接近管壁时，使用扩充器上的辅助扩张丝杆缓慢扩张。在扩充过程中，可用橡胶锤环向振击快速锁，确认各个部位与原管壁紧密贴合后锁死紧固螺栓。

4.5.4 材料与设备

1. 材料选择

(1) 一般选用氯丁橡胶止水带制成的密封圈材料。密封圈尺寸应待加固管道准确测量后确定，可根据管道内径确定所需密封圈外径，其外径应与待加固管道内径吻合，保障密封圈与管道内壁贴合，且紧贴管道以免出现齿状，在不锈钢双胀环或快速锁张力的作用下，达到密封止漏的目的。橡胶密封圈的宽度为300~400mm，止水橡胶两侧应有不锈钢双胀环压槽，压槽背面应有齿状止水条，止水条高度宜为8~10mm。该材料密封圈宽度应根据管道接口的错位量和管道内径确定。

(2) 不锈钢双胀环的选定。根据T/CECS 717—2020《城镇排水管道非开挖修复工程施工及验收规程》相关规定，不锈钢双胀环应选用SS304或SS316不锈钢材质，厚度为5mm，宽度为50mm。

(3) 不锈钢快速锁的选定。根据T/CECS 717—2020《城镇排水管道非开挖修复工程施工及验收规程》相关规定，不锈钢快速锁可选用SS304或SS316不锈钢套筒、三元乙丙橡胶套和锁紧机构等部件。DN600管道及以下的不锈钢套筒应整片钢板加工成型，安装到位后，采用特殊锁紧装置固定。DN600管道以上的不锈钢套筒应由2~3片加工好的不锈钢环片拼装而成，安装到位后，采用专用锁紧螺栓固定。

2. 材料进场注意事项

(1) 根据工程需要采购各种材料，制订详细的采购计划，包括材料名称、规格、数量、交货时间、运输方式、进场时间等。

(2) 主要的辅助性物资包括施工用劳保用品，如安全帽、手套、防水服、照明灯、电线，以及工具如铁锹、泥桶、垃圾袋。

(3) 所购材料和设备必须保证质量，符合设计和规范要求，同时提供有效的质量保证及材料的检验资料。采购的材料和设备进场前，必须先行自检，再报验。若检验不合格，则不得使用。

(4) 贯彻执行质量体系采购控制程序，建立合格供货商名册，从合格供货商处长期获得质量优良、价格合理的物资。

(5) 工序作业前，对材料进行复验（核查现场材料质量及原始报告），若不合格，则立即禁止使用，搬离施工现场。

3. 施工所需机械设备

不锈钢双胀环快速锁施工主要材料及机械设备见表 4-21。

表 4-21 不锈钢双胀环快速锁施工主要材料及机械设备表

序 号	名 称	用 途
1	CCTV 检测设备	管道施工前后检测
2	QV 潜望镜	管道施工前后检测
3	发电机	施工临时用电
4	鼓风机	施工管道通风
5	空气压缩机	管堵气囊、气囊修复器充气
6	厢式货车	承载静音发电机组及其他工具
7	联合吸污车	管道清疏
8	高压气囊	高压气囊管堵堵水
9	不锈钢双胀环	修复主材
10	不锈钢快速锁	修复主材
11	7.5kW 污水泵	现场导排水
12	四合一气体检测仪	井内气体检测
13	卷扬机	管道内拖拉重物

4.5.5 质量控制

1. 主控项目

(1) 止水橡胶圈、不锈钢双胀环、不锈钢快速锁等工程材料的出厂合格证明、性能检验报告、使用说明书应齐全，符合设计文件规定。

检验方法：检查材料进场验收记录、质量保证资料、厂家产品使用说明书等，检查止水橡胶圈的出厂日期等记录。

(2) 止水橡胶圈的硬度、断裂延伸率等主要技术指标应符合 T/CECS 717—2020《城镇排水管道非开挖修复工程施工及验收规程》相关规定。

检验方法：对照设计文件，按照 T/CECS 717—2020《城镇排水管道非开挖修复工程施工及验收规程》相关规定进行检验；检查取样检测记录、复检报告等。

2. 一般项目

(1) 修复后，管道表面质量应符合下列规定。

①止水橡胶圈应与原有管道紧密贴合，不得有明显凸起物、褶皱等问题。

②修复位置应正确，不锈钢双胀环应安装牢固，橡胶圈与不锈钢双胀环表面应光洁平整，不得有局部划伤、裂纹、磨损、孔洞等影响管道使用功能的缺陷。

③管道不得有渗水现象。

检验方法：观察或 CCTV 检测；检查施工记录、CCTV 检测记录等。

（2）修复后，管道应线形和顺，新管道和原有管道过渡平缓，断面损失应符合设计文件规定。

检验方法：观察或 CCTV 检测；检查施工记录、CCTV 检测记录等。

（3）待修复缺陷部位应被完全覆盖，止水橡胶圈与原有管道壁贴合紧密。

检验方法：观察或 CCTV 检测，对照设计文件和施工方案检查施工记录等。

（4）不锈钢双胀环两端部密封处理应符合设计要求，且应密封良好、密实。

检验方法：观察；对照设计文件检查施工记录等。

（5）修复施工记录应齐全、正确。

检验方法：对照设计文件和施工方案检查施工记录等。

4.6 静压裂管置换修复施工

4.6.1 概述

静压裂管置换修复工艺是一种以待更换旧管道为导向，用裂管器将旧管道切开并胀裂，使其胀扩，同时将聚乙烯管拉入旧管道的修复更新工艺。

1. 工艺特点

静压裂管置换修复工艺可以在旧管道上施工，利用原有检查井作为工作坑，无须对道路的路面进行破坏，对周围环境影响小。这种工艺具有施工方法简单、速度快、造价低等特点。其工作原理简单，作业人员经过短期培训即可达到作业要求，从而节省工期。

2. 技术参数

管道选用高密度高压聚乙烯材料，管壁应厚薄均匀，管径应大小均匀。由于检查井空间限制，因此需要用精密数控车床将 PE 管加工为短管接管单元。每段接管单元长 60cm，接口为柔性承插子母锁扣，各短管子母承插搭接长度为 10cm，管材有效使用长度为 48cm，损耗长度为 2cm，连接之后的缝隙间隙为 0.15mm。短管密封胶圈槽深为 3mm，槽宽为 3mm。连接时，采用 O 形止水密封圈。施工时，用三元乙丙橡胶涂满接触面，黏接牢固。

3. 适用范围

静压裂管置换修复工艺适用范围广，钢管、铸铁管、瓦管、水泥管等都适用，适用管径为 DN100～DN300。

4.6.2 现行适用规范

（1）GB 50268—2008《给水排水管道工程施工及验收规范》

（2）GB 50141—2008《给水排水构筑物工程施工及验收规范》

（3）GB 12523—2011《建筑施工场界环境噪声排放标准》

（4）GB 50204—2015《混凝土结构工程施工质量验收规范》

(5) CJJ 1—2008《城镇道路工程施工与质量验收规范》
(6) CJJ 181—2012《城镇排水管道检测与评估技术规程》
(7) CJJ/T 210—2014《城镇排水管道非开挖修复更新工程技术规程》
(8) CJJ 68—2016《城镇排水管渠与泵站运行、维护及安全技术规程》
(9) JGJ 46—2005《施工现场临时用电安全技术规范（附条文说明）》
(10) T/CECS 717—2020《城镇排水管道非开挖修复工程施工及验收规程》
(11) GA/T 900—2010《城市道路施工作业交通组织规范》

4.6.3 施工工艺流程及操作要点

1. 工艺流程

静压裂管置换修复施工工艺流程见图4-13。

1) 顶管机平台修建

管道预处理完成后，开始进行顶管机平台修建工作。非开挖液压管道置换将两端的检查井作为工作空间，为了满足液压置换管道的施工工艺要求，对两端的检查井井底进行破碎、剔凿、暗挖及加固，使井底达到工艺要求。

（1）设备安装井的井底向下剔凿20~30cm（根据井底情况确定，以其架设液压机后能够与原有管道底处于同一标高为宜）。井底管口（出管管口）周围的井壁剔凿出D650的预留洞，使胀帽能够顺利拉出而不破坏井体。管口周围尽量剔凿出一个0.6m×0.8m立面，便于液压机后背板制作。

（2）下管井：为使井内作业人员在进行下管、接管等操作时能有一个空间，将井壁破碎并暗挖出一定的工作空间。液压机（置换机）的活动后背板由长0.8m、截面积为200mm×200mm的4~6根枕木立放而成，调整枕木，使其立面处于同一平面，紧贴枕木支护木板及钢板（受力面），注意垂直度。

（3）将置换机采用倒链方式缓慢放入井内，注意方向，用液压机沿着现有水泥管道底，由机械安装从工作井顶至下管井。拉杆机顶进牵引杆的放置方向与碎管时可以不一致，但牵引杆及拉杆的丝扣连接必须上紧到位，否则严禁开机回拉，避免出现脱扣、滑扣现象而影响工期。

（4）安装顶管机防护支撑，在井室底部井室流水槽两侧破除大约7cm宽、15cm深的槽沟，安装承压钢板，用速凝水泥快速固定压力机底座。

2) 穿杆

组装拉管机组，用顶管机将每根50cm长的顶杆向下游井室推进，使得顶杆穿出下游井室。

3) 原有管道破碎（同步进行新管拉入）

原有管道、回拉管道启动置换机，通过调节流量控制碎管的速度，使碎管头向前推进破碎原有管道，同时将与碎管头连接好的PE管向前拉进。每次回拉PE管尾部至管道破碎处时，停止回拉，开始下一节管道的连接。PE管的续接采用插口连接的方法，接口部位是提前加工好的插口槽，且在插管前加设O形圈，提高防水效果，避免发生渗漏问题。插口管道连接完成后，重新启动拉杆机，重复前述工作直至碎管头进入机械安装井。

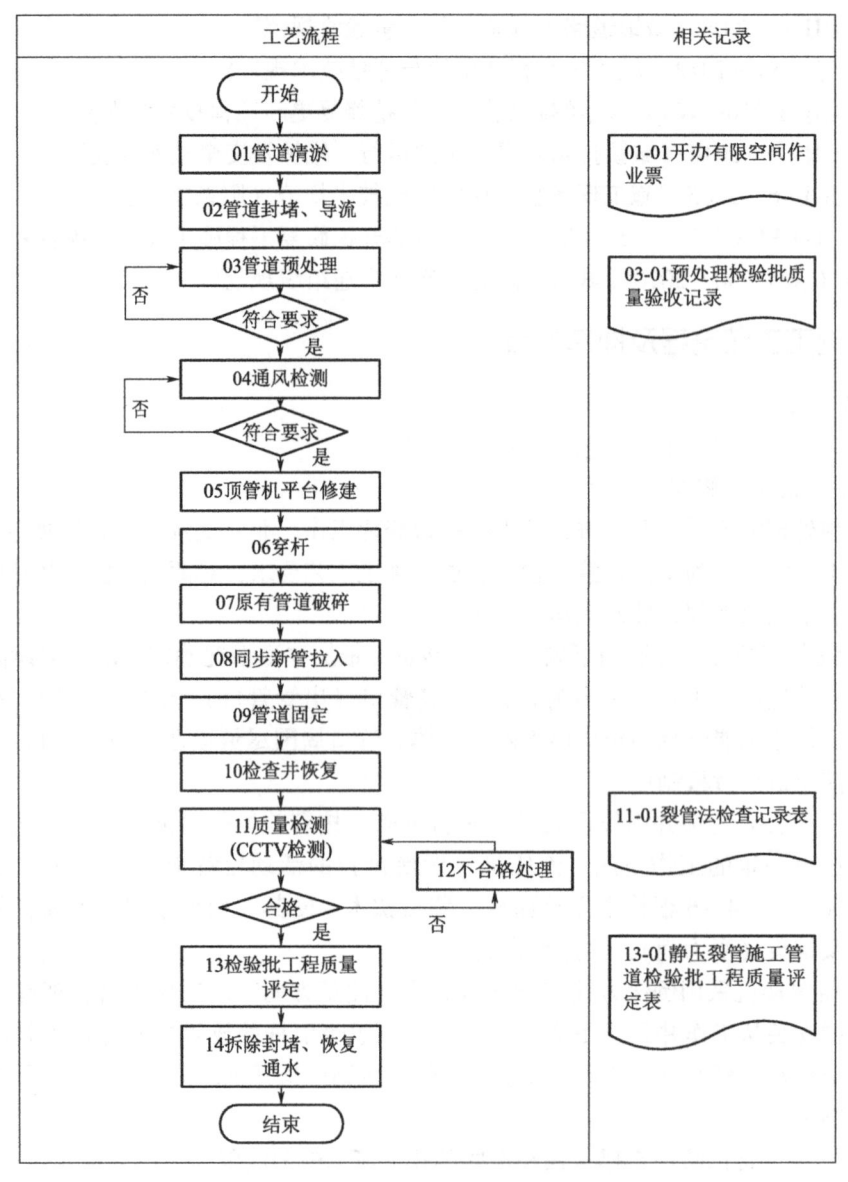

长江大保护项目施工工艺指南　管网及生态治理工程

工艺流程	相关记录
开始 → 01管道清淤 → 02管道封堵、导流 → 03管道预处理 → 符合要求？（否则返回，是则继续）→ 04通风检测 → 符合要求？（否则返回，是则继续）→ 05顶管机平台修建 → 06穿杆 → 07原有管道破碎 → 08同步新管拉入 → 09管道固定 → 10检查井恢复 → 11质量检测（CCTV检测）→ 合格？（否→12不合格处理，是则继续）→ 13检验批工程质量评定 → 14拆除封堵、恢复通水 → 结束	01-01开办有限空间作业票 03-01预处理检验批质量验收记录 11-01裂管法检查记录表 13-01静压裂管施工管道检验批工程质量评定表

图 4-13　静压裂管置换修复施工工艺流程

4）管道固定

当新管的管道回拉至机械安装井时，保证新做的 PE 管进入检查井内 1～3cm。达到拆除条件后，采用倒链方式，将液压机缓慢提升至井外，依次拆除碎管头、连接杆，以及后背板支撑设施。新管道应力恢复后，在进管工作井及出管工作井中应对新管道周围土体进行注浆加固处理，确保新管道周围不发生渗漏问题且土体稳定，处理长度不应小于 2m。

5）检查井恢复

按照原有检查井的结构形式，恢复剔凿过的检查井井底及井壁，依照原坡度，用速凝

·238·

水泥抹平，恢复到原来井室状态。静压裂管置换修复施工工艺修复前后对比见图4-14。

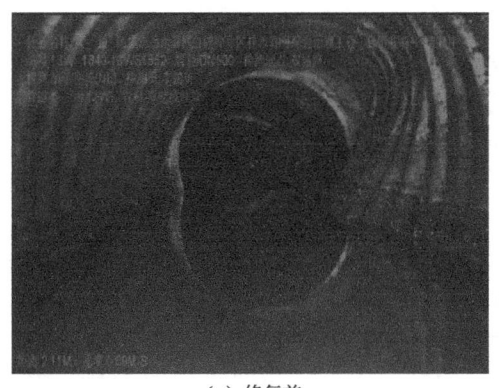

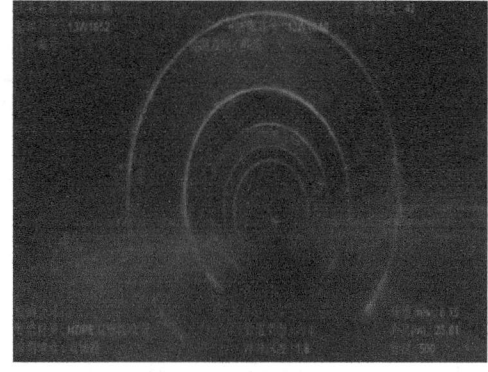

（a）修复前　　　　　　　　　　　（b）修复后

图4-14　静压裂管置换修复施工工艺修复前后对比

2. 操作要点

（1）应根据管道直径及材质选择不同的碎（裂）管设备。

（2）当碎（裂）管设备包含裂管刀具时，应从原有管道底部切开，切刀的位置应处于与竖直方向呈30°夹角的范围内。

（3）在裂管过程中，遇到原有管道堵塞，不能顶进的情况时，在堵塞位置开挖，取出堵塞物体。排水管道如处于流砂或软土层，错口可能会产生缝隙，管周流砂软土从缝隙渗入排水管道内，致使管周土体流失，土路基失稳，管道下沉，路面沉陷，在替换修复前，必须对损坏处土体固化注浆，这样浆体膨胀，可填充流沙造成的空洞。

（4）新管道拉入时，宜用润滑剂降低新管道与土层之间的摩擦力。

（5）施工过程中若牵拉力陡增，则应立即停止施工，查明原因并采取处理措施后方可继续施工。

（6）应做好碎（裂）管施工的牵拉力和速度、内衬管长度和拉伸率、贯通后静置时间等的记录和检验。

4.6.4　材料与设备

1. 材料

静压裂管置换修复工艺选用PE材质同等管径的高密度高压聚乙烯管材，每段短管长度为50cm，接口为承插字母锁扣，各短管子母承插搭接长度为5cm，扎紧后的缝隙间隙为0.15mm，管头密封圈槽深为2.7mm，槽宽为2.8mm。密封圈若干（足够工程密封使用），环刚度大于或等于12.5kN/m。内衬管材力学性能见表4-22。高密度高压聚乙烯管材见图4-15。

2. 设备

静压裂管置换修复工艺选用的设备为CCTV检测设备、冲洗联合车、200t液压拉管机、50t液压油缸、回扩拉管器、顶杆、叉车、钢胀管头扩孔器、导向钻片刀、调向扶正器、导向杆、静电发电机组、金属管线探测仪、污水泵、堵水气囊、气体检测仪、流风机、小货车、潜水服、导向仪、防毒面具、供氧呼吸器、防爆对讲机、防爆照明灯、警戒线、隔离墩。

表 4-22 内衬管材力学性能

检测项目	单位	中密度聚乙烯（MDPE）PE80及改性材料	高密度聚乙烯（HDPE）PE80及改性材料	高密度聚乙烯（HDPE）PE100及改性材料	测试方法
屈服强度	MPa	≥18	≥20	≥22	GB/T 8804.3—2003《热塑性塑料管材 拉伸性能测定 第3部分：聚烯烃管材》
断裂伸长率	%	≥350	≥350	≥350	
弯曲模量	MPa	≥600	≥800	≥900	GB/T 9341—2008《塑料弯曲性能的测定》
耐慢速裂纹增长性能（管材切口试验）（SDR11，e_n≥5mm）	h	≥8760	≥8760	≥8760	GB/T 18476—2019《流体输送用聚烯烃管材 耐裂纹扩展的测定 慢速裂纹增长的试验方法（切口试验）》

注：SDR11 表示管材的公称外径 d_e 与管材公称壁厚 e_n 的比值为 11。

图 4-15 高密度高压聚乙烯管材

4.6.5 施工质量控制

1. 主控项目

(1) 管材、型材、原材料的规格、尺寸应符合设计文件和国家现行有关标准的规定，质量保证资料应齐全。

检验方法：检查质量保证资料、出厂检验报告。

检查数量：全数检查。

(2) 管材、型材、主要材料的主要技术指标经进场复检应符合设计文件和相关规定。

检验方法：检查取样检测记录、进场复检报告。

检查数量：同一生产厂家、同一批次产品现场取样不少于 1 组。在施工现场，管材、型材、主要材料有再形变过程或需分段连接的，同一生产厂家、同一批次产品、每一个加工批次均应按照设计要求进行性能复测。

(3) 管道连接接头试验。

检验方法：按照 GB/T 13663.5—2018《给水用聚乙烯（PE）管道系统 第 5 部分：系统适用性》相关规定执行。

检查数量：按照 GB/T 13663.5—2018《给水用聚乙烯（PE）管道系统 第 5 部分：系统适用性》相关规定执行。

（4）施工前后，应检测管节及接口有无划痕、刻槽、破损等，管道壁厚损失不得大于 10%，接口不得破碎。

检验方法：施工前，观察管节及接口；施工后，对牵拉端进行取样检测。

检查数量：全数检查。

（5）对修复工艺有特殊需求的施工过程中的检查验收资料进行核实，并应符合设计和施工工艺的要求，记录应齐全。

检验方法：检查施工记录。

检查数量：全数检查。

2. 一般项目

（1）管道内衬管内壁表面应光洁平整，无局部划伤、裂纹、磨损、孔洞、变形、错台等影响管道结构、使用功能的损伤和缺陷。

检验方法：观察或 CCTV 检测；检查施工记录、CCTV 检测记录等。

检查数量：全数检查。

（2）新管道端口不得存在渗漏、土体松散问题。

检验方法：观察或 CCTV 检测；检查注浆记录及 CCTV 检测记录。

检查数量：全数检查。

4.7 局部树脂固化施工

4.7.1 概述

局部树脂固化工艺又称筒气囊局部成型法，是将涂抹有树脂混合液的玻璃纤维毡布用气囊紧压于管道内壁，通过常温、加热或紫外线照射等方式实现固化，在修复点管道内形成局部短管内衬的一种环状局部修复的非开挖修复方法。固化物硬度高，韧性好，有很强的抗冲击及抗弯曲性能，同时具有非常强的耐腐蚀性。

该工艺是将固化树脂均匀地涂抹在玻璃纤维织物上，将涂抹固化树脂后的玻璃纤维织物用铁丝缠裹在气囊上，通过牵引设备带入待修复的管段位置，对气囊均匀加气，使预浸渍玻璃纤维织物软管紧贴管道内壁，形成局部管道内衬。

1. 工艺特点

（1）施工优点。局部树脂固化工艺具有对交通影响小、施工速度快、工期短的特点，可用于修复非圆形管道，不用开挖工作坑。该工艺的能源需求较低，施工现场不用水或蒸汽固化，不会产生有毒气体或其他有害物，对于保证作业人员及施工附近人员的安全、保护环境十分有利。

（2）限制条件。施工过程中，需要截流导排，无法带水作业。修复具备自身结构支撑强度的管道裂缝、机械磨损、腐蚀破裂等缺陷时，通常与土体注浆技术联合使用。该工艺还需要特定的固化设备，对作业人员的技术水平和经验有较高要求。

2. 技术参数

（1）内衬筒的织物应选用耐化学腐蚀的玻璃纤维，规格为 1050～1400g/m²。

（2）采用常温固化树脂时，树脂的固化时间宜为 1～2h。

（3）硅酸盐树脂性能指标应符合 T/CECS 717—2020《城镇排水管道非开挖修复工程施工及验收规程》相关规定。硅酸盐树脂性能指标见表 4-23。

表 4-23 硅酸盐树脂性能指标

序号	检测项目	单位	技术指标	测试方法
1	固化剂密度	g/cm³	1.5～1.55	GB/T 15223—2008《塑料 液体树脂 用比重瓶法测定密度》
2	树脂密度	g/cm³	1.2～1.27	GB/T 15223—2008《塑料 液体树脂 用比重瓶法测定密度》
3	树脂黏度	MPa·s	150～600	GB/T 10247—2008《黏度测量方法》
4	树脂不挥发物含量	%	≥99	GB/T 2793—1995《胶粘剂不挥发物含量的测定》

（4）固化时，气囊内压力应保持 0.15MPa。

（5）点状原位固化法的内衬筒长度应能覆盖待修复缺陷，且覆盖缺陷部位以外的轴向前、后超出长度均应大于 200mm。

（6）内衬管实测实量应符合表 4-9 中的要求。固化后内衬新管厚度指标见表 4-24。

表 4-24 固化后内衬新管厚度指标

序号	管径（mm）	厚度最小值（mm）
1	300	4
2	400	5
3	500	6
4	600	7
5	800	9

3. 适用范围

（1）适用于管材为 DN200～DN1500 钢筋混凝土材质及其他材质雨污排水管道。

（2）适用于排水管道局部修复。

（3）适用于呈现为破裂、变形、错位、脱节、渗漏等结构性缺陷，且接口错位小于或等于 5cm 的管道，以及管道基础结构基本稳定、管道线形无明显变化、管道壁体坚实不酥化、整体性好的管道。

（4）适用于管道接口处有渗漏的修理或临近渗漏时的预防性修理。

4.7.2 现行适用规范

（1）GB 50332—2002《给水排水工程管道结构设计规范》

（2）GB 50268—2008《给水排水管道工程施工及验收规范》

(3) GB/T 14520—1993《气相色谱分析法测定不饱和聚酯树脂增强塑料中的残留苯乙烯单体含量》

(4) GB/T 1449—2005《纤维增强塑料弯曲性能试验方法》

(5) GB/T 1040.4—2006《塑料 拉伸性能的测定 第4部分：各向同性和正交各向异性纤维增强复合材料的试验条件》

(6) GB/T 8806—2008《塑料管道系统 塑料部件尺寸的测定》

(7) GB/T 11547—2008《塑料 耐液体化学试剂性能的测定》

(8) GB/T 15928—2008《不饱和聚酯树脂基增强塑料中残留苯乙烯单体含量的测定》

(9) GB/T 15223—2008《塑料 液体树脂 用比重瓶法测定密度》

(10) GB/T 2567—2021《树脂浇铸体性能试验方法》

(11) T/CUWA 60052—2021《城镇排水管道原位固化修复用内衬软管》

(12) CJJ 181—2012《城镇排水管道检测与评估技术规程》

(13) CJJ/T 210—2014《城镇排水管道非开挖修复更新工程技术规程》

(14) T/CECS 559—2018《给水排水管道原位固化法修复技术规程》

(15) T/CECS 717—2020《城镇排水管道非开挖修复工程施工及验收规程》

4.7.3 施工工艺流程及操作要点

1. 工艺流程

局部树脂固化施工工艺流程见图4-16。

(1) 缺陷位置判定：CCTV检测设备判读并确定修复地点。

(2) 穿牵引绳（根据修复管径大小选用不同型号的绳索）：通过CCTV检测设备，将绳索从上游检查井穿入待修复管段内，从下游检查井穿出地面。穿绳施工见图4-17。

(3) 缠底膜：将底膜缠裹在气囊上。缠膜施工见图4-18。

(4) 用树脂浸透毡布并缠裹固定在气囊上：将拌制好的树脂均匀涂抹在毡筒上，使树脂浸透毡筒。涂抹完成，用细铁丝裹扎材料至修复气囊上。树脂涂抹施工见图4-19。裹扎施工见图4-20。

(5) 气囊就位：将气囊放入检查井，并在牵引绳、CCTV检测引导下到达待修复位置。就位施工见图4-21。

(6) 加压固化：通过地面上的空压机向气囊充气，将浸泡树脂的毡筒压覆在管道上，保持压力持续规定时间，待树脂固化。

(7) 气囊泄压移除：气囊泄压缩小并拉出管道。

(8) 固化验收：进行CCTV检测和施工质量检测。施工质量检测见图4-22。

2. 操作要点

1) 操作条件

(1) 修复工程管道位置最大允许转角为15°。

(2) 原有管道地下水位较高，渗水、漏水严重时，应通过土体注浆对管道周围漏水点进行止水处理。

(3) 修复前，应对管道进行预处理，预处理应符合局部树脂固化法的修复要求。

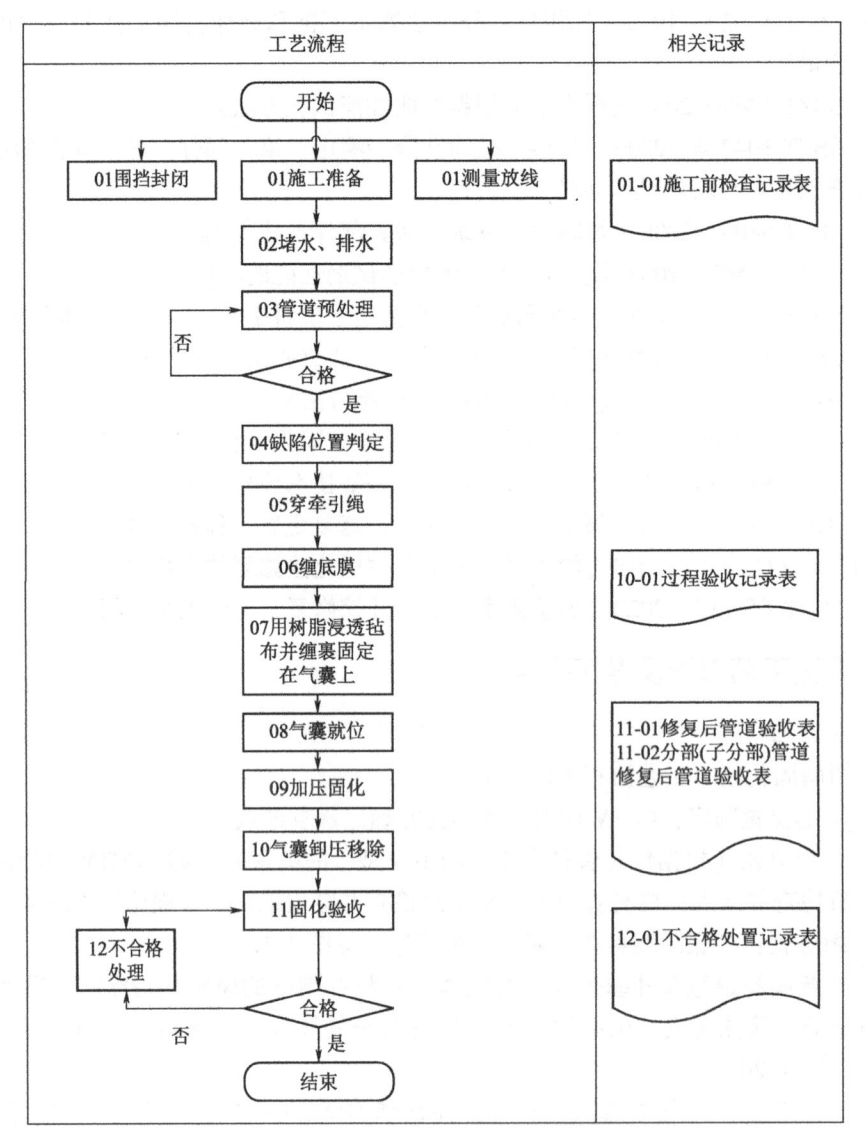

工艺流程	相关记录
开始 → 01围挡封闭 / 01施工准备 / 01测量放线 ↓ 02堵水、排水 ↓ 03管道预处理 ↓ 合格？否→返回；是↓ 04缺陷位置判定 ↓ 05穿牵引绳 ↓ 06缠底膜 ↓ 07用树脂浸透毡布并缠裹固定在气囊上 ↓ 08气囊就位 ↓ 09加压固化 ↓ 10气囊卸压移除 ↓ 11固化验收 ↓ ←12不合格处理 合格？否→12；是↓ 结束	01-01施工前检查记录表 10-01过程验收记录表 11-01修复后管道验收表 11-02分部(子分部)管道修复后管道验收表 12-01不合格处置记录表

图 4-16 局部树脂固化施工工艺流程

（4）施工场地应满足毛毡展铺涂胶、气囊裹扎、牵引设备操作或运行的要求。

（5）局部树脂固化施工时，不得带水作业，管道固化修复前，应进行堵水导排。

（6）如需人工下井，则揭开井盖后，自然通风不应小于 30min。排出下水道内有毒有害气体，并进行有毒有害气体浓度检测。井下气体浓度应符合 CJJ 6—2009《城镇排水管道维护安全技术规程》相关规定。

2）操作方法

（1）剪裁：根据修复管道尺寸情况，在防水密闭的房间或施工车辆上现场剪裁一定尺寸的玻璃纤维毡布。剪裁长度约为气囊直径的 3.5 倍，确保玻璃纤维毡布在气囊上部分重叠。剪裁宽度应使其前后均超出管道缺陷 20cm 以上，确保玻璃纤维毡布与母管紧密贴合。

图 4-17　穿绳施工

图 4-18　缠膜施工

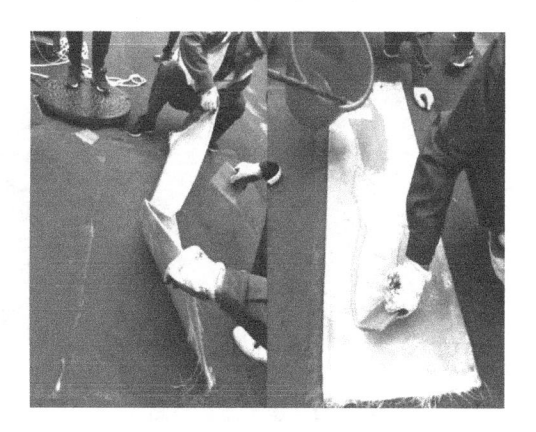

图 4-19　树脂涂抹施工

（2）树脂固化剂混合：根据修复管道情况、供货商要求的配方比例配制一定量的树脂和固化剂混合液，并用搅拌装置混匀，使混合液均匀、无泡沫，并记录混合湿度。

（3）树脂浸透：使用适当的抹刀将树脂混合液均匀涂抹于玻璃纤维毡布上。通过折

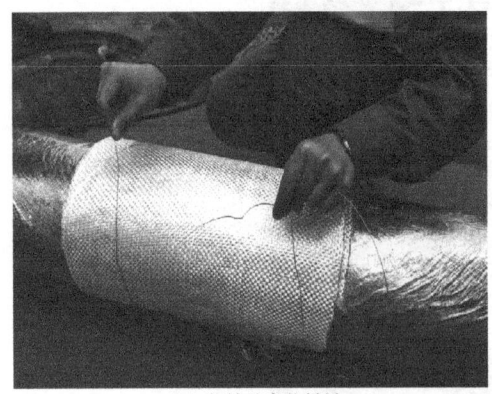

(a) 细铁丝裹扎材料　　　　　　　　(b) 检查裹扎效果

图 4-20　裹扎施工

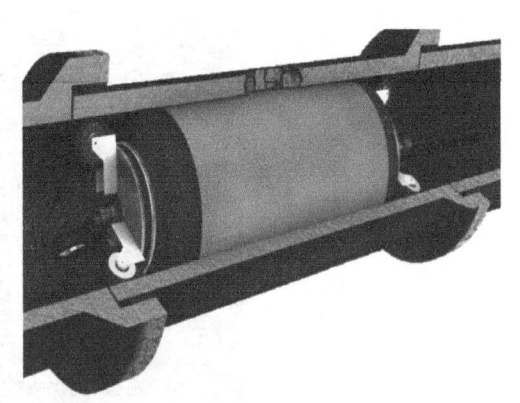

(a) 将气囊放入检查井　　　　　　　(b) 置于待修复位置

图 4-21　就位施工

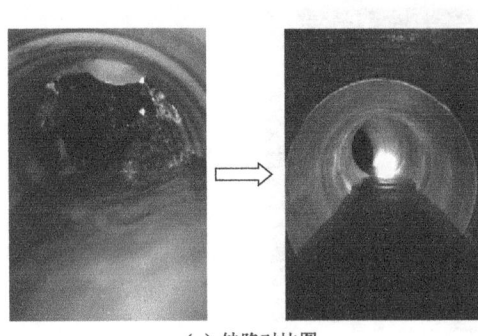

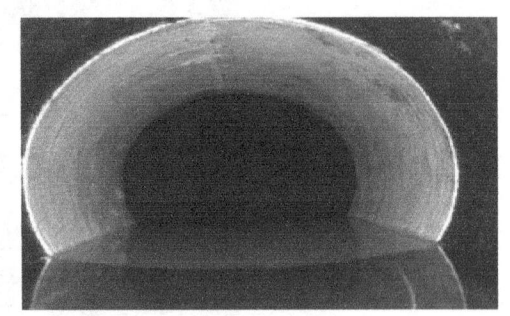

(a) 缺陷对比图　　　　　　　　　　(b) 成品效果

图 4-22　施工质量检测

叠，使玻璃纤维毡布厚度达到设计值，并在这个过程中，将树脂混合液涂抹于新的表面上。为避免带入空气，应使用滚筒将树脂混合液压入玻璃纤维毡布。

（4）毡筒定位安装：经树脂混合液浸透的玻璃纤维毡布通过气囊进行安装。施工时，为使气囊与管道之间形成一层隔离层，可使用聚乙烯（PE）保护膜捆扎气囊，再将玻璃纤维毡布捆绑于气囊上，并防止其滑动或掉落。气囊在送入待修复管段时，应连接空气管，使玻璃纤维毡布接触管道内壁。气囊就位后，使用空气压缩机加压使气囊膨胀，玻璃纤维毡布紧贴原有管道内壁。该气压应保持一定时间，直到玻璃纤维毡布通过常温完全固化。最后，释放气囊压力，将其拖出管道，并记录固化时间和压力。

3）常见问题、原因及处理措施等

(1) 树脂混合液未完全浸透毡布。

现象：固化后的内衬管起白斑，色质不均。

原因：涂胶次序混乱；未采用塑料材质刮板进行涂胶；涂胶遍数不够。

处理措施：对作业人员进行充分交底，严格把控树脂混合液浸润工艺；如白斑数量超出规范要求，则应全部移除内衬管，重新修复。

(2) 固化后的内衬管表面出现不平整、空鼓、错台等现象。

现象：固化后的内衬管表面平整度达不到规范或合同的要求。

原因：原管道内部预处理效果未达到要求。

处理措施：拖入气囊前，对原管道进行精细处理，并达到预处理的设计要求。

(3) 内衬管强度不达标。

现象：固化试样的强度达不到要求。

原因：浸润过程中，树脂混合液用量不足，树脂混合液浸润不密实，稀释剂、填充剂添加过多；玻璃纤维厚度不足，力学性能不符合设计及规范要求，缠裹层数不够。

防治措施：严格把控原材料质量，对原材料进场进行复检；严格把控树脂浸润工艺。

处理措施：将内衬管分段分片割除并清理干净后，重新进行局部树脂固化施工。

(4) 贴合不实。

现象：固化后的内衬管与原管道之间存在间隙。

原因：固化过程中，压力控制不到位，固化时间较短，施工气压过低，导致内衬材料不能充分膨胀，无法紧贴管壁；原管道存在变形、脱节、错位、局部凸起等缺陷，而预处理时未完全解决这些问题。

防治措施：固化时间不得低于1h；固化时保持足够的气压；使软管紧贴原管道内壁；做好原管道预处理工作。

(5) 鼓包。

现象：内衬管的内部出现局部鼓包或隆起现象。

原因：原管道内部凸起部分处理不彻底；固化过程中，内衬管内部气压偏低；固化时间较短；原管道缺陷处理不到位，渗水积聚在内衬管与原管道的环状间隙中；隆起会影响过流能力。

防治措施：固化时间不得低于1h；固化时保持足够的气压；原管道的渗漏点在预处理时应彻底消除。

(6) 错位。

现象：未完全覆盖结构性问题点位。

原因：修复定位时，未精确定点，导致修复面错过问题点；修复宽度不够，无法完全覆盖结构性问题点位；将封堵气囊当作修复气囊使用（修复宽度过短，膨胀状态不同）。

防治措施：定位时，人工观察机器人位置，并进行多角度观测，确保定位准确；保证修复气囊的修复宽度大于修复点长度至少40cm（每边不低于20cm）；毡布缠裹气囊前，检查气囊，避免用错。

处理措施：对未修复到位的位置进行固化修复。

4.7.4 材料与设备

1. 材料

（1）CRF玻璃纤维、固化树脂进入施工现场时，应进行复验，并符合下列规定。

①主要原材料的规格、尺寸、性能等应符合有关产品标准和设计文件的规定。

②玻璃纤维布选用的材质应与选用的树脂相容，这样可确保玻璃纤维布对树脂的传输性，且拉伸、弯曲性能应符合要求，确保能承受安装压力。

③选用的树脂在一定时间内可常温固化。

（2）壁厚测量及固化管性能应在与施工条件同等的环境下制作试块，并应送至第三方质量检测机构进行检测。固化后，内衬管的力学性能、壁厚应符合T/CECS 717—2020《城镇排水管道非开挖修复工程施工及验收规程》相关规定和设计要求。

2. 设备

（1）施工专用设备应根据工程特点合理选用，应有备用动力和设备，并应有现场总体布置方案。

（2）施工专用设备系统应包括：卷扬机（绞盘）等用于拉入修复气囊的控制装置；充气用的空压机和软管的下料设备；维护和监测压力的设备；修复气囊。

（3）设备的规格型号、性能应符合施工要求，设备铭牌、设备使用说明书、质量保证资料应齐全。

检查方法：对照设备铭牌、设备使用说明书及规范规定检查。

4.7.5 质量控制

1. 施工过程控制

（1）玻璃纤维毡布剪裁。根据修复管道尺寸情况，在防水密闭的房间或施工车辆上现场剪裁一定尺寸的玻璃纤维毡布。剪裁长度约为气囊直径的3.5倍，确保玻璃纤维毡布在气囊上部分重叠。剪裁宽度应使其前后均超出管道缺陷20mm以上，确保玻璃纤维毡布与母管紧密贴合。

（2）树脂固化剂混合。根据修复管道情况、供货商要求的配方比例配制一定量的树脂和固化剂混合液，并用搅拌装置混匀，使混合液均匀、无泡沫，并记录混合湿度。同时，施工现场每批树脂混合液应保留一份样本，对其进行检测并报告其固化性能。

（3）树脂浸透。使用适当的抹刀将树脂混合液均匀涂抹于玻璃纤维毡布上。通过折叠，使玻璃纤维毡布厚度达到设计值，并在这个过程中，将树脂混合液涂抹于新的表面。为避免带入空气，应使用滚筒将树脂混合液压入玻璃纤维毡布。

（4）浸渍树脂混合液后的玻璃纤维毡布缠绕在修复气囊后，应进行临时绑扎。缠绕玻璃纤维毡布前，应对修复气囊进行检查。

(5) 为使施工时气囊与管道之间形成一层隔离层,使用聚乙烯(PE)保护膜捆扎气囊,再将玻璃纤维毡布捆绑于气囊上,并防止其滑动或掉下。

(6) 气囊的工作压力和修补管径范围及各项技术指标应符合气囊设备规定的技术要求。

(7) 将气囊运送到待修复位置,若作业人员无法进入管道,则应采用CCTV检测设备实时监测、辅助定位。

(8) 施工时,气囊宜充入空气,充分膨胀,并应根据施工段的直径、长度和现场条件确定固化时间。

(9) 气囊内的气体压力应保证软管紧贴原有管道内壁,并不得超过软管材料所能承受的最大压力。修复过程中,应每隔15min对气囊内的气压进行记录,压力应为0.08~0.20MPa。

(10) 固化完成后,应缓慢释放气囊内的压力。

(11) 每个作业班次应做好树脂存储温度和时间、树脂用量、软管浸渍停留时间和使用长度、气囊压力、固化时间等施工记录。

2. 施工质量控制

1) 主控项目

(1) 浸渍树脂混合液、软管织物等工程材料的性能、规格、尺寸应符合T/CECS 717—2020《城镇排水管道非开挖修复工程施工及验收规程》相关规定,质量保证资料应齐全。

①检验方法:对照设计文件,按照T/CECS 717—2020《城镇排水管道非开挖修复工程施工及验收规程》相关规定进行检查;检查材料进场验收记录,以及质量保证资料、厂家产品使用说明书等技术文件;检查浸渍树脂混合液的运输、存储等记录。

②检查数量:全数检查。

(2) 固化后,内衬管的力学性能、壁厚应符合T/CECS 717—2020《城镇排水管道非开挖修复工程施工及验收规程》相关规定和设计要求。内衬管最小壁厚不得小于设计值。

①检验方法:对照设计文件,按照T/CECS 717—2020《城镇排水管道非开挖修复工程施工及验收规程》相关规定进行检查;检查样品管或样品板试验报告、检测记录;现场用测厚仪、卡尺等工具测量内衬管的管壁厚度。

②检查数量:全数检查。

2) 一般项目

(1) 点状原位固化法修复管道时,内衬管表面质量应符合下列规定:内衬应与原有管道紧密贴合,不应有明显凸起物、凹陷、错台、空鼓等现象;修复位置应正确,内衬应完整,表面应光洁平整,不应有局部划伤、裂纹、磨损、孔洞、起泡、干斑、脱皮、分层、杂质和软弱带等影响管道使用功能的缺陷;管道不应有渗水现象。

①检验方法:观察或CCTV检测设备检测;检查施工记录、CCTV检测记录等。

②检查数量:全数检查。

(2) 修复后,管道应线形和顺,折弯或错台处过渡平顺,内衬与原有管道过渡平缓,环向断面圆弧饱满。

①检验方法：观察或 CCTV 检测设备检测；检查施工记录、CCTV 检测记录等。

②检查数量：全数检查。

（3）待修复缺陷部位应被完全覆盖，且延伸宽度应大于 200mm，玻璃纤维层数不应小于 3 层。

①检验方法：观察或 CCTV 检测；对照设计文件和施工方案检查施工记录、CCTV 检测记录等。

②检查数量：全数检查。

（4）内衬管两端部密封处理应符合设计文件的规定，且应密封良好、饱满密实。

检验方法：观察；对照设计文件检查施工记录等。

检查数量：全数检查。

（5）修复施工记录应齐全、正确。

①检验方法：对照设计文件和施工方案，按照 T/CECS 717—2020《城镇排水管道非开挖修复工程施工及验收规程》相关规定进行检查。

②检查数量：全数检查。

4.8 安全管理重点事项

4.8.1 通用管理规定

通用管理应符合 1.6.1 中的规定。

4.8.2 有限空间作业专项管理规定

1. 有限空间作业管理通用措施

（1）对本项目的有限空间进行辨识，建立有限空间管理台账并及时更新。

（2）建立有限空间作业安全责任制度、有限空间作业现场安全管理制度、有限空间作业安全操作规程等安全管理制度，保障现场作业有据可依。

（3）建立有限空间作业现场负责人、监护人员、作业人员、应急救援人员安全培训教育制度。安全培训内容包括：有限空间作业安全基础知识；有限空间作业安全管理；有限空间作业危险有害因素和安全防范措施；有限空间作业安全操作规程；安全防护设备、个体防护用品及应急救援装备的正确使用；紧急情况下的应急处置措施等。

2. 污水场站危险化学品管理措施

（1）危险化学品生产、经营单位主要负责人和安全生产管理人员依法经考核合格后上岗履职。

（2）涉及毒性气体、液化气体、剧毒液体的一级、二级重大危险源的危险化学品罐区配备独立的安全仪表系统。

（3）涉及有毒有害气体泄漏（SF_6 泄漏、聚集）的场所按照国家标准配备检测报警装置。

3. 市政管网有限空间作业管理措施

（1）环境调查。施工前，调查作业管网周边环境、工业废水排放情况、管网内泵站运行信息，查清作业管段的正常水位、流速和管径等情况。

（2）签订互保协议。与相关泵站管理单位签订安全生产互保协议；污水池（井）内设备安装、更换、维修等有限空间作业单位应与在建或运营单位签订安全生产协议，明确各方安全职责。

（3）编制施工方案。根据管道管径、材质、流态，结合使用的充气管塞（气囊）的规格、压力等级等，细化编制管道封堵作业方案和安全专项方案，经监理审批后实施。

（4）开展专项培训及应急演练。一是现场负责人、监护人员、作业人员、应急救援人员应进行专项安全培训；二是开工前，应以班组为单位开展一次有限空间作业专项应急演练，演练不合格的或不能熟练掌握应急处置措施的严禁作业。

（5）办理作业票。施工单位、监理单位及运营单位应及时掌握现场有限空间作业计划安排。有限空间作业当天，作业班组应办理有限空间作业票，并经施工单位、监理单位或运营单位现场相关负责人审批。

（6）设置封闭警示及交通疏导设施。到达作业区域，应立即封闭作业区域，在出入口及周边显著位置设置安全标志和警示标志，在面向车流方向设置不小于 10m 的缓冲区域。夜间作业时，作业区域周边显著位置应设置警示灯，人员应穿着高可视警示服。

（7）开展班前会活动。对全体作业人员进行安全交底，告知作业内容、作业过程中可能存在的安全风险、作业安全要求和应急处置措施等，交底人与被交底人双方应签字确认。

（8）检查应急救援设施设备。一是作业前，应对安全防护设备、个体防护用品、应急救援装备、作业设备和用具的齐备性和安全性进行检查，发现问题应立即修复或更换；二是检查完毕，将设备用具有序就近摆放在作业区域，便于取用。所有设备按照"一用一备"配置，对有限空间内同时作业人数不少于 3 人的情况，现场至少配备 2 套应急救援装备，包括气体检测仪、送风式长管式呼吸器、防护服、五点式安全带、送风机、保险绳、照明设备、通信设备等。

（9）检查通风及气体。严格遵守"先通风、再检测、后作业"的原则。未经通风和检测合格，任何人员不得进入有限空间作业。检测的时间不得早于作业开始前 30min。采取机械通风，通风管道长度应确保新鲜风流送至有限空间作业面，禁止采用纯氧通风换气。

（10）设置封堵气囊。污水管道上游设置至少 2 道封堵，作业段内连接次支管处应再设置 1 道封堵，雨水管道上游设置至少 1 道封堵。同时，管道作业时，下游设置至少 1 道封堵。

（11）设置监护人员。作业时段内，监护人员应在有限空间外全程持续监护，不得擅离职守。此外，应安排专人到相关泵站、污水池（井）的运营单位进行监护，设置"有人作业、禁止操作"警示牌。现场监护人员应在有限空间外全程持续监护，不得擅离职守。

（12）作业过程安全监控。作业过程中，至少每隔 10min 与作业人员对讲通话，并如实记录通话情况，至少每隔 30min 开展一次气体检测并如实记录。若作业中断超过 30min，则作业人员再次进入有限空间作业前，应重新通风。

4.8.3 现场安全隐患辨识及管控措施

1. 风险类型

管道修复工程易发生的主要安全风险类型有中毒窒息、车辆伤害、爆炸、淹溺、触电。

2. 风险源分析

1）中毒窒息

同 3.4.2 相关内容。

2）车辆伤害

占道施工过程中，车辆标志缺陷、信号缺陷、防护缺陷、操作失误、违章作业、恶劣气候与环境等易造成车辆伤害事故。

3）爆炸

有限空间中积聚的易燃易爆物质与空气混合易形成爆炸性混合物，若混合物浓度达到其爆炸限值，遇明火、化学反应放热、撞击或摩擦火花、电气火花、静电火花等点火源时，则会发生爆炸事故。有限空间作业中常见的易燃易爆物质有甲烷、氢气等可燃性气体。

4）淹溺

（1）对管道修复段管网流量未充分掌握，管道内流量统计数据不足，存在排水高峰期作业风险。

（2）未结合实际水头进行堵头受力计算，盲目选取堵水气囊，出现堵水气囊承压能力不足以承受封堵水头的风险。

（3）未按照要求在上游设置 2 个堵水气囊，下游设置 1 个堵水气囊。

（4）堵水气囊安装位置淤泥未清理干净，致使安装不牢固，出现冲走风险。

（5）作业人员未接受安全交底，对作业内容、作业方案、主要危险源、作业安全要求、应急作业人员处理措施等内容不清楚。

（6）作业人员下井作业前，未按照有限空间作业要求佩戴安全绳等安全防护用具。

（7）作业负责人、监护人员在作业期间擅自离开岗位，出现风险时，不能立即采取应急救援措施。

5）触电

同 1.6.3 相关内容。

3. 安全风险预控措施

1）中毒窒息风险预控措施

中毒窒息风险预控措施应符合 4.8.2 相关规定。

2）车辆伤害风险预控措施

车辆伤害预控措施应符合 1.6.3 相关规定。

3）爆炸风险预控措施

爆炸风险预控措施应符合 4.8.2 相关规定。

4）淹溺风险预控措施

(1) 作业前,提前数天全时段监测管道排水流量并进行记录,合理组织施工时段,确保作业人员避开排水高峰期。

(2) 充分调研封堵处的管道水头,选择适配的堵水气囊。

(3) 作业前,对检查井内污水进行抽排,将井室及封堵段管口部位淤泥、碎石清理干净,对此工作段的上下游进行封堵截污,封堵应严密牢固。

(4) 作业负责人应检查作业环境、作业程序、安全防护设备、应急救援设备,符合要求后再安排作业人员进入管井。

(5) 作业负责人、监护人员、作业人员在作业期间不得擅自离开岗位。

(6) 施工期间安排专人对封堵段上游来水进行导排,并时刻关注上游来水变化,若出现水位剧增情况,则在加大抽排量的同时联络管井内作业人员迅速撤离。

(7) 安排专人密切关注天气预报,雨天应避免管井作业。若必须作业,则井口应设置挡水坎,并安排专人监测上下游来水情况,一旦出现水位剧增情况,则应迅速组织作业人员撤离。

5) 触电风险预控措施

触电风险预控措施应满足 1.6.3 相关规定。

第5章 其他工程

长江大保护项目除前述工程外，还有生态格构梁工程和隧道掘进机开挖工程等其他类型的工程。生态格构梁工程主要是对边坡、坡面进行加固整治和绿化处理，修复并提升坡面地质稳定性和安全性。长江大保护项目主要涉及边坡工程的处理。隧道掘进机开挖工程主要指在软弱围岩使用悬臂式掘进机进行切削、装碴、转运和自行，切削和装运同步进行，具有连续掘进、对围岩扰动小、减少超欠挖、便于施工等特点。

5.1 生态格构梁工程

5.1.1 概述

生态格构梁工程是护岸工程的主要施工内容，在整个护岸施工过程中，工程量所占比例较大。生态格构梁工程作为护岸工程最终展现在外的一道施工工序，代表整个护岸工程的整体质量和形象，需要格外加强施工质量控制，保证各工序施工质量符合要求。

5.1.2 现行适用规范

(1) GB 50330—2013《建筑边坡工程技术规范》
(2) GB 50204—2015《混凝土结构工程施工质量验收规范》
(3) GB 50086—2015《岩土锚杆与喷射混凝土支护工程技术规范》
(4) JGJ 33—2012《建筑机械使用安全技术规程》
(5) JGJ 80—2016《建筑施工高处作业安全技术规范》
(6) DL/T 5169—2013《水工混凝土钢筋施工规范》
(7) SL 260—2014《堤防工程施工规范》
(8) SL 677—2014《水工混凝土施工规范》
(9)《工程建设标准强制性条文》

5.1.3 施工工艺流程及操作要点

1. 工艺流程

生态格构梁施工工艺流程见图 5-1。

1) 坡面清理

施工前，针对施工区域进行坡面清理，对局部不平整边坡进行调整，同时对锚杆预留部分的偏位进行调整，使其能够锚固到生态格构梁内，进一步增强边坡的稳定性。坡面清理及验收见图 5-2。

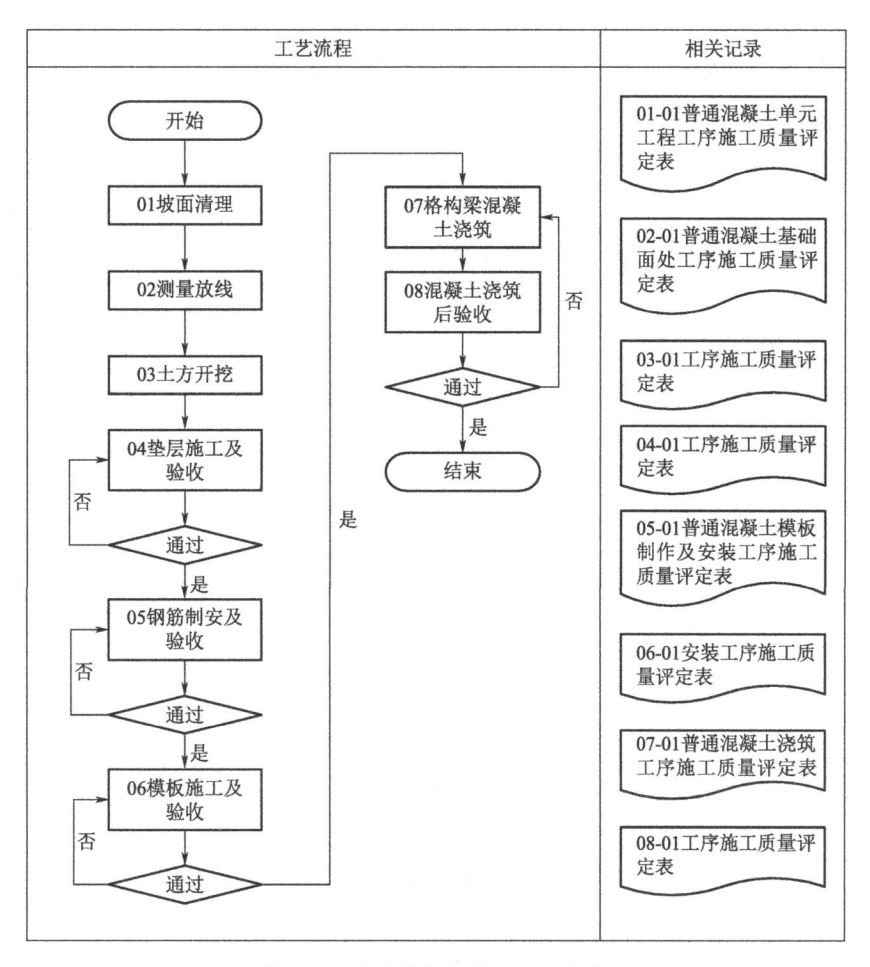

图 5-1 生态格构梁施工工艺流程

（a）坡面清理作业　　　　　　　（b）坡面清理验收

图 5-2 坡面清理及验收

2）测量放线

在施工现场设置测量控制网，采用全站仪或者 GPS 进行测量施工控制，根据设计坡比精确放样出格构横梁、压顶梁、格构纵梁的轮廓，用白石灰画出轮廓线，并及时拉线观察线形是否符合设计要求。施工过程中，根据现场实际情况及时安排测量员进行测量放线，每两个伸缩缝之间为一个测量作业区域，施工前及时进行测量，便于开展后续施工作业。

3）土方开挖

采用施工坐标系进行测量放样。施工坐标系以设计桩号线主轴线为坐标轴，以起始点桩号的轴线点为施工坐标系的原点，以高程控制网桩点的高程为基准，采用水准仪控制开挖高程点。施工过程中，根据现场实际施工情况，对压顶梁部位进行土方开挖。坡顶开口线部位临时便道宽度较窄，不具备设备进场施工条件时，采用人工开挖方式施工。土方开挖过程中，预留模板施工部位，便于后续支模施工。

施工过程中，及时观察坡面线形，发现坡面凹凸不平的情况，应及时通过测量复核处理，确保坡面符合设计要求。

高边坡施工时，根据施工现场实际情况，采取穿戴安全帽、安全带、设置安全主绳、防坠器、自锁器等安全防护措施确保作业安全。镇角土方开挖见图5-3。

图5-3 镇角土方开挖

4）垫层施工及验收

（1）垫层施工前，对岸坡整体坡比、平整度等进行复检，确定符合设计要求后，再进行下步工序。

（2）提前在设计施工图纸上画图定位，确定垫层轴线，现场根据施工图纸进行测量放线，保证施工精度。

（3）坡面垫层土方开挖采用人工进行刻槽，刻槽施工完成后，对基底进行检验，确保生态格构梁垫层基槽高度、宽度符合设计要求。

（4）生态格构梁垫层施工时，提前使用木模板或铝模板进行支护，保证垫层成型效果符合设计要求，以便进行下步工序。

（5）浇筑过程中，可采用胶轮车连接溜槽，自下而上进行浇筑入仓，边坡可采用人工方式对混凝土进行摊铺收面。

（6）垫层浇筑施工完成后，应跟踪做好洒水养护作业，防止开裂，后续还应根据设计要求进行基础隐蔽验收。格构垫层施工见图5-4。

图 5-4 格构垫层施工

5)钢筋制安及验收

(1)钢筋检验。钢筋进场时,应提供质量证明或检验报告单,每捆钢筋上均应挂标牌,其上应注明生产厂家、日期、牌号、规格、尺寸等。钢筋到场后,检查每批钢筋的外观质量,查看是否有结疤、裂缝、气泡、砸碰伤痕等缺陷,并及时复核钢筋直径是否符合设计要求。钢筋堆放区域的场地应平整夯实,做好避水、排水等相关措施,同时对钢筋进行下垫上盖,避免直接落地而出现锈蚀、损坏现象。

(2)钢筋加工。钢筋端部在加工后出现弯曲问题时,应予以矫直或割除(绑扎接头除外),端头面应整齐,并与轴线垂直。钢筋加工时,应按照配料表要求的形式、尺寸加工,加工后允许偏差应符合相关规范和设计要求。

(3)钢筋连接。钢筋的制作、绑扎、焊接必须按照设计或有关技术规范要求施工。在格构横梁和纵梁的交接部位,钢筋应相互绑扎牢固,锚梁主筋应进行钢筋保护层施工,定位钢筋采用钢筋焊接制作与主筋焊接或绑扎,锚杆通过固定筋与框格梁主筋、箍筋焊接或绑扎牢固,生态格构梁主筋绑扎沿锚杆施工部位进行。生态格构梁主筋绑扎施工时,根据需求可采用绑扎搭接的方式,且钢筋绑扎搭接长度应符合设计要求。钢筋绑扎见图 5-5。

图 5-5 钢筋绑扎

6)模板施工及验收

(1)根据现场坡面、坡度及线形的实际情况,制定合理的模板施工方案,选用合适的模板材料,确保模板施工的安全性和可行性。

(2)模板按照设计尺寸进行拼装。格构横梁模板线形在弯曲段时,应通过放控制点挂线方式施工,保证模板施工线形顺畅,符合设计要求。

(3)立模前,检查生态格构梁钢筋施工质量,并进行记录,之后再立模板。坡面结构施工示意图见图5-6。

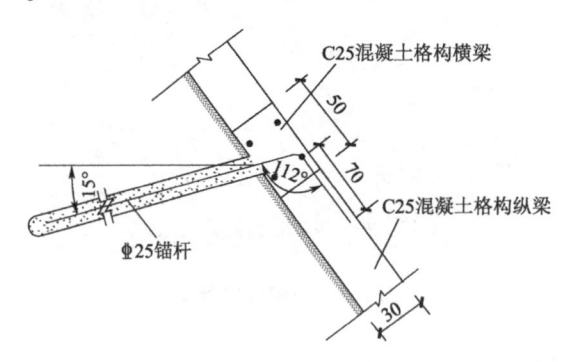

图5-6 坡面结构施工示意图(单位:cm)

(4)模板表面刷脱模剂,模板拼装应平整、严实、净空尺寸准确,符合设计要求。

(5)采用脚手架钢杆支撑、钢管加扣件、步步紧固等方式对模板进行加固,确保模板底部与镇脚紧密结合,避免出现跑浆、胀模等问题。

(6)后续格构纵梁浇筑施工位于坡面时,若坡度陡,线形多变,则支模时可采用两面支模的方式,这样便于后续施工过程中进行振捣作业,提升混凝土的浇筑施工质量。模板施工见图5-7。

图5-7 模板施工

(7)模板施工过程中,应按照锚杆格梁设计分片施工,按照设计要求设置伸缩缝,相邻两片横梁接触处预留伸缩缝,用聚乙烯闭孔泡沫板填塞。施工完成后,检查立模质量,并进行质检记录。模板施工五方验收见图5-8。

7)格构梁混凝土浇筑

(1)混凝土浇筑前,应再次检查钢筋安装及模板支护情况,确认符合要求后再开展混凝土浇筑施工。浇筑前,应在生态格构梁模板涂刷脱模剂,方便后续脱模施工。

(2)基础底面处理。为保证框架梁外表面处于同一平面,现场施工时,根据实际情况调整框架梁现浇厚度,最薄处不得小于设计厚度(30cm),坡面凹陷过大的地段应提前

图 5-8 模板施工五方验收

使用人工方式回填夯实，框架内多余的岩土应挖除，这样有利于框格浇筑。

（3）选择合适的混凝土浇筑入仓方式，根据施工资源及地形条件，可采用溜槽、溜桶方式，也可采用吊罐吊装机具或混凝土泵车输送到仓面方式。仓面宜采用多仓口入仓方式，这样方便人工操作，减少平仓工作量。混凝土浇筑时的温度不得高于 30℃，如现场温度不符合上述规定而又必须浇筑时，则应采取相应的降温措施。

（4）坡面混凝土浇筑时，应控制浇筑速度。若浇筑速度过快，则会增加模板支撑承受的压力。应避免较大方量混凝土浇筑时混凝土未初凝，否则易出现胀模、爆模等问题。

（5）振捣密实、收面是混凝土施工的关键因素。坡面混凝土施工时，混凝土的坍落度要求较小，要确保混凝土振捣均匀有序、密实、不漏振，从而保证混凝土施工达到设计指标要求，有效预防混凝土表面及深层裂缝问题，避免出现蜂窝、麻面、狗洞等问题。坡面混凝土施工一般采用人工收面方式，外露表面较大、温度较高时，表面水分蒸发易产生裂纹，应避免高温时段浇筑。表层可采用平板振动器或抹面机提浆，掌握好混凝土的初凝和终凝时间，科学组织人员及时抹面收光。

（6）采用插入式振捣器振捣混凝土时，插入下层混凝土内的深度宜为 50～100mm，与侧模的距离应保持 50～100mm。当振动完毕需要变换振捣器在混凝土拌和物中的水平位置时，应边振动边竖向缓慢提出振捣器，但不得将振捣器放在拌和物内平拖，不得用振捣器拨动混凝土。

（7）生态格构梁浇筑时，应以伸缩缝为分界线分仓浇筑，也可采用跳仓法浇筑，第一仓浇筑完成并拆除模板后，第二仓与第一仓伸缩缝位置使用聚乙烯闭孔泡沫板填充，然后进行第二仓浇筑。

8）混凝土浇筑后验收

（1）生态格构梁混凝土浇筑完成后，在混凝土达到初凝状态时，应及时按照设计坡比进行收面。浇筑完成后，应根据情况进行洒水养护作业，检查现场生态格构梁混凝土的状态，上报拆除模板相关资料，审批通过后按照要求拆除模板。

（2）模板拆除完成后，及时对混凝土成型质量进行检查，并按照格构梁混凝土施工设计要求进行验收，如局部出现气泡过多、蜂窝麻面等质量问题，则应及时使用格构梁同标号砂浆进行重新抹面修复处理，之后再覆盖土工布进行洒水养护，养护时间不少于 28d。

2. 操作要点

（1）施工前，确定样板段，进行工艺试验，发现施工过程中存在的问题及时召开质量专题会进行经验总结，加强施工过程控制，减少施工质量缺陷问题。

（2）混凝土浇筑时，根据现场情况采用天泵或者吊罐等方式将混凝土入仓，使用插入式振捣棒振捣密实，尤其在锚孔周围，钢筋较密集时，应仔细振捣，保证质量。混凝土浇筑完成后，及时覆盖土工布洒水养护。

（3）锚杆格梁按照设计分片施工，应按照设计要求设置伸缩缝，相邻两片横梁接触处预留伸缩缝，用聚乙烯闭孔泡沫板填塞。

（4）生态格构梁施工过程中，若基础边坡出现不平整现象，则用与生态格构梁相同标号的混凝土找平。

（5）钢筋的保护层应符合设计要求。混凝土浇筑施工过程中，必须保证钢筋处于正确位置。浇筑混凝土时，不得踩踏钢筋，应避免振动棒碰撞钢筋。

（6）混凝土坍落度应根据现场作业环境、天气、温度等进行控制，方便现场开展后续振捣、收面等施工。浇筑过程中，根据现场实际情况降低放料速度，提高振捣频次，特别是格构横梁和纵梁的交接部位。

（7）混凝土浇筑时，应采用先横梁再纵梁的方式进行施工。浇筑完成后，用橡皮锤测试模板内部是否存在不饱满现象，确认浆体饱满后再开展后续混凝土浇筑施工。

（8）混凝土浇筑过程中，抹面工人应配备靠尺，检测并控制结构表面平整度，不符合要求的及时找平。

（9）为避免生态格构梁混凝土出现烂根、蜂窝、麻面等问题，现场施工过程中，应充分振捣，尤其是横梁和纵梁底部、横梁和纵梁交接部位阴角位置等。生态格构梁浇筑施工见图5-9。

图5-9 生态格构梁浇筑施工

5.1.4 材料与设备

1. 材料

（1）根据设计图纸配备不同规格标号的原材料，如锚杆、钢筋、商品混凝土等。

(2) 所有进入施工现场的原材料应进行规格、型号、批号、生产日期等方面的验收,检查相关质量证明文件,现场取样并送至已委托的有资质的第三方检测单位进行试验检测,确保使用的原材料符合设计及规范要求。

2. 设备

常用设备为挖掘机、起重机、天泵、空压钻机等。

3. 材料与设备要求

1) 对供货方质量保证能力进行评定

评定原则包括:材料供应表现情况,如材料质量、交货期等;供货方按照要求如期提供产品的能力;供货方的顾客满意程度;供货方交付材料后的服务和支付能力;其他如价格、履约能力等。

2) 建立材料管理制度

建立材料采购、加工、运输、存储等管理制度,有效把控材料的周转情况,减少材料占用量,避免材料损失、变质,按质、按量、按期达到工程项目的要求。

3) 对原材料、半成品、构配件进行标志

(1) 进入施工现场的原材料、半成品、构配件,应按照型号、品种,分区堆放、标志。

(2) 对有防湿、防潮要求的材料,应有防雨防潮措施,并做好标志。

(3) 对容易损坏的材料与设备,应做好防护。

(4) 对有保质期要求的材料与设备,应做好防护。

(5) 标志应具有可追溯性,即应标明其规格、产地、日期、批号、加工过程,以及安装交付后的分布和场所。

4) 加强材料检查验收工作

主要材料进场时,应有出厂合格证和材质检验单,凡未经检验和已经验证为不合格的原材料、半成品、构配件和工程设备不能投入使用。

5) 材料质量抽样和检验方法

材料质量抽样应按照规定的部位、数量及选择的操作要求进行。材料质量的检验项目分为一般试验项目和其他试验项目。一般试验项目即通常进行的试验项目。材料质量的检验方法有书面检验、外观检验、理化检验和无损检验等。

5.1.5 质量控制

1. 管理控制

(1) 生态护岸工程各工序施工过程中,为有效控制施工质量,可采用定人定岗的措施,在重点工序如边坡修整、砂浆锚杆、生态格构梁、植生块施工过程中,安排质量管理人员全程旁站。工序施工过程中,若发现不符合设计要求的情况,则及时纠偏进行整改,整改完成并验收通过后再开展下步工序。在施工过程中控制施工质量,避免返工。

(2) 现场管理人员每天轮流参加施工协作队伍的班前会,强调施工过程中存在的质量隐患及质量通病防治工作,提高现场管理人员及作业人员的质量管控意识。

2. 技术控制

(1) 加强技术交底管理工作。在开始施工前，针对现场管理人员及作业人员分别开展二级或三级技术交底，主要针对现场施工重点、难点及施工过程中需要注意的事项进行交底，加强技术交底的针对性。现场安全及技术交底见图 5-10。

图 5-10 现场安全及技术交底

(2) 实施样板引路的管理制度。在开始施工前，进行样板段施工，样板段施工完成后，由项目管理、设计、监理等单位进行现场质量检查，确认符合设计要求和达到预期效果后再开展下步工序。生态格构梁样板段施工见图 5-11。

图 5-11 生态格构梁样板段施工

3. 工艺控制

(1) 为保证测量精度，现场测量时根据实际情况，以全站仪、水准仪测量为主，GPS 测量仪受天气影响较大，可作为备用辅助测量设备使用。

(2) 现场锚杆钻孔时，可采用液压钻机等施工，提高砂浆锚杆钻孔成孔率及钻孔效率。

(3) 生态格构梁施工过程中，现场做好伸缩缝处理，特别是格构横梁和纵梁的交接部位，应提前预留聚乙烯泡沫板，防止生态格构梁混凝土浇筑过程中出现成型差及裂缝问题。

(4) 生态格构梁混凝土施工时，应分段浇筑，按照由下至上的顺序，分批次对格构横梁和纵梁开展浇筑施工。

（5）生态格构梁浇筑过程中，为提升浇筑施工质量，减少蜂窝、麻面等缺陷，应配备足量的振捣棒，加强振捣工作。同时，现场施工人员在混凝土达到初凝状态时，应及时按照设计坡比进行收面，确保生态格构梁混凝土施工面层符合设计和相关规范要求。

4. 原材料控制

混凝土生态格构梁施工前，根据设计相关要求，提前对混凝土相关原材料送检。

由于生态格构梁混凝土施工部位处于边坡，因此根据现场实际情况，应采用坍落度较低的混凝土，这样可保证施工质量。现场施工过程中，混凝土坍落度控制为150mm左右，方便现场开展后续振捣、收面等施工。

5. 措施控制

（1）钢筋不得直接堆放在地上，场地四周应有排水措施，堆放期尽量缩短，出现黄色浮锈必须经过处理后再使用。

（2）钢筋保护层垫块选材应保证强度及厚度，同时保证垫块数量充足，避免出现露筋现象。

（3）认真核对图纸，熟悉规范要求，精确计算配料比，确保钢筋绑扎长度符合要求。

（4）混凝土施工过程中，应加强质量管控，现场安排专职管理人员对混凝土浇筑质量进行把控。

（5）混凝土浇筑前，联系拌和站做好准备工作，施工过程中及时沟通，避免现场浇筑出现冷缝。

（6）浇筑过程中，安排专人检查模板，防止模板发生位移、变形等问题而出现跑模，一旦出现上述情况，应立即采取措施进行加固。

（7）浇筑时，严格控制混凝土卸料高度，最大卸料高度不得超过1m，避免自由下落过程中产生骨料分离问题，应保证混凝土浇筑均匀上升。

（8）预埋钢筋完成后，应对其进行保护，不得踩踏、损坏。混凝土施工振捣过程中，振捣棒不得接触埋件，应保证埋件位置准确。

（9）生态格构梁混凝土浇筑过程中，采用附着式振捣器配合插入式振捣棒进行振捣作业，保证振捣密实，避免出现蜂窝、麻面等缺陷。

5.2 隧道掘进机开挖工程

5.2.1 概述

悬臂式掘进机集切削、装渣、转运和自行于一身，可以做到切削和装运同步进行，具有连续掘进、对围岩扰动少、超欠挖少、便于施工综合配套设施等优点，是松软围岩的理想开挖设备。悬臂式掘进机具有多功能性和机动性，当遇到意外情况时，可及时调整施工方案，不会影响施工进度。悬臂式掘进机开挖施工工艺适用于脆性岩石或岩石破碎、节理裂隙发育、岩石较软的围岩地层，如小净距隧道掘进工程、周边建筑物保护要求很高的隧道掘进工程、有溜坍体的隧道掘进工程等。悬臂式掘进机开挖施工工艺特点鲜明，具有以下优点。

1) 工艺效果好

在隧道开挖过程中，与爆破开挖工艺比较，悬臂式掘进机的振动更低，能够减少对围岩的扰动，保证截割面岩体有良好的稳定效果，有效预防大范围失稳坍塌问题。

2) 安全性高

该工艺可以减少掌子面施工人数，提高施工过程的安全性，降低隧道掘进事故风险等级，从而有效保证现场施工人员的人身安全。此外，对于围岩截割面，该工艺具有良好的可控性，能够避免传统爆破方式引发的超欠挖问题。

3) 施工进度快，可控制施工成本

该工艺在合理应用的基础上，可以避免钻爆施工因炸药管理控制不佳、劳动安全保障不足而出现的工程进度问题。与此同时，和传统施工工艺比较，该工艺机械化程度较高，可操作性强，施工流程合理科学，速度快，在加快施工进度的基础上，能够使工期有效缩短，进一步有效控制施工成本。

悬臂式掘进机开挖隧道与常规钻爆法开挖隧道施工过程比较，使用悬臂式掘进机开挖隧道的特点在于施工过程是连续的，具有隧道工程"工厂化"的特点。

1) 优点

(1) 安全。该工艺主要采用机械方法切削成型，没有钻爆法的危险因素，可减少对隧道围岩的二次及多次扰动。在土质或软弱地层时，可提高作业人员在操作房内施工的安全性。

(2) 快速。掘进机械在各类均质岩层中的掘进速度为：软岩层为 1.2m/h；中硬岩层为 0.6m/h；硬岩层为 0.3m/h。根据直径 6.35m 的掘进机实施统计数据，在抗压强度为 28~35MPa 的页岩、49~56.8MPa 的砂岩地质，平均日掘进达 250m^3。悬臂式掘进机的掘进速度比传统钻爆法的掘进速度快 1.5~2.0 倍。

(3) 经济。采用悬臂式掘进机开挖的洞室断面平整、洞壁光滑，因不存在爆破应力，故通常不需要临时支护。同时，由于其超挖量能控制在厘米级别范围，能有效减少开挖二次清理作业和混凝土回填用量，因此施工总成本可有效降低，经济效益明显。

(4) 排渣容易。悬臂式掘进机破碎的土屑和岩渣多为中块或粉状，粒度均匀，可由皮带运输机直接运送出去。如果采用适应开挖量的转载运输机，则可利用掘进机的换步时间进行调车作业，尽量不因运输工序而影响掘进速度。

(5) 质量保证。悬臂式掘进机施工对围岩扰动较少，洞室开挖断面平整、洞壁光滑，形体结构完全符合图纸要求，不存在超欠挖问题，洞室开挖质量得到极大提高。此外，洞室开挖断面圆顺度高，便于喷混凝土支护，能很好地保证初期支护施工质量。

(6) 施工进度。

①悬臂式掘进机可满足洞室开挖、出渣及支护等各工序同步实施的要求，能极大保证施工进度。

②悬臂式掘进机具有多功能性和机动性，具有连续掘进、地质适应性强等优点，当遇到意外情况时，能随时调整施工方案，且不影响施工进度。

③洞室掘进施工进度主要受支护工序时间影响，而悬臂式掘进机开挖的洞室断面规范，钢架、网片拼装快捷，支护施工可节省大量时间。

(7) 作业环境。悬臂式掘进机切割作业自带自动喷淋与吸尘设备，能很好地降低和净化切割岩面产生的大量粉尘，可保证掘进操作现场的环境。

2) 缺点

(1) 一次投资大，尺寸、重量大，机器转运复杂，刀具的消耗和维修费用昂贵。但随着冶金技术的发展，刀具消耗的问题可随之解决。对于岩层适宜的长隧道，由于掘进机掘进速度快，因此工程成本也可随之降低。

(2) 对岩层变化的适应性差。该工艺对均质岩层较有效，但若遇破碎岩层或不均匀、多变的岩层，则掘进速度下降，甚至无法工作。如遇涌水、溶洞及漂石砾石等情况，则应采用其他方法开挖。

(3) 该工艺开挖的隧洞断面局限于圆形，如需其他形状的断面，则应进行二次开挖。

5.2.2 现行适用规范

(1) GB 50086—2015《岩土锚杆与喷射混凝土支护工程技术规范》
(2) GB 50205—2020《钢结构工程施工质量验收标准》
(3) JGJ 46—2005《施工现场临时用电安全技术规范（附条文说明）》
(4) JGJ 59—2011《建筑施工安全检查标准》
(5) JGJ 33—2012《建筑机械使用安全技术规程》
(6) JTG F80/1—2017《公路工程质量检验评定标准 第一册 土建工程》
(7) JGJ 18—2012《钢筋焊接及验收规程》
(8) JTG/T 3660—2020《公路隧道施工技术规范》

5.2.3 施工工艺流程及操作要点

1. 工艺流程

隧道悬臂式掘进机施工工艺流程见图 5-12。

1) 机械设备配套及选型

开挖前，应详细查阅设计图纸，逐一了解开挖面围岩的岩性、特点、水文地质情况。针对现场岩芯展开围岩饱和单轴抗压试验，对围岩硬度单轴抗压强度、软化系数等各项参数加以明确。选择和此强度相适应的切割头，在试用的基础上，明确是否适宜，若适宜，则进行下一环节的施工设备选型工作。

(1) 悬臂式掘进机选型。根据隧道地勘报告，依据 GB 6722—2014《爆破安全规程》《国家安全生产监督管理总局令》（第 39 号）爆破条例，结合现场工艺优化情况选用合适的悬臂式掘进机。

(2) 悬臂式掘进机截齿选型。针对不同硬度的岩石可制定不同的截齿，科学合理的截齿螺纹线排布可确保机器有更好的截割能力。根据实际工况条件选择最佳截割头，可提高施工效率。当局部有硬岩时，可以选用小直径切割头，这样切割力大，破岩能力强，能够降低掘进难度及掘进机截齿消耗量。

(3) 隧道除尘设备。隧道除尘设备与掘进机使用同一进洞高压电源。隧道开工工序内，湿式除尘设备的泥浆采用泥浆罐车运输至隧道外进行标准化处理。HCN400/La 湿式

```
工艺流程                           相关记录

         开始
          ↓
  01 机械设备配套
      及选型
          ↓
  02 施工准备(高
  压电缆、喷淋管
     线安装)
          ↓
  03 开挖断面测量
        放样
          ↓
  04 悬臂式掘进机          05-01 洞身开挖分项工
     就位开挖              程质量检验评定表
          ↓               05-02 洞身开挖测量记
  05 测量复核开挖          录表
        断面              05-03 洞身开挖记录表
          ↓
  06 修正轮廓线、
  人工局部处理
          ↑否   满足要求
          ←────  是
                ↓
  07 出渣、场地
        清理
          ↓
  08 支护并进入
      下一循环
          ↓
         结束
```

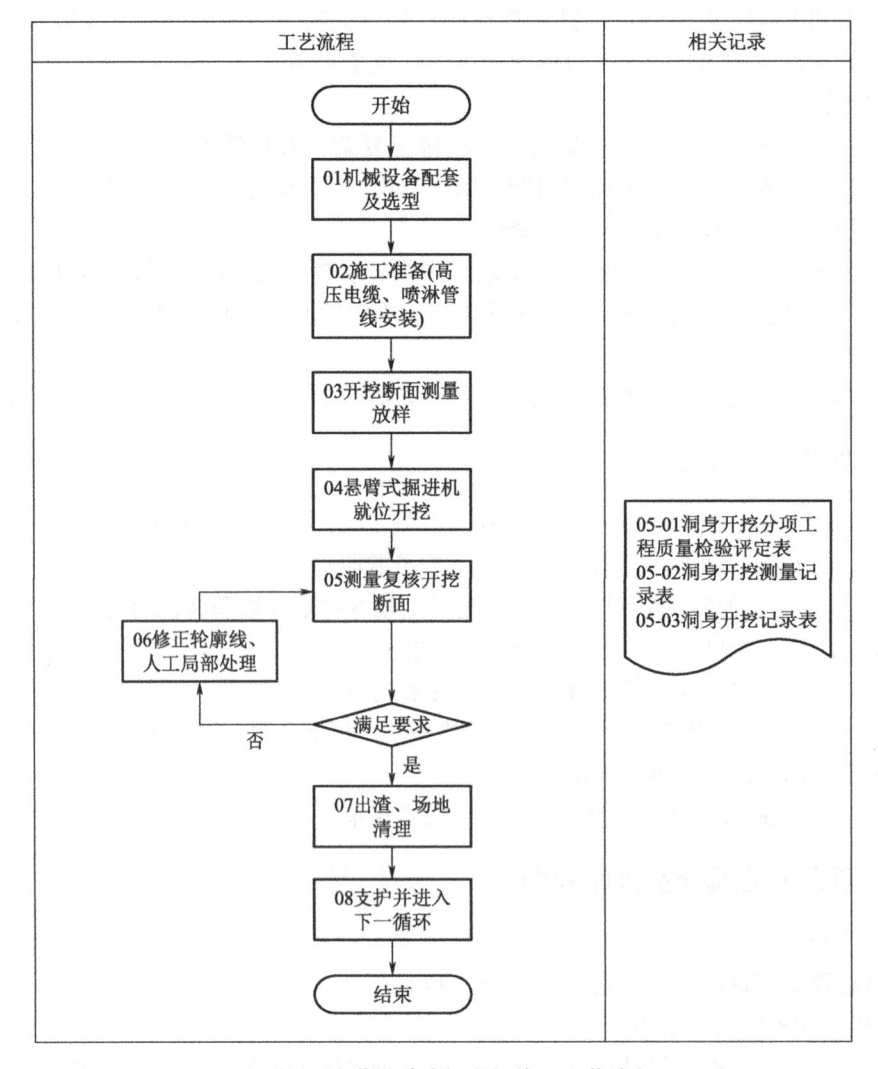

图 5-12 隧道悬臂式掘进机施工工艺流程

除尘风机由负压风筒、HCN 系列湿式除尘器、风机、排污泵及附壁风筒等组成。除尘风机为位于 HCN 系列湿式除尘器后面的风机提供动力,通过负压风筒,将工作面的粉尘吸入除尘器进行处理。除尘器污水通过排污泵排出。EBZ320 隧道除尘器见图 5-13。

2)施工准备

一台悬臂式掘进机应架设一台特变变压器(其输出电压为 1140kV),还应准备高压 800kV 箱式变压器与相应长度电缆(从箱式变压器放置处至掘进工作处)、射流风机、水管、配套挖掘机与运输车(出渣)。这些准备工作是隧道掘进机施工的前提。掘进机风机系统和掘进机电源布置见图 5-14。

3)开挖断面测量放样

隧道开挖前,采用全站仪对开挖面进行精确测量,快速测放出开挖轮廓线。开挖面测量主要为中线测量、隧底标高及隧道开挖轮廓线的测量放样。隧道掘进过程中,应保证掘

(a)除尘设备　　　　　　　　　　(b)送风管道

图 5-13　EBZ320 隧道除尘设备

(a)掘进机风机系统　　　　　　　(b)掘进机电源布置

图 5-14　掘进机风机系统和掘进机电源布置

进施工方向及标高准确性，以及隧道开挖断面的中线、轮廓线、高程符合设计要求。

4）悬臂式掘进机就位开挖

悬臂式掘进机就位后，从掌子面底部水平割槽，向前移动掘进机并再次就位，就位后切割头采取自上而下、左右循环方式切削。在切削的同时，由铲板部耙爪将切削下来的料渣通过掘进机自带皮带输料系统（一运部）输送至掘进机尾部，再利用挖掘机将料渣装入出渣车运出洞外。从底部开挖到拱部，测量复核隧道开挖轮廓线，并进行第二次修整，使其到达准确设计断面。局部欠挖采用人工方式，对隧道开挖轮廓线进行局部修整处理。当局部遇有硬岩时（≥100MPa），可掘进周边软岩，使大块硬岩坠落，从而降低掘进难度及截齿消耗量。悬臂式掘进机的切割方式是从扫底开始切割，再按照 S 形或 Z 形左右循环向上的切割路线逐级切割以上部分。选用右旋切割头切割硬岩时，先由右向左从扫底开始切割，再按照从左至右、自下往上的方式或从右往左、自上而下的方式逐步进行切割。如遇节理发育较高岩石，则应按照岩石节理方向逐步切割。

5）测量复核开挖断面

隧道开挖遵循"少扰动、短进尺、快封闭、强支撑、勤测量"的原则。悬臂式掘进机主要对隧道上台阶进行开挖掘进。掘进机先驶入隧道一头，利用切割头沿着预先测量放样好的隧道轮廓线环向切削上台阶，进尺不得超过2m，遇不良地质时，不得超过1m。上台阶开挖掘进完成后，复测隧道开挖中线、轮廓线、标高并再次进行测量定位。如此周而复始。如遇局部欠挖，则将事先准备好的支护台车作为施工平台，采用人工方式开挖至符合设计断面尺寸。

悬臂式掘进机在隧道施工过程中对围岩扰动少，洞室断面圆顺度高，便于喷混凝土支护，工期较短，安全有效，适应力强，开挖质量高，可减少对周围建筑物的影响。悬臂式掘进机开挖见图5-15。

6）出渣、场地清理

通过切割头旋转切削，由铲板部耙爪、第一运输机实现落渣的装运与转载，将切割下来的料渣通过掘进机自带皮带输料系统（一运部）输送至掘进机尾部，再利用挖掘机将料渣装入出渣车运至指定弃渣点。悬臂式掘进机出料运输见图5-16。

7）支护并进入下一循环

悬臂式掘进机在掌子面掘进完成后，利用其切割头，将初期支护台车运至掌子面部位，悬臂式掘进机则后退至不影响后续施工的位置等待下一循环掘进工序。初期支护按照设计支护方式（素喷混凝土、架设钢拱架、挂钢筋网片、打锚杆及超前支护、喷射混凝土）施作。悬臂式掘进机初期支护见图5-17。

2. 操作要点

悬臂式掘进机由刀头和机身组成，在施工现场进行组装，具有自行功能，移动和工作时均使用自身电机。EBZ320掘进机部件见图5-18。

1）操作顺序

开动顺序为油泵电机→第一运输机→星轮→切割头。当没有必要开动装载时，可以在开动油泵电机后，启动切割电机。当启动油泵电机时，与其直接相连的油泵随之启动，供给液压油。

行走操作：行走时主要由两个手柄控制，左侧手柄控制左侧行走，右侧手柄控制右侧行走。将手柄向前推动即向前行走，向后拉即后退。过弯道时，根据弯道的转向，一个手柄位于中立位置，操作另一个手柄即可转弯（也可遥控操作）。

星轮的回转：将手柄向前推动，星轮转动；将手柄拉回零位，星轮停止转动。

铲板的升降：将手柄向前推动，铲板向上抬起，铲尖距地面高度可达340mm；将手柄向后拉，铲板落下、与底板相接，铲板可下卧260mm。切割时，应将铲尖与底板压接，防止机体振动。

第一运输机的操作：将手柄向前推动，运输机正转；反之，运输机逆转。

切割头的操作：将手柄由中位向右推动，切割头向右进给；将手柄由中位向左推动，切割头向左进给；将手柄向前推动，切割头向上进给；将手柄向后拉，切割头向下进给。注意：切割头必须单向操作。

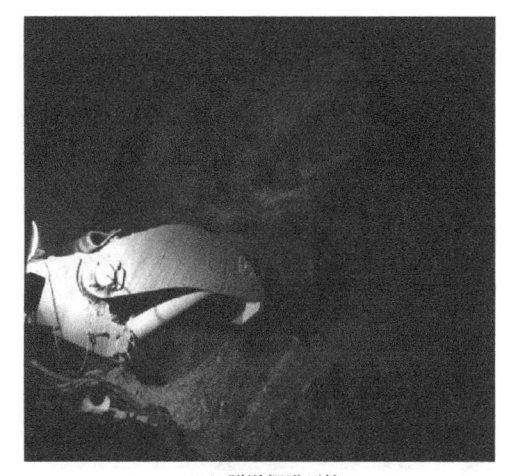

(a) 隧道始发掘进 (b) 隧道掘进开挖

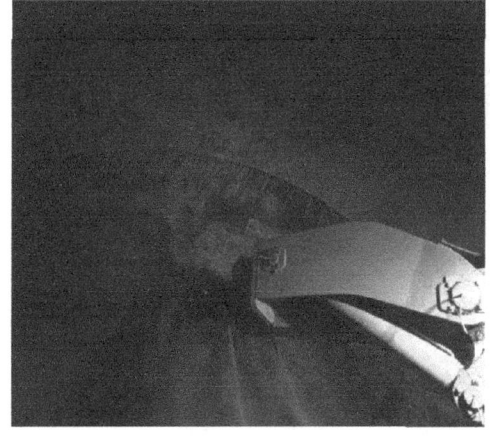

(c) 隧道掘进开挖俯视 (d) 隧道开挖后测量

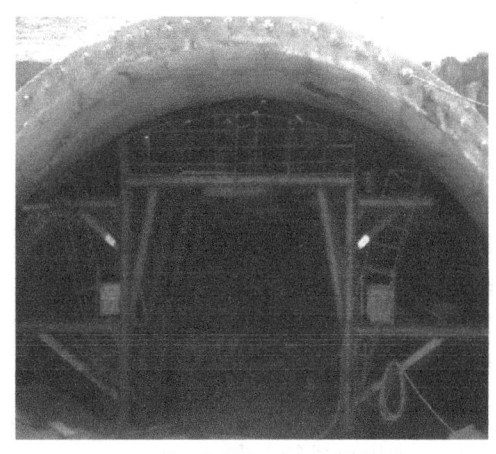

(e) 修正轮廓线、人工局部处理 (f) 掘进机开挖后效果

图 5-15 悬臂式掘进机开挖

(a) 掘进机铲板　　(b) 掘进机运部落料

(c) 料渣装运

图 5-16　悬臂式掘进机出料运输

切割头的伸缩：将手柄向前推动，切割头向前伸出；反之，切割头向后收缩。前后伸缩长度可达 550mm。

后支撑的升降：将手柄向前推动，后支撑抬起；反之，后支撑下降。

2）切割头

利用切割头上下、左右移动切割，可切割出初步断面形状，但切割断面与实际所需形状和尺寸有一定差别，可进行二次修整，达到断面尺寸的要求。

一般情况下，当切割较软的岩石时，可采用左右循环向上的切割方法。当切割稍硬的岩石时，可采用由下而上左右切割的方法。不管采用何种方法，应尽量自下而上切割。

当遇到坚硬的岩石时，不应勉强切割。当有部分露头坚硬的岩石时，应先切割其周围部分，使其坠落。对大块坠落体，可采用适当办法处理后再进行装载。

3）喷雾

掘进时，控制粉尘非常重要。切割头外喷雾控制阀位于司机的右后侧，即操作台与电

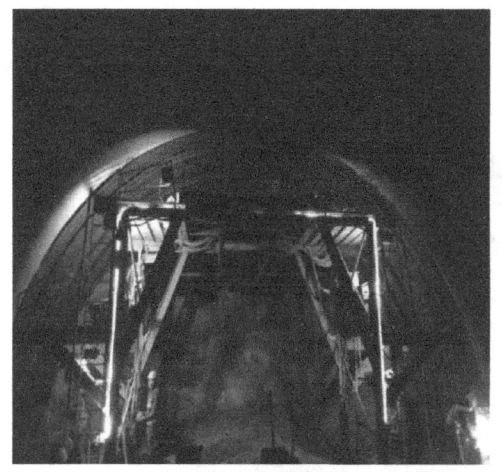

(a) 钢拱架和钢筋安装　　　　　　　　(b) 钢拱架间距检查

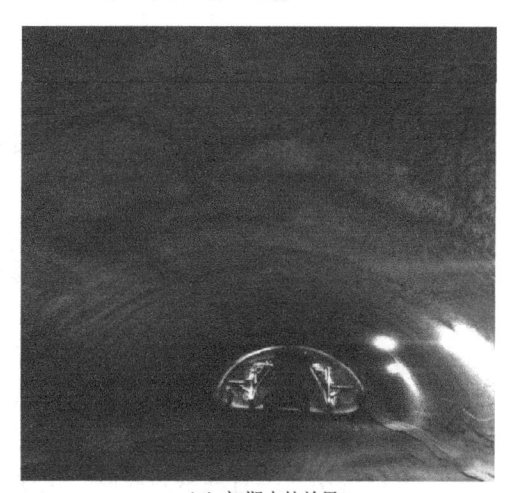

(c) 初期支护　　　　　　　　(d) 初期支护效果

图 5-17　悬臂式掘进机初期支护

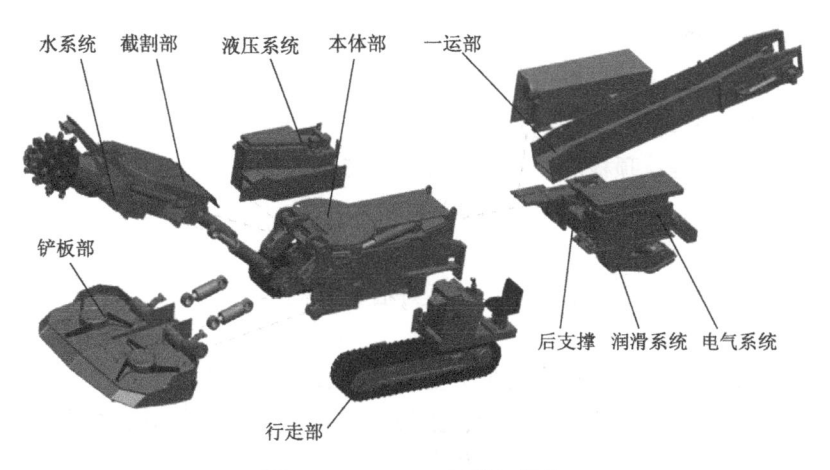

图 5-18　EBZ320 掘进机部件

控箱之间。当开始掘进时，应打开此阀，在切割头处喷雾，其水量可控制。其外喷雾喷嘴位于切割头后部和机器两侧。需要进行切割头内喷雾时，打开控制阀即可。注意，不能只使用内喷雾，应内、外喷雾同时使用。EBZ320掘进机切割头喷雾见图5-19。

图5-19　EBZ320掘进机切割头喷雾

4）电气操作

（1）当操作者离开操作席时，必须将设在操作箱上的急停按钮锁死，将电源开关旋至"停止"位置并取下扳手。

（2）当需要打开门或盖时，必须先停电，并将煤尘打扫干净后再松开紧固螺栓。

（3）检修时，必须停电，特别需要注意的是，电源开关上端至电源接线柱停电后仍然带电，不能随意取下电源接线柱上的护板，若需检修此处，则应关闭前级馈电开关。

（4）各电器组件之间的电缆有余地，特别需要注意的是，电源电缆不能压在履带下。

（5）必须定期检查各导线的连接部位是否有松动现象。

（6）必须确保各防爆部位紧固螺栓紧固。

（7）各电缆引入装置的密封胶圈、金属垫圈的内外接地必须接牢。

（8）检修时，不得随意改变电路元器件型号、规格、参数。

3. 操作注意事项

1）启动前的注意事项

（1）非掘进机操作者不得操作机器。

（2）操作者在开车前必须检查并确认周围安全。

（3）必须检查并确认顶板的支护处于可靠状态。

（4）每天工作前，应认真检查机器状况。

2）操作中的注意事项

（1）发现异常情况，应停机检查，处理好后再开机。

（2）不要超负荷工作。

（3）在软底板上操作时，应在履带下垫木板，加强行走能力。

（4）操作液压手柄时，应缓慢进行，且应经过中间位置，例如，机器由前进改为后退时，应先经过中间的停止位置，再改为后退。

（5）启动或停止电机时，应避免缓慢微动。

(6) 确保悬臂式掘进机不会压断电源线。

(7) 确认安全后再启动切割头。

(8) 装载时,应注意铲板高度的调整。行走时,铲板必须抬起。

(9) 切割电机启动前,应打开内喷雾,防止喷嘴堵塞。

(10) 机器行走时,不得进行切割,否则会加大切割荷载,导致减速机损坏。

(11) 切割时,特别是切割坚硬岩石时,会产生较大的振动,造成切齿超前磨损或影响切割效率,应使铲板及后支承接地良好,加强稳定性,减少振动。

(12) 停止工作时,应使切割头回缩,铲板落地。

5.2.4 材料与设备

1. 材料

(1) 隧道悬臂式掘进机施工工艺使用的材料为 425 水泥、中粗砂、碎石、速凝剂、钢筋网、超前注浆小导管、中空注浆锚杆、型钢等。

(2) 所有进入施工现场的原材料,应检查相关质量证明文件,根据规范要求现场取样并送有资质的第三方检测单位进行试验检测,确保符合设计及规范要求。

检查方法:全数检查。

2. 设备

(1) 隧道开挖配套设备为悬臂式掘进机、湿式除尘风机、挖掘机、自卸车、空压机。

(2) 设备的规格型号、工况、性能、功率等应符合施工要求,设备铭牌、使用说明书、操作指南、质量保证资料应齐全,设备应运行正常。

检查方法:对照设备铭牌、使用说明书及规范规定检查。

5.2.5 质量控制

1. 开挖控制目标

确保隧道开挖质量符合设计及规范要求,检验批、各工序质量一次验收合格,开挖质量零缺陷。隧道整体验收标准见表 5-1。隧道开挖验收标准见表 5-2。

表 5-1 隧道整体验收标准

序号	检查项目	允许偏差	单位	检查方法和数量
1	隧道线路中线位置	20	mm	全站仪或其他测量仪器;曲线每20m、直线每40m检查1处
2	隧道线路中线高程	±20	mm	全站仪或其他测量仪器;曲线每20m、直线每50m检查1处
3	车行道宽度	±10	mm	尺量:曲线每20m、直线每40m检查1处
4	净总宽	不小于设计	—	尺量:曲线每20m、直线每40m检查1处
5	净高	不小于设计	—	水准仪:曲线每20m、直线每40m测1个断面,每断面测拱顶和两拱腰3点

注:隧道整体验收适用 JTG/T 3660—2020《公路隧道施工技术规范》。

表 5-2　隧道开挖验收标准

序号	检查项目		单位	规定值或允许偏差	检查方法和频率
1	拱部超挖	破碎岩、土等（Ⅴ级、Ⅵ级围岩）	mm	平均100，最大150	精密水准仪或断面仪：每20m抽一个断面
		中硬岩、软岩（Ⅱ级、Ⅲ级、Ⅳ级围岩）	mm	平均150，最大250	
		硬岩（Ⅰ级围岩）	mm	平均100，最大200	
2	边墙超挖	每侧	mm	+100，-0	尺量：每20m检查1处
		全宽	mm	+200，-0	
3	仰拱、隧底超挖		mm	平均100，最大250	精密水准仪：每20m检查3处

注：隧道开挖验收标准适用 JTG/T 3660—2020《公路隧道施工技术规范》。

2．隧洞轴线质量保证措施

（1）加强施工测量复核，人工测量，随时观察掘进的准确性和掘进误差。

（2）掘进全过程随时检查、监视和控制悬臂式姿态和方向，并做好掘进记录，将隧洞轴线水平和竖向的误差控制在±10mm 和±50mm 之内。

3．始发质量保证措施

（1）始发洞初支后，应对其断面进行复测，保证始发洞断面净空和平整度符合设计要求，满足悬臂式掘进始发的客观条件。

（2）进入到始发洞后，根据激光导向系统的测试数据，不断调整主机姿态，确保掘进施工的轴线偏差在本工程允许偏差范围内。

（3）步进到位，验收认可后方可试掘进施工。

4．掘进质量保证措施

（1）试掘进期间，在悬臂式掘进机制造商技术服务人员的培训和指导下，培训悬臂式掘进机主司机和维修保养技术人员，使其全面了解、深刻认识本工程特点和悬臂式掘进机工程适应性改造，经考核合格后持证上岗。

（2）试掘进期间，根据不同围岩特点，结合设计图纸，总结不同围岩条件下的合理掘进参数（开挖进尺），为悬臂式掘进机正常掘进提供可靠的参考，以便根据前方地质情况适时调整掘进参数。

（3）悬臂式掘进机准备好后，应基于掌子面底部水平位置将一条槽割开，向前移动掘进机后，再次就位，使用切割头以自上而下、左右循环的方式进行切削作业。

（4）在悬臂式掘进机切割过程中，以扫底为起点进行切割作业，进一步以 S 形或者 Z 形左右循环向上的切割路线，逐级进行切割，底部开挖至拱部后，开展二次修正作业，确保与标准的设计断面相符。

（5）完成上述施工作业后，隧道断面便已现出雏形，但由于此时的断面和最终需要呈现出来的断面形状之间尚有一定差异，因此需由切割头作环向运动，对轮廓线进行修正处理，以确保符合设计标准要求。

（6）在这个过程中，需要掌握的切割工艺形式包括掏槽切割、横向摆动切割、竖向摆动切割等。此外，还应进行断面修整及洞内出渣等作业，全面保证悬臂式掘进机开挖施工环节的质量。

5. 不良地质段隧洞质量保证措施

（1）严格执行超前地质预报制度并将超前地质预报纳入工序管理。在地质勘察资料的基础上，采用不同形式的超前预报手段，探明前方不良地质的形态、规模（如突涌水、高地应力及岩爆、断层破碎带等），以便及时采取针对性措施。

（2）严格按照预先确定的不良地质施工方案进行施工，作业环节实行领导和技术人员值班制，随时解决施工中的突发问题。

（3）杜绝侥幸心理，严格按照设计确定的技术要求进行施工支护和处理。

（4）出现不良地质情况时，应经监理单位同意后调整支护参数，加强锚杆、钢架、钢筋网等支护，必要时立即人工喷射混凝土，及时封闭坍塌及周围岩石。

（5）遇到断层等较长不良地质地段时，及时调整施工方案并经监理单位审批，以超前加固为主，调整施工进度指标，做好超前支护后再掘进通过。

（6）加强隧洞监控测量，及时反馈，据此做好施工参数的调整工作。

6. 隧道超欠挖质量保证措施

以隧道轮廓线为依据，超过开挖轮廓线的为超挖部分，侵入开挖轮廓线的为欠挖部分。隧道超挖不仅会造成弃渣方量增多，增加机械费用，还会增加衬砌混凝土方量（或者喷射混凝土），导致施工成本增加，甚至会导致山体围岩应力集中，影响围岩稳定性，为后续施工及隧道运行留下安全隐患。

（1）根据地质条件，调整掘进参数。地质条件是客观条件，是确定开挖参数的基本依据。目前，设计的主要依据是经验、类比或现场实验，而地质条件随掘进不断变化，在现场施工时，应根据情况调整掘进参数。比如，紧贴开挖面，对围岩进行观测描述，对前方围岩进行预测，据此调整掘进参数和施工方法等辅助措施。

（2）完善组织施工管理内容。在组织管理的过程中，应结合隧道超欠挖的施工特点与要求进行管控，制定完善的责任制度，确保每项工作符合要求。

①分工明确，编制完善的施工方案。

②培养作业人员责任感，合理组织作业人员学习与技术交底，系统化开展管理与协调等工作，及时总结经验，提升隧道超欠挖管理工作效果。

③加强人员培训，提高作业人员的控制精度。加强对掘进机操作人员的培训，确保他们熟练掌握操作技术，符合操作细则、设计要求和布置的切割范围。

7. 初期支护质量保证措施

（1）所有作业人员和维修保养技术人员都为有经验的人员，经过继续教育并经考核后持证上岗。

（2）开挖后，及时施作锚网支护，不同种类的锚杆严格按照招标文件的技术要求及设计图纸施作，满足其间距、深度、注浆密实度等技术指标，确保洞室支护体系安全可靠。网片安装时，贴紧洞壁，搭接牢靠，搭接长度应符合要求。

（3）钢拱架施工时，加工正确，间距、倾斜度和垂直度符合要求。钢拱架撑紧岩面，接头板密贴，上齐连接螺栓。按照要求焊接连接筋，并安装锁脚锚杆。

（4）喷射混凝土前，清理岩面，使岩面干净、无岩粉、无污物，喷射混凝土料随拌随用。

（5）喷射混凝土时，全部一次喷射完成，有水地段采取先处理水后补喷的方式，确保喷射度和质量。

（6）严格控制喷射混凝土料质量，确保各项技术指标符合工程要求。加强喷射混凝土作业人员的培训和指导，使其熟练掌握不同材料喷射混凝土的技术特点，做到熟练操作。严格控制喷射角度及喷射速度，做到厚度符合设计和安全要求，表面平顺。

5.3 安全管理重点事项

5.3.1 通用管理规定

通用管理应符合 1.6.1 规定。

5.3.2 现场安全隐患辨识及管控措施

1. 风险类型

管道附属构筑物工程易发生的主要安全风险类型有机械伤害、高处坠落、冒顶片帮、淹溺、触电。

2. 风险源分析

1）机械伤害

（1）张拉机械设备未定期标定校验或无校验记录。

（2）预应力张拉区域无明显的安全标志，张拉过程中，顺梁方向梁端有人员停留，张拉钢筋两端的挡板设置不符合规定。

（3）机械伤害其他风险源分析同 1.6.3 相关内容。

2）高处坠落

相关风险分析同 1.6.3 相关内容。

3）冒顶片帮

冒顶片帮指隧道、涵洞开挖、衬砌过程中因开挖或支护不当，顶拱或侧壁大面积垮塌造成伤害的事故。隧道开挖掌子面、隧道侧壁在山体压力作用下变形、破坏而脱落的现象被称为片帮，顶部垮落被称为冒顶，二者常同时发生，由此造成的人身伤亡事故被统称为冒顶片帮。造成冒顶片帮的主要原因有以下几点。

（1）地质条件不稳定，地下隧道的施工往往受到地质条件的限制，如软弱地层、断层带、岩溶地质等，这些地质条件都会增加隧道冒顶片帮的风险。

（2）隧道的施工工艺和施工方法对于隧道冒顶片帮有很大影响，如果采用的施工工艺不当，则会增加隧道冒顶片帮的风险。

（3）设计不合理也是导致冒顶片帮的一个重要因素，如果设计不合理，则施工难度加大，或者在设计中没有考虑到地质情况等因素，都会增加隧道冒顶片帮的风险。

（4）隧道掘进工作面初期支护未及时跟进，掌子面松动，围岩、浮石未橇净，出现隧道坍塌、冒顶片帮的风险。

（5）隧洞支护质量不符合设计要求会增加冒顶片帮的风险，例如，锚杆长度不足，注浆不饱满，喷射混凝土厚度及强度不足等。

4)淹溺

(1)格构梁施工。

①施工人员未接受安全交底,对作业内容、作业方案、主要危险源、作业安全要求、应急处理措施等内容不清楚。

②施工人员未按照要求佩戴安全绳、救生衣等安全防护设备。

③施工部位临江河边且未设置临边防护,或临边防护不符合规范和施工要求。

④临江河边未设置救生杆、带绳救生圈及皮筏艇等救援设备。

(2)隧道掘进机开挖。

①未制定隧道施工防洪度汛方案和应急救援预案,出现突发雨水倒灌、管涌等事故时,不能迅速应急响应。

②隧道开挖过程中,未采用超前地质预报或超前钻探,存在遇到暗河、丰富含水层、溶蚀裂隙发育的含水层风险。

③地下水位高于隧道高程,未采取降水、排水措施,存在渗水、涌水风险。

④开挖过程中,未按照设计、施工要求增设排水沟、集水坑,不能及时将洞内汇水抽排到洞外。

5)触电

相关风险源分析同1.6.3相关内容。

3. 安全风险预控措施

1)机械伤害风险预控措施

(1)张拉机等小型机械设备管理措施。

①张拉设备进场前,收集、核查相关出厂合格证、产权备案证、年检合格证等资料,由指定人员组织验收,并做好使用前的检定工作。

②加强作业人员安全教育培训,保证相关作业人员熟练掌握设备适用范围、操作要求、安全防护等内容。

③启用设备前,检查防护罩、盖或手柄等危险运动零部件防护装置,若破裂、变形或松动,则及时进行更换。

④长期搁置不用的工具在使用前,按照规定对相关使用功能进行检查,合格后方可使用。

(2)其他机械伤害风险预控措施同1.6.3相关内容。

2)高处坠落风险预控措施

(1)脚手架施工作业时:一是要按照规定搭设脚手架、铺平脚手板,不准有探头板;二是要绑扎牢固防护栏杆,挂好安全网;三是脚手架荷载不得超过270kg/m²;四是脚手架距墙面过宽时,应加设安全防护措施;五是落实脚手架搭设验收和使用检查制度,发现问题及时处理。

(2)悬空高处作业时:一是加强施工计划和各施工单位、各工种配合,尽量利用脚手架等安全设施,避免或减少悬空高处作业;二是作业人员要加倍小心,避免用力过猛,身体失稳;三是悬空高处作业人员必须穿软底防滑鞋,同时正确使用安全带;四是生病或疲劳过度、精神不振时,不宜从事悬空高处作业。

(3)其他高处坠落风险预控措施同1.6.3相关内容。

3) 冒顶片帮风险预控措施

(1) 隧洞开挖应遵循"管超前、严注浆、短进尺、强支护、早封闭、快衬砌"的原则。

(2) 洞口施工前，完善地表排水系统，防止积水软化边坡的坡脚土体，影响结构安全。在软弱破碎及岩溶段施工时，先采用管棚或超前小导管进行预支护和加固围岩，再采用短台阶法开挖，必要时预留核心土，保证施工安全和质量。

(3) 按照地质勘察报告和设计文件，制定超前地质预测预报方案并实施，为隧道支护参数的选择提供依据。

(4) 加强锚喷支护质量管控，重点监控锚杆（索）施工质量，包括锚杆（索）打设质量、锚固质量等，对于不合格锚杆、锚索，必须及时进行补打或重新张紧和紧固，确保现场严格按照设计图纸和隧道施工技术规范进行施工。

(5) 加强测量管理，及时反馈信息，同时作业人员、测量人员每天必须检查初期支护变形情况，为及时调整和优化施工方案和结构支护参数提供依据。

(6) 根据地质情况，适时进行喷锚支护，对开挖过程中遇到的不良围岩段，应增加随机锚杆，及时采用挂网、混凝土喷护或型钢支撑等单独或联合支护方式进行加固处理。

(7) 锚喷支护应紧跟开挖面，不得超过规定距离。

4) 淹溺风险预控措施

(1) 格构梁施工。

①对施工作业面上游排口、泵站等来水情况进行调查，制定安全专项施工方案、应急救援预案、防洪度汛方案等。

②做好雨水的水情通报工作，收集气象、水文信息，并在河流上游设置水位尺，安排专人负责水情预报、预警、信号传递，遇到水位上涨情况，应每小时通报一次，当水位超过警戒水位时，应立即启动应急预案。

③边坡格构作业人员应正确佩戴安全绳、救生衣等安全防护装备。

(2) 隧道掘进机开挖。

①隧道穿越富水地层、岩溶发育地质、采空区，以及其他可能引发透水事故的施工环境时，应制定相应的防水、排水、降水、堵水及截水措施。

②隧道开挖前方地下水必须排放时，可采用超前钻孔排水或开挖泄水洞排水等方式排放，并制定防止涌水、突水、突泥的安全措施。

③隧道涌水处理应遵循"预防为主、疏堵结合"的原则，根据现场实际情况，采取超前围岩预注浆堵水、开挖后径向注浆堵水、超前钻孔排水、坑道排水等措施。

④当隧道周围地下水有明显集中的来水通路，导致地下水流量很大时，可采取泄水洞、钻孔截水、拦截暗河、防渗帷幕截水等地下截水设施截断水源。

⑤因地下水丰富，隧道内无排水沟或排水沟深度不足而导致隧道积水时，应增设排水沟、加深排水沟等。

⑥汛期在洞口堆放足量沙袋，配备足够的备用水泵，防止雨水倒灌，同时迅速抽排洞内来水。

5) 触电风险预控措施

触电风险预控措施同 1.6.3 相关内容。